Rita Hayworth

Barbara Leaming

Rita Hayworth

Traduit de l'américain
par Françoise ADELSTAIN

Presses de la Renaissance
37, rue du Four
75006 Paris

Si vous souhaitez recevoir notre catalogue et être tenu régulièrement au courant de nos publications, envoyez vos nom et adresse en citant ce livre aux

*Presses de la Renaissance
37, rue du Four 75006 Paris*

et pour le Canada à

*Édipresse
945, avenue Beaumont
Montréal H3N 1W3*

Titre original : *If This Was Happiness*, publié par Viking Penguin, a division of Penguin Books USA, Inc.

© Barbara Leaming, 1989.
© Presses de la Renaissance, 1990, pour la traduction française.

ISBN 2-85616-554-0   H 60-3597-6

1

En février 1917, l'Orpheum Theatre de Duluth (Minnesota) affichait un spectacle de music-hall. Les tournées Martin Beck, qui régnaient de Chicago jusqu'à la Californie, avaient la réputation de présenter la crème des artistes du genre, aussi se bousculait-on pour s'y produire. Toutefois, les artistes ne mettaient pas longtemps à l'apprendre, un numéro qui rendait bien dans une ville pouvait faire un flop dans une autre, et avec à peine un quart d'heure pour gagner son public, un comique devait savoir improviser. Sinon, l'agent new-yorkais n'avait que l'embarras du choix parmi les milliers d'autres qui rivalisaient pour prendre la place.

Si le public de Duluth semblait apprécier les plaisanteries de l'amuseur, en coulisse un jeune couple en habits de soirée montrait un visage sévère que ne venait pas éclairer le moindre sourire. Cela faisait quatre ans qu'Eduardo et Elisa Cansino, originaires de Madrid, parcouraient les États-Unis avec un numéro de danse renommé qui leur valait des cachets appréciables, mais le frère et la sœur aux cheveux aile de corbeau ne savaient toujours pas suffisamment l'anglais pour comprendre ce que l'homme racontait. Les plaisanteries qui se dévidaient sur scène, nota un observateur de l'époque, n'étaient guère plus pour eux « que des sons qui faisaient vibrer l'air[1] ». Attendant de faire leur entrée, Eduardo, vingt et un ans, et Elisa, vingt-trois ans, donnaient une « impression de solitude, ils avaient l'air pathétiques[2] », mais dès qu'éclataient les premières notes de musique les Dancing Cansinos revenaient à la vie.

Leur répertoire classique de danses espagnoles, qu'ils concluaient toujours par un galop américain endiablé pour montrer la diversité de leur talent, était si remarquable qu'ils figuraient en tête d'affiche du spectacle et occupaient une place enviée au box-office. Pourtant, même sur scène, où les mouvements aériens des doigts, les œillades fulgurantes, le trépignement des talons remplaçaient éloquemment les mots comme moyen de communication, Eduardo avait l'impression qu'ils ne parvenaient pas à établir une véritable relation avec le public américain. Malgré les applaudissements enthousiastes qui saluaient chacun de leurs numéros, il se sentait trahi, déçu. Il confia à un reporter d'un journal de Duluth que, comparé aux foules espagnoles, le public américain paraissait apathique, et même lorsque le journaliste affirma que « les foules américaines apprécient tout autant mais le montrent différemment, Eduardo ne fut pas convaincu[3] ». LES CANSINO VEULENT DES « BRAVOS » ET NON DES APPLAUDISSEMENTS, pouvait-on lire en gros titre du *Duluth Herald* le jour suivant. Aux yeux des jeunes gens, les salles de music-hall américaines, où régnait une décence relative, semblaient appartenir à un monde différent de celui, exubérant, des *tabernas* de Séville, Barcelone et Madrid où ils avaient commencé à danser le flamenco gitan encouragés par les *Olé! Elé!* et *Guapa!* de l'assistance.

Leur père, Antonio Cansino, ou « Padre », comme ils l'appelaient, avait été le premier de la famille à faire de la danse son gagne-pain. Né en 1865, Padre était le fils de Joaquin Avecilla et de Rosario Montero. Si, en Amérique, Eduardo proclamait à l'envi que son père descendait des rois maures de Grenade, en Espagne Padre passait tout simplement pour un gitan. Il avait fait ses débuts à quatorze ans à Séville et n'avait cessé ensuite de sillonner l'Europe avec son numéro de flamenco. Sa femme, Carmine Reina, une Sévillane qui comme la Carmen de Mérimée avait travaillé dans une manufacture de tabac avant son mariage, lui avait donné huit fils et trois filles — qu'il n'estima pas nécessaire d'envoyer à l'école : dans son esprit, apprendre à danser était la seule éducation dont ils avaient besoin. Dès qu'il les jugea prêtes, Padre prit les filles — Gracia, Carmellia et Elisa — dans son numéro, mais pendant une tournée en Amérique latine les deux aînées, Gracia et Carmellia, moururent d'une fièvre infectieuse. Le cœur brisé, Padre rentra en Espagne, et quitta la scène pour se consacrer à l'enseignement de la danse, d'abord à Barcelone puis à Madrid. Entre-temps, Elisa avait formé un nouveau numéro avec l'aîné de ses frères, Eduardo.

Le garçon avait commencé par protester vigoureusement, affirmant qu'il voulait être torero, mais il était apparu très vite que lui et sa sœur étaient en passe de devenir les meilleurs danseurs de la famille Cansino. Elisa tomba enceinte, hors mariage, ce qui interrompit momentanément leur carrière, et en 1911, à l'âge de dix-sept ans, elle donna naissance à un fils, que l'on baptisa Gabriel Cansino. En janvier 1913, Elisa et Eduardo s'embarquèrent pour les États-Unis, laissant le bébé en Espagne.

Lorsque le paquebot *Prinz Friedrich Wilhelm* accosta dans le port de New York, après une traversée de dix jours au départ de Cherbourg, Eduardo avait dix-sept ans et Elisa dix-neuf. Le douanier nota que le garçon mesurait cinq pieds six pouces (1,70 m), la fille cinq pieds cinq pouces, et que tous deux avaient les cheveux et les yeux noirs. Par l'intermédiaire d'un interprète ils précisèrent que c'était leur première visite aux États-Unis, qu'ils étaient tous les deux célibataires, et qu'ils possédaient en commun l'équivalent de vingt dollars[4].

Pour commencer ils se produisirent à Crossways, la propriété que possédait à Newport (Rhode Island) une des femmes les plus en vue de la haute société, Mrs. Stuyvesant Fish, dont le mari était le fils du secrétaire d'État du président Grant, et un descendant des Livingston, Schuyler, Deleyster, Beekman et autres Stuyvesant. Mamie Fish aimait recevoir avec panache et était constamment en quête de numéros nouveaux, exotiques, susceptibles d'amuser et de surprendre ses invités. Sur la liste des curiosités que son appétit insatiable l'avait ainsi amenée à dégotter figuraient des voyants, des danseurs orientaux, des chanteuses d'opéra, un singe présenté comme le prince del Drago, et pour finir les Dancing Cansinos qui, espérait-elle, allaient soulever la même excitation que les danseuses Carmencita et Caroline Otero au tournant du siècle.

Grâce au triomphe remporté à Crossways, Eduardo et Elisa

furent rapidement engagés par de nombreux théâtres new-yorkais où ils exécutaient un numéro de huit minutes, brillant et parfaitement mis au point, comprenant trois danses espagnoles endiablées avec en finale la surprise, le « clou », une danse américaine enlevée à toute allure. En considération du public qu'ils escomptaient, ils décidèrent, choix judicieux, d'américaniser leur apparence en adoptant des vêtements plus proches d'habits de soirée que du traditionnel costume de danseurs espagnols qu'ils avaient apporté d'Espagne.

Bien que déjà menacé par le succès grandissant du cinéma muet, le music-hall demeurait, en ce premier quart du XXe siècle, en tête des spectacles de divertissement aux États-Unis. Le music-hall moderne trouvait sa source dans les réjouissances populaires, paillardes, auxquelles les hommes se livraient dans les beuglants à bière des villes et des implantations frontalières avant la guerre civile. Mais dans les années 1880, grâce aux efforts d'un imprésario, le premier du genre, Tony Pastor, qui bannit la vulgarité et la grossièreté de ses spectacles destinés à un public familial, le « divertissement de variétés, propre et honnête », comprenant huit à quinze numéros brefs et diversifiés, gagna les faveurs des foules américaines. Les Dancing Cansinos arrivèrent en Amérique juste à temps pour profiter de cette période idyllique, avec deux mille salles réparties sur l'ensemble du continent et les recettes les plus élevées du box-office, qui justifiaient que l'on paie de très hauts salaires, tels les trois mille cent cinquante dollars hebdomadaires de Lillian Russell ou les deux mille dollars d'Al Jonson.

Malgré leur récent succès à Newport, haut lieu de l'élégance, il était inévitable qu'Eduardo et Elisa, en tant que nouveaux venus, passent en ouverture — le « paillasson du music-hall » ou, comme le dirait plus tard Fred Astaire, « la place la plus redoutée du programme [5] », en raison du bruit et du désordre causés par les retardataires : le temps que ces spectateurs trouvent leurs sièges et que tout le monde soit installé, le numéro était souvent terminé, ce qui explique qu'on y reléguait souvent des prestations sans paroles dites « muettes » : acrobates, jongleurs, animaux dressés ou danseurs.

Tel fut, au départ, le destin des Dancing Cansinos ; mais alors que le public s'attendait à un spectacle médiocre — puisqu'il passait en premier — les Espagnols, avec leur élégance, firent tout de suite une forte impression. « Pour un numéro d'ouverture, Eduardo et Elisa Cansino ont fait plus que bien, notait dès 1914 un critique à l'occasion du passage du jeune couple à l'Alhambra Theatre de Harlem. Toutes leurs danses sont admirablement exécutées, et mieux placé dans le programme, c'est un numéro qui devrait rapporter de l'or[6]. »

Et de l'or, ils en firent lorsque, en 1915, l'imprésario Martin Beck les engagea comme tête d'affiche au salaire hebdomadaire de mille cinq cents dollars. Ils parcoururent l'Amérique d'un bout à l'autre, voyageant et vivant dans des caravanes, on les vit paraître dans les villes les plus reculées, aux côtés de gens aussi divers que Toots Paka et sa troupe de chanteurs-musiciens hawaiiens (« un numéro de renommée mondiale monté à très grande échelle[7] ») ; les Bûcherons australiens (« champions du monde de la cognée[8]) ; les Meyako Sisters, de minuscules Japonaises qui faisaient un numéro de main à main et de contorsionnisme tout en chantant des airs de ragtime dans un anglais de cuisine. Mais invariablement c'étaient les Dancing Cansinos qui remportaient le plus grand succès tant auprès du public que des critiques. « Ils présentent une série de danses populaires, classiques et ultramodernes, et leur interprétation a transporté les foules américaines », écrivait le *Houston Post* en 1915.

Pour sa part, l'*Examiner* de Los Angeles notait : « Ils possèdent tous deux au plus haut degré cette grâce perverse, cet expressionnisme sensuel et alerte, typiquement espagnols. »

« Le couple danse avec l'abandon de sa race, déclarait le *Toledo Blade*, mais il y a une grâce poétique dans chacun de leurs mouvements. » Dès qu'ils étaient sur scène, les jeunes Espagnols débordaient d'assurance et leur effronterie ne contribua pas peu au succès populaire du numéro.

Au Victoria Theatre de Hammerstein, à New York, « le plus brillant music-hall du monde », au dire de l'acteur-chanteur-producteur George Jessel, Eduardo et Elisa, pour la plus grande joie du public, lancèrent un défi plein de panache, dans un anglais qu'ils avaient soigneusement répété, à n'importe quels danseurs, modernes ou fantaisistes, les célèbres Castle et autres Merveilleux Miller y compris, qui auraient l'audace d'essayer de les surpasser.

En dehors de la scène, toutefois, Eduardo savait se faire aimer de ses compagnons de spectacle, Fred et Adele Astaire par exemple. Contrairement aux Cansino, les Astaire à l'époque n'occupaient qu'une petite place sur l'affiche et ils passaient en numéro deux du programme. Mais Eduardo, prouvant une fois de plus son caractère sociable, ne leur ménagea ni ses flatteries ni ses encouragements.

Un artiste de variétés savait qu'il avait réussi lorsqu'il était convié à faire une apparition dans une comédie musicale de Broadway. Les scénarios plutôt lâches de l'époque lui permettaient de présenter son numéro habituel, et il retirait de son passage sur une scène de Broadway un prestige considérable. C'est ainsi qu'en 1916 les Dancing Cansinos débutèrent dans la comédie musicale avec *Follow Me* (Suivez-moi), au casino-théâtre des frères Shubert. Annoncés comme « Danseurs à la cour d'Espagne [9] », ils firent une apparition éblouissante au premier acte. Mais pour Eduardo, alors âgé de vingt et un ans, *Follow Me* représenta bien davantage qu'un succès professionnel : pendant les répétitions il s'éprit sérieusement d'une des girls, une grande et superbe fille de dix-neuf ans nommée Volga Hayworth.

Sans talent particulier ni apprentissage théâtral quelconque, à seize ans Volga avait fui le domicile de ses parents à Washington et gagné New York, fermement décidée à monter sur les planches. Son père, Allyn Duran Hayworth, était né dans l'Indiana, à Terre Haute, qu'il avait quittée pour s'installer à Washington où il avait fondé une imprimerie. Il y avait épousé une demoiselle Maggie O'Hare, pure Washingtonienne, et Volga était la cadette de leurs trois enfants. Petite fille extravertie, à l'esprit et à la volonté bien trempés, son père avait espéré la voir épouser un brave garçon du coin, mais Volga en avait décidé autrement. Lorsque sans le moindre avertissement elle fila à New York et réussit à obtenir un bref engagement dans la troupe des Ziegfeld Follies, les Hayworth furent consternés. Mais pour Allyn Hayworth, le pire était encore à venir.

Très vite, Volga décida qu'elle était amoureuse d'Eduardo qui, avec son anglais hésitant, n'en paraissait que plus mystérieux et ô combien différent des garçons fadasses qu'elle avait connus à Washington. Passionnée de spectacle, elle idolâtrait le danseur, sa célébrité, sa riche expérience des planches. Elle avait beau prévoir la réaction de son père face à Eduardo, comme bien des adolescentes rebelles, cela ne la découragea pas le moins du monde.

Au début de 1917, lorsque les Dancing Cansinos reprirent

leurs tournées, Volga Hayworth partit avec eux, et peu de temps après elle annonça à ses parents qu'elle venait d'épouser Eduardo.

En réponse, Allyn Hayworth déclara à sa fille qu'il ne voulait plus jamais la voir ni lui parler.

Voyager, pour Volga, cela ne signifiait pas seulement accompagner son mari mais également s'accommoder d'Elisa. Depuis le temps que le frère et la sœur parcouraient le pays, il était naturel qu'ils entretiennent des rapports exceptionnellement étroits, et lorsqu'ils se parlaient en espagnol, Volga était l'étrangère qui ne pouvait pas comprendre. En outre, aspirations artistiques ou pas, il n'y avait à l'évidence pas de place pour elle dans leur numéro de danse. Mais elle vénérait Eduardo et savait se rendre utile en se chargeant des multiples détails pratiques afférents aux tournées, qu'Elisa et son frère avaient toujours trouvés si ennuyeux. Il fallait s'occuper des réservations d'hôtel et des correspondances de trains, récupérer l'argent auprès des organisateurs, glisser la pièce aux machinistes pour éviter qu'ils ne sabotent le numéro en déchargeant les malles au mauvais endroit ou en leur faisant rater leur entrée : en cas d'absence de pourboire ou d'un pourboire jugé par eux trop faible, ils marquaient en effet d'un discret signe de craie les malles des artistes pour que le personnel de la salle où se donnerait le spectacle suivant puisse inventer une vengeance appropriée.

A cette époque cependant, le plus dur pour Volga fut probablement de découvrir que parfois les gens prenaient Eduardo et Elisa pour mari et femme, et que les Cansino n'hésitaient pas à encourager cette confusion lorsqu'elle pouvait servir leurs desseins. Ce qui fit notamment bien l'affaire d'Elisa quand elle se présenta devant la cour de New York en août 1917 pour régler la question de l'adoption de Gabriel, son petit garçon de six ans, qui l'avait rejointe en Amérique. Nathaniel A. Jackolo, un directeur de théâtre d'origine romaine avec qui Elisa avait une liaison, avait accepté d'adopter l'enfant. A l'audience où elle comparut en compagnie de Gabriel et dudit Jackolo, elle déclara par l'intermédiaire de son avocat que depuis la mort de son mari elle ne cessait de s'inquiéter du sort de son fils dans l'éventualité où elle aurait un accident en cours de tournée. Ces angoisses devenaient un véritable handicap dans son travail et, en autorisant l'adoption, la cour l'aiderait grandement à retrouver la paix de l'esprit. Mais qui était donc ce père défunt ? Étant donné que Gabriel portait le nom de Cansino et qu'elle n'avait jamais été mariée, Elisa trouva fort utile de déclarer qu'il s'agissait de son partenaire, Eduardo Cansino [10].

Nonobstant les déclarations d'Elisa, Eduardo était on ne peut plus vivant, et même sur le point de devenir réellement père pour la première fois. Il voulait que Volga lui donne un fils, point de départ d'une nouvelle génération de Dancing Cansinos sur laquelle il régnerait en patriarche comme son propre père avant lui. Aussi lorsque, le 17 octobre 1918 à Brooklyn, Volga donna naissance à une fille, Eduardo ne put cacher sa déception. « J'avais voulu un garçon, dira-t-il plus tard à un journaliste. Que pouvais-je faire avec une fille [11] ? » Sa femme et lui commencèrent par se disputer à propos du prénom. Volga voulait l'appeler Maggie, comme sa mère, Eduardo préférait Carmen, comme la sienne. Étant donné que les Hayworth avaient refusé de l'accepter dans leur famille, il n'avait certainement pas envie de leur faire le moindre honneur. Têtue, Volga insista, et ils parvinrent finalement à un compromis : l'enfant s'appellerait Margarita, version espagnole de Maggie. Et comme second prénom ils choisirent Carmen — nom sous lequel Eduardo s'obstinerait à appeler sa fille dans les années à venir.

Pour Volga, qui avait alors vingt et un ans, la naissance de Margarita signifia la fin de ses espoirs d'entreprendre une carrière sur scène. A peine avait-elle accouché qu'elle se retrouva enceinte. Auparavant, bien que ne travaillant pas, elle gardait son identité de girl de music-hall ayant appartenu à la troupe des Ziegfeld Follies et joué dans une comédie musicale à Broadway. Mais maintenant, avec un bébé à la traîne et un autre en route, elle n'était plus que ce que les artistes de variétés se plaisaient à appeler un excédent de bagages : une épouse sans profession qui suivait les tournées de son mari.

A peine les rêves artistiques de Volga s'étaient-ils évaporés qu'Eduardo et Elisa réalisaient pleinement les leurs en signant un engagement pour le Palace, à New York. Pour des artistes de music-hall, le fait d'apparaître sur la scène du Palace représentait le fin du fin de la réussite professionnelle. « Mecque de tout artiste », « nirvâna du show-business », le Palace offrait à ceux qui passaient sur sa scène un public composé des plus illustres de leurs camarades. Tous en rêvaient, mais bien peu y accédaient. Elisa et Eduardo s'y produisirent triomphalement durant les semaines du 19 mai 1919 et du 23 février 1920.

Ainsi, dans les premières années de la vie de Margarita, Eduardo était au sommet de sa carrière, déchargé de tout souci pratique par Volga qui tenait à ce qu'il puisse se consacrer totalement à son art. Mais derrière ce dévouement affiché, cette efficacité reconnue, se cachait une frustration dévorante : sans débouché pour cette force de caractère et cette volonté qui l'avaient amenée à quitter la maison familiale dès l'âge de seize ans puis à vivre avec Eduardo, Volga sombrait souvent dans la morosité, et elle s'était mise à boire. Certes l'alcool n'était pas encore un gros problème, mais il en annonçait un assurément. Plus tard, à propos de l'alcoolisme de leur mère, les enfants parleront de sa « maladie ».

Après Margarita, Volga eut deux autres enfants : Eduardo Jr., dit Sonny, né le 13 octobre 1919, et Vernon, né le 21 mai 1922. Seule Margarita, dont la naissance avait pourtant déçu Eduardo, sembla avoir hérité des talents de danseur de son père.

Contrairement à sa mère, forte tête et rebelle dès sa prime jeunesse, Margarita fut une enfant tranquille et obéissante. Lorsqu'elle eut quatre ans (l'âge auquel, selon Eduardo, Elisa avait pour la première fois été payée pour danser en public), son père l'inscrivit à l'école de danse que son plus jeune frère, Angel, qui avait rejoint sa famille en Amérique, avait ouverte au Carnegie Hall de New York. Margarita n'eut pas son mot à dire. Padre ne s'était d'ailleurs pas davantage soucié de savoir si Eduardo voulait ou non danser — il ne le voulait pas.

Margarita pour sa part aurait de loin préféré jouer avec d'autres enfants plutôt que de suivre l'éreintante routine des classes de danse. Mais comme Eduardo n'était pas du genre démonstratif, elle travaillait aussi dur qu'elle le pouvait pour lui faire plaisir et recevoir quelques signes d'affection. Eduardo occupait le centre de l'univers familial. Volga n'était d'ailleurs pas la seule à s'efforcer de lui faciliter la vie ; à l'hôtel new-yorkais réservé aux gens de théâtre où ils habitaient à l'époque, c'était la petite Margarita, alors âgée de quatre ans, qui faisait couler le bain de son père.

En janvier 1923, dix ans après l'arrivée des Cansino aux États-Unis, Eduardo demanda la citoyenneté américaine. En remplissant les papiers nécessaires, il donna comme adresse le 480 Central Park West à New York, où en fait sa famille ne s'était pas encore réellement installée. Si Elisa et lui s'efforçaient de passer le maximum de temps dans cette ville, où on les voyait souvent dans des revues telles que les *Greenwich Village Follies*, le plus souvent ils n'y étaient qu'en transit, et la petite famille de Volga devait souvent se séparer.

Elisa avait épousé Nathaniel Jackolo, mais leur mariage ne dura qu'un an, au bout duquel Nathaniel demanda le divorce après être tombé sur des lettres d'amour adressées par sa femme à un camarade de travail. Eduardo et sa sœur avaient toujours semblé s'accommoder de leur existence vagabonde, mais Volga en avait assez des hôtels pour artistes, elle souhaitait s'enraciner quelque part. La vie sur les routes les avait isolés, elle et les enfants, en ne les autorisant à nouer que des relations éphémères. De plus Margarita avait atteint l'âge scolaire et, contrairement à Eduardo qui, illettré lui-même, ne voyait aucune raison d'envoyer sa fille à l'école, Volga, elle, y tenait. Finalement, en 1925, les Cansino emménagèrent dans un modeste trois-pièces d'un immeuble en briques rouges, au numéro 6420 de la 35e Avenue, à Woodside, dans le quartier de Queens, et Volga se dépêcha d'inscrire sa petite fille de six ans à l'école. Mais à peine avait-il installé sa famille qu'Eduardo se trouva mêlé à des événements qui, sans qu'il le sût encore, allaient à nouveau les déraciner.

En 1926, la renommée du frère et de la sœur était telle que la Warner Bros les engagea pour participer à un film, en compagnie d'artistes célèbres du Metropolitan Opera et du New York Philharmonic Orchestra, qui devait être projeté au cours d'un gala destiné à promouvoir le nouveau système d'enregistrement du son sur disque, le Vitaphone. Après un programme sélectionné de musique et de danse, on donnerait en première vision le film *Don Juan*, avec John Barrymore, qui faisait la part belle aux effets sonores, tels que le cliquettement des épées, et dont la partition était enregistrée sur disque. Ce programme expérimental devait contribuer à révolutionner l'industrie du cinéma en permettant à un public populaire d'avoir accès au son, mais il annonçait par là même — ironie de l'histoire dans le cas des Dancing Cansinos — le décès inévitable du music-hall, dont le gros du public allait se reporter sur le cinéma parlant.

Dès 1915, un collaborateur du *Theatre Magazine* avait qualifié le cinéma muet de « boule de neige du monde du spectacle, roulant sur tout le pays et devenant de plus en plus grosse au fur et à mesure qu'elle s'annexe les théâtres, les producteurs, les acteurs et les auteurs ». Mais tout cela n'était rien comparé à ce qui allait advenir en 1927 lorsque *Le chanteur de jazz*, le film tourné avec le système Vitaphone et Al Jonson en vedette, où l'on pouvait entendre des bribes de dialogue improvisé, amena le public américain à exiger des dialogues synchronisés, ce qui conduisit au rapide triomphe du cinéma parlant.

Avant peu, bon nombre des artistes les plus talentueux allaient se tourner vers l'écran : Fred Allen, Jack Benny, Bert Lahr, George Burns et Gracie Allen, entre autres. Mais ce fut plus qu'une prémonition de la fin de l'âge d'or du music-hall qui décida Eduardo Cansino à s'embarquer avec toute sa famille pour Hollywood ; Elisa et lui ayant atteint depuis plusieurs années le sommet dans leur domaine, il était logique qu'ils se tournent vers un nouveau média. Puisque la Warner Bros les avait choisis pour figurer dans son essai historique du Vitaphone, il paraissait évident qu'une nouvelle carrière les attendait au cinéma. Et pourquoi Eduardo aurait-il éprouvé des doutes ? Qu'est-ce qui empêchait une vedette de music-hall de connaître une célébrité équivalente, voire plus grande, à Hollywood ?

Pour lors, la famille connaissait la période la plus stable de sa vie. Margarita était une élève moyenne, mais elle aimait l'école, et malgré sa timidité persistante (« Elle était toujours repliée sur elle-même » dira d'elle son frère Vernon [12]) elle avait même trouvé une amie, nommée Mary. Mais, comme toujours, les besoins d'Eduardo venaient en premier et ne se discutaient pas. Aux yeux de sa famille, il était plus que celui qui gagnait l'argent pour la faire vivre, il était un grand artiste, et sa réussite artistique justifiait que l'on se prête à tous les sacrifices. Puisqu'il désirait poursuivre sa carrière au cinéma, ils iraient donc tous vivre en Californie. Tous sauf Elisa. A l'évidence elle ne partageait pas les rêves de son frère, et pour la première fois Eduardo dut envisager la vie sans celle avec qui il avait toujours été étroitement lié.

2

Durant l'année 1927, pour financer l'installation dans l'Ouest, Eduardo collectionna les engagements entre New York et le Pacifique. Famille et biens le suivirent, entassés dans un camion délabré, sans chauffage ni amortisseurs, ce qui rendit le voyage extrêmement pénible. Une fois à Los Angeles, ses rêves de vedettariat cinématographique tombés à l'eau, il travailla comme chorégraphe pour les studios de la Warner et de la MGM, et en 1929 il suivit l'exemple de son père en ouvrant une école de danse, sur Sunset Boulevard. Mais il était nerveux et mécontent : l'admiration et les acclamations qu'il avait connues pendant plus de dix ans sous les feux de la rampe lui manquaient.

A la maison toutefois les choses n'avaient pas changé. Comme le rappellera son fils Vernon « il était l'artiste », et Volga continuait à s'occuper des détails de la vie quotidienne « dont il ne voulait pas se soucier [1] ». Mais sa famille avait beau le dorloter et l'idolâtrer, cela ne compensait pas le fait qu'« Hollywood n'appréciait pas Eduardo autant que prévu ».

La raison en était simple. Contrairement à Fred Astaire ou James Cagney, qui l'avaient connu et admiré sur scène et qui allaient brillamment réussir leur transmutation en vedettes hollywoodiennes, Eduardo était handicapé par son maniement incorrect de la langue anglaise, défaut fatal à l'ère du cinéma parlant. C'était un beau danseur, mais il n'y avait rien de gracieux dans la manière dont il s'exprimait.

Pour comble de malheur, à peine avait-il ouvert son école de danse que survint le krach boursier et derrière lui la grande dépression. En une période où les gens faisaient la queue pour avoir du pain, où les banques faisaient faillite, une école de danse avait peu de chances de prospérer. Eduardo refusa néanmoins de fermer, espérant gagner de quoi vivre avec les quelques élèves qu'il pourrait trouver.

Ses déceptions personnelles mises à part, Eduardo était de toute façon un maître sévère, plus porté à la critique qu'à la louange. Après les cours, toutefois, il redevenait ce personnage sociable, accueillant — le chic type — que ses élèves semblent avoir aimé au moins autant qu'ils l'admiraient sur le plan professionnel.

Il autorisa ses fils à ne pas étudier la danse, pour laquelle, à sa grande déception, ils ne montraient aucune aptitude, mais il attendait de grandes choses de Margarita — encore qu'elle fût un peu grassouillette et toujours aussi renfermée —, et il exigea qu'elle suive religieusement ses cours de danse en rentrant de l'école. A la fois père et professeur, il passait beaucoup plus de temps avec elle qu'avec ses frères. Il avait décrété qu'elle était la seule de la famille à partager son sens artistique, en conséquence de quoi elle était investie d'une responsabilité à laquelle les garçons échappaient avec joie.

Bientôt cette responsabilité allait devenir beaucoup trop lourde pour une enfant de son âge. Il ne fut alors plus question de danser pour perpétuer la tradition familiale mais tout bonnement pour aider les siens à vivre. Comme bien d'autres pendant la grande crise, Eduardo perdit ses économies dans de mauvais placements. « Notre situation financière devint très, très dure, rappellera Vernon, et c'est pourquoi il poussa Rita à danser avec lui. »

Ainsi qu'il le racontera lui-même plus tard, c'est en voyant, au printemps 1931, Margarita danser avec son cousin Gabriel, le fils d'Elisa, sur la scène du Carthay Circle Theatre de Los Angeles, qu'Eduardo envisagea de faire revivre les Dancing Cansinos. A l'époque il gagnait un peu d'argent supplémentaire en réglant la chorégraphie des numéros qui passaient sur scène dans les cinémas, avant la projection du film. Cette fois-ci il s'agissait de *Back Street* (*Histoire d'un amour**) et le couple de danseurs était constitué par Gabriel et une jeune femme. La veille du jour où le spectacle devait commencer, la partenaire de Gabriel se blessa à la cheville et c'est une Margarita tremblante d'appréhension qui fut dépêchée pour la remplacer. Malgré ses craintes, Margarita, comme toujours, obéit à son père. Peut-être était-il un homme fini, mais pour ses enfants, et spécialement pour sa fille, il demeurait le personnage impressionnant qu'il avait été au sommet de sa carrière.

Une photographie de cette année-là montre Margarita posant dans son costume de scène — « une petite fille dodue » (suivant les termes du proviseur de son école) qui, avec cet accoutrement de grande personne et ses lèvres fardées de rouge violent, semble avoir revêtu pour s'amuser les vêtements de sa mère. Mais ce n'est en tout cas pas cette image que vit Eduardo, si l'on en croit ce qu'il raconta à un journaliste quelque dix ans plus tard pour lui expliquer comment il avait décidé de danser avec sa fille. « Soudainement je me réveille, dit-il. Seigneur ! Elle a une de ces silhouettes ! Ce n'est plus un bébé ! Il n'y a plus de raisons d'attendre[2]. » Il décida que le moment était venu de la « lancer ».

Quel contraste, en tout cas, entre la petite fille souriante et attendrissante de la photo, qui n'avait que douze ans en ce printemps 1931, et les comptes rendus que les journaux donnèrent de ses débuts au Carthay Circle, tel celui que reproduisit *Life* dans son célèbre portrait de Rita Hayworth, en 1947, où elle est présentée comme « une fillette de quatorze ans bien en chair, à l'allure aguichante » ! Cette disparité laisse imaginer l'état de malaise dans lequel devait se trouver la toute jeune Margarita lorsque son père de trente-six ans décida d'en faire sa partenaire. Même si elle avait eu deux ans de plus et « l'allure aguichante », on n'en serait pas moins fondé à se demander quel chemin son père entendait la voir suivre.

Il est évident que la décision d'Eduardo de ressusciter son ancien numéro de danse n'était pas motivée uniquement par des raisons financières. Peut-être espérait-il, avec l'aide de sa fille,

---

* Célèbre mélodrame adapté d'un roman de Fanny Hurst, porté plusieurs fois à l'écran. (*NdE.*)

retrouver ces acclamations, ces « bravos », qui le fuyaient si obstinément depuis quelques années. Ainsi Margarita se voyait-elle chargée non seulement de subvenir aux besoins de sa famille mais aussi de faire oublier à son père les humiliations qu'il avait subies depuis son arrivée en Californie.

L'isolement social dans lequel elle avait été tenue si longtemps n'était rien comparativement à la vie qui l'attendait. Si, à l'école, le proviseur notait que Margarita était « une des plus gentilles, des plus maternelles petites filles que j'ai jamais connues », pour ce qui concernait les résultats c'était une autre histoire. « Elle faisait tout ce qu'elle pouvait, mais elle pouvait peu. C'était une bonne élève en travaux pratiques, mais peu apte à tout ce qui nécessitait de la réflexion [3]. » Et ce n'étaient pas les plans d'Eduardo qui allaient arranger les choses. Bientôt l'école passa bien après les répétitions avec son père, et pour finir il l'en retira complètement, allant même jusqu'à mentir sur son âge pour que l'État ne l'oblige pas à y aller.

Tandis que Volga restait à Los Angeles avec les garçons, Eduardo et Margarita se produisaient dans les casinos flottants ancrés au large des côtes californiennes. Grâce au Ciel, passé la limite des trois miles, on pouvait joyeusement ignorer les lois contre le jeu et l'alcool. (Le régime de la prohibition a fonctionné de 1920 à 1933.) Pour Margarita, ces déplacements seule en compagnie de son père apparurent d'abord comme un privilège autant qu'une aventure, mais elle apprit bien vite qu'en l'absence de Volga il lui revenait de veiller à ce que tous les besoins d'Eduardo fussent satisfaits, et qu'il n'hésitait pas à recourir à la violence physique si ce n'était pas le cas. Des années plus tard, elle racontera à sa secrétaire, Shifra Haran, et à d'autres personnes, que, entre deux représentations, quand Eduardo avait bu et perdu au jeu tous leurs gains, il l'envoyait attraper du poisson pour leur dîner. Si, comme cela arrivait souvent, elle revenait les mains vides, il la punissait à coups de poing, en prenant toutefois bien soin de ne pas laisser de marques visibles. Contrairement à Volga, qui avait un côté erratique et parfois même effrayant en raison de ses continuels sautes d'humeur et de son goût pour la bouteille, Eduardo était capable de dissimuler aux yeux des gens son alcoolisme et la violence qui s'ensuivait.

Juste de l'autre côté de la frontière mexicaine se trouvait Tijuana, que la prohibition avait transformée en une ville pleine de bruit et d'activité, une sorte de paradis sensuel pour citoyens américains argentés et en quête de plaisirs. Au jeu et à l'alcool s'ajoutait une prostitution effrénée qui faisait surnommer Tijuana « la Ville du Péché[4] ». Lorsque les Dancing Cansinos décrochèrent un engagement au Foreign Club, une boîte de nuit très connue, Eduardo déménagea sa famille une fois de plus et l'installa au calme dans la petite ville frontalière de Chula Vista, en Californie, à vingt minutes en voiture des casinos mexicains.

A peine étaient-ils arrivés que Volga inscrivit les garçons, Vernon et Sonny, à l'école, mais Eduardo lui interdit d'en faire autant pour Margarita. Quelle n'aurait pas été sa fureur s'il avait su que ses fils racontaient à l'extérieur les secrets familiaux, et notamment que leurs parents avaient menti sur l'âge de Margarita pour qu'on ne les oblige pas à la mettre à l'école.

Disparues, les deux longues tresses qui lui pendaient dans le dos lorsqu'elle allait en classe : une raie au milieu séparait maintenant ses cheveux, teints en noir, et qu'elle nouait en un chignon très serré sur la nuque. Contrairement à ses frères, elle avait peu l'occasion de parler aux gens, pas plus à Chula Vista, où on lui interdisait d'avoir des amis, qu'à Tijuana où son silence incitait les Américains à croire qu'elle ne parlait pas anglais. Alors qu'à leur arrivée aux États-Unis, en 1913, Eduardo et Elisa s'étaient dépêchés d'américaniser leur costume, Eduardo habillait sa fille en Espagnole pour faire couleur locale.

Bien des années plus tard, Rita Hayworth se rappelait que le jour de ses treize ans, en guise de fête d'anniversaire, elle avait traversé la frontière pour se rendre à Tijuana[5], où bien souvent des hommes s'imaginaient que, comme bien d'autres filles dans les casinos de la ville, ils pouvaient l'acheter pour une soirée de plaisir. Eduardo, lui, se glorifiera de s'être montré particulièrement vigilant et protecteur à cette époque, se décrivant invariablement comme un père strict et vieux jeu qui se donnait beaucoup de mal pour préserver sa fille de la tentation. Que Margarita eût besoin d'être étroitement surveillée dans un tel endroit, la question ne se discute pas ; en revanche on peut en poser une autre : de quelle sorte est le père qui empêche son enfant de treize ans d'aller à l'école pour l'envoyer danser dans les établissements de jeu d'une ville telle que Tijuana ? Si, comme le suggère Vernon, la famille manquait d'argent, Eduardo aurait certainement pu trouver une partenaire plus convenable parmi ses élèves. Par ailleurs il semble qu'il ait poussé un peu trop loin son désir de protéger sa fille, qu'il obligeait à passer la majeure partie de son temps confinée dans une loge.

C'est triste à dire, mais la personne dont Margarita avait désespérément besoin d'être protégée à Tijuana était son propre père. Car les relations qu'Eduardo Cansino entretenait avec sa fille prenaient une tournure terrible. Plus tard, Margarita révélera à son second mari, Orson Welles, que pendant toute cette période son père eut avec elle des relations sexuelles [6].

L'accusation choque, consterne, mais il est indéniable que dans la famille Cansino étaient réunies beaucoup de circonstances qui souvent, les études le montrent, conduisent à des actes incestueux. Les pères qui abusent de leur fille ont des tendances « narcissiques » — ce sont des hommes qui recherchent de façon maladive l'adulation des autres. Lorsqu'une crise quelconque les prive de l'admiration dont ils ont tellement besoin pour leur estime personnelle, ils vont chercher le réconfort auprès de leur fille. Humiliés, blessés par les adultes, ils demeurent pour leur enfant le personnage puissant qui sait commander. Les échecs professionnels sont indéniablement l'un de ces événements majeurs qui déclenchent des épisodes incestueux : le père traumatisé demande à sa fille de le consoler des déceptions que lui cause le monde du travail.

Fait significatif : le père incestueux est le centre de l'attention de toute sa famille. Il est le « patriarche par excellence » dont les besoins et les exigences passent en premier. Répondant à sa quête narcissique d'admiration, les membres de la famille le décrivent en termes enthousiastes : il est plus grand, plus intelligent, plus doué ou plus « artiste » que les autres hommes. Mais souvent, trop souvent, le monde extérieur ne sait pas reconnaître cette supériorité, et il incombe alors à ceux qui lui sont le plus proches, c'est-à-dire sa famille, de se sacrifier pour lui, pour le « sauver ».

Généralement, dans les cas d'inceste, la mère est présentée par les autres membres de la famille comme souffrant d'une mystérieuse maladie qui souvent, comme dans le cas de Volga, se révèle être l'alcoolisme. Puisqu'il faut satisfaire les désirs du père à tout prix, l'indisponibilité de la mère oblige la fille aînée à prendre sa place. Le père lui accorde le statut privilégié d'« enfant préférée ». Elle est celle de la famille qui lui ressemble le plus, lui dit-il, la seule qui partage sa spécificité, ses talents. Mais elle a également des responsabilités que les autres n'ont pas. Ce qui implique qu'elle fasse des sacrifices pour lui, alors que ses frères, et les garçons en général, « sont libres d'être des enfants ».

Tout ceci, dans les moindres détails, s'applique à la situation de Margarita. Non seulement ce portrait de « la famille à inceste » ressemble en tout point à la sienne, mais de nombreux épisodes apparemment hétéroclites, choquants de sa vie d'adulte deviennent soudain compréhensibles si l'on ajoute foi à ce qu'elle raconte sur son enfance. De toutes les formes d'inceste, celui que pratique un parent avec son enfant est reconnu comme le plus traumatisant ; en abusant de son pouvoir sur l'enfant qui lui fait confiance et dépend de lui, le père ou la mère incestueux commettent « la plus haute des trahisons », marquant psychologiquement leur victime pour la vie. Chez Rita comme chez bien d'autres, les conséquences se feront sentir dans l'image qu'elle aura d'elle-même ainsi que dans les relations, très souvent difficiles, qu'elle entretiendra avec ses maris, ses amants, les autres femmes, et même ses enfants.

Amour, sexualité, maternité : dans ces trois domaines essentiels le souvenir des sévices subis dans l'enfance aura un impact évident et désastreux. Et même si certains mettent encore en doute la véracité des confidences de Rita à son mari, le fait qu'Eduardo ait véritablement exploité sa fille ne se discute pas. Condamnée à ne pas avoir une enfance normale parmi d'autres gamins de son âge, Margarita passa pour la femme d'Eduardo (il lui interdisait de l'appeler « père » en public) dans tous les endroits, bateaux ancrés au large ou casinos mexicains, où elle se produisit à partir de douze ans. Son père la dressait à jouer les allumeuses sur scène, mais dès qu'elle en sortait elle redevenait la petite fille timide et réservée qu'elle n'avait jamais cessé d'être. Même si des rapports incestueux ne lui avaient pas appris à utiliser le sexe comme moyen d'attirer et de retenir l'attention, le rôle de provocatrice que son père l'encourageait à jouer sur scène aurait eu le même effet.

A la fin de leur engagement au Foreign Club, les Cansino retournèrent à Los Angeles où Eduardo retrouva pendant quelque temps son emploi de chorégraphe de film. C'est ainsi qu'il tomba un jour sur une de ses anciennes élèves, Grace Poggi, qui proposa de glisser un mot en sa faveur à son richissime ami et protecteur, Joe Schenck, cofondateur avec Darryl F. Zanuck de la Twentieth Century Films et actionnaire principal du complexe de luxe Agua Caliente à Tijuana. Surnommé « le Monte-Carlo de l'Ouest », Agua Caliente était fréquenté par nombre des plus puissants personnages de l'industrie cinématographique, exactement la sorte de gens qu'il fallait aux Dancing Cansinos. C'est pourquoi, à peine réinstallé à Los Angeles, Eduardo plia à nouveau bagage et ramena les siens à Chula Vista, où ils louèrent une petite maison de trois pièces en bois, peinte en blanc. Ils allaient y demeurer deux ans.

Avec le temps, l'existence passablement inhabituelle que menait Margarita fit d'elle un objet de fascination pour les enfants du voisinage. Eduardo et Volga vivant très repliés sur eux-mêmes, sans amis, on les connaissait peu en ville, mais les enfants, beaucoup plus curieux que les adultes, essayaient de savoir ce qui se passait chez ces mystérieux Cansino, et ils y réussissaient bien souvent.

Loretta Parkin, âgée de onze ans à l'époque, avait connu Vernon à l'école durant le précédent séjour des Cansino à Chula Vista. Maintenant ils étaient voisins, et Loretta et son frère aîné jouaient au ballon avec les fils Cansino presque tous les jours. Margarita ne se joignait jamais à eux ; étrange, silencieuse, elle restait assise sous le porche de la maison, le regard fixé devant elle ou se contentant de les observer jouer. « Elle était si timide, se souvient Loretta. J'avais de la peine pour elle car sa seule distraction consistait à rester assise sous le porche. C'est tout ce qu'elle faisait. Moi j'avais une sœur de son âge, et elle sortait avec des garçons, elle avait des amies, elle allait à l'école. Mais Rita n'avait pas le droit d'aller à l'école parce qu'il fallait qu'elle travaille pour soutenir la famille. Vernon et Eduardo, ses deux jeunes frères, nous ont dit que leurs parents avaient menti sur son âge. Rita n'avait pas de vie, pas d'école, pas d'amis, pas de copines. On le lui interdisait. Elle restait assise, toujours et encore, jusqu'à ce qu'il soit l'heure d'aller à Tijuana[7]. »

« Pourquoi ne parle-t-elle pas ? demanda un jour Loretta à Vernon.

— Oh, elle parle, répliqua-t-il, mais quand vous n'êtes pas là. »

Lorsque les enfants essayaient d'avoir une conversation avec elle, elle ne répondait que par des monosyllabes. Selon Loretta,

« on lui parlait un petit peu. Elle nous regardait jouer et je lui disais : "Salut, comment ça va ?" Ou bien : "Tu veux jouer ?" Et elle répondait seulement par "oui" ou "non". De temps en temps, mon frère la faisait rire, mais même dans ce cas elle parlait à peine. » Le frère de Loretta n'avait que douze ou treize ans à l'époque, mais chaque fois qu'il s'adressait à Margarita, Eduardo ou Volga trouvaient aussitôt un prétexte pour la faire rentrer dans la maison.

Pendant un temps, quelqu'un tint compagnie à Margarita sous le porche : Padre, le père d'Eduardo, était venu les voir, mais sa présence ne la rendit pas plus bavarde ni animée.

« Ils restaient assis là tous les deux, et il lui fabriquait des castagnettes, se rappelle Loretta, mais elle continuait à regarder droit devant elle. » Les après-midi où Margarita répétait avec Eduardo, à l'intérieur, les enfants cessaient de jouer et les espionnaient à travers les vitres du salon.

« Parfois, l'après-midi, ils répétaient leurs exercices, explique Loretta. On les regardait par la fenêtre. Il n'arrêtait pas de lui crier après, de la houspiller. "Ne fais pas ça, ne sois pas si stupide, ne fais pas ça !" Il était plutôt petit, une sorte de petit coq vaniteux. » Pendant toutes ces séances, Margarita demeurait une élève docile, anxieuse de plaire. « Lorsqu'elle faisait une faute, il lui criait après, mais je ne l'ai jamais entendue lui répondre, jamais. Elle se contentait de recommencer, jusqu'à ce qu'il soit satisfait. Elle était toujours calme, douce, obéissante. »

Les gens aimaient bien Eduardo, et il en était ainsi depuis l'époque du music-hall. Mais le souvenir qu'a gardé de lui Loretta Parkin, « un petit tyran domestique », suggère qu'en l'espionnant par la fenêtre les enfants ont perçu un autre aspect de sa personnalité que, comme son alcoolisme, il laissait rarement paraître à l'extérieur. Les gens sont tellement stupéfaits d'apprendre qu'un homme qu'ils considéraient comme un « chic type » s'est livré à des actes incestueux qu'ils refusent souvent d'y ajouter foi. D'autant que ces pères abusifs savent à la perfection dissimuler leur brutalité derrière le masque d'un être aimable et sociable. Ce besoin narcissique d'admiration qui les amène à avoir des relations sexuelles avec leurs enfants les pousse également à ne rien négliger pour se faire aimer des autres.

A l'issue de ces répétitions, les enfants regardaient émerveillés Margarita se préparer à partir pour le casino. Alors que dans la journée elle paraissait tout à fait son âge dans les simples robes, jupes et chemisiers qu'elle portait pour s'asseoir sous le porche, les vêtements qu'elle mettait pour aller à Tijuana — chaussures à talons hauts, robe ou ensemble habillé et chapeau — lui donnaient l'air soudain « beaucoup plus âgée » d'après Loretta. « Ils sortaient vers quatre heures de l'après-midi, montaient en voiture — le père et la mère devant, Rita à l'arrière —, et la voilà partie pour travailler. Nous trouvions tout cela si exotique, si étrange. »

Volga avait pris l'habitude de les accompagner au Mexique, même si — ce dont elle se désolait — cela signifiait laisser les garçons seuls jusque bien après minuit.

Toujours selon Loretta, « il était évident qu'elle détestait laisser ses gosses. J'étais très jeune alors, mais je m'en rendais compte. Elle embrassait le plus petit, Vernon, puis elle lui disait : ''Quand il commencera à faire nuit, rentrez dans la maison. J'ai laissé votre dîner sur la cuisinière.'' Et parfois elle disait : ''N'oublie pas de prendre un bain avant de te coucher.'' C'était une bonne mère. » Quant à la raison pour laquelle Volga jugeait nécessaire de partir ainsi tous les soirs, alors que dans le passé elle avait laissé son mari et sa fille voyager sans elle, écoutons encore une fois Loretta Parkin : « Les garçons nous racontaient des choses. Leur mère devait y aller parce qu'il se soûlait et ne prenait pas soin de Rita. » Vernon et Sonny entendaient, semble-t-il, bien des histoires chez eux sur « ces hommes qui là-bas, à Caliente, sont toujours à courir après Rita ».

Une fois de retour à Chula Vista, aux premières heures de l'aube, Volga continuait à garder sa fille tout près d'elle, comme si elle avait eu encore besoin de protection. Et c'est encore de Vernon et Sonny que les autres enfants apprenaient la façon étrange dont la famille s'arrangeait pour la nuit.

« Il y avait une autre chose bizarre, dit Loretta. La maison comprenait trois pièces et le père dormait dans celle du devant, les garçons dans une autre, et Rita et sa mère se partageaient la troisième qui avait un lit pour deux personnes. C'est étrange, non ? Je ne sais pas si c'est parce que le père et la mère ne s'entendaient pas, ou si c'est tout simplement qu'elle voulait garder Rita avec elle. Je ne sais que ce que les garçons nous racontaient. »

Les garçons Cansino semblent avoir joui d'un statut enviable parmi les autres gosses en raison des potins qu'ils colportaient sur leur famille. Contrairement à leur sœur, qui gardait un silence de sphinx de peur de se laisser aller à dire des choses qu'elle ne devait pas, ils ne demandaient qu'à raconter tout ce qui leur paraissait curieux ou singulier chez eux, même si, comme dans le cas des arrangements nocturnes, ils ne se rendaient pas bien compte de ce que cela signifiait. Mais peut-être s'en rendaient-ils compte ?

Le fait qu'ils incluaient cette histoire de chambres dans leur catalogue de bizarreries indique qu'ils y avaient réfléchi et savaient que cela rendait leur famille différente des autres. Mais pouvaient-ils soupçonner les abus sexuels dont leur sœur était la victime ? Comprenaient-ils que leur père figurait au nombre de ces « hommes » dont Volga voulait protéger sa fille ? Lorsqu'il y a inceste, alors même que les membres de la famille en ont pour le moins une connaissance « intuitive », il existe fréquemment un accord tacite pour ne pas en parler. Ils voient en la fille (et elle-même peut se voir ainsi) le ciment « qui maintient l'unité de la famille » en assumant des responsabilités d'adulte — quoi que cela puisse signifier.

A en juger par ce que Vernon et Sonny racontaient, ils n'étaient que trop conscients des sacrifices qu'on exigeait de leur sœur. Une interview enregistrée avec Vernon peu de temps avant sa mort et conservée par sa veuve, Susan, laisse entendre qu'il connaissait, sans se le formuler vraiment, la situation de sa sœur, et qu'elle n'était jamais absente de ses pensées. Cela transparaît singulièrement dans ses digressions et ses comparaisons. « Maintenant que vous m'en parlez, il ne me venait même pas à l'esprit qu'elle était jolie », dit-il à propos de la Rita Hayworth des années de guerre, au sommet de sa gloire de sex-symbol. Puis il éclate : « Je suis son frère ! Je ne suis pas un admirateur. C'est la famille. Je veux dire, c'est comme regarder sa propre mère. C'est le même type de relation. Je ne sais pas comment dire ça autrement. » Il ne s'agit pas là d'une digression sans importance, comme on pourrait le croire de prime abord. Il va au contraire au plus profond de ce qu'il pense mais ne peut exprimer, et qu'il doit donc nier instantanément. Pourquoi parler ici de Volga et préciser que ses propres sentiments à l'égard de ses parents étaient parfaitement convenables ? Probablement parce que ce qu'il pense réellement et ne veut surtout pas dire, c'est qu'il existait entre un des parents et un des enfants un rapport absolument pas convenable. N'oublions pas qu'il est en train de parler du sex-appeal de Margarita lorsque cette histoire à propos de sa mère arrive sur le tapis. On a ici l'exemple d'un mécanisme psychologique très commun : en voulant nier une pensée, la repousser hors du champ de la conscience, on exprime exactement son contraire — à savoir que chez les Cansino la relation entre mère et fils était exactement ce qu'elle devait être.

Puis, après avoir éprouvé le besoin de préciser que les membres de sa famille n'étaient pas sensibles au physique de Margarita, il laisse échapper par inadvertance que cela n'a peut-être pas été le cas d'Eduardo. Il est en train de raconter combien celui-ci veillait sur sa fille lorsque l'interviewer lâche la phrase suivante : « Étant européen, il ne faisait pas confiance aux hommes.

— Vous voulez dire en tant que Latin ? le reprend Vernon d'un ton sceptique, avant d'ajouter sèchement : Non, c'est parce qu'il était un homme lui-même qu'il ne faisait pas confiance aux hommes. Je veux dire, regardons les choses en face... » Mais au lieu de compléter sa pensée, il s'arrête et se met à rire nerveusement. Sans le vouloir, est-il allé trop loin, en a-t-il trop dit sur l'attirance qu'éprouvait Eduardo à l'égard de Margarita ? Cette sorte de rire sert souvent à masquer un malaise, à camoufler des idées et des sujets que l'on trouve trop dangereux.

Ces quelques remarques de Vernon jettent aussi un éclairage important sur le rôle énigmatique de la mère dans la famille. Les efforts de Volga pour protéger sa fille, en l'accompagnant à Agua Caliente et en dormant avec elle, suggèrent qu'elle était au courant des procédés d'Eduardo et qu'elle voulait y faire obstacle. Mais si elle comprenait vraiment ce qui arrivait à Margarita, pourquoi ne pas y avoir mis un terme définitivement ? Après tout, Volga a laissé sa fille continuer à vivre dans l'isolement et à danser à Tijuana pour subvenir aux besoins de sa famille. De plus, elle ne pouvait les tenir à l'œil vingt-quatre heures sur vingt-quatre ; travaillant avec sa fille et vivant sous le même toit qu'elle, Eduardo n'avait qu'à attendre le moment où ils se retrouveraient seuls.

Là encore, les remarques de Vernon sont très révélatrices. Il parle de sa loyauté envers sa sœur lorsque brusquement il fait allusion à la dévotion de Volga à l'égard d'Eduardo : « C'est la même sorte de relation, je pense, que ma mère avait avec sa famille et spécialement avec mon père — c'est-à-dire la loyauté. Je ne pense pas qu'elle pouvait l'expliquer, ni moi non plus, mais je sais ceci : Rita pourrait me couper une jambe et faire appel à moi le lendemain, je répondrais présent, cela, elle le sait fort bien. »

Margarita n'ignorait sans doute pas le degré de loyauté de son frère, mais si l'on tient compte de la violence de l'image utilisée par celui-ci, elle savait sûrement quelque chose d'autre : quels que fussent les tourments infligés par Eduardo à sa famille, Volga demeurerait (« spécialement ») loyale envers son mari.

Confrontées à l'inceste dans leur famille, toutes les mères n'en font pas autant que Volga pour essayer d'y mettre un terme, mais bon nombre, dont Volga, demeurent partagées entre ce qu'elles doivent à leur mari et ce qu'elles doivent à leur fille (le mari venant presque toujours en premier). Aussi soucieuses qu'elles soient du sort de leur fille, maintenir l'intégrité de leur mariage et de leur famille est pour ces femmes la priorité absolue. Sans le mari, comment leurs enfants et elles-mêmes survivraient-ils ? Alcoolique, dénuée de tout pouvoir, économiquement dépendante, Volga est le type même de ces mères pour lesquelles il n'est pas question de sauver leur fille en plaquant leur mari. Ni, dans son cas, d'anéantir la source de revenus de la famille en séparant les Dancing Cansinos.

La jeune fille calme et pudique qui passait ses après-midi assise sous le porche de sa maison se transformait sur scène en un être sensuel. Mais cette puissante sexualité d'adulte qui émanait d'elle lorsqu'elle dansait n'était qu'une façade, car sitôt terminé son numéro elle redevenait une adolescente paralysée par la timidité.

Lorsque, à la fin d'une représentation, les Dancing Cansinos allaient s'asseoir à la table d'un de ces magnats de Hollywood qui fréquentaient l'établissement de leur ami Joe Schenck, la danseuse effrontée et provocante n'était plus qu'une gamine craintive de treize ou quatorze ans. Aussi désireuse qu'elle fût de faire plaisir à son père, qui tenait tellement à ce qu'elle produise une bonne impression sur ces bienfaiteurs potentiels, elle détournait les yeux, et s'il lui arrivait de parler, c'était, Louella Parsons l'attestera plus tard, « d'une voix si faible qu'on l'entendait à peine [8] » (les manières embarrassées, la voix à peine audible sont des caractéristiques que l'on rencontre souvent chez les victimes d'inceste).

Cette terrible timidité n'empêchait pas Margarita de se faire photographier à la table de producteurs comme Carl Laemmle Jr. ou Hunt Stromberg, et d'être invitée aux soirées privées que donnait Joe Schenck : bien qu'Eduardo prétendît protéger sa fille, il n'avait à l'évidence aucun scrupule à se servir d'elle pour forcer l'entrée des cercles fermés de l'industrie du film. Son principal espoir maintenant était d'obtenir un contrat de cinéma pour Margarita, qui lui donnerait, à lui Eduardo, une nouvelle occasion de prouver ses talents de danseur et de chorégraphe. Ayant toujours affirmé que Margarita avait hérité de ses dons, la pousser en avant ne gênait pas son narcissisme (comme beaucoup de pères aux tendances incestueuses, Eduardo semble avoir vu en sa fille guère à peine plus qu'une « extension de son propre ego »).

Et bientôt, comme il l'avait espéré, le directeur de la distribution à la Warner Bros, Max Arno, convoqua l'adolescente à Hollywood pour qu'elle y tourne un bout d'essai. Les résultats se révélèrent décevants, et le contrat ne se matérialisa pas. Pour une enfant habituée à croire que le sort de sa famille dépendait d'elle, et que son père punissait physiquement et oralement lorsqu'elle ne faisait pas ce qu'il en attendait, cet échec dut être difficile à supporter.

Le seul travail qu'il réussit à lui décrocher fut de la figuration dans des films qui étaient tournés de l'autre côté de la frontière et dans lesquels elle passait, comme cela arrivait si souvent dans la réalité, pour une Mexicaine.

C'est d'ailleurs ce que crut le directeur de production de la Fox, Winfield Sheehan, lorsqu'il remarqua Margarita à Tijuana en 1934, mais son hôte, Joe Schenck, le détrompa rapidement. Sheehan avait commencé sa carrière dans le cinéma en 1914, comme secrétaire personnel du fondateur de la compagnie, William Fox, et après l'éviction de celui-ci, en 1929, il était devenu la cheville ouvrière du studio. En voyant danser les Dancing Cansinos à Agua Caliente, il se dit qu'avec son type latin Margarita avait peut-être un avenir dans le cinéma. Il l'avait trouvée terriblement excitante sur scène, mais lorsqu'il lui demanda de le rejoindre à sa table, où il venait de dîner en compagnie de Louella Parsons et de plusieurs autres personnes, il comprit que cette adolescente de quinze ans « à la timidité qui faisait peine à voir[9] » n'était pas prête à tenir un rôle important. Néanmoins elle avait indéniablement « quelque chose » — du moins sur scène —, et il lui offrit sur-le-champ de venir tourner un essai à la Fox.

Après l'échec du premier, des pressions formidables s'exercèrent sur Margarita pour qu'elle réussisse celui-ci. Et elle eut la chance extraordinaire de se voir attribuer un cameraman qui perçut immédiatement ce que l'on pouvait faire avec elle. Né en Pologne, récemment arrivé aux États-Unis, Rudolph Maté avait collaboré avec des metteurs en scène aussi prestigieux que Carl Dreyer, Fritz Lang et René Clair. Son travail éblouissant dans *La passion de Jeanne d'Arc*, où sa caméra avait magistralement exploré ce qu'un critique appela « la dimension spirituelle de l'expression du visage[10] », aurait suffi à lui assurer une place importante dans l'histoire du cinéma. Si un opérateur était qualifié pour découvrir les potentialités de la timide et grassouillette Margarita, c'était bien lui.

Personne n'attend d'un premier bout d'essai qu'il révèle un produit fini. Il suffit qu'il dévoile un matériau brut que le studio jugera transformable en quelque chose de commercialisable. On fit faire à Margarita un essai en deux parties. La première, destinée à se rendre compte de la façon dont sa voix passait à l'écran (Sheehan avait déjà dit qu'il faudrait la soumettre à un entraînement intensif), portait sur le son, tandis que la seconde portait sur son physique. C'est ici qu'intervint Maté, dont l'œil expérimenté confirma l'intuition de Sheehan : Margarita possédait bien cette ineffable qualité que l'on nomme la présence à l'écran.

Le résultat ne se fit pas attendre : la première apparition de Margarita dans un rôle autre que celui de figurante. Elle exécuta en effet une danse « résolument sensuelle[11] » dans le film intitulé *Dante's Inferno* (*L'enfer*) avec Spencer Tracy comme vedette et, à son grand soulagement, son nouvel ami Maté pour opérateur. Eduardo eut droit lui aussi à sa récompense : il fut chargé de la chorégraphie de la séquence. Le nouveau partenaire de Margarita était un beau garçon aux larges épaules, Gary Leon.

Peu après le début du tournage, en décembre 1934, Leon se foula la cheville, et il fallut attendre deux semaines avant de pouvoir reprendre la séquence, pendant lesquelles Eduardo et

Margarita redonnèrent leur numéro à Agua Caliente. Satisfaite de la prestation de Margarita, la Fox lui proposa un contrat de six mois, renouvelable selon les normes habituelles. Son engagement à Agua Caliente prenait fin le 9 février 1935. Deux jours plus tard, elle commençait à travailler pour la Fox.

3

« Ça ne donnera rien. Elle n'est pas assez belle », décréta la mère de Loretta Parkin après que Vernon eut mis ses amis de Chula Vista au courant du contrat de sa sœur et de leur prochain départ pour Los Angeles. Opinion que Margarita elle-même dut partager, si l'on en juge par les difficultés qu'il lui fallut affronter durant l'année qu'elle passa à la Fox.

Mais ce n'était pas tant son aspect physique qui préoccupait la jeune fille que son manque total d'expérience en tant qu'actrice. Danser est une chose — qu'elle savait parfaitement faire, comme le montre sa superbe performance dans *L'enfer*. Parler en revanche en est une autre, totalement différente. Il lui fallait apprendre à projeter sa voix, à se faire entendre, exercices qui la laissaient souvent en larmes, déconcertée et frustrée. De son propre aveu, pendant le tournage de *Under the Pampas Moon*, son premier rôle parlant, elle était si « terrifiée [1] » que, lorsque vint le moment de prononcer les quelques mots qu'elle devait adresser à l'acteur Warner Baxter, elle n'arrêta pas de bégayer [2].

Le studio avait décidé d'abréger son prénom en Rita, lui faisait suivre des cours de comédie, de danse et d'équitation, et lui avait demandé de maigrir grâce à un régime et des exercices physiques. Les communiqués de presse la présentaient comme « une belle danseuse de seize ans, moitié irlandaise, moitié espagnole, qui a fait le tour du monde une douzaine de fois » et qui descendait, point sur lequel ils insistaient beaucoup, d'une éminente famille de danseurs espagnols. Mais ces vantardises ne la rendaient ni moins angoissée, ni plus sûre d'elle. Parfois elle ne pouvait s'empêcher de pleurer ouvertement devant les metteurs en scène et ses camarades de travail. « Il y a longtemps que je n'ai pas vu quelqu'un d'aussi bouleversé. Elle ne sait simplement pas ce que tout cela signifie[3] » écrivit en 1935 un journaliste du *Milwaukee* qui était venu l'interviewer. Du rôle d'une jeune Argentine nommée Carmen dans *Under the Pampas Moon*, elle passa à celui d'une jeune Égyptienne, Nayda, dans *Charlie Chan en Égypte*. Ce n'étaient là que des galops d'essai destinés à l'entraîner pour le personnage autrement plus important auquel pensait Winfield Sheehan lorsqu'il lui avait fait faire ses premiers essais : celui de Ramona dans une nouvelle adaptation en Technicolor du roman immensément populaire de Helen Hunt Jackson, un écrivain du siècle passé. Sheehan espérait que le rôle de cette orpheline à moitié indienne ferait de Rita la nouvelle Dolores Del Rio (la vedette d'origine mexicaine de la version originale muette).

Quant à Eduardo, son emploi de chorégraphe à la Fox — qu'il exerçait en plus de son professorat de danse — lui permettait de continuer à garder un œil sur sa fille. « Il surveille de très près chaque mouvement de Rita, il continue de la guider comme lorsqu'elle était enfant[4] », disait de lui le *Milwaukee Journal*. Sa surveillance ne se limitait pas à la carrière cinématographique de Rita. A Chula Vista, contrairement aux autres filles de son âge, elle n'était jamais sortie avec des garçons, auxquels du reste elle n'adressait même pas la parole : Eduardo avait été le seul homme de sa vie.

A seize ans elle fit la connaissance d'un jeune étudiant de l'Université Loyola qu'elle trouva très attirant, mais leur histoire d'amour ne dépassa pas le stade de l'ébauche. Alors que Volga soutenait chaudement le courtisan de sa fille, Eduardo s'empressa de mettre fin à cette relation. Selon Vernon, « Rita et lui n'ont jamais pu entreprendre quelque chose de sérieux car mon père s'en est mêlé. Elle avait seize ans[5] ! »

Eduardo, toutefois, ne pouvait pas tenir Rita à l'écart de tous les hommes : d'un jeune blanc-bec, peut-être, mais certainement pas de tous ceux qui, plus âgés et beaucoup plus rusés (des « producteurs », comme ils se présentaient inévitablement, même s'ils ne l'étaient pas), gravitaient autour de la Fox et promettaient à Rita une carrière éclair en échange de ses faveurs. Pinky Tomlin, un gentil acteur avec qui elle était devenue amie durant le tournage de son troisième film, *Paddy O'Day* (le rôle le plus substantiel qui lui eût été confié jusque-là, celui d'une jeune Russe, Tamara Petrovitch), lui conseilla avec insistance de repousser de telles offres. Qu'elle ait même pu les prendre en considération nous fournit une indication importante : déjà à seize ans elle pensait sérieusement à se mettre entre les mains d'un protecteur d'un certain âge.

De ceci Eduardo ne pouvait que se blâmer lui-même. On constate souvent, chez les femmes qui ont été victimes d'un inceste dans leur enfance, l'absence de ces « mécanismes normaux d'autoprotection » qui caractérisent l'âge adulte et une tendance à chercher un substitut du père, un personnage tout-puissant capable de guider leur vie. Dans leur relation avec les hommes, elles présentent ce que Freud appelle l'« instinct de répétition » — une tendance à retrouver tout au long de leur vie d'adulte les sentiments et les expériences (même douloureux) qu'elles ont connus dans leur enfance. Et — l'histoire de Rita le démontre amplement — ces puissants protecteurs ne se révèlent que trop souvent aussi exploiteurs et abusifs que les pères.

Au nombre de ces hommes âgés qui, dans ces années-là, avaient jeté leur dévolu sur Rita figurait un certain Eddie Judson, personnage louche de trente-neuf ans qui se disait « pétrolier », au charme facile de représentant de commerce et au bagou trompeur. Il avait des choses à dire à peu près sur tout le monde. Mais derrière ce badinage superficiel et cette jovialité de façade, l'homme dissimulait soigneusement son passé. D'après le publicitaire Henry C. Rogers, qui jouait au poker avec lui dans les années quarante, il était toujours très mystérieux. Personne ne savait réellement qui il était[6]. Personne, pas même ceux qui se comptaient parmi ses amis, ne savait quoi que ce soit de concret sur Judson, et surtout pas sur ses finances.

Eddie s'habillait toujours impeccablement et il semblait disposer d'une fortune considérable, qui lui permettait de faire la tournée des boîtes de nuit à la mode tels que le Trocadero et le

Ciro's ; ceux qui le croisaient le décrivaient comme un homme « riche », mais en réalité, avant qu'il n'eût ferré Rita, il gagnait à peine quatre cents dollars par mois. Encore en 1942, quand la scénariste Adela Rogers St. Johns le présentera comme « un homme d'affaires comblé, travaillant dans le pétrole et l'immobilier, et actionnaire de plusieurs sociétés [7] », elle ne fera que répéter en toute innocence un des nombreux bobards que Judson lui-même faisait courir sur son compte. En réalité, et beaucoup plus prosaïquement, depuis le jour où il avait mis les pieds à Hollywood, l'assise financière de Judson était fragile, mais en dépensant judicieusement son argent il donnait une image toute différente de lui. Technique que, quelques années plus tard, il reprendra brillamment pour le compte de Rita.

Malgré cet air de mystère derrière lequel il s'abritait en permanence, il est possible de retracer les détails significatifs de sa vie avant sa rencontre avec Rita. Edward Charles Judson était né à San Jose (Californie) en 1896, d'un père américain né au Portugal et d'une mère canadienne. Il avait épousé en 1921, dans l'Illinois, une jeune fille de dix-neuf ans, Dorothy Oliver, qu'il avait abandonnée trois ans plus tard, et qui obtint le divorce en 1926.

A l'époque il vivait à New York, où il vendait des Isotta-Fraschini (cette extravagante voiture qui transporte Gloria Swanson dans *Boulevard du Crépuscule*). En 1929 il se remaria avec une danseuse des Ziegfeld Follies, Hazel Forbes, mais une année ne s'était pas écoulée qu'ils se séparaient, la responsabilité en incombant cette fois-ci à la jeune mariée, que Jack Dempsey et un autre soupirant s'étaient disputée à coups de poing. La fureur et la rancune d'Eddie ne firent que s'accroître lorsque, peu après leur divorce, Hazel épousa Paul Owen, le propriétaire multimilliardaire d'une entreprise fabriquant de la pâte dentifrice et de la brillantine — qui mourut bientôt d'une double pneumonie en laissant sa veuve à la tête d'une fortune estimée à quinze millions de dollars.

A peu près à l'époque où Margarita Cansino arrivait à Hollywood, l'« héritière de la pâte dentifrice » (comme la presse l'avait baptisée) y débarquait elle aussi, mais avec infiniment plus de battage, compte tenu de ses millions. Et de même que Rita, Hazel se lança dans la carrière cinématographique. Mais en faisant savoir qu'elle léguait tous ses cachets à des acteurs moins fortunés, il lui fut beaucoup plus facile de s'attirer de la publicité.

Entre-temps, Eddie Judson avait conclu un troisième mariage et un troisième divorce, et avait décidé d'aller chercher fortune à Hollywood où il savait qu'Hazel vivait sur un grand pied. Elle reçut bientôt deux lettres de chantage, la menaçant de mort si elle ne versait pas cinq mille dollars en un premier temps, et deux mille cinq cents en un second. Au lieu de quoi elle remit les deux lettres manuscrites aux autorités fédérales et s'empressa de quitter Hollywood, avec l'intention de n'y pas revenir de sitôt.

Pendant ce temps, Eddie s'occupait de récolter des fonds pour le compte d'un promoteur texan qui cherchait à affermer des gisements de pétrole. Judson devait voir un des dirigeants de la Fox lorsqu'il apprit, à la dernière minute, que son rendez-vous était annulé. En se promenant dans les studios, il tomba sur une projection des essais réalisés pour *Ramona*. Après quoi il utilisa tout son talent de vendeur à persuader un des sous-fifres du studio de lui dire tout ce qu'il savait sur cette fille Cansino. On racontait partout que Winfield Sheehan entendait en faire une vedette grâce à *Ramona* ; mais tous ces beaux plans n'allaient pas tarder à être bouleversés. Sans que Rita le sût, la Fox connaissait des changements considérables qui influeraient sur tout le cours de sa carrière.

Il n'était jamais venu à l'idée des Cansino que Winfield Sheehan, leur bienfaiteur, le tout-puissant directeur de la production, pouvait être vulnérable et supplanté en l'espace d'une nuit ou presque. Pourtant ce n'était pas un secret dans l'industrie cinématographique que la Fox Film Corporation battait de l'aile financièrement. En 1935, la Fox fusionna avec la Twentieth Century, formant un nouveau conglomérat, la Twentieth Century Fox, dont Joe Schenck (l'ancien employeur des Dancing Cansinos à Agua Caliente) et Darryl F. Zanuck, les énergiques dirigeants de la Twentieth Century, ne tardèrent pas à prendre le contrôle. Comme il fallait s'y attendre, Sheehan perdit sa place au profit de Zanuck, ancien directeur de production à la Warner, qui, ainsi qu'il est courant dans des cas semblables, jeta un œil suspicieux sur les projets de son prédécesseur.

En tant que protégée de Sheehan, Rita allait se retrouver sur la liste des premiers éjectés. Après avoir visionné ses essais dans *Ramona*, Zanuck déclara qu'elle ne convenait absolument pas pour ce rôle et la remplaça par Loretta Young. Et comme si cela ne suffisait pas, une fois terminés les deux autres films que Sheehan lui avait réservés à titre d'entraînement pour *Ramona* — *Message to Garcia* (*Message à Garcia*), de George Marshall, où son rôle fut finalement coupé, et *Human Cargo*, d'Allan Dwan —, Zanuck ne renouvela pas son contrat.

C'est cette grave crise dans la vie des Cansino qui fournit à Judson l'ouverture dont il avait besoin. Avant cela, jamais Eduardo ne l'aurait laissé approcher sa fille, mais après la perte du contrat de la Fox, il prêta une oreille on ne peut plus attentive aux propos lénifiants du représentant de commerce, qui lui promettait d'intervenir pour Rita auprès des gros bonnets du cinéma, dans la compagnie desquels il se flattait d'être accueilli. En fait, comme l'a rappelé Henry Rogers, « personne dans l'industrie du cinéma ne le connaissait. Il n'avait pas le moindre contact[8] ». Mais cela, Eduardo Cansino l'ignorait, et n'ayant personne d'autre vers qui se tourner, il accepta la proposition que lui fit Judson de s'occuper de la carrière de Rita.

A dix-sept ans, Rita se retrouva ainsi soudainement escortée à travers la ville par un homme de l'âge de son père et qui, avec sa haute taille, ses vêtements élégants, l'assurance qu'il manifestait en toute occasion, lui plaisait profondément. Avec aussi un léger défaut physique qu'elle avait certainement remarqué : un moignon qui était tout ce qui lui restait d'un doigt, à l'évidence coupé net.

Mais c'est des défauts de Rita, et non de ceux de Judson, qu'ils discutèrent lors de la première soirée qu'ils passèrent ensemble au Trocadero. Sa façon de s'habiller, notamment, était particulièrement gênante, mais il suffisait qu'elle le laisse choisir ses vêtements et elle serait « du tonnerre ». Bien des femmes auraient été rebutées ou se seraient senties insultées par des remarques de ce genre, mais Rita les accepta sans broncher et autorisa Eddie à prendre en charge tous les aspects de sa vie, à lui dicter toutes ses décisions, des plus infimes aux plus personnelles.

L'étrangeté de leurs rapports choquait souvent les gens, notamment Roz Rogers, une amie de Rita : « Pour commencer, je n'arrivais pas à comprendre ce qu'elle faisait avec lui. Plus nous le connaissions, plus nous le détestions, surtout parce que

Rita semblait totalement désarmée face à lui. Il s'était substitué à son père. Il lui dictait ce qu'elle devait faire[9] ».

Mais c'est précisément ce qui attira Rita vers lui dès le départ, fait confirmé par Helen Hunt, qui fut longtemps la coiffeuse de l'actrice. La jeune fille considérait Judson comme un père qui, du moins au début, l'éduquait et prenait soin d'elle mieux que ses propres parents ne l'avaient jamais fait.

Après l'expérience « traumatisante » (si l'on en croit Vernon) que représenta la perte du rôle de Ramona et l'annulation du contrat qui la liait à la Fox, Rita trouva auprès de Judson l'attention et l'intérêt, à double sens certes, qu'il lui fallait pour conforter un ego fragile. Ainsi, en concluant son marché avec Judson, Eduardo offrit à sa fille, bien involontairement, le moyen de lui échapper, et ne se rendit pas compte que les relations du couple ne manqueraient pas de dépasser un jour les strictes limites du travail.

Très vite, Judson procura à Rita des engagements au coup par coup qui rapportaient une moyenne de deux cents dollars par film. L'ancien vendeur d'automobiles, aux techniques commerciales souvent peu conventionnelles, proposait à tout producteur acceptant de faire tourner sa cliente de lui procurer une voiture à prix réduit. C'est ainsi que la Columbia confia à Rita un petit rôle dans *Meet Nero Wolfe*, la petite Crescent Pictures une apparition dans deux westerns de Tom Keene, et la Republic la réplique à un trio de cowboys très populaires, surnommés les Trois Mousquetaires, dans *Hit The Saddle*.

Mais Eddie fut véritablement payé de ses efforts le jour où la Columbia Pictures proposa à Rita de l'engager comme starlette avec un contrat de sept ans, ce qui signifiait qu'elle n'aurait plus à courir le cachet. Ce qui ne voulait pas dire pour autant qu'on la ferait travailler pendant sept ans : ce type de contrat garantissait simplement que le studio se procurait le droit de la garder. Si elle ne donnait pas ce qu'ils en attendaient, ils pouvaient toujours décider de ne pas renouveler l'option, comme cela s'était passé avec la Twentieth Century Fox. De tels contrats protégeaient avant tout l'employeur, qui investissait dans des starlettes comme Rita, mais en aucun cas le pauvre employé.

Toutefois, Eduardo ne s'en plaignit pas. A peine sa fille fut-elle arrivée à la Columbia qu'on la plaça devant une caméra pour une de ces sauvages danses espagnoles dans lesquelles elle excellait. Le film s'appelait *Criminals of the Air*. Mais un aussi petit rôle pouvait déboucher sur quelque chose de plus important, car la Columbia recherchait activement une ou deux vedettes parmi les starlettes qu'elle avait sous contrat.

Constituée en société en 1924, cette firme avait commencé par être une toute petite maison de production, mais dans les années trente, sous la poigne de Harry Cohn, et grâce au succès tant sur le plan financier que sur celui de la critique du film de Frank Capra, *New York-Miami* (1934), le studio s'était hissé à l'échelon supérieur. Son point faible, l'épine au côté de Harry Cohn, était son manque de vedettes sous contrat exclusif. Un grand studio avait besoin de vedettes bien à lui pour deux raisons importantes : avant de mettre de l'argent dans un film, les banquiers de la côte Est aimaient connaître le nom des vedettes associées au projet, garantie de leur investissement ; et avant d'acheter son billet, le public aimait savoir le nom de la star jouant dans le film, garantie de son plaisir. Ses vedettes, Harry Cohn devait les emprunter aux autres studios, ce qui signifiait qu'il devait payer non seulement le salaire de l'acteur mais verser une somme équivalente à 75 pour 100 de ce salaire au studio rival.

Connu pour son côté grippe-sou — il allait jusqu'à éteindre lui-même les lumières que les employés avaient laissé brûler en quittant le studio —, Cohn était profondément malheureux d'avoir à payer de tels suppléments. Et lorsqu'il calculait combien de telles pratiques rapportaient à ses rivaux, il rêvait d'entrer dans le jeu. Il était donc constamment à la recherche de talents neufs et, comme le rappellera Helen Hunt, qui dirigeait l'équipe des coiffeurs de la Columbia, Rita « faisait partie de ce groupe de filles que Harry Cohn voulait essayer pour voir s'il en sortirait quelque chose [10] ». Pour cela il produisit un « horrible film » (*dixit* Helen Hunt), *Girls Can Play*, dans lequel Rita et les autres starlettes incarnaient une équipe de softball, permettant ainsi à Cohn de juger d'un coup ce qu'elles valaient à l'écran. Plusieurs d'entre elles n'y résistèrent pas. « Cohn ne voulut plus les revoir », selon Helen Hunt. Rita n'était pas du nombre, mais après la sortie du film, Cohn parut l'avoir totalement éjectée de ses pensées.

On avait pourtant entendu le « big boss » faire une remarque en passant sur cette fille Cansino, qui devrait bien changer de nom. Cansino, c'était trop..., eh bien..., ça sonnait trop espagnol. A la Fox, Sheehan avait voulu cultiver le type latin de Rita, en faire la nouvelle Dolores Del Rio. Cohn suggérait une autre possibilité, et Judson en prit bonne note. C'est ainsi que Rita Cansino devint Rita Hayworth, du nom de jeune fille de sa mère. Eduardo n'apprécia pas beaucoup que sa fille se dépouille de son nom, mais il semblait que ce fût un mal nécessaire.

Entre-temps, Rita avait décidé d'abandonner davantage que le nom de son père. En mai 1937, moins de quatre mois après avoir signé le contrat avec la Columbia, elle s'enfuit avec Eddie Judson.

Empêcher Eduardo de chercher à casser sa première liaison ne fut peut-être pas la seule raison qui la poussa à agir ainsi. Chez nombre de femmes violées dans leur enfance, la névrose de répétition les conduit non seulement à rechercher un substitut de l'image paternelle mais à entourer leurs aventures sexuelles du même secret, du même caractère « particulier » qui marquait leurs relations incestueuses.

Le jour où elle avait décidé de s'enfuir avec Eddie, Rita se présenta au studio à l'heure dite pour les dernières prises d'un film intitulé *Flashing Skates* (qui devrait sortir sous le titre de *The Game that Kills*). Elle craignait que, comme il en avait coutume, car son cours de danse était tout près, Eduardo ne fît un saut pour la voir, mais ce ne fut pas le cas. La seule personne étrangère à qui Rita et Judson semblent s'être confiés fut Helen Hunt, sur qui ils tombèrent au restaurant.

Cette confidence était une démarche calculée. Comme Judson devait le savoir, Helen avait l'oreille de Harry Cohn, et Eddie n'avait pas manqué de cultiver cette amitié utile. Lui révéler leur grand secret, c'était la rapprocher d'eux encore plus.

En se rendant à son rendez-vous routinier avec Judson ce soir-là, Rita demanda à son père de la réveiller tôt le lendemain matin, car elle avait des prises à refaire pour *Flashing Skates*. Sur quoi, Judson et elle se rendirent directement à Yuma, en Arizona, d'où le jour suivant ils expédièrent un télégramme à Eduardo et Volga pour leur annoncer leur situation de nouveaux et heureux mariés.

4

Comme Rita l'avait prévu, c'est l'enfer qui s'abattit sur le bungalow des Cansino à Los Angeles lorsque leur parvint la nouvelle de sa fuite avec Judson. Eduardo, naturellement, fut désespéré ; quant à Volga, elle devint comme folle. Lorsque quelques journalistes eurent vent de cette aventure, la famille admit en un premier temps qu'elle était « bouleversée » d'avoir été trompée, puis à la réflexion elle offrit son pardon et assura les Judson qu'elle leur donnerait sa « bénédiction » lorsqu'ils reviendraient de Coronado et d'Ensenada, où la jeune mariée de dix-huit ans et son époux de quarante et un ans passaient, disait-on, leur lune de miel.

Les retrouvailles ne furent pourtant pas heureuses, non plus que les tentatives de réconciliation qui suivirent. Vernon vit plusieurs fois sa mère se ruer physiquement sur Judson : « Elle l'a frappé à diverses reprises, en ma présence [1] », affirme-t-il. Ce qui n'était pas très malin de la part de Volga. Et qui eut pour résultat de faire venir Judson — du moins est-ce ainsi que le jeune Vernon vit les choses —, uniquement pour la tourmenter.

Si l'on pense à la vie terrible que Volga avait laissé mener à sa fille depuis l'âge de douze ans, il y avait effectivement amplement matière à la « tourmenter ». Judson n'épargnait pas non plus Eduardo. A peine Rita et lui étaient-ils rentrés de leur lune de miel qu'il commença à harceler son beau-père en lui demandant de rembourser tout l'argent que Rita avait rapporté à la famille. Quoi qu'il ait pu extorquer aux Cansino, ce ne fut probablement pour lui guère plus qu'un bouche-trou, en attendant que Rita devienne une des grandes vedettes de la Columbia et qu'affluent ainsi des fonds plus substantiels.

Dès avant leur mariage, il se pavanait en affirmant à qui voulait l'entendre : « Rita, c'est du tout cuit pour le vedettariat. » A présent, tout en dénonçant l'exploitation dont elle avait été victime de la part de son père, il empochait le chèque qu'elle recevait chaque semaine. « Il ne travaillait pas, dira à son propos Henry Rogers. Il n'avait apparemment aucune source de revenu [2]. » A l'exception de Rita.

« Je l'ai épousé par amour, il m'a choisie comme investissement, reconnaîtra-t-elle plus tard. Dès le début il m'a prise en charge, et pendant cinq ans il m'a traitée comme si je n'avais ni esprit ni âme. » Opinion qu'elle n'avait manifestement pas au départ, lorsque, si l'on en croit Henry Rogers « elle était la Trilby de ce Svengali* ».

Autrefois, c'était Eduardo qui considérait Margarita comme un prolongement de lui-même. Maintenant, à ce premier stade du programme mis sur pied par Eddie Judson pour créer Rita Hayworth, le nouveau marié dictait son comportement à sa jeune épouse, et la nature malléable et soumise de Rita en faisait une bonne élève. Si elle voulait attirer l'attention des gens utiles, il fallait qu'elle eût l'allure, la démarche et la façon de s'exprimer qu'Eddie estimait convenir. Il la trouvait trop grosse : elle se dépêcha de perdre quelques kilos supplémentaires. Il jugeait sa voix trop haut perchée : elle s'efforça de la rendre plus grave.

N'ayant jamais réussi à porter un regard personnel sur elle-même, et dépendante comme elle l'était de l'approbation et des sentences d'Eddie, Rita apprit à se voir et à se juger à travers ses yeux à lui : un type de relation qu'elle aura toujours avec ses maris et ses amants. « Elle reflétait ce que les hommes voulaient [3], expliquera Bob Schiffer, son maquilleur et ami de longue date. C'est ainsi malheureusement qu'elle croyait que les choses devaient être. » Ce qui explique peut-être pourquoi très souvent les femmes de son entourage ne la considéraient pas

---

* Allusion à un célèbre couple d'illusionnistes. *(NdT.)*

comme quelqu'un de particulièrement sensuel et étaient souvent surprises de la violente attraction sexuelle qu'elle exerçait sur les hommes. « Je ne pensais pas qu'elle avait ce qu'il fallait pour cela [4] se rappelle Helen Hunt. Elle n'en avait absolument pas l'allure. Je ne faisais pas très attention à elle. »

Helen Hunt avait vu Rita dans *Girls Can Play* et n'en avait pas été autrement impressionnée. Mais Judson la supplia de voir le film une seconde fois. Peut-être lui avait-on appris que Harry Cohn avait perdu tout intérêt pour cette starlette, en tout cas il commençait à soupçonner que les choses ne se passaient pas si bien que cela avec la Columbia et il craignait que, le moment venu de renouveler son option, Rita ne se retrouve à la porte, comme cela avait été le cas avec la Fox. Il lui suffisait de la regarder pour se rendre compte que quelque chose clochait dans son apparence. Même après avoir suivi en tout point le rude programme qu'il lui avait prescrit — gymnastique, régime alimentaire, leçons pour placer sa voix et maîtriser sa démarche —, Rita ne correspondait toujours pas à l'image qu'il s'était forgée. Finalement son attention se porta sur la chevelure, dont l'implantation lui parut beaucoup trop basse, ce qui avait pour effet de diminuer l'attrait des immenses yeux marron. Il prit sur-le-champ rendez-vous avec Helen Hunt qui, bien que peu enthousiasmée par l'allure de la jeune fille et ne misant guère sur son avenir, leur fit des suggestions qui allaient métamorphoser Rita en une des plus grandes beautés de Hollywood.

« Elle ressemblait exactement à une danseuse espagnole [5], se rappelle Helen. Ses cheveux n'avaient l'air de rien. Elle en avait beaucoup, mais ils tombaient si mal autour du front ! » Eddie lui demanda si l'on pouvait faire quelque chose pour modifier cette implantation qu'il qualifiait d'« affreuse ». « Leur relation semblait très impersonnelle [6] », au dire de Henry Rogers. Il n'y avait pas longtemps qu'ils étaient mariés, mais on cherchait déjà en vain chez lui les signes de passion habituels chez un jeune époux. En fait, il n'y avait place que pour une seule passion dans la vie de Judson : la carrière de Rita.

Laquelle attendait tranquillement assise que sa coiffeuse et son époux aient fini de discuter son cas. « Avec l'aspect qu'elle a maintenant, elle n'ira jamais bien loin dans le cinéma [7] », se lamentait-il. Helen Hunt fit prendre une photo de Rita les cheveux totalement tirés vers l'arrière, comme « rasés à zéro », puis ils examinèrent l'image soigneusement pour voir ce que cela donnerait si l'on faisait reculer l'implantation des cheveux sur les tempes tout en accentuant la pointe sur le front. Après quoi ils fixèrent une série de rendez-vous avec un laboratoire d'électrolyse dont Helen connaissait le directeur.

Rita fut priée de se présenter tous les mois chez Helen afin que l'on pût juger des progrès sur de nouvelles photographies. Ce procédé de l'électrolytise consiste à faire passer dans les cheveux un courant qui en détruit les racines ; c'est un traitement long et douloureux. La perspective de ces séances mettait Rita au supplice, mais il n'était pas question pour elle de s'y soustraire puisque Judson en avait décidé ainsi. « Elle détestait plus que tout aller là-bas, dira plus tard Helen Hunt. C'est Eddie Judson qui l'obligeait à y aller. C'est lui qui a décidé qu'il fallait le faire. »

De là on passa à la couleur des cheveux, ce à quoi elle opposa beaucoup moins d'objections, mais qui n'en fut pas moins important pour son image : leur brun foncé devint un auburn éclatant. Rita avait déjà abandonné la teinture noir corbeau qu'on lui avait imposée dans le passé ; désormais cet auburn allait soulever l'enthousiasme et devenir sa « marque de fabrique ».

Bien que ses fonds fussent au plus bas, Judson paya tout de sa poche, ou plus exactement avec l'argent qu'il empochait de Rita chaque semaine. Mais les résultats valaient l'investissement. Les photographies prises régulièrement par Helen montraient distinctement la métamorphose. « On la prenait sous toutes les coutures, puis on a délimité l'endroit où devait se situer la pointe des cheveux qu'on a tirés en arrière, puis ramenés en avant. On a fait un gros travail, mais il fallait continuer. » Judson avait hâte d'attirer l'attention de Harry Cohn sur la nouvelle Rita, mais il décida d'attendre avant de plonger que l'électrolyse soit terminée.

Entre-temps, il passa à la seconde partie de son programme qui consistait à exhiber Rita devant les gens qui comptaient à Hollywood. Avant *Only Angels Have Wings* (*Seuls les anges ont des ailes*), de Howard Hawks, en 1939, son premier succès, Rita tourna une douzaine de films de série B, exécutant ainsi les termes du contrat qui la liait à la Columbia. Pour arriver au studio en temps voulu, il fallait qu'elle se lève à cinq heures du matin ; les fins d'après-midi étaient consacrées à la gymnastique, aux leçons et aux traitements ; quant aux nuits, elle les passait à faire le tour des boîtes de nuit à la mode en compagnie d'Eddie.

Toujours selon Helen Hunt, « il lui louait une belle robe, puis il réservait une table dans une des meilleures boîtes, tout au bord de la piste, pour que les danseurs puissent la voir. Qu'est-ce qu'il n'a pas fait pour qu'on la remarque [8] ! »

Une starlette comme Rita n'était à proprement parler personne, et il n'y avait aucune raison pour que les gens importants lui prêtent la moindre attention. Judson mit donc une stratégie au point pour attirer le regard des photographes de presse qui hantaient les night-clubs. Car les grands personnages de l'industrie cinématographique avaient beau n'être assis qu'à quelques pas de la table de Rita, ce n'est qu'en tombant sur une photo d'elle dans les journaux du matin qu'ils regarderaient dans sa direction la nuit venue. Pour mieux séduire les photographes, Judson les invitait à sa table, ce qui était là un investissement fructueux mais un vrai supplice pour une Rita qui n'avait toujours pas surmonté sa timidité. Il est vrai qu'elle avait des années de sacrifices derrière elle, passées à faire une foule de choses contre sa volonté. Elle acceptait tout cela au nom du travail, de ses responsabilités — et maintenant de ce qu'elle devait à Eddie pour tout le mal qu'il se donnait. Lorsque, en fin de soirée, il se plaignait d'avoir dépensé de l'argent pour rien car aucune personne d'importance ne l'avait remarquée, elle allait se coucher en larmes, craignant qu'il ne lui reproche de ne pas pouvoir compter sur elle.

Ils auraient la preuve que leurs efforts étaient payants lorsqu'ils auraient réussi à attirer de nouveau l'intérêt de Harry Cohn. Judson attendait son heure. Mais il savait très bien qu'il ne pouvait avoir accès directement au bureau de Cohn. Ses minces ressources fondaient rapidement, et il lui semblait juste qu'à ce stade le studio commence à prendre en charge les frais de l'électrolyse de Rita. S'il avait demandé dès le début à Helen de s'entremettre auprès de Cohn, elle aurait probablement refusé puisqu'elle ne croyait pas en l'avenir de sa jeune épouse. Mais les quelques mois de traitement l'avaient fait changer d'opinion.

Pour préparer le terrain, Judson demanda à Helen, puisqu'elle connaissait si bien Harry Cohn et que Cohn l'aimait tant, si elle accepterait de lui parler de Rita. Ce serait dur à vendre, il le savait.

« Cohn n'avait plus jamais jeté un œil sur elle, après le film sur le base-ball », au dire d'Helen Hunt. Mais lorsqu'elle lui montra les toutes dernières photos de Rita, le grand patron fut stupéfait. « A la vue des photos, il s'est comme réveillé. Il m'a dit : "Regardez-moi ça[9] !" » Cohn voulait que Rita fasse un nouvel essai sur-le-champ, mais Helen, sagement, suggéra qu'il valait peut-être mieux attendre encore trois mois, pour que la jeune femme fût absolument parfaite. Cohn accepta de prendre en charge les frais du traitement et demanda à Helen de le prévenir immédiatement dès qu'elle jugerait qu'on pouvait y aller. Il devait ne pas regretter son attente.

Beaucoup d'histoires apocryphes circulent sur la façon dont Rita Hayworth obtint son rôle dans le désormais classique *Seuls les anges ont des ailes*. Mais la réalité est très simple. Comme nous l'avons vu, la Columbia avait désespérément besoin de se fabriquer des vedettes, et lorsque Cohn vit les photos de Rita, il entendit tinter une cloche dans sa tête. La star qu'il recherchait était peut-être là, sous son nez.

La nouvelle Rita Hayworth allait naître.

5

L'occasion d'utiliser Rita se présenta d'elle-même lorsque Howard Hawks montra à Harry Cohn quelques notes préparatoires relatives au nouveau film qu'il avait en projet : un drame tournant autour d'un pilote d'avion qui s'éjecte de son appareil en laissant mourir son coéquipier. Quand il apprit que le dur, le sarcastique Hawks, qui avait déjà à son actif ces trois classiques que sont *Scarface*, *Twentieth Century* (*Train de luxe*) et *Bringing Up Baby* (*L'impossible monsieur Bébé*), se trouvait dans ses studios, où il venait rendre visite à Frank Capra, Cohn l'appela dans son bureau.

Cohn avait besoin d'un sujet pour Cary Grant et Jean Arthur et il demanda à Hawks s'il possédait quelque chose qui pourrait convenir. Hawks ressortit du bureau de Cohn avec le contrat de ce qui allait devenir *Seuls les anges ont des ailes*. Le magnat avait utilisé Cary Grant et Jean Arthur comme appâts, mais son idée était de fourrer Rita Hayworth quelque part dans le film.

D'après Henry Rogers « *Seuls les anges ont des ailes* fut son premier grand film. C'est là-dedans qu'elle a vraiment percé[1] ». Aussi important que le film ait été pour sa carrière, tourner avec Hawks ne fut toutefois pas une expérience agréable.

Après des mois de travail dans des films médiocres, elle avait enfin l'occasion d'être dirigée par l'un des meilleurs conteurs d'histoires du cinéma. Mais si elle avait espéré progresser grâce à lui, elle dut être cruellement déçue. Lorsque Hawks la vit arriver sur le plateau où elle devait interpréter le rôle secondaire mais substantiel de la femme du malheureux pilote (joué par Richard Barthelmess), Rita lui parut terrifiée. Caustique comme à son habitude, il ricana sur la nervosité habituelle aux débutants : « La raison pour laquelle une star est une star, c'est qu'en passant la porte elle se dit : "Ils veulent tous me baiser !" Tandis que la pauvre gamine qui joue pour la première fois est pétrifiée de trouille, et ne sait tout simplement pas quoi faire[2]. »

Et ce n'est pas en dirigeant Rita comme il le fit, c'est-à-dire de son propre aveu en cherchant avant tout à mettre en lumière sa sexualité, que Hawks put l'aider. Il lui dit ouvertement, devant le reste de la troupe, qu'il n'attendait pas d'elle qu'elle se comporte en actrice — qu'elle se contente simplement de bouger devant la caméra. Certain qu'elle serait incapable d'interpréter correctement une scène d'ivresse, il ordonna à Cary Grant (qui tenait le rôle de l'ex-amant de Rita) de lui verser un pichet d'eau glacée sur la tête. Ce que Hawks voulait, c'était une réaction naturelle. Il n'était pas question de lui demander de jouer la scène ; il finit même par mettre dans la bouche de Cary Grant les répliques qui étaient celles de Rita à l'origine et qu'elle ne parvenait pas à dire : « Cette scène d'ivresse a beaucoup fait pour sa réputation, rappelait Hawks. Mais si on lui avait demandé de jouer les ivrognes[3]... »

Il eut beau reconnaître devant Cohn que Rita avait besoin qu'on l'aide à affirmer sa personnalité, son attitude condescendante pendant le tournage eut certainement l'effet opposé. Rita évoquera toujours par la suite ce film avec une profonde amertume (où Hawks, d'après elle, l'avait traitée comme un être dénué d'esprit et incapable d'une quelconque émotion personnelle) ; malgré tout, *Seuls les anges ont des ailes* apporta indéniablement ce que Cohn en attendait. « Lorsqu'il commença à voir ce qu'il y avait en Rita, Cohn s'occupa énormément d'elle[4] », selon Henry Rogers. Bizarrement, Eddie Judson ne comprit pas ce qui venait de se passer et s'imagina, terrifié, que le contrat de Rita n'allait pas être renouvelé. A l'évidence, il n'était pas dans la confidence de Cohn, comme le veut la légende, sinon il aurait su que le magnat avait des projets importants pour elle et qu'il n'y avait aucune raison de s'inquiéter.

Or Eddie s'inquiétait tellement qu'il en vint à la conclusion que pour prendre véritablement son essor, Rita avait besoin d'une publicité à l'échelon national, dépassant de loin les moyens qu'il pouvait mettre en œuvre. Il voulait diffuser auprès des masses l'image de ce beau visage, de cette chevelure rousse luxuriante qu'il avait créés. Et que les gens lisant ou entendant prononcer ce nom l'associent instantanément à ce visage. Il y avait certainement un meilleur moyen pour y parvenir que de payer à boire à des photographes, mais il n'arrivait pas à imaginer lequel.

Henry Rogers, lui, y parviendrait peut-être. Rogers était un publicitaire tout frais débarqué dans la profession et certainement prêt à travailler pour une somme minime. Les deux hommes jouaient ensemble au poker, où ils conviaient souvent leurs femmes, mais Rita n'était pas très douée pour ce jeu. « Elle ne savait pas ce qu'elle faisait, dira Rogers. Elle se contentait d'être une bonne petite épouse. » Elle ne disait pas grand-chose lorsqu'ils sortaient ensemble. « Elle était tranquille et timide. Si elle n'avait pas été aussi belle, elle aurait fait tapisserie [5]. »

Judson harcelait Rogers pour qu'il accepte de s'occuper de Rita, mais Roz, la femme de Rogers, n'était pas sûre que le coup valait d'être tenté. Non qu'elle n'aimât pas Rita, bien au contraire. Elle se demandait simplement s'il serait profitable de la lancer en tant que sex-symbol, comme l'envisageait son mari : « J'ai dit à Henry : ''Elle est adorable et ravissante et que sais-je encore, mais je ne crois pas qu'elle soit fascinante''. Je la voyais sous un jour complètement différent : juste une douce, adorable femme au foyer [6]. »

Malgré les réserves de sa femme, Rogers accepta de s'occuper de cette nouvelle cliente, mais plus par amitié que par réelle envie. Au lieu d'honoraires réguliers, il se contenterait de 5 pour 100 du revenu brut de Rita. Comme elle gagnait à l'époque trois cents dollars par semaine, il en toucherait donc quinze.

Judson se trompait en croyant que Cohn avait l'intention de laisser tomber Rita, mais sa décision de s'assurer les services d'un publicitaire n'en fut pas moins astucieuse. Depuis les débuts du star-system à Hollywood, la fabrication d'une vedette allait de pair avec la publicité. Le star-system était né en 1910 lorsque le producteur Carl Laemmle avait refilé au *St. Louis Post-Dispatch* un bobard selon lequel l'actrice Florence Lawrence avait trouvé la mort dans un accident de trolley. Le jour suivant, il faisait passer des placards publicitaires indignés, proclamant que l'histoire n'était qu'un mensonge et que Florence était on ne peut plus vivante, comme le prouverait son nouveau film qui allait sortir bientôt. Ce qui se passa ensuite ne s'était encore jamais produit dans la toute jeune histoire du cinéma : le *Post-Dispatch* publia une longue interview de Florence Lawrence illustrée d'une photo. Toute cette publicité suscita naturellement un grand mouvement d'intérêt autour de Miss Lawrence, si bien que lorsqu'elle débarqua en gare de St. Louis, il y eut quasiment une émeute.

Avant ce coup publicitaire, le public ignorait le nom des acteurs. Les producteurs s'en accommodaient, se disant que s'ils devenaient trop connus, ils exigeraient des salaires plus élevés. Laemmle, lui, comprit que les spectateurs voulaient en savoir davantage sur ceux qu'ils voyaient et admiraient sur les écrans. Non qu'il fût plus désireux que ses confrères de verser de hauts salaires, mais il voulait que ses films aient une place assurée au box-office, et il y parvint en attirant l'attention sur le nom et la personnalité de Florence Lawrence et ses semblables. Laemmle ne vendait pas seulement des films, il vendait la personnalité de ses vedettes. Et pour qu'une starlette devînt une star, il fallait susciter l'intérêt de la presse à son endroit. D'où le rôle que pouvait jouer la publicité pour fabriquer la dernière en date des émules de Florence Lawrence : Rita Hayworth.

Le contrat de trois ans que les Rogers signèrent avec Rita en 1939 leur donna un accès privilégié à la vie intime des Judson. Engagé pour s'occuper de la publicité de Rita, c'est pourtant à Judson que Henry avait affaire. « Je ne me souviens pas avoir *jamais* eu la moindre conversation personnelle avec elle où elle aurait exprimé ses idées sur la vie ou tout autre sujet. Parler, donner des interviews, elle a dû apprendre cela plus tard, car pendant les trois ans que j'ai passés auprès d'elle je ne me souviens pas l'avoir entendu dire trois mots. » (Loretta Parkin, la petite fille qui avait connu Margarita à Chula Vista, confirmera pour sa part : « Quand dans un film je la voyais dire toutes ces répliques, ça me paraissait *étrange* qu'elles sortent de sa bouche, car je n'avais jamais réussi à lui faire dire plus de trois mots à la suite [7]. ») Lorsque Rogers devait discuter de la campagne de publicité avec les Judson, Rita, lorsqu'il lui arrivait d'assister à la conversation, restait tranquillement assise, écoutant parler Eddie. « Il ne lui laissait jamais exprimer une opinion, dira Roz Rogers. Il la traitait comme une enfant. » Lorsqu'on posait une question à Rita, son mari se dépêchait de fournir la réponse, sans lui laisser le temps de donner la sienne. Roz lui dit un jour : « Laisse-lui le temps de réfléchir. Pour l'amour du Ciel, attends un peu avant de répondre. » Judson se contenta d'affirmer que sans lui « Rita ne saurait pas quoi faire [8] ».

Plus étrange encore était la façon tranchante, froide et précise dont il se conduisait envers sa femme, toujours d'après Rogers : « On sentait qu'il était prêt à fermer les yeux sur tout pour transformer sa femme en vedette. C'était Svengali tirant les ficelles : *Fais ceci, appelle celui-ci, va voir celui-là*. Je ne l'ai jamais vu l'entourer de ses bras et l'embrasser. Il n'y en avait que pour les affaires. Si j'avais été son mari, j'aurais toujours été en train de la toucher. Elle était superbe ! J'ai toujours pensé que tout ce que Judson voulait c'était le pouvoir, et baigner dans la gloire qu'elle aurait acquise grâce à lui [9]. »

Parce qu'elle était son amie, Roz Rogers réussissait mieux que son mari à comprendre les sentiments intimes de Rita. « Elle s'ouvrait à moi », dira-t-elle en se rappelant les expéditions dans les magasins que Rita et elle faisaient à la demande d'Eddie. Il reprochait continuellement à sa femme de n'avoir aucun goût pour s'habiller, et demandait à Roz de l'aider à choisir ses vêtements. Ce faisant, il donnait à Rita l'occasion de se laisser un peu aller auprès de Roz, encore que même en privé elle ne fût guère disposée à se plaindre : « Elle était beaucoup plus ouverte et libre, elle parlait et riait. » Mais dès qu'elle se retrouvait près d'Eddie, Rita se refermait. « Face à lui, elle avait toujours peur de ne pas dire ce qu'il fallait. »

La campagne de publicité débuta avec une histoire inventée de toute pièce par Henry Rogers, dans la grande tradition Laemmle. Il appâta le magazine *Look*, où il était à peu près sûr qu'on n'avait jamais entendu parler de Rita, en la décrivant comme la seule actrice de Hollywood qui dépensait jusqu'au dernier de ses quinze mille dollars de revenu annuel en vêtements. Elle avait la plus belle garde-robe de la ville, affirma-t-il, bien plus raffinée que celle des plus grandes vedettes. Elle venait même d'être élue l'actrice la mieux habillée de l'année, hors écran, par l'Association des couturiers américains (qui avait également décerné à Carole Lombard le titre d'actrice la mieux habillée à l'écran, ce qui fait que Rita était en plutôt bonne compagnie). Rogers montra à *Look* le télégramme adressé à Rita lui annonçant sa victoire et signé du président de l'Association, Jackson Carberry. L'histoire intrigua le magazine qui dépêcha un photographe, n'imaginant apparemment pas que l'anecdote ait pu être totalement inventée. La fabuleuse garde-robe, l'Association des couturiers, Jackson Carberry lui-même, tout avait été fabriqué : c'est Rogers qui avait envoyé le télégramme à Rita ; quant à la prétendue victoire de Carole Lombard, il l'avait ajoutée pour la vraisemblance. Mais une fois qu'il eut attiré le photographe de *Look* dans le modeste bungalow des Judson sur Veteran Avenue, il se dit qu'il fallait se dépêcher de trouver cette fabuleuse garde-robe, et comme Rita n'avait évidemment pas les moyens de se la payer, ils se ruèrent à travers la ville pour en emprunter les divers éléments.

Six semaines plus tard, le nom de Rita paraissait en couverture de *Look*, qui publiait également un grand article en pages intérieures. Ce n'était que le début d'une campagne qui allait créer le phénomène Rita Hayworth. Désormais il ne se passerait pour ainsi dire pas de jour sans que les chroniqueurs influents et les magazines de cinéma ne reçoivent des informations sur Rita, élaborées par Rogers… ou par d'autres. « Une fois lancée, la balle a roulé toute seule, elle s'autogénérait », dira Rogers.

Bientôt Rita fut connue dans le petit monde de la presse cinématographique comme « la fille la plus coopérative de tout Hollywood », ce qui signifiait qu'elle ne refusait jamais une interview ou une séance de photos. Il n'y avait peut-être pas encore grand-chose à raconter à son sujet, mais du moins était-elle belle et toujours disponible — facteur ô combien important pour un rédacteur en chef en mal de copie. Les journaux commencèrent même à raconter comment se déroulait une campagne publicitaire, car depuis l'époque de Florence Lawrence, la fabrication d'une star était devenue un procédé pratiqué ouvertement ; le public voulait connaître toutes les étapes qui faisaient d'une starlette une star à part entière.

Désireux de satisfaire cette soif des spectateurs, Eddie Judson n'hésita pas à laisser la presse pénétrer dans son intimité, et cela sept jours sur sept. On attendait d'une vedette qu'elle livre sa vie privée au public, ou du moins qu'elle en donne l'illusion.

Pour Rita, le prix à payer, du point de vue psychologique, fut immense. Roz Rogers la jugeait comme étant « fondamentalement *très* timide. Elle n'était jamais à l'aise sous le regard des autres ».

On observa alors un curieux phénomène qui devait se reproduire tout au long de sa carrière : tout en obéissant docilement aux ordres qu'on lui donnait, faisant exactement ce qu'on lui disait de faire, elle semblait s'éteindre, disparaître à l'intérieur d'elle-même. C'est ainsi que pendant les séances de photos, selon le témoignage de Rogers, elle « exécutait ses gestes presque *comme un robot* ».

« Je dois tout à Ed, disait-elle aux journalistes. Sans lui, je n'aurais jamais réussi à Hollywood. J'étais bien trop bas. C'est lui qui a conçu toute ma carrière [10]. »

Naturellement, bon nombre des reparties attribuées à Rita et publiées dans les journaux venaient de Judson. Il l'avait forgée physiquement et maintenant c'était lui qui s'exprimait par sa bouche. Comme elle le racontera plus tard, Eddie ne cessait de lui rappeler qu'elle était incapable de penser par elle-même, qu'elle était « irresponsable ».

Elle avait passé naguère pour la femme de son père, envers qui elle se comportait sur scène d'une manière excitante, sensuelle, mais avec son véritable époux elle semblait se conduire comme une enfant. Non seulement leur différence d'âge pouvait la faire passer pour la fille de Judson, mais elle-même se complaisait dans ce rôle. Pour le moindre détail d'habillement ou de maquillage, elle quêtait d'une petite voix hésitante l'approbation d'Eddie et ce n'est que lorsqu'il la lui avait donnée, d'un signe de tête ou d'un mot, qu'elle se tournait vers les autres.

Elle découvrit bientôt qu'aux yeux de son époux elle ne se montrerait jamais *trop* coopérative, du moment que cela pouvait aider sa carrière. Pour Roz Rogers, Eddie Judson était « un monstre » : « Il la poussait à avoir des aventures s'il devait en sortir quelque chose de bon pour elle. » A condition, bien entendu, que ce fût lui qui lui choisît ses partenaires. Quant à Henry Rogers, il avait « l'impression qu'Eddie aurait vendu sa femme aux enchères si cela avait pu améliorer sa carrière ».

Il n'est pas rare que l'époux-sauveteur exploite sa femme au moins autant que le père auquel il l'a arrachée. Aussi reconnaissante qu'elle soit envers son mari de l'avoir aidée à échapper aux griffes de ce père, il arrive néanmoins, étant donné ce qu'elle a subi et vu subir à sa mère, qu'elle s'attende inconsciemment à être de nouveau violée et exploitée, se condamnant ainsi à une vie d'éternelle victime.

« C'est la plus triste histoire du monde, dira Orson Welles à propos de Rita. Il y a eu cette terrible chose avec son père, puis cela a continué sous une forme ou sous une autre. Son premier mari était un maquereau. Littéralement un maquereau. Alors vous imaginez ce qu'elle a vécu. *Toute* sa vie n'a été que douleur [12]. »

Si Rita inclinait à croire, comme le répétait Judson, qu'elle devait faire à peu près tout ce qui était possible pour se mettre en avant, c'est que sa carrière cinématographique, inexplicablement, semblait marquer le pas. Malgré l'enthousiasme qu'avait manifesté Harry Cohn en la voyant dans *Seuls les anges ont des ailes*, la Columbia n'arrivait pas à trouver comment l'utiliser au mieux de ses possibilités. Pendant des mois personne ne réussit à trouver un projet qui lui convînt. En 1940, elle tourna cinq films dont aucun n'atteignit le grand public, qui la connaissait beaucoup plus pour le battage publicitaire qu'on faisait autour d'elle que pour ses rôles.

Travailler aussi dur pour si peu de succès n'a pas dû être facile à accepter. Des navets aussi redoutables que *Music in my Heart* (une comédie musicale avec Tony Martin) et *Blondie on a Budget* (le dernier de la série des « Blondie ») n'ont rien fait pour améliorer son image. Et même des films de meilleure qualité comme *Susan and God (Suzanne et ses idées)*, de George Cukor (production MGM adaptée de la pièce de Rachel Crother), ou *The Lady in Question* (un remake du film français *Gribouille*), de Charles Vidor, enflammèrent beaucoup moins l'imagination du public que les articles qu'il pouvait lire sur elle.

Néanmoins, malgré cette troublante disparité entre l'image de star créée par la presse et les prestations rien moins qu'éclatantes qu'elle accomplissait à l'écran, Rita travaillait à un rythme accéléré. Après *The Lady in Question*, elle n'eut droit qu'à un jour de repos avant d'enchaîner sur *L'ange de Broadway* de Ben Hecht. Malheureusement alors que la Columbia croyait beaucoup à ce film, en raison notamment du scénario drôle et astucieux de Hecht, et que Cohn continuait à prouver la confiance qu'il avait en Rita en lui confiant le rôle vedette de cette production, *L'ange de Broadway* se révéla le cinquième d'une série de ratés.

Enfin arriva le grand rôle qui allait tout changer. A l'issue du tournage du film de Hecht, les Judson se trouvaient à Tucson, en Arizona, pour quelques jours de vacances lorsque la Warner Bros demanda à Rita si elle accepterait de remplacer Ann Sheridan, qui était en bagarre avec le studio au sujet de son contrat, dans le film de Raoul Walsh *The Strawberry Blonde*. Harry Cohn pour sa part n'y voyait aucun inconvénient, excité au contraire à l'idée que Rita était en train de devenir un « bien » que les autres studios cherchaient à lui emprunter. Lorsqu'elle reviendrait à la Columbia, elle aurait gagné en célébrité ainsi qu'une plus grande audience chez les cinéphiles, et son investissement à lui, Cohn, s'en trouverait valorisé d'autant. De plus il percevrait un pourcentage sur le salaire que lui verserait l'autre studio.

Située dans les folles années 1900, l'histoire de *The Strawberry Blonde* est celle d'un jeune dentiste très sérieux (James Cagney) qui craque devant une superbe séductrice (Rita Hayworth) mais épouse une fille beaucoup plus banale et terre à terre (Olivia de Havilland). L'aspect enjoué et frivole du film dissimule quelque chose de trouble et de sombre auquel la brillante performance de Rita n'est pas étrangère. Son personnage, froid et cruel, promène un masque impénétrable. Il est impossible à l'innocent qu'interprète Cagney de sonder ce que cache ce perpétuel sourire glacé. Il y a chez cette femme une sorte de distanciation (dont Rita devait avoir appris à jouer dès son enfance) qui la rend inaccessible. Quand le petit dentiste parle d'elle comme de son « idéal », c'est à l'image désormais classique de Rita Hayworth qu'il fait allusion : la fille dont les hommes rêvent et sur laquelle ils fantasment, accessible physiquement peut-être, mais certainement pas psychologiquement. Fantasme sexuel, c'est le rôle que Rita se verra attribuer dans ses principaux films — *Arènes sanglantes*, *Gilda*, *La dame de Shanghaï* — et que l'on retrouvera dans ce personnage de pin-up à la popularité inouïe pendant la guerre, mais dans chaque cas, alors qu'elle semble livrer son corps à la caméra, le moi qui se dissimule sous cette enveloppe demeurera mystérieusement enfoui.

Ayant appris dès son enfance à se transformer en une autre personne, Rita exhibait devant les caméras un érotisme audacieux, mais hors du champ elle redevenait la femme timide et silencieuse qu'elle avait toujours été. Aussi vibrante qu'elle se montrât pendant le tournage, dès que c'était fini, raconte Cagney, « elle retournait à sa chaise et restait assise sans chercher à communiquer ».

Après le triomphe de *The Strawberry Blonde*, le tapage publicitaire qui l'entourait ne fit que croître. Pour éclater ainsi à l'écran, il fallait qu'elle possédât des qualités innées et une personnalité bien à elle, mais à la lecture des magazines, les spectateurs plongeaient dans des rêves délicieux et s'imaginaient qu'avec un manager et un battage publicitaire adéquats eux aussi pourraient être magiquement transformés en stars. Pour Rita, le fait de savoir qu'on l'avait en grande partie *créée* était une source d'immense angoisse : possédait-elle un réel talent d'actrice ou n'était-elle que le fruit des outrances de quelques publicistes ? La réponse était simple : contrairement à d'autres célébrités mondiales comme Greta Garbo ou Marlene Dietrich, Rita Hayworth était quelqu'un avec qui les lecteurs de magazines de cinéma pouvaient s'identifier.

Après le tournage d'une comédie ratée, *Affectionately Yours*, pour la Warner Bros, Rita se retrouva à la Twentieth Century Fox — toujours « louée » par la Columbia —, engagée par son vieil ennemi, Darryl F. Zanuck, pour le film *Blood and Sand* (*Arènes sanglantes*).

A peine cinq ans auparavant, Zanuck avait fait la fine bouche devant la petite danseuse « espagnole », dont il avait dédaigneusement refusé de renouveler le contrat. Elle semblait sans défense, alors. Mais en 1941, elle était métamorphosée en quelqu'un de totalement différent dont la Fox découvrait qu'elle ne pouvait pas se passer. Zanuck l'avait eue sous contrat pour trois francs six sous ; aujourd'hui, afin de satisfaire le réalisateur Rouben Mamoulian qui exigeait Rita, il devait payer une rançon à Harry Cohn. Juste retour des choses que Rita dut savourer avec une satisfaction teintée d'amertume.

Transformée après des années d'efforts en une ensorcelante Américaine, on lui demandait maintenant de jouer le rôle d'une Espagnole... Pour incarner Doña Sol, la *femme fatale**, Mamoulian avait d'abord pensé à Maria Montez, mais il avait trouvé

---

* En français dans le texte, de même que les autres mots ou expressions en italique suivis d'un astérisque. (*Ndt.*)

ses essais décevants. Après plusieurs autres tentatives avec différentes actrices, Mamoulian — homme raffiné, né en Russie, qui avait eu une liaison romantique avec Greta Garbo dont, disait la rumeur, il avait même failli devenir l'époux au moment de *La reine Christine* — décela en Rita Hayworth quelque chose de ce mystère qui faisait comparer Garbo à un sphinx. Dès leur première rencontre, il fut fasciné par sa démarche sensuelle, nonchalante, qui, lui dit-il, rappelait celle d'un grand chat. Dans *Arènes sanglantes*, il sut par sa direction pleine de sensibilité intensifier ce côté énigmatique qu'avait révélé Walsh dans *The Strawberry Blonde*.

Rita bénéficia également d'un incomparable partenaire en la personne de Hermes Pan. Déjà célèbre comme chorégraphe de Fred Astaire, Pan eut également une énorme influence sur la carrière de Rita, car c'est lui qui sut libérer la fantastique énergie qu'il y avait en elle et que personne encore n'avait pu capter, et qui éclata brusquement dans *Arènes sanglantes*.

Hermes Pan allait également devenir et demeurer pendant toute sa vie un de ses meilleurs amis. « Elle m'est apparue si simple et si proche des choses de la vie, disait-il en se rappelant leur première rencontre à l'occasion du film de Mamoulian. Je l'ai tout de suite aimée. Nous sommes devenus très amis et le sommes restés à travers toutes les années. Elle se confiait à moi. Elle savait, je pense, que je ne réclamais rien et qu'elle pouvait se confier à moi sans que j'aille le répéter aux autres. Elle se méfiait toujours un peu des gens. Si nous sommes devenus très proches, c'est parce qu'elle avait confiance en moi[3]. »

Ce n'est en tout cas pas par le biais de la conversation qu'ils communiquaient le plus. Rita n'était pas plus loquace alors que lorsqu'elle était petite fille. Mais en tant que chorégraphe, Pan s'accordait parfaitement à son mode *non verbal* d'expression. Il comprenait son code.

« Elle m'a toujours fait penser à une gitane par sa façon de se comporter. Soudain elle se levait et se mettait à danser. On lui parlait, mais elle ne répondait pas, elle se contentait de danser. Et c'était beau ! » Même lorsque Rita ne dansait pas au sens propre du terme, chacun de ses gestes exprimait sa sensibilité. « Elle ne *disait* jamais ce qu'elle pensait profondément, mais on pouvait le comprendre. Je la connaissais suffisamment pour savoir si elle aimait ou n'aimait pas quelqu'un, si telle question ou telle parole lui avait fait du mal. » Lorsqu'il aborda le sujet délicat de son père, Pan comprit immédiatement qu'« elle ne l'aimait pas. J'ai senti qu'il y avait une tension. Elle a haussé les épaules et dit : "Eh bien, je ne sais pas" ».

Heureuse d'avoir cet ami avec qui elle pouvait communiquer presque sans parler, Rita allait souvent le voir et partager avec lui le repas de spaghettis qu'il avait préparé à son intention.

Elle était déjà sujette à ces changements d'humeur qui allaient prévaloir plus tard dans sa vie, et son ami respectait ses silences chargés de mélancolie : « On se disait que peut-être quelque chose la préoccupait. Puis ça passait, elle redevenait elle-même [14]. »

Bien que *Arènes sanglantes* soit un drame et *The Strawberry Blonde* une comédie légère, les deux héroïnes ont une ressemblance significative. Dans le film de Mamoulian comme dans celui de Walsh, Rita interprète une séductrice au cœur de marbre et l'intrigue se noue entre trois personnes, mais ici le trio est tragique. Cette fois-ci c'est Tyrone Power, torero espagnol, qui devient obsédé par une femme au point de se détruire. Comme dans *The Strawberry Blonde*, le héros possède une gentille épouse, réaliste et aimante, interprétée ici par Linda Darnell, dont le visage sensible offre un contraste frappant avec le beau masque impavide de Rita. Libérée du corset à baleines et du chignon soigneusement épinglé que nécessitait l'époque où se situait le film de Walsh, Rita allait se révéler la grande déesse de l'érotisme des années quarante, avec sa somptueuse chevelure auburn tombant sur de larges épaules incroyablement sensuelles, le tout avivé par les couleurs violentes du Technicolor. Épaules qui jouent d'ailleurs un rôle indispensable dans le film, car c'est en les bougeant au rythme de sa guitare et de sa chanson que Rita hypnotise Tyrone Power. La voix qui interprète la chanson de Doña Sol n'est pas celle de Rita, mais peu importe. La séduction repose presque entièrement sur ces épaules ondulantes et sur ce que Hermes Pan a appelé « les plus belles mains que j'ai jamais vues », de longs doigts effilés qui pincent les cordes de la guitare. Toute la performance de Rita, ou presque, tient dans ce mouvement si expressif que Pan l'a aidée à mettre au point, certainement plus en tout cas que dans ses répliques, voulues recherchées par le dialoguiste et qui sont le plus souvent ampoulées, voire absurdes.

De l'avis de Hermes Pan, « c'est ce film qui l'a fait grimper en flèche. Il y a ce gros plan, celui sur le balcon. C'est *celui-là* qui a tout fait ». Dans le gros plan en question, on voit le regard de Doña Sol fixé sur le séduisant torero. Elle est belle, mais ce n'est pas sa beauté qui rend l'image si impressionnante, c'est l'intensité de son désir, qui semble sourdre de chaque pore de sa peau : on sait désormais que ce sera elle l'agresseur, le sujet en proie au désir sexuel, le séducteur endurci.

Bien qu'il ne s'agisse pas à proprement parler d'une scène de danse, Pan travailla avec Rita pour la séquence mémorable où elle séduit Tyrone Power et pour une autre, au sadomasochisme à peine déguisé, où elle mime le torero face au taureau Power.

Mais tout ceci n'avait pas grand-chose à voir avec la Rita que Hermes Pan avait appris à connaître hors écran : « Une personnalité totalement différente apparaissait sous l'œil de la caméra. » En privé, Rita était l'exact opposé des personnages qu'elle interprétait. « Elle m'a toujours rappelé une petite fille. Elle gloussait ou faisait toutes ces petites choses que font les fillettes. Les gens l'identifiaient à la fascinante déesse de l'Amour, mais elle n'était qu'une petite fille de huit ans. C'était une stupéfiante transformation — ou plutôt un alliage stupéfiant. On ne pouvait pas croire que ces deux êtres étaient une même personne ! » Pourtant c'était la même Rita qui incarnait si parfaitement l'implacable Doña Sol et la femme d'Eddie, un rôle bien différent.

L'échéance du contrat qui liait Rita à la Columbia devait tomber peu de temps après la sortie, qui allait se révéler triomphale, d'*Arènes sanglantes*, et Judson voulait faire plaisir à Harry Cohn. Le grand patron les avait invités, Rita et lui, à passer le week-end sur son yacht, mais Eddie avait une autre idée en tête. Il dit à Henry Rogers qu'à la dernière minute il ferait semblant d'être malade de façon que Rita pût rester seule avec le magnat. Rogers en fut médusé. Il était absolument évident qu'à ce stade de sa carrière, Rita n'avait pas besoin de coucher avec Harry Cohn. Elle avait suffisamment rentabilisé, et même au-delà, l'option qu'il avait prise sur elle, pour que Judson n'eût pas à jouer les souteneurs. Mais Eddie se montra inflexible. D'après Roz Rogers, « elle ne voulait pas y aller, mais il insista ». Tremblant devant les exigences outrageantes de son époux, Rita n'était pas Doña Sol. « C'était presque comme si son père lui avait dit : "Tu dois y aller", ajoutait Roz. Elle avait peur de lui. Elle était désespérée, je peux vous l'assurer. Il *fallait* qu'elle s'en sorte [15]. »

6

La décision que Rita prit ce jour-là allait peser sur elle pendant toutes les années qu'elle passerait à la Columbia : elle refusa de s'offrir à Harry Cohn. Puisque Eddie lui ordonnait d'aller sur le yacht du grand patron, elle ne pouvait pas se dérober, mais elle ne coucherait pas avec lui.

Cohn pour sa part était devenu obsédé par le désir de faire entrer Rita dans son lit, mais l'origine de cette obsession n'était pas uniquement d'ordre sexuel : il avait à l'égard de sa vedette ce qu'Orson Welles appelait « un fantastique sens de la propriété[1] ». Il avait mis si longtemps à s'approprier une star sous contrat qu'il voulait la posséder de toutes les manières. Avec le temps, il n'avait plus qu'une idée : écarter de la vie de Rita tous les hommes y compris son époux, quiconque prétendait se glisser entre elle et le studio.

A cela s'ajoutait une blessure d'orgueil. Le refus inexorable de Rita de coucher avec lui, alors même que Judson, dont tout Hollywood savait qu'il était un maquereau, le lui ordonnait, ne fit qu'augmenter la pression, l'obsession de Cohn. La tension qui marqua dès lors ses rapports avec sa vedette allait durer pendant toute leur longue et tumultueuse relation de travail. En somme, explique Bob Schiffer, le maquilleur de la Columbia, « tout ce que voulait Harry Cohn, c'était se venger de n'avoir jamais eu la moindre relation sexuelle avec Rita, ça l'exaspérait au plus haut point[2] ».

« Il a toujours eu envie d'elle, renchérit Ann Miller, danseuse-vedette de nombreuses comédies musicales. Le gros problème de Rita, c'était de se tenir le plus possible à l'écart parce qu'il était réellement fou d'elle[3]. »

Ne pouvant la posséder sexuellement, Cohn, comme un amant jaloux, voulait être au courant de ses moindres gestes, et il alla jusqu'à faire poser des micros dans sa loge pour épier ses conversations. « Il avait des espions partout, dira Shifra Haran. Miss Hayworth ne pouvait même pas aller aux toilettes sans qu'il le sache[4]. »

Cette résistance fut peut-être le premier acte d'indépendance de Rita, et une étape importante dans sa séparation avec Eddie. « Elle était plus forte que nous ne le pensions, a reconnu Roz Rogers. Elle était si jeune. Avec les années, elle a gagné du cran. Sans qu'on s'en aperçoive. Elle est devenue de plus en plus forte, assez pour pouvoir survivre[5]. »

Pour commencer, elle eut la preuve que son instinct ne l'avait pas trahie : bien qu'elle n'eût pas couché avec le patron, la Columbia renouvela son contrat. Malgré tout, Cohn avait trop le sens des affaires pour sacrifier le film qu'il projetait de faire tourner à Rita à des histoires de sexe. Preuve de la valeur qu'elle avait acquise au box-office, la Columbia la rappela pour tourner aux côtés de Fred Astaire *You'll Never Get Rich (L'amour vient en dansant)*, sur une musique de Cole Porter. Succéder comme partenaire de Fred Astaire à sa sœur Adele et à Ginger Rogers, avec lesquelles il avait successivement formé le couple vedette de la comédie musicale américaine, n'était pas un mince triomphe.

Pourtant, pour son retour à la Columbia, Rita ne bénéficia pas du traitement de star auquel elle était en droit de s'attendre. Pour commencer, elle dut supporter la grossièreté de Cohn, auquel les autres emboîtèrent le pas. Au dire de Bob Schiffer, « tous l'humilièrent[6] ». Lorsqu'elle se trouvait dans son bureau et qu'il allait aux toilettes, Cohn laissait la porte grande ouverte, comme pour bien lui montrer que, quel que soit son succès à l'écran, pour lui elle demeurait toujours une moins que rien. »

« Il lui en a vraiment fait voir », confirme Ann Miller, en expliquant pourquoi de son côté elle n'eut pas les mêmes ennuis avec Cohn : « Il avait un sale caractère et il jurait tout le temps. Il a dû offenser bien des gens par son langage, mais Harry Cohn était avant tout un très bon homme d'affaires, rude et accrocheur. On savait toujours où on en était avec lui. Il ne tournait jamais autour du pot. Moi je n'ai jamais eu de problèmes avec lui parce que ma mère était une femme très stricte et très forte. J'étais très jeune lorsque je suis entrée à la Columbia, j'avais dix-sept ans. Eh bien il nous respectait, ma mère et moi, et si quelqu'un se permettait de jurer en ma présence, ou de dire quelque chose, il lui ordonnait de se taire. Je ne l'ai donc jamais vu sous le jour où un tas d'autres filles l'ont vu, des filles qu'il ne trouvait pas si bien que ça. Ma mère m'a élevée d'une manière très stricte, j'ai travaillé très dur, et il respectait cela. Il était mon patron, un point c'est tout. Il n'a jamais essayé de me faire la cour. Mais il était réellement amoureux de Rita. Elle passait sa vie à tenter de lui échapper[7]. »

Malgré les problèmes qu'elle devait affronter chez elle, où Eddie ne supportait pas qu'elle défiât son autorité, et au studio avec Cohn, pendant le tournage de *L'amour vient en dansant*, rien dans son comportement ne laissait deviner de telles difficultés. Les femmes qui ont été exploitées pendant toute leur jeunesse font souvent preuve d'une assiduité et d'un amour du travail inhabituels, quels que soient les ennuis qu'elles doivent affronter dans leur vie privée. Les responsabilités qui ont pesé sur elles les ont préparées à une vie de labeur et de sacrifice, même si, ce qui est fréquemment le cas, le travail ne leur offre pas beaucoup de satisfactions. Ce schéma colle tout à fait à Rita, dont la discipline au travail a souvent contrasté avec le chaos de sa vie privée.

Fred Astaire, quant à lui, fut ravi de cette partenaire si dure à la tâche, qu'il qualifia de « danseuse-née » : « Je n'ai jamais vu quelqu'un apprendre les pas aussi vite qu'elle. Je lui montrais l'enchaînement avant le déjeuner, et lorsqu'elle revenait aussitôt après le repas, elle l'exécutait à la perfection. Elle l'avait apparemment répété dans sa tête pendant qu'elle mangeait[8]. »

Pour leur premier numéro, une rumba, « So Near and Yet So Far » (« Si proche et pourtant si lointaine »), Fred Astaire avait prévu les dix jours habituels de préparation avant tournage ; avec Rita il n'en fallut que quatre. « Je voyais Fred presque chaque jour, se rappelle Hermes Pan, et il me disait : ''Je travaille avec

Rita. Elle est vraiment remarquable. Elle peut faire n'importe quoi" [9]. »

Alors qu'Astaire se donnait totalement pendant les répétitions, Rita semblait se retenir pour le moment où ils se trouveraient devant la caméra.

« Elle avait un côté transparent pendant les répétitions, explique Hermes Pan. Et on se demandait : est-ce qu'elle sera capable d'en faire davantage ? Et puis, lorsque la caméra tournait, elle avait une présence fantastique, bien plus que dans la réalité. »

Elle éprouvait chaque jour la même angoisse à l'idée de travailler avec un grand danseur comme Fred Astaire. Ginger Rogers et lui formaient un couple tellement bien assorti qu'ils semblaient avoir été fabriqués pour danser ensemble. (Incidemment, il se trouve que Ginger et Rita avaient un lointain lien de parenté : Vinton, le frère de Volga, avait épousé la sœur de la mère de Ginger.) Toujours aussi peu sûre d'elle-même, Rita craignait qu'Astaire ne l'apprécie pas comme partenaire. Elle redoutait par-dessus tout de le décevoir, ce que confirmera Earl Bellamy, assistant réalisateur pour *You Were Never Lovelier* (*O toi ma charmante*), second des deux films tournés par Rita avec Astaire : « Elle était très nerveuse lorsqu'elle a commencé à travailler avec lui. Il était tellement perfectionniste. Mais Fred savait l'aider à se détendre, à se calmer. Dès qu'on les voyait, on se disait qu'ils avaient dansé ensemble toute leur vie [10]. »

Néanmoins, malgré les efforts de son partenaire, le tournage de *L'amour vient en dansant* se révéla épuisant pour Rita, aussi bien physiquement qu'émotionnellement. Elle s'efforçait de ne jamais montrer sa fatigue sur le plateau, mais il n'en était plus de même après les prises. « Elle pleurait tous les jours, tellement Fred la faisait travailler dur [11] », selon Orson Welles. Elle rentrait chez elle à bout de forces, après des heures de répétition, et malheureusement les nuits ne lui fournissaient guère l'occasion de récupérer. A peine avait-elle franchi le seuil qu'elle se heurtait à Eddie qui semblait avoir passé la journée à l'attendre. Alors qu'elle n'aspirait qu'à se détendre, il la harcelait de questions et d'insinuations. Il exigeait qu'elle lui fît le récit détaillé de tout ce qui s'était passé pendant la journée ; sinon comment pourrait-il savoir quelles étaient les intentions de la Columbia à son égard ? Les craintes de Judson de la voir perdre son emploi étaient totalement dénuées de fondement. Elle savait que tout marchait pour le mieux avec Fred Astaire et qu'avec *L'amour vient en dansant*, la Columbia tenait sa production la plus prestigieuse du moment.

Les ratiocinations paranoïaques d'Eddie la rendaient malade. Incapable d'avaler une miette, elle voulait aller se coucher, mais Eddie la poursuivait et insistait pour qu'elle l'accompagne dans une boîte de nuit. Cela aiderait sa carrière de se faire photographier avec lui, lui disait-il. Le croyait-il vraiment ? S'abusait-il au point de ne pas voir combien la carrière de sa femme avait progressé ? Ou essayait-il simplement de la ramener en arrière, pour lui prouver qu'elle avait toujours besoin de lui ? Elle l'ignorait, et désormais cela lui était égal. Néanmoins, cette lutte incessante lui faisait passer des nuits blanches au terme desquelles, chaque matin à cinq heures, elle se levait pour se rendre au studio, et le cycle recommençait. Mais, peut-être parce qu'elle n'avait que vingt-trois ans, aucun signe de cet épuisement n'apparaissait dans ce que la caméra enregistrait.

Pendant que Rita travaillait pour l'entretenir, Judson occupait ses loisirs, et il en avait beaucoup, avec d'autres femmes, telle l'épouse d'un fabricant de cosmétiques multimillionnaire, une ex-chanteuse sud-américaine qu'il avait rencontrée en accompagnant Rita pour une interview à la radio, et dont il dit à un ami qu'elle faisait « formidablement l'amour [12] ».

Mais déjà avant cette histoire, on chuchotait dans Hollywood que tout n'allait pas pour le mieux entre Rita et son mari. Ces rumeurs étaient nées d'une certaine opération immobilière que Judson avait réalisée avec les gains de Rita. Après avoir fait construire une maison de quatorze pièces, il l'avait revendue quelques semaines seulement après y avoir emménagé. Il continuait à prendre seul toutes les décisions financières et à empocher le salaire de sa femme. Rita n'eut pas le temps d'acheter des meubles, mais en revanche la maison se remplit des innombrables journalistes et photographes dont Judson cultivait l'amitié et pour qui il tenait table ouverte. Le fait qu'une star du cinéma eût vécu dans cette maison, dont les photos paraissaient dans la presse, en avait considérablement accru la valeur. L'annonce qu'elle avait été vendue avant même que le couple s'y fût confortablement installé fit soupçonner une mésentente conjugale, mais Rita mit rapidement fin à ces rumeurs. C'était encore l'époque où elle ne disait publiquement que du bien d'Eddie, et elle mit cette vente sur le compte du sens des affaires de son mari. Il l'avait effectivement prouvé dans cette histoire, même si Rita n'avait pas la moindre idée du montant de la transaction ni de ce qu'était devenu l'argent.

En dépit de ses dénégations, elle pensait bel et bien à se séparer d'Eddie. Plus elle progressait dans le monde cinématographique, moins il lui semblait tout-puissant. Comme Eduardo avant lui, Eddie avait perdu son pouvoir sur elle.

« Je sais que la situation était devenue impossible, dira Roz Rogers. Il lui a fallu beaucoup de cran pour s'en sortir. Elle avait réellement peur de lui [13]. » Et elle avait de bonnes raisons pour cela. Lorsqu'elle aborda le sujet de leur séparation, il menaça de lui jeter de l'acide au visage [14], de détruire cette beauté qui le faisait vivre et qu'il se vantait d'avoir créée. S'il ne devait plus profiter du succès de Rita, il voulait s'assurer que personne d'autre n'en bénéficierait.

Lorsqu'il ne la terrorisait pas en menaçant de la défigurer [15], il tentait de l'attendrir en misant sur sa gentillesse, et se plaignait alors d'être « un vieil homme qui abordait la pente descendante [16] » alors que la carrière de sa jeune femme était en pleine ascension. Quand ses jérémiades ne lui semblaient pas avoir l'effet voulu, il se vengeait en lui disant qu'il ne l'avait épousée que pour réaliser un investissement [17] dont il avait bien l'intention maintenant de recueillir les fruits. Il lui avait parlé de son mariage avec Hazel Forbes, mais voici qu'il lui révélait qu'il y en avait eu deux autres. Grâce à ses trois précédents divorces, il savait désormais comment s'y prendre pour obtenir ce qu'il voulait de ses ex-épouses [18].

Rita ne se laissa décourager ni par ses propos ni par ses menaces, mais elle commit une faute majeure en ne se faisant pas assister d'un avocat. Comme Eddie avait toujours la haute main sur leurs finances, elle ne savait pas grand-chose de leurs économies ou de leurs investissements.

Et lorsqu'il la conduisit chez un notaire pour régler la question de la séparation de biens, elle en repartit en ayant accepté le principe d'une réconciliation. Plus tard, elle aura le bon sens de confier la défense de ses intérêts à un avocat, mais pour le moment, les choses en étaient revenues à leur point de départ : son despotique époux conservait le contrôle exclusif de leurs finances.

Elle avait pourtant franchi une étape importante en pensant

et en agissant par elle-même, et le réseau d'amis qu'elle avait commencé à tisser autour d'elle, tels Hermes Pan et Bob Schiffer, qui ne l'aimaient que pour elle-même, était une preuve supplémentaire de son évolution. Malgré cela, malgré ses succès professionnels qu'attestait sa cote de popularité, elle demeurait toujours aussi peu sûre d'elle, comme le confirma Bob Schiffer : « Je trouvais qu'elle était une des plus belles femmes du monde, avec un visage à la structure parfaite. Mais je crois qu'elle ne se sentait pas belle. Elle manquait profondément de confiance en soi [19]. »

Habile à masquer ses problèmes personnels, à cacher ses sentiments, Rita ne donnait certainement pas l'impression de douter de ses charmes lorsqu'elle posa sous la direction de Bob Landry, le photographe de *Life*, pour la célèbre photo qui allait nourrir les fantasmes de millions de GI's pendant la guerre. Ce magazine a souvent joué un rôle important dans la fabrication des stars d'Hollywood parce qu'il ne se contentait pas de publier les clichés léchés fournis par les studios mais faisait lui-même réaliser des séries de photos suggestives. Pour la plus célèbre des siennes, Rita, vêtue d'une robe du soir en satin ornée de dentelle, se tient à genoux sur un lit, la tête tournée par-dessus l'épaule gauche et le regard planté directement dans l'œil de l'appareil. Quel qu'ait été son désir de se voir reconnue pour son talent d'actrice, c'est cette photo, parue dans le numéro de *Life* du 11 août 1941, qui cristallisa la fascination du public à son égard, beaucoup plus que son ou ses meilleurs rôles.

Déferla alors une nouvelle vague massive de publicité, orchestrée cette fois-ci par la Columbia et destinée à soutenir le lancement de *L'amour vient en dansant*, dont la sortie était prévue pour septembre au Radio City Music Hall de New York. Bien que ses rapports avec Judson fussent extrêmement tendus, Rita le traîna derrière elle. Sur quoi le *New York Times* publia un papier plein de sous-entendus, où l'on pouvait lire que Judson « ne sort que la nuit » et qu'entre-temps il était « gardé au secret par des attachés de presse ».

Parlant de son mari à un autre journal new-yorkais, Rita déclara : « Parfois on est un peu énervé après une dure journée de travail. Edward semble le comprendre. En fait, c'est l'homme le plus compréhensif qu'on puisse imaginer [20]. »

D'ici peu, lorsqu'elle demanderait le divorce, Rita raconterait une histoire toute différente, mais pour le moment il lui fallait empêcher Eddie de faire du grabuge en présence des journalistes. Elle accepta même de l'aider à retrouver son ex-femme Hazel Forbes. Héritière de la fortune de son défunt second mari fabricant de pâte dentifrice, Hazel s'était remariée avec Harry Richman, chanteur et homme à femmes réputé, dont elle n'avait pas tardé à divorcer. Pour l'heure, Richman chantait au Ben Marden's Riviera, et Judson avait entendu dire que, malgré leur séparation, Hazel allait souvent l'écouter. Malheureusement, la nuit où Eddie et sa vedette d'épouse s'y montrèrent, Hazel ne parut pas.

Ce qui allait se passer à l'automne prouverait combien Rita avait eu raison d'apaiser Eddie pendant le voyage à New York. Judson avait toujours pris soin de cultiver l'amitié des journalistes, qui lui devaient bon nombre de leurs histoires sur Rita, et en cas d'affrontement entre les conjoints, on pouvait craindre que leur sympathie n'aille naturellement à leur copain Judson. Ce qui aurait pu être terriblement embarrassant pour Rita et pour la Columbia, qui investissait énormément d'argent dans la promotion de sa vedette. En novembre, le magazine *Photoplay* publia une interview d'Eddie dans laquelle celui-ci se plaignait de ne plus pouvoir compter sur la compagnie de sa femme qui, depuis ses récents succès, se souciait beaucoup plus de sa carrière que de sortir avec son mari. Il n'y avait apparemment pas là de quoi s'alarmer, mais il fallait savoir lire entre les lignes : sortir avec Eddie signifiait se tenir à la disposition des journalistes, se séparer de lui revenait à leur tourner le dos. Il ne faut donc pas s'étonner si l'article en question était nettement favorable à Eddie, présenté comme « plus équilibré » que Rita : « C'est lui qui, depuis le début, a conseillé à Rita de se montrer toujours coopérative avec les gens de la publicité, les journalistes et les photographes. Elle a été bien inspirée de suivre ses conseils. » De plus, ajoutait Ruth Waterbury, l'auteur du papier, « je la crois suffisamment intelligente pour comprendre qu'elle est avant tout une star fabriquée par la publicité ». On prévenait donc Rita de ne pas oublier qui était à l'origine de sa célébrité, mais on semblait lui dire également que ce qu'une bonne publicité avait construit, une *mauvaise* pouvait le détruire. C'était le premier signe, confirmé par les événements ultérieurs, que son mari n'hésiterait pas à utiliser la presse contre elle si elle essayait à nouveau de conquérir son indépendance.

Suggérer que Rita prenait ses distances avec la presse était contraire à la réalité. Le voyage à New York prouvait si besoin en était qu'elle se prêtait sans rechigner à l'énorme campagne orchestrée autour d'elle (le mois où parut l'article sur Judson, Rita figurait en couverture de *Time*), mais dont Judson n'était plus l'ordonnateur : sur ce plan au moins, Harry Cohn se substituait à lui. Et le fait que la Columbia prenait en charge sa carrière allait faciliter à Rita la séparation d'avec son mari.

Cohn commença par la louer à deux studios concurrents. Pour la Paramount, elle apparut aux côtés de Charles Boyer dans certaines scènes du film de Julien Duvivier *Tales of Manhattan* (*Six destins*), produit par Sam Spiegel. Boyer avait beau avoir la réputation d'un briseur de cœurs, il ne brisa pas celui de Rita, Orson Welles en a témoigné : « Ils ont perdu un jour de tournage parce que chaque fois que Boyer lui décochait son fameux regard hypnotiseur, elle se tordait de rire. *Elle se bidonnait!* La chose qui laissait toutes les femmes pantelantes lui paraissait d'une drôlerie irrésistible. Et le pauvre Boyer, un très chic type, ne comprenait pas ce qui n'allait pas. Et dès qu'il se mettait à parler avec son accent français, elle repartait de plus belle[21]! »

En revanche, Rita n'eut aucune difficulté à se couler dans l'ambiance romantique de *My Gal Sal*, qu'elle tourna pour la Twentieth Century Fox, mais cette fois-ci l'intérêt qu'elle portait à Victor Mature — que les plaisantins appelaient le Charles Boyer du pauvre — dépassait de beaucoup les nécessités du rôle. Pendant une scène d'amour, leur baiser dura beaucoup trop longtemps et il fallut recommencer la prise. Il est certain qu'il était très séduisant, avec ses épais cheveux noirs frisés, son nez fort, sa bouche sensuelle et sa stature imposante. Il avait commencé par de petits rôles au cinéma, mais s'était forgé sa réputation à Broadway en interprétant le principal rôle masculin de *Lady in the Dark*, aux côtés de la grande Gertrude Lawrence. Du héros séduisant qu'incarnait Mature dans la pièce, un autre personnage disait : « Quand il parle, sa voix vous descend dans le corps comme une livre de cocaïne ! Quel sacré beau mâle ! »

La boutade fit mouche, et les publicitaires de Hollywood ne l'appelèrent plus que « le beau mâle ».

Aux yeux de Hermes Pan, qui régla la chorégraphie de

My Gal Sal, « c'était un vrai cabotin. Il portait des chemises criardes sur lesquelles était écrit : ''Le Génie''. C'était une blague, il essayait d'être drôle [22] ».

Mais pour Rita, des plaisanteries de ce genre étaient les bienvenues, car elles la soulageaient de l'atmosphère épouvantable qui régnait chez elle. Un « monsieur muscles » priant les gens de ne pas oublier qu'il avait aussi un cerveau, voilà une forme d'humour auquel elle n'était pas habituée. Elle avait désespérément envie de s'amuser, et avec quelqu'un de son âge pour une fois. « C'est quelqu'un de très drôle dans la vie, disait Orson Welles de celui qui l'avait précédé dans l'affection de Rita, et il l'amusait [13]. »

Pour faire sa cour, Mature se planta à la porte de la loge de Rita pendant une pause de tournage, et exécuta un numéro un peu éculé de troubadour. Suivirent un dîner romantique dans son appartement, une promenade en voiture tard dans la nuit le long de la plage de Santa Monica, et un premier cadeau : un bracelet en or auquel pendait un cœur. Elle ne put que répondre à cette gentillesse et cette sollicitude. Contrairement à Judson, confiera-t-elle plus tard, Mature ne lui disait jamais ce qu'elle devait faire ; il lui demandait son avis. Bientôt tout Hollywood sut qu'ils avaient une liaison, ce qui ne fut pas du goût de tout le monde.

Malheureusement, de même que Rita, Mature était encore légalement marié à l'époque (à l'issue de son spectacle à Broadway, il avait épousé une femme très lancée dans la société new-yorkaise, mais ils s'étaient séparés peu de temps après). Néanmoins cette histoire d'amour fit énormément de bien à Rita, et lui donna peut-être le courage de se dresser contre Eddie une fois pour toutes. Avant même d'avoir terminé le tournage de *My Gal Sal,* elle le prévint qu'en ce qui la concernait, leur union était définitivement rompue.

7

L'année triomphale de Rita Hayworth s'acheva en ce mois de décembre 1941 qui vit les Japonais bombarder Pearl Harbor et l'Amérique entrer dans la deuxième guerre mondiale. Pendant qu'Eddie Judson courait la ville, à l'insu de sa femme, pour placer l'argent qu'elle avait gagné dans des sociétés fictives, des comptes bancaires ouverts sous de faux noms, et chez des amis, l'Amérique se mobilisait. La tension était particulièrement grande à Los Angeles, où l'on craignait que la ville ne constituât la prochaine cible des Japonais. Pendant toute la guerre, Rita allait jouer un rôle important dans l'imaginaire des Américains, mais elle consacra le début de 1942 à sa guerre personnelle avec Eddie Judson, qui la menaçait à nouveau de violences et de vitriol.

Une fois la procédure de divorce engagée, Rita se trouverait placée *de facto* sous la protection des lois californiennes gouvernant le régime de la communauté de biens ; il fallait donc qu'Eddie agisse rapidement. Pour l'instant il avait l'avantage, puisque Rita connaissait mal l'état de leurs finances. Patricia Biddle, la secrétaire de Rita, l'entendit un jour se vanter devant sa femme d'avoir retiré vingt-cinq mille dollars en liquide de leur compte d'épargne, elle l'entendit également la menacer de violences physiques.

Selon Roz Rogers, « elle avait besoin d'aide. Elle n'aurait jamais su comment s'en sortir autrement. Elle faisait peine à voir [1] ».

Contrairement à ce qui s'était passé huit mois auparavant, cette fois-ci Rita fit appel à un avocat de Los Angeles, Don Marlin, qui lui procura tout le soutien légal dont elle avait besoin.

Après avoir vidé leur compte d'épargne, laissant Rita sans la moindre liquidité, Judson prit une chambre au Beverly Hills Hotel — qui était déjà alors l'hôtel le plus prestigieux de Hollywood. Par ce choix il semblait indiquer qu'il comptait bien continuer à vivre aux dépens de sa femme et qu'il n'avait pas l'intention d'accepter un partage équitable de leurs biens ; il voulait tout. Non content de la menacer physiquement, il l'avait avertie qu'il avait les moyens de ruiner sa carrière cinématographique.

Dans la presse, les commentateurs supposèrent qu'Eddie détenait certaines informations embarrassantes pour Rita, ce qu'elle sembla confirmer par ses réactions affolées, mais personne ne sut jamais de quoi il s'agissait. La réponse figure dans le dossier constitué par le FBI sur Rita, qui contient notamment une déclaration de Judson affirmant qu'il possédait « une lettre obscène écrite par Hayworth et dont il se servait pour lui extorquer des fonds ». Dans cette « lettre obscène », Rita disait avoir « entretenu des relations intimes avec d'autres hommes ». Ainsi Rita aurait fourni à Judson les munitions qu'il utilisait contre elle. Mais pourquoi ?

Si Rita écrivit cette lettre à Judson pour le punir de l'avoir poussée à coucher avec d'autres hommes, elle obtint le résultat inverse de celui qu'elle recherchait : c'est elle qui en souffrit, pas Eddie. Cette lettre, en tout cas, est très révélatrice des tendances autodestructrices inconscientes qui trop souvent guidaient sa conduite. A l'époque où elle l'écrivit, elle savait à l'évidence quelle sorte d'homme était son mari et jusqu'où il n'hésitait pas à aller pour parvenir à ses fins. Est-il possible qu'elle ait remis involontairement un document aussi dangereux entre ses mains ? Sa colère se manifestait par un acte qui, de fait, ne punirait qu'elle-même et qui de plus la punirait pour des actions commises contre elle — comme si c'était elle la coupable et qu'elle dût payer pour ce qu'un autre l'avait forcée à faire.

A peine Judson avait-il décampé pour le Beverly Hills Hotel que Don Marlin, l'avocat de Rita, partit à l'attaque. Le 24 février 1942, soixante-douze heures après le départ de son mari, Margarita C. Judson déposait une demande de divorce devant le tribunal de Los Angeles pour « souffrances causées par une grande cruauté mentale et physique ». Elle accusait également Judson d'avoir « blessé et détruit » sa santé et son équilibre mental. Marlin réclama pour sa cliente la dévolution de tous les biens acquis par le couple, ainsi qu'un ordre d'emprisonnement à l'encontre de Judson, pour l'empêcher de dilapider l'argent qu'il avait dissimulé.

L'avocat essayait de gagner du temps pour pouvoir déterminer avec précision le montant des sommes et des valeurs mobilières dont Judson avait disposé. Il fit également remarquer que son mari ayant « menacé la plaignante de violences physiques », Rita craignait pour sa sécurité. La cour réagit rapidement et interdit à l'époux vindicatif d'aller voir sa femme au studio, de se rendre à son domicile ou de communiquer avec elle par tout autre moyen. Quant à l'argent qu'il avait retiré de comptes en banque ou de comptes d'épargne, il lui était interdit d'en disposer, et il ne devait en aucun cas détruire des documents ou des états ayant trait à leur situation financière.

Ce fut une période particulièrement angoissante pour Rita, tant sur le plan personnel que professionnel. Elle avait beau recevoir encore plus de lettres d'admirateurs depuis qu'on la savait en instance de divorce, les menaces d'Eddie de salir sa réputation risquaient de lui causer beaucoup de tort au studio. Alors que la Columbia faisait de si grands efforts pour promouvoir sa vedette, Harry Cohn n'apprécierait sûrement pas de voir son époux essayer de la traîner dans la boue. Le studio avait investi beaucoup d'argent sur Rita, et il ne pouvait que redouter l'effet d'une publicité négative sur un public par essence versatile. Rita représentait un capital important, ne serait-ce que par les sommes que la Columbia récupérait en la prêtant à ses concurrents. En exigeant de sa vedette qu'elle ne laisse pas sa vie privée mettre en danger sa popularité, la firme ne se différenciait pas des autres studios.

Puisque Harry Cohn ne pouvait pas s'en prendre directement

à Judson, c'est sur Rita que tout retombait : si elle ne réussissait pas à empêcher son mari de se répandre sur son compte, Cohn avait toujours la possibilité, pour enrayer ses pertes, de la laisser tomber. Il n'est donc pas étonnant que, après s'être montrée très franche devant la cour, Rita ait pris grand soin de minimiser, devant la presse, les aspects sensationnels de la joute qui l'opposait à son époux. Eddie étant versatile, il était capable de brusquement tout raconter, l'entraînant avec lui dans sa chute. Aussi ne voulait-elle pas qu'il pût prendre pour une provocation ce qu'elle dirait de lui dans les journaux.

« Étant donné que ses affaires obligent M. Judson à passer beaucoup de temps au Texas et en Oklahoma, et que ma carrière me retient à Hollywood, nous avons simplement décidé que nos routes devaient se séparer. » Ainsi commençait la déclaration de Rita à la presse. « Ni lui ni moi n'avons quelqu'un d'autre dans notre vie, et je lui souhaite vraiment tout le bonheur du monde. Eddie est un grand bonhomme. » Peu de temps après ces propos lénifiants, Rita reconnut publiquement qu'il fallait rechercher la source des difficultés de son mariage dans le fait qu'Eddie ne travaillait plus depuis longtemps. Mais pour le moment, il semblait plus prudent de chercher à apaiser le « grand bonhomme ». Peut-être voudrait-il se conformer à cette appellation — en disparaissant.

Mais Eddie n'avait pas la moindre intention de disparaître ; contrairement à Rita, il n'avait rien à perdre à un scandale de presse et plutôt même une chance d'y gagner beaucoup. Il attendait son heure, en jouant au chat et à la souris. Si l'on en juge par ses déclarations à Louella Parsons, la toute-puissante journaliste du monde cinématographique, sa stratégie consistait à se poser en protecteur de Rita, à donner l'impression que sa décision de divorcer était un geste irrationnel : « Tout ce que je peux dire, c'est que c'est une fille merveilleuse et qu'elle est complètement épuisée ; je pense que tous nos ennuis proviennent de cette trop grande tension nerveuse[2]. » Sous prétexte de sollicitude, il mettait implicitement en doute la santé mentale de sa femme. De cette « grande tension nerveuse » il rendait responsable la Columbia, qu'une telle publicité ne devait pas réjouir particulièrement. « Elle a eu une discussion avec la Columbia à propos de son contrat, et c'est cela, ajouté à la fatigue causée par ses nombreux tournages, qui a entraîné des difficultés dans notre couple. » Il terminait en disant qu'il espérait encore pouvoir arranger les choses : une menace déguisée.

Qu'Eddie ne fût pas décidé à s'éclipser tranquillement, Rita s'en aperçut lorsque, malgré les injonctions du tribunal, il se mit à la suivre. Judson ne lui ayant pas laissé un sou, elle n'avait parfois même pas de quoi acheter à manger, et elles allaient, elle et sa secrétaire, dîner chez Hermes Pan. Judson attendait Rita devant chez elle, et Hermes se rappelle les courses poursuites en voiture qui s'ensuivaient : « Elle n'avait pas un centime, alors elle me téléphonait : ''Est-ce que tu as quelque chose à manger? On n'a plus d'argent.'' Je répondais : ''Bien sûr, arrive''. Elle me disait : ''D'accord, si je peux me débarrasser de ce salaud.'' Judson essayait de la suivre en voiture. Elle faisait des tours et des détours pour le semer et arrivait finalement dans la vallée jusque chez moi. Je préparais des spaghettis et on passait un bon moment[3]. » Suivre Rita faisait partie du plan que Judson avait imaginé pour la terroriser et la pousser à bout, mais il est probable également qu'il espérait déterrer quelque scandale dont il pourrait se servir le cas échéant.

Si dans les journaux Eddie avait parlé d'arranger les choses, devant la justice son avocat, Charles Beardsley, mit Rita en demeure de citer des exemples précis de cruauté mentale et physique à son encontre. Peut-être espérait-il que, de peur de voir la presse s'emparer de détails embarrassants, elle préférerait lâcher prise.

Histoire de compliquer la situation, Judson l'informa qu'il avait l'intention de déposer une plainte en adultère. Ce qui, de la part de celui qui l'avait poussée à coucher avec d'autres hommes pour promouvoir sa carrière et remplir ses poches à lui, son mari, ne manquait pas d'audace. Affolée à l'idée des réactions de la presse, Rita demanda à la cour de mettre l'embargo sur les témoignages et les dossiers ayant trait à l'affaire, arguant du fait que sa situation professionnelle risquait de pâtir d'un scandale. L'accusation dont la menaçait Judson la livrerait au « mépris du public, au ridicule et à la calomnie ».

Pour la même raison, c'est-à-dire pour éviter un scandale dans la presse, elle demanda au tribunal de mettre également l'embargo sur les dépositions détaillées qu'elle avait faites à propos des brutalités de Judson. Dans les deux cas, la cour opposa une fin de non-recevoir.

En lisant les journaux, le 22 mars 1942 au matin, Rita vit ses pires craintes confirmées : ils avaient fait leurs choux gras des détails qu'elle avait ajoutés à sa plainte initiale, et qui avaient été confirmés par sa secrétaire dans une déposition sous serment. Tout le monde put apprendre que son mari ne l'avait épousée qu'« à titre d'investissement » et « dans le but de l'exploiter » ; qu'il avait toujours attendu qu'elle « se réalise » pour lui ; qu'il avait l'intention de se faire payer pour le temps qu'il lui avait consacré pendant leur mariage, et qu'il se fichait totalement de ce qui lui arrivait du moment qu'il recevait son argent.

Devant une telle accumulation de détails sordides, imprimés noir sur blanc, n'importe qui se serait senti humilié ; que dire alors de Rita, si peu sûre d'elle, et qui avait toujours caché ses secrets les plus embarrassants ? Comme elle l'avait prévu, une bonne part de la fascination qu'elle exerçait sur les foules s'évanouit en une nuit. Et qui plus est, à cause de son propre témoignage : Judson n'avait même pas encore déposé le dossier d'accusation dont il l'avait menacée.

Pour éviter de nouvelles et pénibles révélations, il fallait obtenir rapidement le divorce. Et comme Judson n'avait aucune raison de ne pas continuer à faire traîner les choses en longueur, l'avocat de Rita, Don Marlin, s'occupa de lui en fournir une. Il demanda à la cour de nommer un administrateur judiciaire, qui gérerait les avoirs du couple jusqu'à ce qu'on aboutisse à un règlement ; un affairiste véreux comme Judson n'avait certainement pas envie de voir un tel personnage mettre son nez dans ses comptes. Effectivement, l'avocat d'Eddie, Harry Sadicoff, informa Don Marlin que son client était d'accord pour commencer les pourparlers de règlement à condition que la cour renonce à l'administrateur judiciaire.

Sachant combien Rita était pressée d'en finir, connaissant sa peur du scandale, Judson avait l'avantage : bientôt Rita accepta de tout lui donner, à l'exception de sa voiture — la cour estima la valeur des biens du couple à soixante-quinze mille dollars —, du moment qu'il promettait de cesser de la harceler et jurait de sortir de sa vie. Peu lui importait l'argent pourvu qu'elle fût débarrassée de lui, et tout compte fait elle risquait de perdre beaucoup plus que de l'argent si tous ces bruits scandaleux continuaient à courir, incitant le studio à se détourner d'elle.

Judson s'en sortait non seulement avec tous les acquis financiers du couple, en liquide et en actions, mais également avec une promesse de douze mille dollars supplémentaires payés en versements mensuels de cinq cents dollars. En échange, il acceptait de ne pas déposer sa propre plainte.

Le 20 mai, Rita déposa donc un deuxième recours, sans mentionner les biens appartenant à la communauté et réclamant simplement sa liberté. Deux jours plus tard, accompagnée de sa mère et de sa secrétaire, elle comparaissait devant le juge du tribunal d'instance, John Gee Clark. En tailleur et chapeau mou d'un noir funèbre, elle adopta une attitude digne et réservée. « Mon mari me faisait continuellement des reproches, dit-elle en triturant un petit mouchoir entre ses mains. Il était extrêmement jaloux et querelleur. » Cette fois-ci, Eddie ne trouva rien à redire. Comme convenu, il ne se présenta pas devant la cour, permettant à Rita d'obtenir un jugement par défaut. Elle, à son tour, respecta les termes du marché et déclara qu'elle ne voulait pas de pension, et que le règlement financier auquel ils étaient parvenus était « honnête et juste » — bien qu'il la laissât avec sa seule voiture pour tout bagage.

Pour Roz Rogers, « ça a été difficile après tout cela. Il fallait qu'elle apprenne à fonctionner sans que quelqu'un lui dise quoi faire. C'est la période pendant laquelle elle est passée à l'âge adulte. Si elle a commis des fautes, c'est non seulement parce qu'elle était timide et avait si peu confiance en soi, c'est aussi parce que, pendant tout ce temps, elle avait besoin de s'assurer qu'on l'aimait [4] ».

Sur le plan professionnel, en revanche, tout semblait marcher pour le mieux. Pour la Columbia, elle tourna un nouveau film avec Fred Astaire, *O toi ma charmante*, une délicieuse comédie musicale. Dans ses numéros de danse, elle fit preuve d'une classe et d'un raffinement qu'elle n'avait jamais atteints jusque-là. Toutefois, le tournage achevé, Astaire décida que ce serait là leur dernier film. Rita s'était montrée une remarquable coéquipière, mais après sa sœur Adele et Ginger Rogers, Fred ne voulait plus être associé dans l'esprit du public à une seule partenaire.

Pendant toute cette période troublée qu'elle venait de traverser, Rita avait pu compter sur la présence de Victor Mature à ses côtés, et lorsque, à l'automne 1942, celui-ci fut enrôlé dans les gardes-côtes de Boston, ils dressèrent des plans d'avenir. Le divorce de Rita ne deviendrait effectif qu'au printemps suivant, et en attendant ils se retrouvèrent pour quelques jours à New York où elle était venue assister à la première de *O toi ma charmante*. Mais à peine était-elle rentrée à Hollywood qu'elle tomba sous l'influence de celui dont, bien des années plus tard, elle devait dire qu'il avait été le grand amour de sa vie[5].

Cet homme à l'intelligence éclatante, à la voix profonde, au charme hypnotisant s'appelait Orson Welles.

8

Orson Welles n'avait même pas trente ans lorsqu'il entra dans la vie de Rita, mais il pouvait déjà se prévaloir d'une œuvre que la plupart des hommes n'espèrent pas accomplir dans toute leur vie. Il avait marqué l'histoire du cinéma avec ces deux chefs-d'œuvre que sont *Citizen Kane* et *The Magnificent Ambersons (La splendeur des Amberson)*, celle de la radio en inventant la notion de drame radiophonique (avec la célèbre « Guerre des mondes » qui fit croire à des milliers d'auditeurs que les Martiens avaient débarqué sur la Terre), et celle du théâtre en montant des spectacles pour le Federal Theatre Project et son propre Mercury Theatre, spectacles qui étaient déjà entrés dans la légende. Beaucoup le considéraient comme un grand artiste, voire comme un génie.

Pourtant, lorsqu'il rencontra Rita, il passait par une grave crise professionnelle, dont les prémices remontaient à *Citizen Kane*. Son portrait virulent de William Randolph Hearst avait attiré sur Hollywood les foudres du magnat de la presse et, étant donné l'influence prépondérante des journaux sur le succès ou l'échec d'un film, l'industrie du cinéma ne pardonnait pas à Welles d'avoir ainsi joué les trouble-fête. Si Rita était « la fille la plus coopérative de Hollywood », Orson en revanche en était le mauvais garçon, le rebelle. Il avait acquis la réputation d'un metteur en scène dont les techniques de récit trop difficiles, trop expérimentales, ne pouvaient que rebuter le grand public. En conséquence, la RKO lui avait ôté le montage de son second film, *La splendeur des Amberson*, et y avait même fait pratiquer des coupes dans l'espoir d'obtenir un produit plus proche du goût du public. Un sort bien pire encore attendait le nouveau film que Welles venait de réaliser au Brésil : *It's All True*. La RKO s'en désintéressait complètement, ce qui signifiait des mois de travail perdus et laissait mal auguger de sa carrière de metteur en scène à Hollywood.

C'est pendant le tournage de *It's All True* que Welles apprit qu'il n'avait plus le droit de travailler sur *La splendeur des Amberson*, ce qui ne fit qu'augmenter le sentiment de panique où le plongeait alors son incapacité à découvrir une forme artistique compatible avec l'idée qu'il avait de son film brésilien. Et c'est au beau milieu de cette crise que, parcourant un vieux numéro de *Life*, il tomba sur la fameuse photo de Rita Hayworth par Bob Landry.

« Je vis cette fabuleuse photo, raconta-t-il plus tard, où elle est à genoux sur un lit, et je décidai : Quand je serai rentré [d'Amérique du Sud], c'est à ça que je vais m'occuper [1]. » Subjugué par la sensualité presque palpable que dégageait cette photo, Orson sentit brusquement un grand calme l'envahir, impression que ressentirent d'innombrables GI's pendant toute la guerre.

Welles n'avait pas encore rencontré Rita qu'il annonçait à ses collaborateurs, parmi lesquels Jackson Leighter, qu'il avait l'intention d'en faire sa seconde femme. (Il avait divorcé de la première, Virginia Nicolson, jeune femme de la haute société de Chicago, et Dolores Del Rio, avec qui on avait pendant un temps annoncé son mariage, avait rompu leur liaison.) « Il disait qu'il rentrait en Amérique pour épouser Rita Hayworth, se rappelle Leighter. Il s'en faisait un devoir. Et il ne l'avait même pas encore rencontrée. La première chose qu'il voulait faire en arrivant, c'était la chercher [2]. »

Néanmoins, Orson commença par accepter, outre plusieurs émissions de radio, d'interpréter le rôle du séduisant et romantique Mr. Rochester dans la nouvelle version de *Jane Eyre* que tournait Robert Stevenson. Mais bientôt, Rita apprit par la rumeur publique que Mr. Welles annonçait partout son intention de l'épouser, ce qui, lui racontera-t-elle plus tard, ne l'amusa absolument pas. Très consciente de son manque total de culture, et en souffrant, elle craignait que le « génie » ne se moque d'elle. Même si elle acceptait de le voir, que trouverait-elle à dire à un intellectuel aussi brillant, elle que l'idée de parler à *quiconque* terrorisait ? De toute façon, Welles devait être de la même eau que tous ceux qui avaient essayé de sortir avec elle depuis le départ de Victor Mature, et qui ne voulaient qu'une seule chose. Finalement, d'après Shifra Haran, la secrétaire d'Orson, « il a organisé une soirée pour la rencontrer [3] ».

La Rita Hayworth qu'il avait enfin en face de lui le surprit totalement. Elle était certes aussi belle et éclatante qu'il l'avait espéré, mais, il s'en rendit compte immédiatement, bien différente de la Circé qu'il s'attendait à trouver. « Gilda la perverse était un faux, dira-t-il plus tard. Elle était entièrement fabriquée, comme Lon Chaney ou un truc de ce genre. Rien à voir avec Rita. Elle n'avait absolument pas ce genre de sex-appeal. On le lui attribuait à cause de son sang gitan, mais sa qualité essentielle était la douceur. On devinait en elle une richesse, une épaisseur qui la rendaient très intéressante, et que l'on trouve rarement chez une star de cinéma [4]. »

Plus que jamais elle le fascinait. Mais Rita n'avait pas changé d'opinion à son sujet et refusait de répondre à ses coups de téléphone. « Elle ne me prenait pas au téléphone, elle refusait de me parler. Elle était écœurée par tous ces types qui lui couraient après, et à juste titre. Mais il n'était pas question que je laisse tomber. Et c'est comme ça que j'ai réussi. En persévérant [5]. »

Au lieu de le décourager, les rebuffades de Rita ne faisaient que l'intriguer davantage : « Je suis comme Casanova. Pas en tant qu'acrobate du sexe, ça je ne le suis pas. Mais parce que je suis prêt à attendre sous une fenêtre jusqu'à une heure et demie du matin. Je suis un romantique, voyez-vous. A la chasse, je tiens la longueur. Il m'a fallu cinq semaines pour que Rita me réponde au téléphone, et nous sommes sortis le soir même. »

S'ensuivit alors une série de dîners discrets — Rita ne voulait pas que cela s'ébruite dans la presse — au cours desquels Orson, utilisant un truc qui lui avait souvent réussi avec d'autres conquêtes, la « lecture de pensée », parvint à la tirer de sa réserve. Si, par chance, il devinait ce à quoi elle pensait, tant mieux, elle ajoutait alors quelques détails. Et s'il se trompait, elle le corrigeait ; elle en vint ainsi à parler d'elle-même comme elle ne l'avait jamais fait auparavant.

Au début, ils parlèrent surtout cinéma et, à sa stupeur, Orson constata que l'amertume que lui causait le destin de ses deux derniers films n'était rien comparée à la rage que Rita manifestait envers Hollywood : « Elle se retrouvait propulsée dans une situation qu'elle n'avait pas souhaitée, et qui ne lui procurait aucune joie. Elle haïssait son personnage de star, il ne lui donnait pas un seul moment de plaisir. Il ne lui donnait rien. Rien ! Elle n'aimait pas être Rita Hayworth. Elle n'y croyait pas. Il y avait en elle ce pessimisme gitan. Elle considérait tout ça uniquement comme un travail. Elle était tout simplement une femme qui allait à son boulot, comme elle l'avait toujours fait depuis l'âge de douze ans. Je lui disais : ''Puisque tu es une star, tires-en un peu de plaisir.'' Mais elle me répondait : ''Tout ça est absurde. Le lendemain du jour où j'aurai fait un flop, je ne serai de nouveau plus personne.'' Et ce n'était pas de la pose, elle le pensait tout à fait sincèrement. Elle voulait échapper à Rita Hayworth. Mais elle n'avait pas encore les moyens de se tirer de là, il fallait qu'elle gagne sa vie[6]. »

Rita ne considérait sa carrière, qui pouvait paraître si attrayante et excitante, que comme le prolongement de celle qu'elle avait menée lorsqu'elle dansait dans les casinos mexicains. Ce n'était plus Eduardo Cansino qui l'envoyait attraper un poisson pour leur dîner, mais Eddie Judson ou Harry Cohn, pour lesquels elle travaillait aussi dur et sans en retirer davantage de satisfaction.

Elle éprouvait envers Harry Cohn la même obsession morbide que Welles envers elle. Lorsque, après *L'amour vient en dansant*, elle avait renâclé devant un scénario qu'il voulait qu'elle tourne et qu'elle jugeait mauvais pour elle, Cohn lui avait infligé une période de mise à pied, ce qui avait plongé Rita dans un état d'agitation fébrile. En Cohn elle voyait l'incarnation de tous les tyrans qui avaient marqué sa vie, et elle était décidée à s'en venger un jour.

Selon Welles, « elle voulait l'avoir au tournant. Elle était totalement obsédée par lui. C'était affreux[7] ! ».

Rita et Orson passèrent leur première nuit ensemble dans la maison que Welles louait sur Woodrow Wilson Drive. Alors que Dolores Del Rio était toujours impeccablement maquillée et coiffée, même dans la chambre à coucher, Rita était plus naturelle, plus détendue. Peu lui importait que ses vêtements fussent froissés, ses cheveux ébouriffés. Dolores sautait du lit tôt le matin pour avoir le temps de se préparer à affronter la journée ; Rita, elle, n'avait pas besoin de ça.

« Elle se maquillait très peu, sauf pour le travail, et d'ailleurs elle était beaucoup plus jolie sans maquillage, dira Welles. Sa sensualité était celle d'une femme, pas celle d'une jeune fille. Une femme timide, certes, mais non une jeune fille timide [8]. »

Il découvrit bientôt que faire l'amour semblait procurer à Rita la sécurité et la confiance en soi qui lui manquaient tant à d'autres moments. Il ignorait encore que c'était là un des legs tragiques de son passé. Shifra Haran, qui eut également l'occasion d'observer Rita durant sa liaison avec le prince Ali khan, pense que « Miss Hayworth ne croyait qu'on l'aimait que si on lui faisait l'amour. Elle n'était rassurée qu'en sachant qu'on allait coucher avec elle. C'était la seule chose qui lui donnait un sentiment de sécurité [9] ».

Quant à l'écrivain Jim Bacon, qui a bien connu le couple, il considère que « Rita était terrifiée par le génie d'Orson. Elle n'arrivait pas à croire qu'un des plus grands talents du cinéma était vraiment tombé amoureux d'elle ».

Il n'est naturellement pas question de comparer Welles au père et au premier mari de Rita, qui s'étaient servis d'elle à leur profit, mais comme l'a fait très justement remarquer Roger Hill, un ami d'Orson, « il représentait lui aussi une figure paternelle. Une figure protectrice [10] ». Rita s'était débarrassée de son vrai père et de son mari, et elle trouva en Welles une autre puissance masculine à qui se consacrer.

« Orson était un personnage *très* fort, et Rita le craignait [11] », dira Hermes Pan. Propos confirmés par Bob Schiffer : « Elle respectait énormément Orson, et en même temps il l'effrayait un peu [12]. »

L'entourage de Welles comprit qu'il avait matérialisé son fantasme lorsqu'il amena Rita à une répétition du spectacle radiophonique qu'il donnait chaque semaine sur CBS. Il semblait très fier de l'avoir près de lui, et elle de son côté posait sur lui un regard à la fois craintif et affectueux. Elle ne le quittait pas des yeux, et de temps en temps il se tournait vers elle et lui souriait, d'un sourire de petit garçon. Ils étaient visiblement très amoureux l'un de l'autre, à la surprise de tous ceux qui avaient suivi dans la presse l'histoire des amours de Rita avec Victor Mature. Mais, comme l'a souligné Shifra Haran, « lorsqu'elle était avec un homme, je ne l'ai jamais vue sortir avec un autre. Tout le temps que durait leur histoire, il n'était pas question qu'elle aille courir ailleurs ». Très vite Rita s'installa chez Orson, et selon Shifra, « elle a cassé net avec Victor Mature, et j'ai dû aller chez elle enlever tous les objets qui portaient les initiales V. M. Mature n'existait tout simplement plus [13] ».

Pendant un temps, le public ignora tout des nouvelles amours de Rita. Même après avoir emménagé chez Orson, elle refusait de sortir et préférait passer la plupart de son temps libre auprès de lui, à la maison. Elle chargea Shifra Haran de lui apporter toutes ses affaires, mais à la dernière minute elle décida que la majorité de sa garde-robe risquait de déplaire à Orson, et elle demanda à Shifra de la débarrasser de tout ce qui était clinquant et tape-à-l'œil.

Mais les craintes que Rita pouvait avoir quant à sa vie avec Orson se dissipèrent très rapidement, comme en témoigne Shifra : « Elle a été très heureuse au début. Il était adorable avec elle. Il ne la rabaissait jamais. Il lui donnait l'impression qu'elle était capable de tout comprendre. Les femmes disaient : ''Mais qu'est-ce qu'il lui trouve ? Elle est jolie, mais elle est idiote.'' Les gens disaient qu'elle était absolument terne. Comment aurait-il pu en être autrement ? Elle n'avait aucune culture, à cause de son père, elle le savait, et elle ne demandait qu'à apprendre, à lire, à écouter [14]. »

S'ils s'étaient connus à une autre période de la vie de Welles, leur histoire n'aurait peut-être pas duré. Mais ils se rencontrèrent à un des rares moments où il ne poursuivait pas mille projets à la fois. Il avait le temps de lui donner toute l'attention dont elle avait besoin pour être certaine qu'il tenait vraiment à elle. Elisabeth Rubino, une autre collaboratrice de Welles, a déclaré : « Je crois qu'elle n'avait pas l'habitude d'être aimée. Comme elle était belle, les hommes l'admiraient, mais je pense qu'elle n'avait jamais été aimée pour elle-même [15]. »

Rita ne mit pas longtemps à découvrir ce qui excitait Orson sexuellement : avec Dolores Del Rio il avait contracté une passion pour les slips bordés de dentelle et les chemises de nuit arachnéennes, qu'elle achetait dans une boutique très chic de

Los Angeles, et c'est dans cette même boutique qu'il paya d'énormes factures pour Rita. Elle apprit aussi que, même si elle passait ses après-midi en jeans et chemise usagée, le soir venu elle devait revêtir cette lingerie qui l'excitait tant, et que ce qui l'excitait peut-être encore davantage c'était de la regarder se déshabiller.

Pourtant, dès ces premiers moments passés ensemble, Rita manifesta des signes de ce sentiment d'insécurité qui ne la quittait jamais. De l'avis d'Elisabeth Rubino, « l'homme qui partageait sa vie devait lui accorder toute son attention ». Orson avait beau lui être totalement dévoué, brusquement, sans raison apparente, elle l'accusait de flirter avec d'autres femmes : « Elle était terriblement jalouse, et elle me reprochait constamment de regarder des filles que je ne voyais même pas. » Il savait encore peu de chose du passé de Rita, et il n'imaginait pas que ces accès de jalousie irrationnels cachaient quelque chose de plus sérieux. « A l'époque, j'ignorais qu'elle était malade. C'était avant notre mariage, au tout début de notre — quel horrible mot — relation. Plus tard j'ai commencé à comprendre, mais au départ je ne le pouvais pas, d'autant plus que j'étais hypervertueux et qu'elle n'avait absolument aucune raison d'être jalouse. Je n'étais pas assez futé pour comprendre que c'était névrotique. Je pensais simplement que c'était son sang de gitane, et je me disais : ''C'est une réaction de gitan, et je vais la guérir[16].'' »

Un soir qu'ils dînaient à l'extérieur, il décida de commencer le traitement : « Nous étions au restaurant, et j'ai fixé mes yeux au-delà d'elle, comme si j'échangeais des regards avec la plus belle fille du monde. Rita a laissé tomber sa serviette de façon à pouvoir jeter un coup d'œil, et il n'y avait *personne*. Le restaurant était vide. J'étais vraiment fatigué de ces scènes de jalousie sans raison, et je lui ai fait une blague, juste pour lui montrer qu'elle n'avait rien à craindre. Cela n'avait rien d'humiliant pour elle, puisque personne ne pouvait la voir. Je n'ai pas dit un mot, j'ai juste continué à faire semblant. »

Le meilleur remède pour Rita fut le sentiment qu'elle eut d'appartenir pour la première fois de sa vie à une famille, celle des gens de théâtre qui entouraient Orson. Il avait débarqué à Hollywood suivi d'un groupe d'acteurs tous très liés entre eux, comme Agnes Moorehead et Joseph Cotten, et qui avaient travaillé au Mercury Theatre de New York. Ils avaient tourné dans ses films, fait de la radio avec lui, et maintenant, à la très grande joie de Rita, ils mitonnaient un spectacle de cirque : des numéros de fantaisie et de magie à l'intention des GI's qui attendaient de s'embarquer pour la guerre du Pacifique.

Si Welles et ses compagnons avaient préparé un Shakespeare ou toute autre pièce du répertoire classique qui avait fait la renommée du Mercury, il est probable que Rita se serait sentie hors de son élément. Elle avait beau être une des vedettes les plus populaires de Hollywood, elle savait parfaitement qu'elle manquait de formation. En revanche, son passé dans le music-hall lui permettait de se trouver en terrain familier avec un spectacle de cirque.

Depuis le début de la guerre, Hollywood n'avait pas ménagé ses efforts pour divertir ses visiteurs en uniforme, et comme les autres vedettes, Rita avait payé son écot, soit en participant aux tournées de l'USO*, soit en dansant au bras des GI's à la Hollywood Canteen. Orson, quant à lui, se résolut à monter le *Mercury Wonder Show* lorsqu'il apprit qu'il était réformé pour cause d'asthme, de pieds plats et de dos tordu. « Je me suis senti coupable, coupable d'être un civil en temps de guerre [17]. »

Avec son « spectacle de merveilles », il retrouvait le plaisir éprouvé dans son enfance lorsque son excentrique de père, qu'il adorait, le conduisait sous les chapiteaux de foire. C'est de lui qu'il tenait sa passion pour la magie et les variétés. Pour Rita, participer au *Mercury Wonder Show* fut une façon d'entrer dans le monde d'Orson, de travailler près de lui à quelque chose qu'elle savait bien faire. Mais ce fut aussi bien plus que cela : la petite fille solitaire qui, à Chula Vista, regardait jouer les autres enfants avait enfin le droit d'entrer dans le jeu.

La maison de Woodrow Wilson Drive fut envahie : Rita trébuchait sur des épées, des coffres, des cordes, des chapeaux hauts de forme, et Orson lui révéla ses secrets de magicien. Pour un des numéros, il descendait dans la salle, demandait à un GI de griffonner des chiffres sur une ardoise, chiffres dont Rita, du haut de son perchoir sur la scène, annonçait triomphalement la somme. Il lui apprit aussi un des tours de magie les plus classiques : il l'enfermait dans un coffre, la sciait en morceaux, puis

---

* *USO* : United Service Organisation. *(NdT.)*

soulevait le couvercle, montrant une Rita visiblement tout d'une pièce.

Puisqu'elle n'avait rien à craindre entre les mains expertes d'Orson, peut-être n'avait-elle plus rien à craindre de la vie. Décidée à chasser la peur de son esprit, elle avait cessé d'envoyer à Judson ses cinq cents dollars mensuels, Don Marlin, son avocat, ayant pris prétexte de sa mise à pied par le studio pour suspendre ces versements. Mais elle alla plus loin et, sur le conseil d'Orson, elle déclara qu'elle ne paierait plus rien. Avec Orson à ses côtés, Eddie et ses menaces semblaient bien loin, au-delà du cercle magique dans lequel elle se mouvait.

La première du *Mercury Wonder Show* devait avoir lieu en août 1943, sous un chapiteau installé sur Cahuenga Boulevard, à Hollywood. Elle fut précédée d'un certain nombre de représentations de rodage, et c'est au cours de l'une d'entre elles, au Playtime Theatre, que Rita se retrouva brusquement confrontée à son passé. Tout s'était parfaitement déroulé, les tours avaient été réussis, le public ravi, et alors qu'elle se dirigeait vers la sortie des artistes, elle remarqua un type qui, jouant des coudes parmi la foule des chasseurs d'autographes, s'approchait d'elle pour finalement déposer entre ses mains les papiers lui signifiant que Judson la poursuivait en justice.

Le jugement de divorce avait été prononcé un mois auparavant, mais Judson n'avait pas l'intention de disparaître sans les dix mille dollars qu'elle lui devait aux termes de leur accord initial. Sur les conseils d'Orson, Don Marlin fit valoir devant la cour que Rita n'avait accepté de signer l'accord qui la dépossédait de presque tous ses biens que parce qu'elle avait peur de Judson. Mais maintenant qu'il la poursuivait pour obtenir le peu qui pouvait rester, elle, à son tour, en appelait à la justice, demandait que l'accord initial soit cassé et Eddie obligé de lui restituer tout ce qui lui appartenait en propre. Elle allait montrer à son ex-époux que la petite fille terrifiée d'autrefois n'existait plus.

Mais Eddie n'était pas le seul à vouloir détruire son bonheur : Harry Cohn était furieux de la voir participer au *Mercury Wonder Show*, bien que cela ne fût en rien contraire aux termes du contrat qui la liait à la Columbia. Selon Shifra Haran, « il ne supportait pas sa présence dans le spectacle de Mr. Welles. Harry Cohn était un tel salaud, si vous me pardonnez l'expression. Il a été abominable avec Miss Hayworth. Il l'a mise dans une terrible situation [18] ».

Cet été-là, Rita tournait pendant la journée *Cover Girl (La reine de Broadway)* avec Gene Kelly et, la nuit, elle courait participer aux avant-premières du *Mercury Wonder Show* qui se donnaient dans divers camps militaires. Ce travail un peu forcené ne semblait que la revigorer davantage. Ses compagnons de tournage avaient remarqué qu'elle paraissait particulièrement heureuse.

Soudain, la veille du jour où devait avoir lieu la première tant attendue du spectacle de Welles, Harry Cohn interdit à Rita d'y figurer, sous prétexte qu'elle devait consacrer toute son énergie à *Cover Girl*. Il la payait pour tourner dans son film et non pour figurer dans le spectacle de son amant. Elle le supplia, mais rien n'y fit. Son avocat lui confirma que le patron de la Columbia avait effectivement le droit, légalement, d'agir ainsi.

Cette nuit-là, dans la maison de Woodrow Wilson Drive, Rita explosa, folle de colère. Elle cria qu'elle n'avait jamais voulu être une star et qu'elle ne trouverait jamais une meilleure occasion de tout laisser tomber. Que Cohn la poursuive en justice si bon lui semblait, elle, en tout cas, participerait à la première du spectacle d'Orson. Mais Welles voyait les choses différemment. Il ne se sentait pas le droit de la laisser gâcher ainsi toute sa carrière. En lui signifiant son interdiction la veille même de la première, Cohn avait montré tout son sadisme et sa cruauté ; personne ne pouvait dire jusqu'où il était capable d'aller pour la punir si elle le provoquait trop.

Orson eut beau lui jurer que, bien qu'il fût obligé de la remplacer, elle ferait toujours partie de la troupe, lui assurer que tout le monde l'aimait, qu'elle ne devait pas se sentir exclue, il la vit réagir comme s'il avait parlé de la quitter. Pour la première fois de sa vie, peut-être, il ressentit le besoin de protéger quelqu'un : elle lui semblait si fragile que tout ce qu'il voulait, c'était la mettre à l'abri du reste du monde.

Il n'y avait qu'un moyen de l'apaiser, de lui restituer ce sentiment de sécurité que Cohn avait détruit. « C'est pourquoi je l'ai épousée. Je l'adorais. Il fallait que je fasse ça pour elle [19]. »

Si Harry Cohn avait eu l'intention de semer la discorde dans le couple, il obtint exactement le résultat inverse : Orson proposa le mariage et Rita dit oui, enfin certaine qu'elle n'allait pas être abandonnée.

Malheureusement, chez nombre de victimes d'inceste, le sentiment d'avoir été abandonnées par leur mère et trahies par leur père les poursuit toute leur vie et les amène à redouter que cela ne se reproduise indéfiniment, quoi qu'on fasse pour les rassurer, et de cela Orson Welles n'allait pas tarder à s'apercevoir.

Pour le moment, il fallait trouver quelqu'un capable de remplacer Rita à la dernière minute, et Orson pensa à sa chère amie Marlene Dietrich. Il l'appela à onze heures du soir. « Je marche, mais viens me montrer les tours », lui dit-elle simplement [20]. Welles lui apprit un tour de télépathie, qu'elle exécuta moulée dans une longue robe couleur chair couverte de paillettes. On choisissait un GI parmi les spectateurs et on lui demandait de jouer avec Marlene au jeu de la transmission de pensée. D'après Shifra Haran, « sur scène, les gars pissaient presque dans leur pantalon. Ces gosses étaient complètement ravagés d'être en sa présence [21] ».

Orson lui-même était subjugué par Marlene : « Elle était bien plus qu'un être vivant. On a oublié. Maintenant ce type de gens n'existe plus. Marlene fut réellement le dernier dinosaure [22]. »

A l'époque elle vivait avec Jean Gabin, lequel, pour ne pas la perdre de vue, joua les utilités dans le *Mercury Wonder Show*. Les relations entre ces deux êtres fascinaient Orson, qui remarqua que, seule avec son homme, Marlene se transformait en une véritable *Hausfrau* allemande, soit l'exact opposé de l'image qu'elle projetait sur scène ou à l'écran : « Marlene était la plus fascinante, étrange et intouchable créature que la Terre ait jamais portée, disait-il. Cette femme-là, avec un tablier, dans une cuisine, et en train de préparer un plat, c'était comme si la foudre vous tombait dessus. »

Gabin pourtant ne semblait pas s'apercevoir que la foudre l'avait frappé. Marlene mettait tout son amour à lui confectionner des petits plats, mais pour un résultat bien décevant, confiat-elle à Orson. Au lieu de lui manifester toute la passion qu'elle attendait, Gabin se révélait un typique paysan français, la cigarette au bec et lisant son journal en attendant que le moment soit venu de passer à table. Quelle faute commettait-elle ? demandait Marlene. Elle ne réclamait que de l'amour en échange, qu'il fît preuve de plus d'ardeur.

Orson lui dit que son erreur était de démolir totalement l'image fascinante que Gabin avait d'elle. Lui, Orson, préférait effectivement que Rita se montre telle qu'en elle-même : timide et douce, mais les hommes ne désirent pas tous la même chose. Marlene ferait peut-être mieux d'arrêter de jouer les *Hausfrau* pour demeurer « Marlene Dietrich », l'ensorcelante sirène de l'écran qui avait séduit Gabin.

9

L'union de Rita Hayworth et Orson Welles fut célébrée le 7 septembre 1943, entre deux représentations du *Mercury Wonder Show* et en plein tournage de *La reine de Broadway*. Ce matin-là, ses camarades de travail trouvèrent Rita exubérante ; ils n'allaient pas tarder à en découvrir la raison. Juste avant la pause du déjeuner, elle leur dit d'un ton détaché qu'elle espérait qu'on ne lui en voudrait pas si elle reprenait son travail avec un peu de retard, car Orson et elle allaient se marier dans l'après-midi.

Les nouvelles se répandaient particulièrement vite à la Columbia, où Harry Cohn avait la réputation bien méritée d'être au courant de tout ce qui s'y passait. Qu'il se soit mordu les doigts en apprenant celle-ci (« Ça l'a fichu en rogne que Welles l'épouse », dit Shifra Haran[1]) ne l'empêcha pas d'organiser à toute allure le maximum de tapage publicitaire autour du mariage de sa principale vedette. Rita avait à peine révélé son projet que le service publicité du studio se mettait en branle.

Conduit par son chauffeur, un ex-taulard bossu et nain surnommé Shorty, qui attachait de gros morceaux de bois aux pédales de frein et d'accélérateur pour que ses pieds puissent les atteindre, Welles vint chercher sa fiancée au studio. Il portait un costume sombre à rayures anthracite, une chemise rose et un nœud papillon. Rita avait revêtu un tailleur beige très mode aux épaules rembourrées, et une capeline assortie avec une voilette. Dans l'affolement elle n'avait pas fini d'enlever son maquillage, et tandis qu'elle frottait les dernières traces jaunâtres, Orson demanda à Shorty de les arrêter au prochain drugstore où, comme ils n'avaient pas eu le temps de déjeuner, ils se réconfortèrent avec des glaces.

Puis ils foncèrent jusqu'à Beverly Hills pour prendre un autre membre de l'entourage de Welles, son mentor et père subrogé, le Dr Maurice « Dadda » Bernstein, qui dès 1916 avait proclamé que bébé Orson — « Pookles », comme il l'appelait — était un génie. Depuis ce temps, Dadda s'était toujours intéressé, jusqu'à l'obsession, à la vie et aux amours de Pookles ; il s'était ainsi violemment opposé à la liaison de son protégé avec Dolores Del Rio, qu'il accusa d'avoir falsifié son certificat de naissance pour se rajeunir. Au grand soulagement de Rita, il n'avait pas du tout la même réaction à son égard, et approuvait au contraire chaudement son union avec Orson.

On embarqua enfin les autres invités : Jackson Leighter, le conseiller financier de Welles, et Joseph Cotten, de la troupe du Mercury. Fait notable, les parents de Rita ne figuraient pas au programme. Non seulement elle ne les avait pas invités, mais elle ne les avait même pas prévenus.

Lorsque la petite troupe arriva au Bay City Building de Santa Monica, elle fut assaillie par la cohorte des journalistes que le service de presse de la Columbia avait mis au parfum. Orson et Rita étaient malades de nervosité. Au bureau des licences, au douzième étage, Orson, les doigts crispés, n'arrivait même plus à remplir les formulaires (« Je détestais ça, vous savez[2] »), et lorsque ce fut fini il se dirigea vers la sortie, l'air égaré, en traînant Rita derrière lui. Il fallut que l'employé les rappelle : « Ceci n'est que la demande, il faut que vous attendiez pour avoir la licence. »

Quelques minutes plus tard, une nouvelle foule de journalistes les accueillit à la porte de la salle où officiait le juge Orlando Rhodes, au quatrième étage. Face à lui, Rita put à peine articuler un mot ; quant à Orson, il n'était de toute évidence pas en meilleur état. Il fourragea pour extraire l'anneau de mariage de son écrin, puis sembla ne jamais devoir réussir à le passer au doigt de sa femme. « Tenez son doigt avec votre autre main », suggéra le juge. L'opération enfin réussie, Rita fondit en larmes. Orson embrassa la mariée, se frotta le visage pour effacer les traces de rouge à lèvres, et l'entraîna précipitamment vers la voiture qui les attendait.

A un reporter qui lui demandait quels étaient leurs projets pour la lune de miel, Rita répondit qu'ils n'en avaient aucun. « Il faut que je retourne au studio », l'entendit-on affirmer au moment où Shorty démarrait.

Loin des regards des journalistes, les nouveaux mariés se calmèrent enfin. Shifra Haran les avait rejoints : « Je n'ai jamais vu un couple plus heureux, plus content, plus ravi, plus adorable. Elle était radieuse[3]. »

Pendant que sur le plateau de *La reine de Broadway*, où elle était revenue travailler, ses camarades improvisaient une fête, le téléphone n'arrêtait pas de sonner dans le studio de danse d'Eduardo Cansino : les journalistes voulaient connaître ses impressions. Embarrassé, il dut admettre que c'était la première fois qu'il entendait parler du mariage de sa fille. « Elle aurait tout de même pu m'en parler, disait Volga de son côté, nous devions dîner ensemble ce soir[4]. »

Ce soir-là, Rita se rendit au *Mercury Wonder Show* : si Cohn lui interdisait de paraître sur scène, il ne pouvait l'empêcher d'attendre Orson dans les coulisses. Pressée par un radio-reporter de commenter ce mariage surprise, elle gloussa, prononça quelques mots hésitants, et c'est Marlene Dietrich qui vint à son secours et poursuivit l'interview à sa place.

Du côté de Judson, il n'y avait pas lieu d'hésiter sur ce que serait sa réaction lorsqu'il apprendrait la nouvelle. Rita avait traîné les pieds tout l'été, ne se décidant pas à se présenter devant le tribunal pour contester les réclamations d'Eddie. Si une partie d'elle-même voulait l'affronter et exiger qu'il lui restitue tout ce qu'il lui avait pris, une autre continuait à redouter qu'il ne produise cette fameuse lettre « obscène » qu'elle lui avait écrite.

Déjà furieux de ces atermoiements, Judson, en apprenant le mariage, demanda à son avocat d'agir immédiatement. Deux jours après la cérémonie, celui-ci déposa une plainte devant la cour, protestant contre tout nouveau report de la confrontation. Il demandait que Rita soit convoquée le 11 septembre. Pour essayer de s'attirer la sympathie du tribunal, Judson jouait le pauvre homme aux prises avec l'arrogante vedette de cinéma.

« Miss Hayworth croit que le fait d'être une actrice la place au-dessus des lois et de la cour, qu'elle a le droit de faire ajourner une affaire autant qu'il lui convient, et que les droits des autres passent après ses souhaits et son bien-être. » La cour ne tint pas compte de cette plaidoirie et repoussa l'audience de Rita au mois d'octobre. Pour une fois, les événements semblaient pencher en sa faveur.

La dernière représentation du *Mercury Wonder Show* eut lieu le 9 septembre, et le jour suivant Rita et Orson s'envolèrent pour Chicago, où il devait parler devant le Rassemblement pour la Paix. Depuis quelques mois, les difficultés qu'il affrontait dans le monde du cinéma avaient conduit Welles à envisager une autre carrière. Les studios ne voyaient aucun intérêt à soutenir le genre de films artistiques, non conformistes, qu'il voulait faire, et lui, de son côté, n'avait pas l'intention de s'abaisser à tourner des œuvres plus commerciales. Sous le parrainage de son ami Louis Dolivet, un brillant et énigmatique émigré roumain qui dirigeait l'Association internationale pour un monde libre, il envisageait sérieusement de se lancer dans la politique. L'organisation de Dolivet se donnait pour but l'instauration d'une paix durable dans le monde, et après avoir réussi à attirer un certain nombre de figures éminentes de la politique internationale, il lui fallait absolument conquérir l'appui de grandes vedetttes de cinéma qui lui apporteraient tout leur prestige et leur rayonnement. Orson Welles, et bientôt Rita Hayworth, avaient exactement le profil souhaité. Bien mieux, Dolivet découvrit en Orson « un mélange d'acteur et d'orateur » qui prendrait toute sa valeur si Welles se décidait à briguer les suffrages publics — son ami Dolivet tirant les ficelles dans les coulisses, bien entendu. A l'époque des Churchill et des Roosevelt, était-il vraiment trop présomptueux pour Orson, qui ne leur cédait en rien sur le plan du dynamisme, de rêver qu'il pouvait réussir dans la carrière politique ? « Imaginez quel orateur il aurait fait au Sénat », disait Louis Dolivet bien des années plus tard.

Pour Rita, cet avenir politique présentait un autre attrait : un moyen de sortir de Hollywood. « Je ne voulais pas prendre la responsabilité de lui faire tout lâcher tant que je ne savais pas très bien quel cours allait prendre ma vie, devait déclarer Welles plus tard, mais lorsque je lui ai demandé son sentiment, elle a sauté de joie. Ça l'a terriblement excitée que j'aie décidé de me lancer dans la politique. Elle était prête à tout quitter. Ravie. Serait partie avec grand plaisir. Ne l'aurait jamais regretté une minute[5]. »

Sa rencontre à Chicago avec les plus chers amis d'Orson, Roger et Hortense Hill, ne fit qu'accroître en Rita l'espoir que la vie avec son nouvel époux allait lui fournir les moyens d'abandonner Hollywood. Avec les Hill, elle avait sous les yeux l'image d'un mariage heureux et réussi.

Orson, quant à lui, sans négliger l'importance pour son avenir du discours qu'il devait prononcer, jugeait au moins aussi essentiel de présenter ses amis à sa femme. Lui-même les connaissait depuis son enfance, quand il avait eu Roger — qu'il appelait affectueusement « Skipper » — comme professeur à la Todd School de Woodstock, dans l'Illinois. Pour la première de *Citizen Kane* à Chicago, Orson était venu accompagné de Dolores Del Rio, à qui il avait présenté les Hill, mais il s'était senti assez mal à l'aise, avec l'impression que ses amis étaient un peu trop simples et vieux jeu pour la mondaine et sophistiquée Dolores. Ni l'une ni les autres n'étaient responsables de la gêne qui s'était installée entre eux, simplement Dolores et les Hill figuraient les deux mondes, très différents et apparemment irréconciliables, dans lesquels Orson évoluait : l'élégance et le brillant d'Hollywood, la simplicité et le calme un peu popote du Middle West. En revanche, il savait d'avance que Rita, toute star qu'elle fût, s'entendrait tout de suite avec Skipper et Horty, et que ceux-ci l'adoreraient.

Très énervée à l'idée de rencontrer ces gens qui comptaient tellement dans la vie de son époux, Rita tomba sous leur charme et leur gentillesse, selon Shifra Haran : « Miss Hayworth était morte de timidité, mais les Hill surent tout de suite la mettre à l'aise. C'étaient vraiment des gens sociables, faciles à vivre. » Les années passées à la tête de la Todd School leur avaient inculqué l'art d'accueillir même le plus timide des nouveaux élèves et de lui donner l'impression qu'il s'installait dans un autre chez-soi. Rita venait enfin de trouver la vraie famille dont elle avait toujours rêvé : chaleureuse, sans prétention, et surtout aimante.

En observant Orson face à Skipper, elle découvrit son époux sous un nouveau jour. Avec son vieux professeur, Orson redevenait un petit garçon, et les deux hommes n'arrêtaient pas de parler, pleins d'enthousiasme pour les idées et les milliers de projets qu'ils espéraient mener à bien ensemble. « Elle adorait rester assise à simplement écouter leur conversation[6] », dira Shifra Haran.

Tout en parlant avec Orson, Skipper jetait sur Rita un œil perspicace : elle lui parut « l'image même de la dichotomie et de la frustration ». D'un côté la star, dont « le visage et le corps ornaient les murs de tous les dortoirs de soldats et de marins », de l'autre « la réalité : une enfant belle, douce, timide, inculte et craintive dont toute la vie n'était qu'une tragédie ». Skipper ne le savait que trop, « le rôle de père était tout nouveau pour Orson. Mais il l'assumait, par la force des choses, pour sa nouvelle femme[7] ».

De son propre aveu, Welles ne s'était jamais montré très paternel envers la fille qu'il avait eue de son premier mariage : c'était un rôle qui collait mal avec sa personnalité fondamentalement égocentriste, et qu'il l'assumât maintenant avec Rita prouve combien il tenait à elle.

Skipper trouvait une certaine ironie au fait qu'Orson eût choisi de présenter avec Rita le numéro de la femme sciée en deux : « Jusqu'alors, la petite avait été en butte à de vraies tortures de la part des hommes qui avaient partagé sa vie. D'abord son père, puis cet époux-imprésario qui avait emballé et vendu sa ''propriété'' au plus cruel de tous, Harry Cohn, cette brute de Gower Street. Puis était arrivé un nouvel époux, et avec lui, enfin, la gentillesse. » D'après Skipper, qui est probablement la personne qui connut le mieux Welles, les années passées avec Rita furent pour Orson « les meilleurs moments dans la saga de ses mariages[8] ».

Rita, de son côté, s'attacha beaucoup à Skipper qui lui racontait tant de merveilleuses histoires sur l'enfance d'Orson, mais elle se sentit encore plus attirée par Hortense qui semblait posséder tout ce que sa propre mère n'avait jamais eu. D'après Orson, « jusqu'à ce qu'elle rencontre Hortense, elle n'avait jamais trouvé une femme en qui elle pût croire[9] ».

Hortense était le contraire de Volga : elle paraissait forte, maîtresse d'elle-même. Elle avait trois beaux enfants en pleine santé, un mari qui l'adorait et avec qui elle continuait de mener une vie sexuelle passionnée. Rita eut l'impression qu'Hortense détenait le secret d'une existence heureuse et épanouie.

Dès lors, les deux femmes ne cessèrent de se voir régulièrement. Après avoir subi plusieurs interventions chirurgicales, c'est chez les Welles, à Los Angeles, qu'Hortense alla passer sa convalescence et, remarqua Roger, « ces semaines firent au moins autant de bien à son infirmière, Rita, qui avait encore beaucoup de problèmes [10] ».

Rita se sentait en paix en compagnie d'Orson et des Hill, mais même alors il lui arrivait de se trouver brutalement confrontée à une partie de sa vie qu'elle détestait et ne voulait qu'oublier. C'est ce qui se passa un soir où ils dînaient tous les quatre sur la terrasse du Chicago's Tavern Club. Avisant les panneaux publicitaires qui vantaient les charmes d'une promenade au clair de lune à bord du *Theodore Roosevelt*, qui était ancré juste au-dessous du restaurant, Skipper proposa d'en faire une. « Une impulsion malheureuse, si l'on songe qui était notre invitée [11] », devait raconter Hill par la suite, mais lorsqu'il s'en rendit compte, il était trop tard : « Rita était au sommet de sa renommée, la déesse du sexe de toute une nation, la pin-up girl de toute une armée. » Ils espéraient passer un agréable moment, mais dès que la foule eut repéré Rita, cela se révéla impossible. « Tous nos efforts pour la protéger furent vains. J'avais la clef d'une cabine dans ma poche, et nous réussîmes à nous en approcher. Une fois la porte refermée sur nous, l'adulation de la foule se mua en colère. Nous sommes restés terrés dans cette cabine pendant deux heures, deux heures terrifiantes [12]. »

Rentrée à Hollywood, Rita sembla plus que jamais décidée à laisser tomber sa carrière. Après bien des discussions, Orson et elle résolurent de quitter la maison qu'ils louaient sur Woodrow Wilson Drive, et de mettre leurs affaires dans un garde-meuble de Westwood de façon qu'Orson pût continuer à haranguer les foules pour le compte de l'Association pour le monde libre. Parallèlement il poursuivait des négociations avec le producteur Alexander Korda qui lui demandait de venir en Angleterre pour réaliser une adaptation de *Guerre et paix*. Voyager en temps de guerre n'était pas chose aisée, et il dut télégraphier à Korda de l'aider à obtenir un passeport et un billet pour Rita. L'argent qu'il allait gagner comme réalisateur de *Guerre et paix* assurerait leur subsistance à leur retour aux États-Unis et permettrait à Orson de poursuivre ses ambitions politiques.

Toutefois, avant de quitter Los Angeles, il fallait s'occuper de Judson. Rita savait d'expérience qu'il n'hésiterait devant rien pour obtenir ce qu'il voulait, or elle n'était plus seule en cause : un scandale pouvait être très dommageable pour la carrière politique de son époux. Pourtant, l'idée de se retrouver en tête à tête avec Judson, de devoir affronter ces pénibles souvenirs, lui était insupportable. Orson, alors, décida d'agir. Il demanda à ses propres avocats, la firme Wright et Millikan, de négocier un règlement à l'amiable, hors tribunal, avec Eddie. Qu'on lui verse ce qu'il réclame, mais qu'il arrête de torturer Rita.

Pourtant lorsque Orson et Rita s'envolèrent pour la côte Est, rien n'était résolu. A l'angoisse qu'elle ressentait à l'idée de se mouvoir dans les cercles politiques de New York s'ajoutait pour Rita la crainte de voir surgir Eddie à tout moment. C'est en octobre qu'Orson devait faire devant le Rassemblement pour un monde libre un discours, le plus important qu'il eût jamais prononcé, et l'on comptait sur la présence d'un grand nombre de personnalités politiques venues du monde entier. Nul doute que Judson en avait entendu parler, car la soirée avait été annoncée à grand bruit. A l'occasion d'un dîner à l'hôtel Pennsylvania prendraient la parole non seulement Orson mais des gens comme Harold Butler, l'ambassadeur britannique aux États-Unis, Wei Tao-ming, l'ambassadeur de Chine à Washington, et J. Alvarez del Vayo, le ministre espagnol des Affaires étrangères. Dolivet misait beaucoup sur Rita, qu'il voulait placer à la table d'honneur et qui apporterait à cette soirée un peu de l'éclat de Hollywood. Que se passerait-il si Judson choisissait précisément ce moment pour l'humilier devant tout le monde avec cette fameuse lettre « obscène » ? Elle ne pourrait jamais se pardonner l'embarras qui en résulterait pour Orson.

Lorsque l'heure du dîner approcha, elle était sur le point de craquer. Elle n'avait d'ailleurs pas caché les causes de son angoisse aux organisateurs de la soirée qui, jusqu'à la dernière seconde, redoutèrent qu'elle ne fît machine arrière. Ils considéraient sa présence au dîner comme plus importante même que celle d'Orson.

Mais, comme toujours dans sa vie, Rita prit sur elle et se força à faire ce qu'elle n'aimait pas : son enfance l'avait habituée au sacrifice. Par une ironie amère, la carrière politique d'Orson, qui était supposée la libérer de telles contraintes, l'obligeait de nouveau à dissimuler derrière le masque de « Rita Hayworth » ses pensées et ses sentiments.

Toutefois elle avait appris maintenant à dissimuler la peur qui l'habitait en présence de gens qui possédaient l'éducation et la culture qu'elle n'avait pas reçues. « Quand elle ne savait pas quelque chose, elle prétextait un moment d'inattention, raconte Libby Sloane, l'épouse de l'acteur Everett Sloane. Elle était suffisamment intelligente pour ne pas se laisser entraîner sur des sujets qu'elle ne comprenait pas. Elle avait — pourquoi ne pas le dire ? — la sagesse des gens de la rue. Cette sorte de mentalité. Certes pas une intellectuelle. Elle ne serait sûrement jamais la première en histoire, si vous voyez ce que je veux dire, mais elle savait comment s'y prendre. Elle avait toujours l'air de quelqu'un qui sait ce qu'il fait, alors que ce n'était vraiment pas le cas. Elle disait qu'il était temps de partir, ou bien elle détournait la tête et regardait dans une autre direction, et tout le monde faisait de même pour voir ce qu'elle regardait. Mais ça ne voulait rien dire ! Il fallait simplement qu'elle invente quelque chose [13]. »

Durant leur séjour sur la côte Est, les Welles habitèrent Applegreen, la propriété que la famille de Beatrice Straight, l'épouse de Louis Dolivet, possédait à Long Island. Elle aussi fut surprise de découvrir en Rita « une toute jeune femme douce, timide, peu exigeante, et plutôt terne ». Beatrice ne comprenait pas ce qu'Orson faisait avec elle, d'autant qu'il la traitait plutôt mal. Étonnée par l'absence de réactions de Rita devant la grossièreté et la brusquerie de son mari, Beatrice se demanda « si ce n'était pas ainsi qu'elle s'attendait à être traitée [14] ».

Il est vrai qu'Orson ne montrait pas davantage de courtoisie à l'égard du personnel. Il dormait généralement jusqu'à trois heures de l'après-midi, heure à laquelle il s'attendait qu'on lui serve des plats spécialement préparés à son intention, et il piquait des colères si ses exigences n'étaient pas satisfaites dans le quart d'heure qui suivait. Contrairement à son mari, qui ne tarda pas à « rendre les domestiques fous », Rita « ne demandait jamais rien ». L'ensemble de la domesticité, et spécialement le maître d'hôtel, était pourtant beaucoup plus excité d'avoir à servir la star que n'importe lequel des personnages politiques qu'ils avaient l'habitude d'accueillir.

Lorsque Orson et Louis discutaient politique, les deux femmes devaient se contenter d'écouter attentivement et en silence, rôle que Rita n'avait pas de mal à tenir, elle qui abondait toujours dans le sens de son mari quel que fût le sujet traité. La plupart du temps, toutefois, Welles et Dolivet s'absentaient pour leurs affaires politiques, laissant Rita et Beatrice réduites à elles-mêmes, à Applegreen. Bien qu'il leur arrivât souvent de prendre le thé ensemble, Rita ne parvenait pas à surmonter sa timidité. Elle restait assise tranquillement, répondant avec douceur et gentillesse aux propos de son hôtesse, mais ne prenant jamais l'initiative de la conversation et ne parlant jamais d'elle-même. Elle redoutait toujours de dire ou de faire quelque chose qui pût embarrasser son époux, et le fait de savoir que la presse de Hollywood les avait surnommés Orson et elle « la Belle et le Cerveau », ne l'aidait sûrement pas à prendre de l'assurance.

« Il était si facile de se moquer de Miss Hayworth, dira Shifra Haran, si facile de la blesser [15]. » Il ne se passait pas de nuit sans que Rita demande à Orson quelle faute elle avait commise dans la journée. Il la rassurait, lui disait qu'elle avait été parfaite, qu'il était très fier d'elle, puis ils faisaient l'amour et elle se sentait à nouveau en confiance et en sécurité. Comment Orson aurait-il pu lui expliquer ce qui paraissait évident ? Que Louis Dolivet et les autres personnages qu'elle tenait tant à impressionner ne demandaient eux-mêmes « qu'à faire bonne figure devant ce fameux sex-symbol ». Mais cela, justement, Rita ne voulait absolument pas l'entendre.

En novembre, à deux jours de la date prévue pour l'allocution que Welles devait prononcer devant l'Association des amitiés américano-soviétiques, la nouvelle leur parvint que Judson avait accepté la proposition des avocats d'Orson. Rita put enfin se détendre, débarrassée de ce véritable cauchemar que représentait pour elle l'idée de devoir se retrouver face à face avec Eddie dans un tribunal. De nouveau sa vie semblait prendre un tournant positif. Les discours de son mari sur la coopération internationale étaient généralement bien accueillis, et leur projet de quitter définitivement Hollywood semblait en voie de réalisation.

Mais, une fois de plus, le destin sembla s'acharner contre elle. L'accord passé avec Judson allait être entériné par le tribunal de grande instance de Los Angeles lorsque, à la suite d'une vérification purement routinière, on déterra leur précédent accord, celui de 1942, dont la presse n'avait pas entendu parler. Les journalistes avaient connu par le détail les accusations de Rita contre

Judson, et les avaient rendues publiques, à son grand dam, mais lorsque le divorce avait été prononcé personne n'avait su qu'elle avait à peu près tout accordé à Eddie, y compris le versement ultérieur de douze mille dollars, en échange de son silence et de sa discrétion. Il avait également explicitement promis de ne jamais tenir de propos laissant entendre « qu'elle s'était conduite d'une façon qui aurait pu lui attirer le mépris des gens ou causer du tort à sa carrière ». Pas plus qu'il ne devait « vendre, publier ou faire circuler des propos calomnieux, mensongers ou diffamatoires à son sujet ».

Soudain, à la veille du nouveau discours de Welles, les journalistes révélaient que Rita avait « acheté le silence de son ex-mari sur ses affaires personnelles [16] ». Les implications étaient claires : pour qu'elle ait accepté de lui céder presque tout ce qu'elle possédait, il fallait qu'elle eût réellement quelque chose à cacher. Mais quoi ? Toutes les clauses du divorce s'étalèrent dans les pages des journaux. Eddie n'avait rien fait, il n'avait pas montré sa fameuse lettre, pas dit un mot contre elle. Il avait empoché l'argent et avait disparu. Et pourtant Rita était punie.

Elle n'arrêtait pas de pleurer, mais heureusement Orson gardait la tête froide : il comprit que la situation ne pouvait qu'empirer s'ils ne donnaient pas l'impression de la maîtriser. Après avoir consulté leurs avocats, ils décidèrent de donner une conférence de presse où ils nieraient que Rita eût acheté le silence de Judson. Dans l'état de détresse où elle se trouvait, il n'était pas question qu'elle réponde aux questions des journalistes. Elle ferait acte de présence, et Orson et son avocat affronteraient la presse. Elle signa une déclaration où elle affirmait que les promesses de Judson de ne pas chercher à nuire à sa réputation n'étaient rien d'autre que les clauses classiques d'un règlement de divorce, et concluait : « A part cela, je n'ai pas de commentaire à faire, ayant donné mon accord pour qu'aucune discussion ne s'élève sur ce sujet. »

A l'heure prévue pour le début de la conférence de presse, Orson Welles débarqua seul dans la salle. Il semblait ivre de rage, à peine capable de se contenir. Lorsqu'un journaliste lui demanda comment il supportait tout cela, il éclata : « Je viens juste d'épouser la petite. Comment croyez-vous qu'un mari puisse supporter tout cela ? » Rita le rejoignit bientôt mais ne dit pas un mot. Welles expliqua qu'elle avait les yeux rouges parce qu'elle avait pleuré toute la journée. Vêtue d'un élégant tailleur gris, elle essayait de se composer un visage sous les flashes des photographes qui ne cessaient de la mitrailler. « Tout va bien se passer, bébé », la rassurait Orson — et en un sens ce fut le cas.

RITA NE DÉVOILE QU'UNE TOUTE PETITE PARTIE DE SON SECRET, titra un journal, mais dans l'ensemble la presse parut satisfaite qu'elle eût affronté les rumeurs et, à l'immense soulagement de Rita, laissa tomber le sujet. C'est alors que, à l'insu des Welles qui probablement n'en furent jamais informés, le FBI ouvrit une enquête : il avait eu vent de la « lettre obscène » qui avait permis à Judson de monter son chantage.

Il s'agissait pour le FBI de déterminer s'il y avait eu ou non violation des lois fédérales « régissant particulièrement les extorsions de fonds ou la transmission par voie postale de matériaux obscènes ». L'enquête visait avant tout Judson, mais il est heureux que l'agence fédérale n'ait jamais pu mettre la main sur la mystérieuse lettre, car elle aurait alors intenté une action en justice pour en authentifier le contenu, et Rita aurait risqué de se voir accusée d'acte criminel. Il y avait bien eu extorsion de fonds de la part de Judson, mais c'est Rita qui avait posté la lettre, se rendant coupable *ipso facto* de « transmission de matériaux obscènes par voie postale ».

Malgré le succès de la conférence de presse, la tension des jours précédents eut des conséquences non seulement sur Rita mais aussi sur Orson. Comme chaque fois qu'il traversait une mauvaise passe, il ressentit de violentes douleurs dans le dos. Orson était né avec une déformation de la colonne vertébrale qui le faisait souffrir en permanence, mais en cas de tension et d'angoisse la douleur s'exacerbait. Lorsqu'il souffrait vraiment trop, il portait un lourd corset en fer que Rita l'aidait à passer sous ses vêtements. Il consulta plusieurs médecins à New York qui, tous, lui conseillèrent de se faire opérer, mais Orson prétendit qu'il n'en avait pas le temps : leur départ pour l'Angleterre était imminent, ils n'attendaient qu'un mot d'Alexander Korda.

Soudain, alors qu'ils se promenaient dans Long Island avec les Dolivet, Orson se sentit très mal. Une crise d'hépatite. La maison des Dolivet était pleine d'invités, mais Orson n'avait pas la force de quitter son lit ; il demanda qu'on aille chercher immédiatement un médecin, et comme Beatrice Dolivet avait du mal à en trouver un, il se mit dans une colère terrible. « Ce fut un malade très difficile », se souvient son hôtesse, et alors que tout le monde « marchait sur la pointe des pieds [17] » pour ne pas le déranger, c'est lui qui troublait toute la maisonnée avec ses réclamations et ses plaintes.

Orson confiné dans son lit, Rita devait affronter seule tous ces étrangers qui l'intimidaient. Beatrice avait beau lui demander de descendre, et Orson l'encourager à s'éloigner un peu de lui, Rita n'osait pas se montrer sans son mari. Selon Elisabeth Rubino, la secrétaire d'Orson, qui les avait rejoints, « elle avait peur qu'il ne la force à descendre. Elle ne se trouvait pas intellectuellement à la hauteur de ces gens [18] ».

C'était l'hiver, la neige tombait sur New York, et lorsque Orson se sentit un peu mieux, des amis conseillèrent à Rita de l'emmener en Floride, au soleil. L'idée de ce séjour, seuls tous les deux, la séduisit immédiatement, et elle réussit à convaincre son mari, lequel était d'ailleurs encore trop faible pour pouvoir résister. Encore que, dira Shifra Haran en riant, « il aimait probablement beaucoup être malade, qu'on s'occupe de lui tout le temps [19] ». Dès qu'il fut en état de supporter le voyage, ils partirent vers le sud.

Là-bas, les choses allèrent beaucoup mieux. Loin des flonflons habituels, ils passèrent les fêtes de fin d'année au Roney Plaza de Miami, où Rita le soigna avec amour. « J'étais quasiment incapable de bouger, se souviendra Welles. L'hépatite m'avait quasiment tué. J'étais très malade. Et la pauvre Rita restait à côté de moi, s'occupant *merveilleusement* de moi [20]. » Pour une fois, l'homme de sa vie était entièrement à elle, il dépendait d'elle, avait besoin d'elle, et elle en fut toute ragaillardie. Les deux semaines qu'ils passèrent en Floride inaugurèrent une nouvelle phase dans leurs relations. Alors que, de par la maladie d'Orson, leur vie sexuelle était au plus bas, la seule présence de son mari semblait rassurer Rita, la persuader qu'elle était aimée.

En quelques jours Orson sentit ses forces lui revenir, mais son dos continuait à le faire souffrir, si bien qu'il dut se résigner à retourner à Hollywood. Là-bas il y avait Dadda Bernstein, qui était médecin orthopédiste, qui pourrait le soigner sans qu'il eût besoin de se faire opérer, et qui décèlerait également les éventuelles séquelles de l'hépatite. Dadda prescrivit un régime à haute teneur en protéines, du soleil et beaucoup de repos. Deux mois plus tard, en mars, Orson recevrait une lettre d'un médecin du

Johns Hopkins Hospital le pressant de se faire opérer d'une hernie discale : il préféra la méthode moins drastique de Dadda.

Dans l'esprit d'Orson et de Rita, ce retour à Hollywood n'était que temporaire, une pause en attendant qu'Orson fût assez rétabli pour aller tourner *Guerre et paix*. Néanmoins ils appréhendaient de retrouver une ville — et une vie — qu'ils avaient tant souhaité laisser derrière eux. Le voyage, cinq jours et demi en train, fut plutôt pénible pour Orson, mais enfin ils arrivèrent à Los Angeles, où Jackson Leighter leur avait réservé une suite au Beverly Hills Hotel en attendant qu'ils trouvent une petite maison.

Une fois réinstallée, Rita dut se résigner à affronter Harry Cohn. Elle avait beau vouloir l'oublier, elle était toujours sous contrat avec la Columbia. Cohn, à juste titre, était persuadé que Welles, l'*enfant terrible**, tentait de déjouer les plans que le studio échafaudait pour Rita, avec un nouveau film à la clef : *Tonight and Every Night (Cette nuit et toujours)*. Elle commença par refuser, et Cohn en rendit naturellement responsable son mari, lequel déclarera plus tard : « Il s'imaginait que je décidais de ce genre de choses pour elle, mais c'était faux. Je ne m'en suis absolument pas mêlé, elle a pris cette décision toute seule[21]. » Ce qu'elle voulait, c'était une autre vie.

A l'appui de ces propos, Welles aimait à raconter une petite histoire : « J'avais découvert un jeune torero, un gosse mexicain, et je l'aidais financièrement pour qu'il puisse devenir un *novillero*. Nous sommes descendus à Mexico, Rita et moi, pour assister à son *alternativa*, et il s'est fait salement encorner. Rita est restée deux ou trois jours à l'hôpital à le veiller aux côtés de sa mère et de ses sœurs. Je n'oublierai jamais ça : avec ces femmes, elle était complètement dans son élément. Totalement détendue, en famille. On se rendait compte combien elle aurait été heureuse de vivre au milieu de ces gens simples[22]. »

Une fois installés dans leur nouvelle et confortable maison, Orson et Rita se retrouvèrent sexuellement aussi épris qu'avant la maladie d'Orson ; ils avaient l'impression de rattraper le temps perdu. Peu de temps après, Rita découvrit qu'elle était enceinte. La nouvelle la rendit « merveilleusement heureuse », se rappelle Shifra Haran. Avec un bébé, elle avait le sentiment qu'elle allait enfin posséder la vraie famille dont elle avait toujours rêvé.

Elle dit à Orson qu'elle voulait donner à cet enfant une vie totalement différente de la sienne, et qu'elle espérait bien être une mère à la hauteur de ses responsabilités. Pour commencer, il fallait donner à ce bébé une enfance heureuse. Elle demanderait à Horty Hill de venir passer les derniers mois de sa grossesse avec elle, et de l'aider de ses conseils.

Quant à Orson, s'il était heureux de la joie de Rita, il était beaucoup moins excité : après tout, il avait déjà une fille, qui ne tenait pas une très grande place dans sa vie. Selon Shifra Haran, la paternité « n'était pas son truc. Espérer qu'il se transforme eût été une erreur. Il ne faut pas demander aux gens ce qu'ils ne sont pas capables de donner ». Plus d'une fois elle l'entendit grommeler en passant devant le canapé où avaient eu lieu leurs ébats : « C'est là que je n'ai pas su me contrôler[23]. »

D'après Louis Dolivet, c'est pendant cette période que Rita commença à s'inquiéter des tendances alcooliques d'Orson[24]. Dadda Bernstein demanda à Dolivet, qui avait une certaine influence sur Welles, de le surveiller ; sur un foie touché par l'hépatite, l'alcool pouvait avoir des effets destructeurs. Finalement, Rita réussit à arracher à Orson la promesse qu'il boirait moins jusqu'à la naissance du bébé.

Elle était enceinte de deux mois lorsque commencèrent les répétitions de *Cette nuit et toujours*, une comédie musicale dont l'action se déroule à Londres pendant le blitz. Préoccupée essentiellement par la future naissance, elle avait changé d'attitude aussi bien dans son travail que dans la vie. Quant à Orson, qui réalisait une émission de radio et travaillait à la mise en scène d'une pièce produite par Billy Rose, il déclara que la maison qu'ils occupaient était beaucoup trop petite pour une famille avec un bébé. Ils décidèrent donc d'en trouver une autre et finirent par jeter leur dévolu sur une bâtisse beaucoup plus vaste et plus impressionnante, sur Carmelina Drive, à Brentwood.

La nouvelle maison comptait dix pièces, un parc fabuleux, et une piscine au centre de laquelle flottait une île minuscule avec un palmier. Le loyer aussi était fabuleux pour l'époque : mille cinq cents dollars par mois. Avant d'y emménager, Orson fit construire un solarium où Rita pourrait prendre des bains de soleil, nue, à l'abri des regards. Ce n'était pas exactement la vie « simple » à laquelle, croyait-il, sa femme aspirait, néanmoins, malgré le côté fastueux de cette maison, Rita était heureuse de posséder ce qu'elle n'avait jamais eu dans cette ville : un vrai chez-soi. Selon le témoignage de Shifra Haran, « c'était l'endroit familial, confortable, où elle était toujours attendue. Je pense qu'elle y a passé les meilleures heures de sa vie, lui aussi peut-être. Confort et contentement ! Aucun des deux n'avait connu cela avant. Ça n'a pas duré longtemps, mais c'est avec lui qu'elle a eu tout cela, et c'était ce qu'elle avait désiré [25] ! ».

Des années plus tard, Rita dira à l'actrice June Allyson : « J'ai vraiment essayé d'être une bonne épouse pendant mon second mariage. Je voulais réussir à être tout ce qu'Orson attendait de moi [26]. »

Welles avait toujours été un lecteur vorace, et pour plaire à son mari, Rita s'efforça de se mettre elle aussi à la lecture. Où qu'il allât, Orson traînait des tonnes de livres avec lui. Quand elle pensait que personne ne pouvait la voir, Rita en prenait un et essayait de le lire ; si quelqu'un entrait dans la pièce, elle le cachait et faisait semblant de s'occuper d'autre chose. Cet été-là (1944), elle découvrit avec émerveillement *Ivanhoé*, de Walter Scott, et fut fascinée par le prénom d'une des héroïnes, Rebecca. Elle déclara à Orson que s'ils avaient une petite fille, elle l'appellerait ainsi.

Mais cette entrée furtive dans le monde des livres ne la rassurait pas sur ses capacités intellectuelles, et lorsque les Hill vinrent les voir, ils la trouvèrent inchangée : allongée sur le canapé, elle écoutait avec ravissement, mais sans jamais oser intervenir, les joutes oratoires auxquelles Orson et Skipper adoraient se livrer. D'après Shifra Haran, « on sentait qu'elle était excitée, mais elle n'osait pas y participer, elle ne se croyait pas assez intelligente, et elle ne voulait pas se mettre dans une situation embarrassante ».

Néanmoins, dans l'intérêt d'Orson, elle réussit à vaincre sa timidité — ou fit semblant — et à jouer les hôtesses accomplies le soir où, pour la première fois, elle ouvrit sa maison et donna une réception somptueuse à laquelle assistèrent plus d'une centaine d'amis et collaborateurs. Très fière, elle voulut tout surveiller elle-même : la liste des invités, l'envoi des invitations, la nourriture, le personnel. Elle voulait célébrer aussi bien sa vie conjugale que sa future maternité. Ce soir-là, Rita fut l'image même du bonheur, bronzée et d'une beauté à couper le souffle dans sa longue robe blanche toute simple.

Il était prévu que, à l'automne, Orson participerait à la

campagne pour la réélection du président Roosevelt. Plus la date du départ approchait et plus Rita retrouvait ses vieilles angoisses. Elle ne parvenait pas à s'ôter de l'esprit l'idée qu'Orson allait l'abandonner. Un jour elle éclata en sanglots et lui dit qu'elle savait que, une fois loin d'elle, il la tromperait. Ne pouvait-il laisser les autres faire cette campagne et rester, lui, auprès d'elle jusqu'à la naissance du bébé ? Orson la rassura, lui affirma qu'il n'avait pas la moindre envie de la tromper, que la campagne ne serait pas longue et que, Roosevelt réélu, ils se retrouveraient bien vite tous les deux. Elle l'écouta et, pour un temps, se calma.

Harry Cohn lui-même ayant admis qu'il n'était pas question que Rita tourne un nouveau film aussitôt après *Cette nuit et toujours*, il fut décidé qu'elle resterait chez elle jusqu'à la naissance du bébé. Pour lui tenir compagnie en l'absence de son mari, Dadda Bernstein lui fit cadeau d'un petit épagneul blanc et noir prénommé Pookles (le surnom que Dadda avait donné à Orson), et Hortense Hill quitta son Illinois. Peu avant le départ d'Orson, Rita et lui, réunissant leurs économies, achetèrent une vieille maison isolée à Big Sur, sur la côte nord et sauvage de la Californie. Miss Haran fut dépêchée sur les lieux pour prendre des mesures, et dès lors Rita occupa ses loisirs à coudre des rideaux.

Tout paraissait donc organisé pour qu'elle pût vivre en paix ses derniers mois de grossesse, mais elle ne supportait pas l'absence de son mari, qui courait d'un bout à l'autre du pays en prononçant discours sur discours pour soutenir la candidature de Roosevelt. « Elle ne comprenait pas qu'on pût prétendre l'aimer à deux mille kilomètres de distance », dit Shifra Haran qui, en tant que secrétaire d'Orson, voyageait avec lui, et qui souvent tentait de réconforter Rita au téléphone, lorsque celle-ci avait fini par retrouver la trace de son époux, quelque part dans une ville ou une bourgade.

Pour Orson, aussi solitaire et malheureuse que fût sa femme, il n'était pas question d'interrompre sa campagne. Pourtant, dit encore Shifra, « je crois vraiment qu'il l'aimait autant qu'il était capable d'aimer. *Autant qu'il en était capable* — il fallait accepter cette restriction. Il avait besoin de sa liberté, il avait besoin de faire ces choses. Et naturellement, c'était dur pour elle. Il lui fallait toujours s'assurer qu'on l'aimait. Si j'avais pu rester près d'elle, j'aurais essayé de la convaincre que tout allait bien, mais il fallait que je le suive ».

Pour ne rien arranger, à peine Orson avait-il tourné les talons qu'une nuée de parasites du studio, telles que maquilleuses et autres préposées aux costumes, avec qui Rita se sentait nettement plus à l'aise qu'avec les acteurs, ses pairs, envahit Carmelina Drive, buvant de la bière et lui racontant les derniers cancans du milieu. En leur compagnie, Rita était une autre personne. Elle n'avait pas à se donner une contenance ou à faire semblant de comprendre des choses qui lui échappaient. Ces femmes étaient vulgaires et grossières, et Rita devenait comme elles.

« C'était vraiment le genre d'amies dont on n'a pas besoin, selon Shifra. Elles sont en fait vos pires ennemies. » Parce qu'il savait qu'elles ne pouvaient que faire du mal à Rita, Orson n'avait jamais encouragé leurs visites, et maintenant elles se vengeaient en affirmant elles aussi qu'il se comportait très mal en abandonnant ainsi sa femme. C'était évidemment la dernière chose que Rita avait besoin d'entendre dans l'état d'esprit où elle se trouvait.

Elle décida alors d'aller le retrouver à New York. Séjourner de nouveau avec lui à Applegreen, à Long Island, dut certainement l'apaiser, mais c'est le moment qu'Orson choisit pour lui être infidèle, se comportant exactement comme elle le redoutait. A l'époque de leur premier séjour dans la propriété de Beatrice Straight, Rita s'était habituée à le voir sortir fréquemment avec Louis Dolivet. Elle ne trouva donc pas étrange qu'il la laisse pour aller dîner en ville. C'est ainsi qu'un soir, au Club 21, à Manhattan, il rencontra la jeune et belle Gloria Vanderbilt, attablée avec son mari et des amis.

« Quelque chose s'est passé lorsque nos yeux se sont croisés — racontera Gloria en évoquant ce soir où Orson se joignit à son groupe —, puis il a commencé à toucher mes genoux sous la table, et bientôt nos mains ne se sont plus quittées [27]. » Plus tard, à une réception, ils se retrouvèrent seuls dans un couloir, et ils échangèrent baisers et caresses. Mais Gloria savait que Rita était enceinte et attendait Orson à Long Island, et elle s'interdit de pousser les choses plus loin. Elle continua néanmoins pendant des jours « à penser à lui tout le temps ».

En octobre, Rita, enceinte de sept mois, avait regagné la Californie lorsqu'on lui apprit de New York qu'Orson était gravement malade avec quarante degrés de fièvre. Roosevelt lui télégraphia ses souhaits de prompt rétablissement, mais il semblait qu'Orson fût hors course, au moins jusqu'après les élections. On disait même qu'il était mourant. Rita confia à Shifra Haran qu'elle se sentait terriblement coupable : en imaginant toujours qu'elle allait le perdre, n'avait-elle pas eu une prémonition ? Elle ne pouvait pas faire grand-chose pour l'aider, sinon insister pour qu'il revienne chez lui dès qu'il irait mieux. Mais Orson ne voulut rien entendre et à la fin d'octobre, contre l'avis de ses médecins, il se lança de nouveau sur les routes. Enfin, deux jours après la réélection de Roosevelt, Orson et Shifra Haran prirent un avion qui les ramena en Californie.

10

Orson arriva la tête pleine de projets, persuadé, disait-il, que maintenant tout était possible : pourquoi ne deviendrait-il pas président, et Rita *First Lady* ? Roosevelt avait déclaré qu'il était temps pour le jeune Welles de penser sérieusement à entrer dans la vie publique. Il lui conseillait, s'il voulait un jour prétendre à la Maison Blanche, de commencer par briguer un siège de sénateur.

Mais à Washington, tout le monde ne partageait pas l'enthousiasme du Président. Quelques jours avant la réélection de Roosevelt, le bureau du FBI de Los Angeles avait préparé un long rapport sur la possible appartenance de Welles au parti communiste. Et comme Rita, à l'instigation de son mari, avait prêté son nom à différentes causes soutenues par la gauche, elle faisait l'objet, elle aussi, d'une investigation secrète. Le rapport sur Orson disait notamment que, en dépit du fait qu'un informateur « de toute confiance » n'avait pu « trouver trace d'une appartenance de Welles à la section nord-ouest de l'association politique communiste de Los Angeles [...] un examen attentif des activités [de Welles] et son appartenance à diverses organisations montrent qu'il a suivi avec application la ligne du parti communiste et a agi au sein de nombreuses organisations "frontales". »

Ces organisations, on en retrouvait la liste dans le dossier de Rita : le Conseil des ligues et des syndicats d'Hollywood ; le Conseil national des amitiés américano-soviétiques ; le Comité d'union antifasciste pour les réfugiés. Son militantisme se limitait à faire bénéficier chacune de ces causes du prestige de son nom, mais ce dossier devait la poursuivre bien après qu'elle et Welles se seraient séparés.

Aussi séduisantes que pouvaient paraître les rêveries d'Orson sur leur avenir à Washington, pour le moment Rita ne voulait qu'une chose : qu'il fût à ses côtés au moment de son accouchement. En attendant il passa un accord avec le *New York Post* pour y publier une chronique politique quotidienne, reprise par un certain nombre d'autres journaux, qui lui servit de banc d'essai pour ses idées. Dans les dernières semaines qui précédèrent l'accouchement, il lui arrivait souvent de passer des jours et des nuits enfermé dans la petite maison de la piscine, à rédiger fiévreusement ses articles. Du moins, se consolait Rita, était-il là. Elle, de son côté, s'employait à installer une chambre d'enfant au premier étage, et à engager une nurse.

Le 15 décembre 1944, Rita entra au St. John's Hospital de Santa Monica, l'hôpital des célébrités qui pouvaient s'y faire soigner à l'abri des regards indiscrets, et deux jours plus tard elle accouchait par césarienne d'une petite fille de trois kilos et demi, qui dès la première minute ressembla étonnamment à son père. Orson dressa son horoscope, dont il envoya des copies à tous leurs amis. Rebecca, ou plutôt Becky, débarqua chez elle, à Brentwood, le soir de Noël. Des messages de félicitations arrivèrent du monde entier, y compris de la Maison Blanche : Eleanor Roosevelt y disait des mots très chaleureux à l'adresse de la petite fille, invitait les heureux parents à un déjeuner officiel le jour de l'investiture du Président, et leur demandait de revenir ultérieurement en visite privée. Le vice-président, Harry Truman, envoya également un message où il prédisait un avenir glorieux à la fille de ce couple merveilleux : « Toutes mes félicitations pour l'arrivée de Miss Rebecca. Elle ne pourra avoir qu'une grande carrière avec de tels parents. »

Rita avait prévu d'accompagner son mari à la cérémonie d'investiture, mais à la dernière minute elle se rendit compte qu'elle n'était pas suffisamment rétablie pour supporter le voyage (les voyages par avion en ces années de guerre étaient chose ardue). Peut-être s'imagina-t-elle qu'Orson renoncerait à s'y rendre, auquel cas elle se trompait. Il se rappela plus tard s'être dit que maintenant qu'elle avait un bébé elle se sentirait moins seule. Rita était d'autant plus déprimée de le voir partir que, après la cérémonie d'investiture, il devait aller faire une série de conférences sur le fascisme à New York et Baltimore, pour finir par Washington. N'avait-il donc pas envie de passer un peu de temps auprès de sa petite fille ? Pas le moins du monde, si l'on en croit Shifra Haran : Becky « ne l'intéressait absolument pas. Je ne pense pas que Mr. Welles ait jamais vraiment fait attention à elle — elle n'était tout simplement pas prévue [1]. »

Une fois de plus, Rita se retrouvait laissée pour compte. Elle devait en principe s'occuper d'aménager la vieille maison de Big Sur, mais sans la présence d'Orson, à quoi bon ? Ils l'avaient achetée pour eux deux, pour s'y retirer loin des autres, et maintenant cette maison témoignait de tous ses espoirs jamais réalisés. De rage, un après-midi, elle jeta tous les rideaux qu'elle avait cousus. Rancune, sentiment de solitude, santé encore chancelante, tout cela ne la préparait certes pas à affronter les nouveaux ennuis qui n'allaient pas tarder à fondre sur elle.

Au moment même où Rita accouchait, bien décidée à donner à sa fille tout ce qu'elle n'avait pas reçu de sa propre mère, Volga Cansino tomba gravement malade. Conséquence de son enfance tragique, Rita éprouvait des sentiments mêlés à l'égard de cette mère qui l'avait abandonnée aux mains d'Eduardo. De plus, comme beaucoup de femmes ayant subi le traumatisme d'un inceste, elle se demandait avec angoisse si, malgré tous ses efforts, elle saurait élever son enfant et ne finirait pas par devenir une mère aussi mauvaise que la sienne.

Depuis son mariage avec Orson, ses rapports avec ses parents étaient restés de pure forme. Il fallait sauvegarder les apparences pour éviter les ragots, mais l'hostilité n'était pas loin : sur la liste des cadeaux de Noël dressée par une de ses assistantes, devant celui prévu pour ses beaux-parents, Orson avait écrit : « Beaucoup trop. » Ses sentiments à l'égard de ses beaux-frères n'étaient guère différents. « Il se trouvait toujours quelqu'un pour réclamer quelque chose à Rita — son père, ses frères —, dit à ce propos Shifra Haran. ''Tu es le frère de Rita Hayworth, disaient les gens aux deux garçons. Qu'est-ce qu'elle fait pour toi ?'' Et elle était si docile qu'elle s'efforçait de leur donner ce qu'ils lui demandaient[2]. » En entrant un jour dans le salon, Elisabeth Rubino trouva Rita dans un état d'agitation extrême. « Y a-t-il quelque chose que je puisse faire ? demanda-t-elle. — Non, répondit Rita. Je viens de recevoir un coup de fil de mon frère, il réclame cinq mille dollars. S'il vous plaît, ne le dites pas à Orson[3]. »

Welles venait d'arriver à New York en provenance de Washington, lorsque Rita l'appela au sujet de Volga. Que devait-elle faire ? Il lui conseilla de demander l'avis de Dadda Bernstein, lequel diagnostiqua une appendicite, et fit admettre Volga au même hôpital que celui où Rita avait accouché. On constata une péritonite. Il n'y avait plus grand-chose à tenter, elle s'affaiblissait d'heure en heure. Pour une femme de quarante-sept ans, elle était en très mauvaise condition, on lui en aurait donné plus de soixante. L'alcool avait évidemment commis des ravages. Volga mourut à neuf heures et demie du matin, le 25 janvier 1945, Rita à son chevet.

Survenant un mois seulement après la naissance de la petite Rebecca, la mort de Volga déclencha une grave crise chez Rita. Elle devait dire plus tard à Orson que, après en avoir longtemps voulu à sa mère, elle avait fini par se demander si elle n'avait pas fait preuve d'une grande insensibilité à son égard. D'où un terrible sentiment de culpabilité, que vint renforcer sa disparition prématurée.

Mais lorsque Orson, prévenu par Dadda Bernstein, l'appela, Rita se garda bien de lui parler de ses problèmes psychologiques, et parut même trouver normal — ou du moins Orson s'en persuada-t-il — qu'il n'interrompît pas sa tournée de conférences. Il aurait dû se rendre compte qu'elle traversait une période très difficile, et des années plus tard il admettra avoir commis une terrible faute en ne revenant pas à Los Angeles assister aux obsèques de Volga.

A la fin de sa tournée, Orson emmena Rita en vacances au Mexique où les Hill vinrent les rejoindre. Le bébé fut laissé aux soins de sa nurse. Passé la frontière, Rita sembla renaître et apparut plus calme et sûre d'elle qu'elle ne l'avait été depuis des mois. Ils reprirent leur vie amoureuse comme s'ils avaient à se venger de quelque chose, et un soir vers minuit, Orson envoya Miss Haran lui acheter des préservatifs, une bien étrange mission pour une jeune femme, mais il voulait à tout prix éviter que Rita ne retombe enceinte.

De retour à Los Angeles, Rita dut affronter un autre problème : les visites de son père, qui essayait de s'implanter maintenant que sa femme était morte. La plupart du temps, Orson réussit à l'évincer. « C'était un homme abominable, se rappelait-il. Elle le haïssait. Elle ne pouvait absolument pas le supporter[4]. » A des moments comme ceux-ci, Orson se montrait tellement attentif que Rita se reprit à espérer qu'il allait les emmener, elle et Becky, loin de Hollywood. Malheureusement, Orson lui-même n'en était plus si sûr.

Malgré tous ses efforts, il n'arrivait pas à trouver un ton original et des idées vraiment neuves pour sa chronique quotidienne du *Post* ; il avait compté sur elle pour implanter son image de nouveau venu en politique, mais il lui fallait déchanter. Il n'en parlait pas à Rita — lui-même avait du mal admettre qu'il n'avait pas réussi à attirer le grand nombre de lecteurs sur lequel il misait —, mais inévitablement il paraissait de plus en plus préoccupé et lointain. Elle ne pouvait pas ne pas remarquer que quelque chose avait changé.

De plus, Orson avait accepté de jouer dans le film *Tomorrow is Forever (Demain viendra toujours),* avec Claudette Colbert. Tant qu'il ne serait pas en mesure de gagner sa vie avec la politique, il devait, disait-il, tourner au moins un film par an. Mais Rita ne l'entendait pas de cette oreille. Convaincue que l'attitude distante de son mari avait quelque chose à voir avec le temps qu'il passait dans les studios de cinéma, elle l'accusa de la tromper. Les scènes se succédèrent : « Tous les soirs, quand je rentrais à la maison, je la trouvais en larmes. Elle disait : ''Je sais ce qui se passe au studio !'' Oh ! c'était terrible[5] ! »

Ces cris et ces pleurs ne firent naturellement qu'éloigner davantage son mari. « Il était ravagé par l'effondrement de cette splendide créature », se rappelle Shifra Haran. Rita avait été celle qui l'avait sorti de sa première grave crise professionnelle et maintenant qu'il en traversait une autre, il allait chercher le réconfort auprès d'autres femmes. Rien de sérieux, mais elles mettaient du baume sur ses blessures de vanité.

« Je pense que l'activité sexuelle serait considérablement réduite si elle ne comportait pas une telle part de vanité et d'ego en mal d'affirmation, devait expliquer Welles. C'est vrai chez les hommes plus que chez les femmes. L'homme qui chasse recherche autre chose que la simple satisfaction de son appétit sexuel [6]. »

La principale aventure d'Orson à cette époque fut celle qu'il mena avec Judy Garland. Il avait l'habitude de lui offrir de gros bouquets de fleurs blanches, et un soir, en arrivant chez lui, il s'aperçut que les fleurs se trouvaient toujours dans la voiture. Il avait oublié de les donner à Judy. Lorsque Rita vit ce splendide bouquet sur le siège arrière de la voiture, elle pensa naturellement qu'il lui était destiné. Shifra Haran eut juste le temps de se précipiter et d'ôter la carte qu'elle savait y trouver. Elle agit ainsi non seulement pour sauver son patron, mais parce que, après moult réflexions, Shorty et elle avaient décidé qu'il n'y avait aucune raison de laisser Mrs. Welles découvrir des choses qui ne pourraient que lui faire du mal.

Malheureusement pour Rita, ses bonnes amies du studio ne partageaient pas l'opinion de Miss Haran. Elles n'avaient de cesse de lui rapporter toutes les rumeurs qui couraient sur son mari, et il en courait beaucoup. On avait vu Welles en ville avec Une telle et Une telle ; on savait qu'il se rendait dans tel appartement. Rita « était à la merci de ces propres à rien, selon les termes de Shifra Haran. Elles prenaient plaisir à lui rapporter toutes ces cochonneries qui ne pouvaient que la rendre malheureuse. Elles voulaient qu'elle s'effondre, et que le mariage se casse. Vous n'avez pas beaucoup de chances de vous en sortir quand vous vivez dans un environnement aussi pourri [7] ».

Bien plus tard, reconnaissant qu'il avait copieusement trompé sa femme à cette époque, Orson frissonnait encore en imaginant combien, en s'entendant rapporter toutes ces histoires, Rita avait dû être bouleversée. « Nous sommes une race de gens si cruelle », grognait-il, en pensant non seulement aux colporteurs de ragots mais sûrement à lui-même.

Comme sa mère avant elle, Rita se mit à boire. Et plus elle buvait, plus nombreuses étaient les scènes. Soudain, au milieu de ces vociférations, elle sortait de la maison comme un ouragan et se précipitait vers la voiture. Rien ne pouvait l'arrêter. Craignant qu'elle ne se tue, Orson l'accompagnait ; si elle était morte dans ces conditions, il ne se le serait jamais pardonné. Parfois, en la voyant conduire à des vitesses folles sur les routes escarpées des collines de Hollywood, il avait l'impression qu'elle voulait effectivement se tuer. Le souvenir de son propre père mort d'alcoolisme augmentait son sentiment de culpabilité : à un moment de sa jeunesse, Orson avait cessé de voir son père à cause de ses excès de boisson, et lorsque Dick Welles était mort, peu de temps après, il s'était amèrement reproché de l'avoir abandonné. Or la même chose se produisait avec Rita ; comme avec son père qu'il avait pourtant adoré, il se détournait d'elle au moment où elle avait le plus besoin de lui. Et c'était même pire, car il était adulte maintenant, et comme tel, pleinement responsable de ses actes.

Si vraiment il se sentait tellement coupable, pourquoi ne laissait-il pas tomber toutes ses aventures ? Personne ne l'obligeait à folâtrer avec Judy Garland et les autres. La réponse tient en partie au fait qu'il avait découvert avec horreur que les crises de rage de Rita n'étaient pas imputables à son « tempérament gitan ». Il comprenait que le malaise était beaucoup plus profond qu'il ne l'avait imaginé au début. Ces crises « lui ressemblaient tellement peu » — on eût dit que quelqu'un d'autre s'emparait d'elle. Et il ne se sentait pas capable de dominer cela. Ces colères sauvages, ces soudains changements d'humeur, cette perte de contrôle de ses émotions — il fallait y voir la répercussion des violences qu'elle avait subies dans son enfance.

Mais, encore une fois, s'il l'aimait — et la nuit même de sa mort il affirma qu'il l'aimait toujours —, pourquoi s'est-il éloigné d'elle ? Son explication était à la fois brutale et précise : « Si je n'avais pas été obsédé par mon travail, j'aurais pu rester avec elle. » Hélas pour Rita, elle avait épousé un homme pour qui sa carrière passait avant l'amour. Au début, alors qu'il traversait sa première crise professionnelle, la douceur et la beauté de sa femme l'avaient retenu, mais maintenant cela ne suffisait plus. Il commença à coucher avec des prostituées qu'il rencontrait chez Sam Spiegel, le producteur : elles n'exigeaient rien sur le plan sentimental, et pour le moment c'était ce qui lui convenait.

Bientôt, Rita ne put s'empêcher de laisser éclater sa douleur en public. C'est ainsi qu'un jour où elle avait accompagné Orson à New York, les scénaristes qui travaillaient avec lui dans la suite de son hôtel purent entendre Rita sangloter derrière la porte de la chambre. « Elle semblait vouloir attirer l'attention », d'après Elisabeth Rubino, qui assistait à la scène.

Pour pouvoir travailler en paix, Welles demanda à un de ses

assistants d'emmener Rita se faire coiffer chez Elisabeth Arden. « Maintenant je peux me concentrer ! » dit-il après son départ.

Plusieurs heures après, Rita revint et découvrit Orson toujours plongé dans son travail. « On avait monté un véritable échafaudage avec ses cheveux, et le résultat était superbe, se rappelait Elisabeth Rubino. Elle pensait qu'elle allait faire une entrée remarquée. Mais il n'a même pas levé la tête pour la regarder ! Je l'aurais battu ! Elle s'est assise sur une chaise près de la porte, et elle s'est mise à le fixer, à le fixer. Puis elle a éclaté[8]. »

Alors seulement il la regarda, et la suivit dans la chambre où elle s'était précipitée. « Je pense que nous ferions mieux de partir, dit un des scénaristes. Il y en a pour un bout de temps. » Lorsque Orson s'enfermait avec Rita dans de tels moments, il s'écoulait toujours un long laps de temps avant qu'il ne réapparaisse.

Il était probablement inévitable que, devant le naufrage de leur couple, tous deux prissent le genre de décisions professionnelles auxquelles ils avaient pourtant tenté d'échapper : il accepta de réaliser *The Stranger (Le criminel)*, un film conventionnel et simplet qui tranchait délibérément sur le travail expérimental auquel il tenait tant auparavant (son refus obstiné jusque-là de raconter d'une manière conventionnelle des histoires banales était une des raisons pour lesquelles il voulait quitter Hollywood) ; elle signa pour le rôle-titre de *Gilda* — le film qui devait l'identifier à jamais à cette image de sex-symbol dont elle avait tant espéré, grâce à son mariage avec Orson, se débarrasser. *Le criminel* et *Gilda* : les deux films étaient la confession d'une défaite, la preuve qu'Orson et Rita n'avaient pu réaliser le rêve qu'ils avaient bâti en commun.

11

« Miss Hayworth elle-même disait qu'il y avait en elle deux personnes, rappelait Shifra Haran. La star que l'on voyait à l'écran, et l'autre, la vraie personne. Les gens attendaient de la seconde des choses qui n'appartenaient qu'à la première[1]. »

Plus que tous ses autres rôles, celui de la provocante, de la sensuelle Gilda allait susciter dans le public, chez les hommes tout spécialement, ce type de réaction. D'où cette remarque amère de Rita : « Les hommes couchent avec Gilda, mais se réveillent avec moi. »

Mis en scène par Charles Vidor, produit par Virginia Van Upp, le film symbole de Rita est l'histoire extravagante et parfois tirée par les cheveux d'une séductrice mariée au mystérieux Ballin Mundson (George Macready), propriétaire d'une salle de jeu clandestine en Amérique du Sud. Le drame éclate quand Mundson présente sa jeune femme à son homme de confiance, Johnny Farrell (Glenn Ford). Mundson l'ignore, mais Gilda et Johnny ont autrefois vécu une aventure passionnée qui s'est mal terminée, et elle est prête à faire n'importe quoi pour susciter la jalousie de son ancien amant. Le jeu et l'extraordinaire présence de Rita firent de *Gilda* un des plus grands succès de la Columbia, d'autant que sa sortie coïncida avec le retour des soldats américains qui se précipitèrent dans les salles pour voir bouger la fille sur laquelle ils avaient rêvé pendant toute la guerre.

Et pour bouger, elle bougeait, dans des scènes chargées d'érotisme comme celle, devenue légendaire, où une Gilda ivre, et mimant un numéro de strip-tease, danse et chante (Rita étant doublée pour le chant par Anita Ellis) « Put the Blame on Mame » à seule fin de torturer Johnny, à la grande joie des joueurs réunis dans la salle. Vêtue d'une longue robe bustier en satin noir, créée par le modéliste Jean-Louis d'après celle de la célèbre « Madame X » du tableau de John Singer Sargent, Rita n'enlève en fait que ses longs gants noirs, mais le mouvement de ses hanches, l'effronterie de son regard et toute son attitude, qui semble l'incarnation même de l'abandon sensuel, font de cette scène un chef-d'œuvre d'érotisme. Elle eut beau, si l'on en croit Jonie Taps, « ne jamais se considérer comme un symbole sexuel ni même chercher à l'être [2] », elle devrait passer le reste de sa vie à lutter contre l'image de Gilda, à laquelle on ne cessa de l'identifier.

Si, pendant le tournage du film, elle conserva un faible espoir de ressusciter les projets qu'Orson et elle avaient échafaudés, il lui fallut vite déchanter. La fidèle Shifra Haran avait démissionné, et il n'y avait plus personne pour empêcher le récit des infidélités de son mari de parvenir jusqu'à Rita. Dans les studios de la Columbia, il n'était question que des flirts d'Orson sur le plateau du *Criminel*, qu'il tournait pour le compte de International Pictures. Ces histoires devaient la blesser d'autant plus que c'est d'abord à elle qu'Orson devait d'avoir obtenu ce travail : compte tenu de sa réputation de metteur en scène difficile et peu fiable, International Pictures avait exigé que Rita cosigne le contrat, avec une clause d'indemnité à la clef au cas où Orson ne terminerait pas le film selon les indications qu'il avait reçues. Étant donné la façon dont il avait traité Rita ces derniers temps, lui demander son aide maintenant devait lui sembler plutôt embarrassant — mais s'il voulait travailler, il n'avait pas le choix. Sans compter qu'il lui devait approximativement trente mille dollars, qu'il lui avait empruntés depuis le début de leur mariage.

Aussi reconnaissant qu'il fût envers Rita pour l'aide qu'elle venait de lui apporter, Orson n'en continua pas moins à passer une bonne partie de son temps dans un des appartements des studios Goldwyn, qu'il utilisait comme lieu de rendez-vous. Rita se retrouvait ainsi de plus en plus souvent seule le soir chez elle avec le bébé. « Il couchait avec des filles n'importe quand, l'après-midi ou le soir[3] », se rappelle le directeur de production Jim Pratt.

Rita le savait, mais il lui arrivait fréquemment de venir sur le plateau où tournait Orson. « Il me donnait l'impression d'être très amoureux d'elle, déclarera le monteur Ernest Nims, qui déjeuna plusieurs fois avec eux, mais je pense que toutes ces chambres disponibles au studio finissaient par créer des problèmes[4]. »

Le film terminé, Orson ne revint pas pour autant vivre auprès de sa femme et de sa fille. Le 30 novembre 1945, il s'envola pour New York afin de discuter avec Cole Porter d'une éventuelle adaptation scénique du *Tour du monde en quatre-vingts jours*. Il semblait avoir abandonné ses rêves de carrière politique. A supposer qu'il réussît à se faire élire au Sénat, Rita saurait-elle tenir le rôle d'une femme de sénateur ? « Elle n'aimait pas rester seule, et je savais qu'un nouveau venu au Congrès, qu'il soit sénateur ou représentant, ne passe pas beaucoup de temps chez lui. » De plus, « Rita était très malheureuse, et je pensais qu'elle ne resterait pas avec moi. Cela ne se produirait peut-être pas dans l'immédiat, mais elle finirait par rompre d'une manière ou d'une autre »[5] — et un divorce ou une séparation mettraient définitivement fin à ses ambitions présidentielles.

Rita cependant réussit à le surprendre : à peine était-il parti pour New York qu'elle décida de demander le divorce. Ses trahisons, ses longues absences, sa passion excessive pour son travail aux dépens de la vie familiale, elle ne pouvait plus les supporter. Elle l'aimait toujours, mais ce nouveau départ lui porta le coup final. Elle décida qu'à la fin du tournage de *Gilda*, elle irait se reposer à Palm Springs, laissant à ses avocats le soin de régler les détails du divorce.

Elle ne lui avait rien laissé entendre, aussi Orson fut-il stupéfait de cette subite décision, et profondément navré — tout en étant soulagé que ce fût elle qui eût pris l'initiative de mettre fin à leur malheureux mariage : « J'aurais pu tout raccommoder en un jour, mais j'avais épuisé ma capacité à supporter un tel échec. J'avais tout essayé, tout ce à quoi je pouvais penser, mais je semblais incapable de lui apporter autre chose que des souffrances. J'espérais vraiment que quelqu'un d'autre saurait la rendre heureuse, moi je ne pouvais lui donner que quelques moments de joie. J'étais condamné à passer le reste de mes jours à trouver une femme en larmes en rentrant le soir chez moi. Je me sentais terriblement coupable — et pourtant je l'adorais[6] ! »

Rita n'eut aucune nouvelle d'Orson après qu'elle eut annoncé publiquement son intention de divorcer. Et même lorsqu'il revint à Los Angeles pour apporter quelques retouches au *Criminel*, il ne prit pas contact avec elle. Il gagna le Mexique et y passa la fin de l'année en solitaire. Deux ans auparavant ils se trouvaient en Floride, où Rita le soignait avec amour. Tout semblait possible alors. Ils étaient seuls, ils s'aimaient, elle avait été heureuse, très heureuse. Maintenant, plus rien de tout cela n'existait.

Cette nuit de nouvel an, Rita pleura dans les bras de Shelley Winters avec qui elle se rendait à la réception monstre que Sam Spiegel donnait chaque année chez lui à cette occasion. (Savait-elle que cette maison avait abrité les aventures d'Orson avec des prostituées ?) Dans la limousine qui les emmenait chez Sam, elle dit à l'actrice qu'elle détestait les fêtes car « c'est la période de l'année où l'on se sent le plus seul ». Pendant la soirée, Shelley perdit Rita au milieu de la foule. A un moment, elle demanda à Ava Gardner si elle l'avait vue, et Ava lui montra un lit sur lequel Rita dormait profondément, enfouie sous des manteaux de fourrure. En s'approchant d'elle pour s'assurer que tout allait bien, Shelley vit que « ses cheveux, son visage étaient tout ravagés. Elle avait pleuré[7] ». Ava proposa que, lorsque Rita se réveillerait, elles quittent la soirée toutes les trois sans se faire remarquer. Elles trouveraient bien une voiture pour les ramener chez elles. Mais rien ne se passa comme elle l'imaginait. A peine avait-elle ouvert les yeux que Rita se leva, se recoiffa, se maquilla, et bientôt on la vit danser dans les bras de Tony Martin, le chanteur avec qui elle avait tourné *Music in My Heart* en 1940.

Martin ignorait avec qui elle était venue à la soirée ; aussi, lorsqu'un joyeux fêtard s'interposa pour dire à Rita de lui faire signe dès qu'elle voudrait partir, il supposa qu'il s'agissait de son chevalier servant et fut tout étonné de l'entendre répondre : « Oh, Tony va me ramener à la maison. » Il s'exécuta naturellement sans se faire prier.

Pendant les semaines qui suivirent, Rita et Tony Martin ne formèrent plus qu'un, on les vit et on les photographia partout en ville — jusqu'à ce que Rita mette fin à leur histoire aussi abruptement qu'elle l'avait commencée : sans autre explication, elle lui déclara qu'elle et Orson allaient revivre ensemble*.

En réalité, lorsque Welles entendit parler de l'aventure avec Tony Martin, il se sentit dégagé de toute responsabilité à l'égard de Rita. Il lui téléphona de New York — c'était la première fois qu'ils se parlaient depuis qu'elle avait manifesté sa volonté de divorcer — et se montra plein de sollicitude. Peut-être y vit-elle le signe qu'il désirait revenir auprès d'elle, alors qu'il ne faisait qu'exprimer son soulagement de la savoir avec quelqu'un d'autre. Il n'avait pas la moindre intention de regagner le domicile conjugal. Loin de là.

Il n'était pas question que Rita demande une pension alimentaire, mais elle exigea qu'il lui rembourse les trente mille dollars qu'elle lui avait prêtés — ou du moins qu'il accepte un planning de remboursement. Comme Orson venait juste de s'engager dans la production, coûteuse, du *Tour du monde en quatre-vingts jours*, il fut décidé que Rita toucherait trente mille dollars en sus de la part qui devait lui revenir à la vente de leur maison de Big Sur, qu'ils avaient achetée moitié-moitié. Elle demanda aussi qu'il révise sa police d'assurance sur la vie de façon que l'avenir de Becky et le sien soient garantis, au cas, improbable après le succès de *Gilda*, où elle se retrouverait sans travail. De plus, son avocat affirma qu'elle avait droit à une part des bénéfices que rapporterait *Le criminel* et tous autres films que tournerait Welles à partir d'histoires dont il avait acquis les droits pendant leur mariage. A l'issue de chicaneries entre leurs avocats respectifs, Rita accepta de renoncer à sa part sur *Le criminel* en échange de 50 pour 100 des bénéfices du *Tour du monde*.

On était loin toutefois de ces tractations âpres et pleines d'animosité qui l'avaient opposée à Judson. Aucune des deux parties ne cherchant à prendre l'avantage sur l'autre, tout se régla rapidement et calmement. Sur quoi, chose étrange, Rita refusa de signer l'accord définitif. Alors que c'était elle qui avait engagé la procédure, elle faisait brusquement machine arrière. On aurait dit qu'elle voulait s'accrocher encore un peu à son mariage. Et comme Welles était totalement immergé dans la préparation de son spectacle, il ne fit rien pour la forcer à conclure.

---

* Tony Martin devait épouser en 1948 Cyd Charisse, autre célèbre actrice danseuse de cinéma. *(NdT.)*

Maintenant qu'Orson était parti pour de bon, la maison de Carmelina Drive se révélait beaucoup trop grande pour Rita et le bébé. Par ailleurs, les propriétaires souhaitaient la récupérer. Aussi Rita et Becky déménagèrent-elles dans un logement beaucoup plus pratique, à Bel Air, qu'elle loua en attendant de trouver une maison à acheter. Elle désirait toujours autant s'éloigner de Hollywood, qui était bien le dernier endroit au monde où elle voulait s'enraciner, mais c'était également le seul endroit où elle pût gagner sa vie et celle de sa fille.

Après l'immense succès de *Gilda*, l'agent de Rita, Johnny Hyde, revendiqua pour sa cliente un intéressement aux bénéfices des films qu'elle tournait. Comme on pouvait s'y attendre, Cohn refusa, mais Hyde n'avait pas dit son dernier mot. A peine Rita avait-elle commencé à tourner son nouveau film, *Down to Earth (L'étoile des étoiles)*, qu'elle tomba malade. Sans sa vedette, la production ne pouvait que s'arrêter. Cohn savait que c'était un coup monté par Hyde, que celui-ci avait poussé Rita à feindre la maladie, ainsi qu'à refuser un scénario que lui, Cohn, avait mitonné pour elle et Humphrey Bogart. Mais Cohn savait aussi s'incliner quand il avait perdu. Il signa donc un accord prévoyant que Rita devait encore deux films à la Columbia aux conditions habituelles, après quoi la Beckworth Corporation (société formée à partir des deux prénoms Rita et Becky) recevrait 25 pour 100 des bénéfices nets de tous les films tournés par Miss Hayworth. Cet accord stupéfiant fit dire dans le milieu du cinéma que Rita allait bientôt devenir une des femmes les plus riches de Hollywood. Connaissant les problèmes financiers auxquels Welles se heurtait à New York, les bonnes langues se gaussaient d'Orson, qui avait choisi le plus mauvais moment pour rompre avec sa femme.

Et qui n'était pas là non plus pour entendre le premier mot prononcé par sa fille. Il l'apprit par une lettre de Dadda Bernstein : « L'autre jour, Becky a dit son premier mot, et c'était ''Pookles''. »

Il apprit aussi, par une de ses secrétaires qui était venue chez Rita pour parler affaires que, voyant une photo de son père entre les mains de sa nurse, Becky « l'a regardée très sérieusement pendant un moment, puis avec un large sourire elle a dit ''Papa'' ». Et, au cas où cela intéresserait Orson, la secrétaire ajouta que c'était un vrai plaisir d'observer cette enfant : « Elle court plutôt qu'elle ne marche. C'est un des enfants les plus beaux et les plus gracieux que j'aie jamais vus. Ses vigoureuses petites jambes sont aussi droites que des tiges[8]. »

Mais Welles avait bien d'autres soucis en tête. Son commanditaire, Mike Todd, venait de se retirer de la production, qu'il jugeait démesurément coûteuse, du *Tour du monde*, et Orson courait frénétiquement pour trouver de l'argent ; il fit même appel à Harry Cohn, qui lui prêta vingt-cinq mille dollars à la condition qu'il réalise un film chez lui. Ravi de voir Orson sortir de la vie de Rita, Cohn était prêt à jeter l'éponge sur le passé, surtout si, par la même occasion, cela lui permettait de se payer à bas prix un film de Welles. Car celui-ci avait amplement démontré, avec *Le criminel*, qu'il était capable de se plier aux règles, de réaliser un policier conventionnel sans que cela se termine par une violente controverse avec le studio. Comment Cohn aurait-il pu deviner que Rita hésitait à rendre son divorce définitif et que, si son mari revenait à Hollywood, elle sauterait sur cette occasion de se réconcilier avec lui ?

Pour jouer dans le film qu'il devait mettre en scène pour la Columbia, Orson avait pensé à la belle actrice française Barbara Laage, mais Cohn se dit que confier le rôle à l'ex-épouse du réalisateur serait un formidable coup publicitaire. Quant à Rita, ses motivations étaient d'un autre ordre : la seule et unique fois où elle avait travaillé avec Orson, dans son spectacle de magie, il en était résulté une des périodes les plus heureuses de leur vie commune. Peut-être la même cause produirait-elle le même effet.

Aussi, lorsqu'elle entendit dire que Welles cherchait une autre actrice pour son film, décida-t-elle de se battre. Non seulement pour obtenir le rôle, mais pour qu'Orson vienne s'installer avec elle et Becky dans la nouvelle maison qu'elle avait achetée à Brentwood. Trop heureux de voir Rita vivre seule, Cohn lui avait prêté un des décorateurs de la Columbia, Wilbur Menefee. Lorsqu'elle dit à Menefee que son mari allait bientôt revenir, et qu'il fallait penser à aménager la chambre de maître en conséquence, le décorateur réunit deux sommiers et deux matelas pour former un « immense[9] » lit.

A son arrivée à Los Angeles, Welles, qui ignorait tout cela, prit une chambre à l'hôtel Bel-Air. Et puis, un soir, Rita l'invita à dîner chez elle et, racontera-t-il plus tard « tout en me demandant de la prendre dans le film, elle me demanda de revenir. Et c'est ainsi que nous nous sommes remis ensemble [10]. »

Lorsque Rita lui dit : « Tu sais, le seul bonheur que j'aie jamais eu dans la vie, c'est toi qui me l'as donné », il se sentit affreusement coupable en pensant à la façon dont il l'avait traitée, et terriblement triste à l'idée de ce qu'avait été sa vie. « Si c'était ça le bonheur, dira-t-il des années plus tard en parlant de leur mariage, imaginez ce qu'avait dû être sa vie jusque-là [11]. »

Peu avant leur réconciliation, Rita avait appris que les soldats américains avaient baptisé « Gilda » la bombe atomique qu'ils avaient fait exploser sur l'atoll de Bikini. Loin de la flatter, cette décision la désespéra et la mit hors d'elle. « Rita se mettait tout le temps dans des rages terribles, se rappelait Welles, mais une des plus violentes qu'elle ait jamais piquées fut lorsqu'elle découvrit qu'ils avaient donné son nom à la bombe atomique. Elle en devint presque folle. Horriblement choquée ! Rita était blessée plus que n'importe qui d'autre par une chose comme ça. Elle voulait aller à Washington et donner une conférence de presse, mais Harry Cohn l'en a empêchée sous prétexe que ce serait antipatriotique [12]. »

Rita affirma à Orson que c'était Cohn lui-même qui avait manigancé cette histoire, comme un formidable coup publicitaire, mais Welles s'efforça de la détromper : pour les soldats américains, Rita était l'incarnation même de la sexualité féminine ; en donnant son nom à la bombe, ils lui avaient simplement rendu hommage.

Le moment était venu, en tout cas, pour Rita de prendre sa revanche sur Cohn : elle allait lui annoncer qu'Orson et elle revivaient ensemble. Sous la direction de Welles, elle allait pour la première fois de sa carrière devenir une actrice sérieuse. Après quoi, Becky et elle suivraient Orson en Europe, où l'attendait Alexander Korda à qui il devait un certain nombre de films (parmi lesquels *Carmen* et *Salomé*). Ainsi, le jour où Welles déposa une demande de passeport pour se rendre en Angleterre, « Margarita Carmen Cansino Welles » fit la même démarche, dans l'intention, annonça-t-elle, d'aller discuter de projets de films avec des producteurs anglais indépendants.

12

Alors qu'au départ Orson avait conçu *The Lady from Shanghaï* (*La dame de Shangaï*) — une adaptation du roman de Sherwood King *If I Die Before I Wake* (*Si je meurs avant de me réveiller*) — comme un film à petit budget tourné rapidement à New York, le fait d'avoir Rita pour vedette l'obligea à changer radicalement d'idée. Pour la star numéro un de la Columbia, il fallait une production d'une beaucoup plus grande envergure, et un rôle beaucoup plus riche et complexe que celui qui était initialement prévu. Néanmoins, comme ce sera le cas dans plusieurs autres de ses films, Welles parsema celui-ci d'allusions autobiographiques, le transformant en une sorte de méditation artistique sur l'échec de sa relation avec Rita.

A première vue, l'intrigue mélodramatique de *La dame de Shanghaï* ne paraît vraiment pas très sérieuse. Welles joue le rôle d'un jeune marin irlandais idéaliste, Michael O'Hara, qui une nuit à New York sauve la belle Elsa Bannister des griffes d'une bande de truands. Peu de temps après, le vieux mari d'Elsa, le riche avocat Arthur Bannister (Everett Sloane), engage Michael comme membre d'équipage sur son yacht. Pendant le voyage de New York à San Francisco, Bannister, infirme, pousse Michael à avoir une aventure avec sa femme. Profondément malheureuse auprès de ce mari répugnant et sadique, qui la retient en la menaçant de tout révéler sur son sinistre passé, Elsa attend de Michael son salut. Mais celui-ci est appelé à jouer un tout autre rôle : celui de bouc émissaire dans le meurtre de l'associé de Bannister, George Grisby (Glenn Anders). Au cours du procès, où Bannister n'assume sa défense que pour mieux l'enfoncer, Michael réussit une évasion théâtrale de la salle d'audience. Il finit par se réfugier dans une baraque foraine au milieu d'un Luna Park désert d'où il observe le règlement de compte entre Elsa et son mari — images de violence que fragmentent les innombrables miroirs d'une galerie des glaces.

Bien que cette célèbre séquence soit souvent considérée comme une simple prouesse technique, véritable feu d'artifice de baroque visuel, elle symbolise l'image que Welles a de lui-même, celle d'un être écartelé en proie à une constante lutte intérieure dans laquelle il risque d'entraîner Rita. Si, à la fin de *La dame de Shanghaï*, elle meurt dans la galerie des glaces, c'est parce qu'il l'a abandonnée — d'où le thème de la culpabilité qui sous-tend tout le film.

Cette confession d'un échec commence pourtant sur une note très différente : une scène dans laquelle Orson *sauve* Rita (ce qu'il avait espéré faire au début de leur histoire). Fait significatif : dans une des premières versions du scénario, qui fut interdite par le Hays Office*, le film commençait par une tentative de viol. « Rien ne doit laisser entendre qu'il y a tentative de viol dans la scène entre la fille et les hommes [1] », écrivit le censeur Joseph I. Breen à Harry Cohn. Les violeurs devinrent donc des voleurs dans la version définitive, même si leurs intentions demeurent parfaitement évidentes. Telle qu'elle fut tournée, cette première scène n'en expose pas moins le thème essentiel du film : le désir de Welles de sauver Rita des hommes et de leur violence — tout particulièrement leur violence sexuelle. Cette séquence permet à Welles de réaliser ce dont il rêve et que la vie ne lui a pas permis d'accomplir (puisque cela s'était passé bien longtemps avant leur rencontre) : empêcher Rita d'être violée.

Quant au personnage d'Elsa, il rappelle par bien des côtés celle

---

* *Hays Office* : organisme d'autocensure créé en 1930 par la MPAA (Association des producteurs et distributeurs américains), dirigé par William Hays, et qui soumettait tout film au « Code de la pudeur ».

qui l'interprète. Rita incarne en effet une « pauvre gamine » (selon les termes d'un autre protagoniste du film) mariée à un homme beaucoup plus âgé qu'elle, sorte de figure paternelle qui, comme Judson, la menace de révéler les noirs secrets de son passé. Il est même question d'une mystérieuse lettre (écrite ici par le mari) qui raconte des choses qui pourraient la couler définitivement si elles étaient connues. Comme Judson, son vieux mari la pousse dans les bras d'un autre homme et, perverse, encourage leur liaison.

Toutefois, l'écho le plus poignant de la réalité, c'est dans la relation entre les deux personnages principaux qu'il faut le chercher. « Arrête de pleurer. Je ne peux pas supporter de te voir pleurer », dit Michael à Elsa, nous rappelant le désespoir de Welles devant les larmes de Rita. Et tout comme Welles, il lui promet de l'emmener avec lui loin de tout cela : « Je vais t'emmener dans un endroit où il n'y a pas d'espions », ces espions étant une allusion à Harry Cohn et à l'obsédante surveillance qu'il exerçait sur sa star.

Pourtant, un peu plus tard, Michael, toujours à l'image de Welles, semble avoir changé d'avis : « Veux-tu toujours m'emmener avec toi ? » demande-t-elle désespérée. Et la réponse ne tombe qu'au bout d'un long et pénible silence. « Pourquoi me poses-tu cette question ? dit-il, visiblement toujours aussi amoureux, mais soudain effrayé et hésitant. Arrête de me tourmenter. »

A un moment, elle paraît comprendre pourquoi il ne peut, malgré tout son désir, la sauver : « Tu ne sais même pas prendre soin de toi-même, lui dit-elle, alors comment pourrais-tu t'occuper de moi ? »

Accablé par ses propres problèmes, Welles n'avait vu d'autre issue que de s'éloigner de Rita — comportement identique à celui qu'il avait eu à l'égard de son père alcoolique, au retour d'un voyage traumatisant en Chine, et qu'il se reprocha tout le restant de sa vie. La même histoire se répétait avec Rita : pour se sauver il rejetait loin de lui quelqu'un qu'il aimait, le laissant seul face à ses démons. Que dans son esprit les deux trahisons aient été liées, on en trouve la preuve dans le film, où il situe le passé d'Elsa non au Mexique, mais en Chine, le lieu qu'il associait à la déchéance de son père.

En laissant mourir Rita-Elsa dans la galerie des glaces, Orson indique qu'il se considère comme le dernier de toute la série d'hommes qui n'ont su que la détruire — et dans la scène cruciale où on les voit danser, Rita et lui, dans un bouge mexicain, il assume en fait le rôle d'Eduardo Cansino, de celui qui fut le premier de ses partenaires-destructeurs.

Sauvée du viol dans la première scène, à la fin du film elle ne peut échapper à l'anéantissement voulu par le père. « En te tuant, je me tue moi-même », lui dit le père-époux au moment où ils tirent l'un sur l'autre, geste qui se répercute en un ricochet fou dans le labyrinthe de miroirs (à juste titre, Welles voyait en Judson la « continuation » d'Eduardo, d'où la fusion, ici, des deux personnages). Où qu'elle se tourne, les miroirs lui renvoient non seulement les multiples fragments de son moi éclaté mais aussi les reflets du père-époux qui, derrière elle, cherche à la détruire. Images stupéfiantes au moyen desquelles Welles, le visionnaire, prouve la compréhension profonde qu'il a de la personnalité de Rita.

Pour bien signaler au monde qu'il allait lui montrer une Rita Hayworth qu'il n'avait encore jamais vue, Welles prit la décision draconienne de lui couper ses longues boucles auburn. La chevelure luxuriante de Rita était une de ses principales caractéristiques, celle par laquelle on l'identifiait. D'où l'audace de Welles, qui non seulement la lui coupa, mais teignit ce qu'il en restait en blond platine. Mais, comme le fit remarquer Earl Bellamy, « quand Rita travaillait avec Orson, elle était ensorcelée par lui, comme hypnotisée. Elle ne pouvait pas se tromper, car elle faisait tout ce qu'il lui disait [2] ». On convia seize photographes à fixer la spectaculaire métamorphose : pouvait-on rêver meilleur coup publicitaire ?

Néanmoins, lorsque Harry Cohn apprit l'histoire, alors que le studio n'avait même pas été consulté, « il est devenu fou [3] ! » rappelle Bob Schiffer. D'ailleurs, à la Columbia, « ils ont presque tous eu une attaque ! » confirme Earl Bellamy.

Avec l'aide d'Orson, Rita faisait un joyeux pied de nez à Cohn et consorts, qui souffraient beaucoup plus qu'elle de la perte de ses boucles : pour eux, il ne s'agissait pas seulement de cheveux, mais d'une valeur qui appartenait au studio.

Quelques scènes devaient être tournées à la Columbia, puis Welles envisageait de transporter tout son monde au Mexique. La première de ces scènes était celle de la tentative de viol, censée se dérouler dans Central Park. Enveloppé dans une large cape, Welles arriva le premier sur le plateau, suivi de Shorty qui portait un bol d'eau pour que son maître pût se raser sans perdre de temps. Rita arriva un peu plus tard, maquillée par son ami Bob Schiffer. Vingt-cinq à trente faux arbres, poussés sur des traîneaux, devaient donner l'illusion que le fiacre d'où les truands essayaient d'extraire Rita traversait effectivement le parc. Bon nombre des hommes chargés de pousser les arbres étaient assez âgés, et l'exercice les laissa totalement épuisés. Voyant ces hommes souffler comme des phoques, Rita partit d'un grand éclat de rire, qui gâcha complètement la première prise. D'après Earl Bellamy, « elle riait tellement qu'ils ont dû arrêter de tourner pendant près d'une demi-heure, le temps qu'elle se reprenne ».

Ce qui se passa ensuite ne l'incita plus à rire. « Maquilleur ! cria Orson à l'adresse de Bob Schiffer. Faites un nez rouge au cocher du fiacre. » Schiffer fut vexé de ne pas avoir été appelé par son nom. Il y vit comme un signe de mépris. Aussi, malgré l'urgence apparente de l'ordre de Welles, prit-il tout son temps pour s'approcher. « Plus vite, plus vite, tonnait le metteur en scène, furieux. Courez ! courez ! » Mais ses cris semblaient produire l'effet inverse.

« Plus il hurlait, plus je marchais lentement », raconte Schiffer, qui finalement en eut tellement assez qu'il s'arrêta carrément. « Nom de Dieu ! dit-il à Orson. J'ai couru pendant trois ans et demi, et personne ne me fera plus jamais courir[4]. » Schiffer venait juste de rentrer de l'armée...

Devant une telle audace, Orson devint littéralement fou. « Virez-moi cet homme ! Sortez-le d'ici ! » hurla-t-il.

Lorsque Rita apprit qu'Orson avait renvoyé son maquilleur, elle en fut très touchée mais, fait révélateur de ses relations avec son mari, elle ne se plaignit pas directement à lui. Ni sur le plateau, ni le soir à la maison. Mais le lendemain matin, elle informa le directeur de production de la Columbia qu'elle ne reviendrait pas travailler tant que Schiffer n'aurait pas été réintégré. Elle n'accepterait aucun autre maquilleur que lui.

En apprenant par le studio l'ultimatum de Rita, Schiffer riposta : « Bon, elle couche avec ce type, alors dites-lui de s'écraser, et dites à Welles ce qu'il en est. »

Cela, Rita ne le voulait pas, mais elle était prête à faire

travailler Schiffer en cachette. Il fut donc décidé de ne pas dire à Welles que Schiffer avait été réengagé. Bob maquillerait Rita sans qu'Orson le sache, puis déléguerait un de ses assistants sur le plateau. L'arrangement fonctionna à merveille, à la satisfaction générale, jusqu'au jour où tout le monde partit pour le Mexique.

Lorsque la Columbia lui apprit qu'il prendrait le même avion que Mr. et Mrs. Welles, Schiffer demanda si Orson était au courant, à quoi on lui répondit qu'il n'y avait aucun problème ; à bord, on veillerait à ce qu'il soit à l'abri du regard de son persécuteur. Le vol charter devait décoller à minuit. Pour éviter à Rita, qu'angoissait toujours l'idée de prendre l'avion, un surcroît de nervosité, Orson avait prié qu'on ne révèle pas aux journalistes la date et l'heure du départ. Mais, rappelle Bob Schiffer « à l'époque, Rita et Orson faisaient vraiment l'événement. La presse voulait tout savoir sur eux. Les journalistes apprirent que la troupe partait tourner ailleurs, et ils voulurent avoir des photographies du départ [5] ».

Quelques heures avant le décollage, Schiffer traînait dans un bar où de nombreux journalistes avaient leurs habitudes ; sachant qu'il était un intime de Rita, ils commencèrent à lui payer des verres dans l'espoir qu'il finirait par leur révéler l'endroit et l'heure du vol.

Au bout d'un certain temps « j'aurais même pu leur dire où était enterrée ma grand-mère ! J'étais rond à ne plus tenir sur mon tabouret. Alors ils m'ont dit : "Écoute, Bob, tu ne peux pas conduire. On va t'emmener à l'avion." » Arrivés à l'aéroport, les gens du studio le hissèrent à bord « tout au fond, et je m'endormis immédiatement [6] ». Et lorsque, peu avant minuit, les Welles arrivèrent, ils furent accueillis par la meute des journalistes et des photographes qu'Orson avait tant voulu éviter.

Ni Rita ni Orson n'étaient d'une humeur particulièrement paisible lorsque l'avion décolla. Rita finit pourtant par s'endormir quand soudain l'appareil traversa une zone de turbulence. Orson se précipita vers le cockpit dans l'intention de secouer le malheureux pilote, ouvrit la porte et tomba sur... Bob Schiffer. Il s'était trouvé que les deux hommes étaient des copains de régiment, et juste avant les turbulences, le pilote, mettant l'appareil en pilotage automatique, avait quitté le cockpit où Schiffer était demeuré seul. Welles ne laissa pas au pauvre Bob la moindre chance de s'expliquer : il repartit en trombe vers le fond de l'appareil, hurlant à Rita que son maquilleur cherchait à les tuer ! Il était persuadé que Schiffer voulait se venger d'avoir été renvoyé. Quelques minutes plus tard, Rita à son tour se précipitait dans le cockpit, suppliant Bob : « Pour l'amour de Dieu, sors d'ici ! Orson fait un raffut du diable ! »

A Acapulco, Orson donna une fête pour le vingt-huitième anniversaire de sa femme. Un orchestre et deux chanteurs furent chargés de divertir les dix-huit invités, qui consommèrent huit bouteilles de vin rouge, six de blanc, et treize bouteilles de champagne. Malgré ces abondantes libations, il parut évident aux yeux de tous que la réconciliation entre Rita et Orson n'était pas aussi parfaite qu'on l'avait espéré. « Ils étaient charmants l'un envers l'autre, se rappelle Libby Sloane, mais ils ne se conduisaient pas en amoureux. Ils étaient polis. Ni cris, ni mauvaise humeur, pas d'accrochage. Mais on sentait que c'était vraiment le déclin[7]. »

Un autre jour, ce fut Errol Flynn (qui avait prêté son yacht, le *Zaca*, pour le tournage) qui donna une somptueuse fête en l'honneur d'Orson. « Chacun se mit en habit de soirée, sur son trente et un, et une vedette nous transporta jusqu'au yacht, dit Libby Sloane. Sur le pont, on aurait dit un décor de film : lanternes en papier et autres idioties. » Rita et Orson arrivèrent les derniers, et ils firent grande impression, elle avec ses cheveux blond platine, lui dans un costume blanc immaculé. Ils ne passèrent inaperçus ni des invités, ni, apparemment, du singe apprivoisé d'un des membres de l'équipage. Au moment où les Welles faisaient leur entrée, « le singe décida qu'il n'aimait pas Orson, raconte Libby, il lui sauta dessus et commença à chier sur lui. C'était incroyable. Tout le monde était médusé. On ne savait pas quoi faire. Après tout, il s'agissait de l'invité d'honneur ! ».

Lorsqu'ils rentrèrent aux États-Unis, Rita semblait fatiguée, malade. Il est vrai que la dysenterie et le mal de mer avaient frappé tout le monde, acteurs comme équipage. Dans le cas de Rita, il fallait ajouter le facteur angoisse. Elle était dans l'incapacité de travailler plus d'une demi-journée, et comme de nombreuses scènes, parmi les plus importantes, avaient été écrites pour elle, la fin du tournage posa de sérieux problèmes. A la fin de décembre, elle s'évanouit sur le plateau et, sur ordre des médecins, dut garder le lit pendant une semaine. Elle eut ainsi le loisir d'admirer les cadeaux qu'Orson lui fit pour Noël :

quatre chemises de nuit arachnéennes de chez Saks, une nuisette et un déshabillé de la célèbre boutique Juel Parks, un pot à lait en argent massif, et un flacon d'un parfum égyptien extrêmement coûteux.

Étant donné tout l'argent qu'il avait englouti dans *Le tour du monde*, Orson dut refréner ses élans habituels de générosité à l'égard de ses amis, se contentant de leur envoyer le programme de son spectacle malchanceux avec ces simples mots : « En souvenir de ce qui empêche la famille O. Welles (par ailleurs follement heureuse) de vous souhaiter un joyeux Noël avec des fleurs ou quoi que ce soit d'autre. » Orson et Rita croyaient-ils sincèrement qu'ils étaient « follement heureux » ? Peut-être à l'occasion de Noël essayaient-ils de s'en persuader. En janvier, ils programmèrent de faire un voyage à l'étranger dès que *La dame de Shangaï* serait terminé. Mais le moment venu, c'est-à-dire à peine deux mois plus tard, tout avait changé entre eux.

C'était l'éternelle histoire : maintenant qu'ils ne travaillaient plus ensemble, Rita voyait beaucoup moins Orson. Tant qu'il avait été son metteur en scène, il avait semblé concentrer toutes ses pensées sur elle, mais la fin de cette période marqua la fin de leur mariage.

La rupture finale intervint peu de temps après un incident qui terrorisa Rita : une lettre de menace. Adressée à Rita et à sa fille, aux bons soins des studios de la MGM, postée à Cleveland, Tennessee, le 2 février, la lettre commençait par ces mots : « La Cicatrice ne s'Efface Jamais », et continuait ainsi : « C'est pas une plaisanterie je vous certifie, si vous me versez pas deux mille dollars en liquide pour le dix du mois, votre bébé sera enlevé et votre beau visage sera défiguré par de la soude que vous recevrez dans vos beaux yeux. » On lui disait d'envoyer les deux mille dollars en coupures de cinq, dix et vingt dollars, au nom de George Welch, poste restante, San Pedro, Californie. « Soyez sûre, continuait le maître chanteur, que la Cicatrice obtient ce qu'elle veut, vous ne voulez pas ressembler au Dahlia Bleu, n'est-ce pas, vous ne voulez pas non plus qu'on arrache votre enfant de vos bras, et ceci est un dernier avertissement RITA, ORSON WELLS ne peut vous aider et le FBI non plus, car ça fait un bout de temps qu'ils me cherchent, personne ne peut vous aider seul l'argent parlera. » La lettre était signée « La Cicatrice ».

Curieusement, avant même la réception de cette menace par

Rita, l'auteur de la missive, un ancien ouvrier de chantier naval du nom de James Gibson, croupissait déjà dans une geôle du FBI d'Atlanta, en Géorgie. A la mi-février, le FBI l'avait transféré à Cleveland, où il était domicilié et où il devait être jugé pour extorsion de fonds et autres charges aussi graves. Il ne fallait donc pas exclure, pour expliquer la lettre envoyée à Rita, l'existence de complices, et le FBI allait poursuivre son enquête.

Chose étonnante, cette crise ne rapprocha pas les deux époux. Lorsque le mois de mars arriva, Orson s'était réfugié dans une maison qu'il avait louée sur la plage de Santa Monica, et Rita avait décidé de demander le divorce. Sur quoi, elle partit pour Palm Springs, pour essayer d'y voir clair en elle-même.

A peine était-elle installée qu'elle tombait sur son vieil ami David Niven, avec qui elle eut une brève aventure. Dans les mois qui avaient suivi sa première séparation avec Welles, Rita avait souvent rendu visite à Niven qui venait de perdre sa femme, Primmie, dans un tragique accident. Un soir qu'elle jouait au poker chez Tyrone Power, la jeune femme était tombée dans l'escalier et avait succombé peu après des suites d'un traumatisme crânien, laissant deux petits garçons et un mari qui l'adorait. Rita et d'autres camarades de Hollywood s'étaient relayées pour tenter de réconforter Niven.

A Palm Springs, Rita et David firent tout leur possible pour garder secrète leur liaison, qui d'ailleurs ne se prolongea guère au-delà du mois de mars. Lorsque Rita annonça publiquement son intention de divorcer, la rumeur se répandit qu'elle n'allait pas tarder à se remarier. Quel meilleur sujet d'article pour les journaux que le mariage d'une star, même si en l'occurrence l'aventure entre Rita et David n'avait été qu'une agréable passade ?

Le passeport qu'elle avait demandé lorsque Orson et elle envisageaient de partir pour l'Europe lui parvint à ce moment-là, et elle décida que, même seule, un voyage à l'étranger ne pouvait lui faire que du bien ; et maintenant que Rita était de nouveau en son pouvoir, Harry Cohn offrit de le lui payer. De toute façon, Rita ne lui servirait à rien tant que ses cheveux n'auraient pas repoussé. La seule chose qu'il lui demandait c'était d'assister à la première de *L'étoile des étoiles* à Londres, en juillet.

Une fois de plus, la petite Becky allait rester seule à Los Angeles, ce coup-ci pour plus de quatre mois. Rita avait une tante du côté de sa mère, Frances Rosses, qu'elle aimait beaucoup, et elle demanda à cette tante Fanny, comme on l'appelait, de venir de Washington pour veiller sur Becky.

Pendant ce temps, le FBI continuait son enquête. A la mi-mars, un de ses agents avait interrogé James Gibson, alias « la Cicatrice » dans sa prison de Cleveland, et en avait conclu que Gibson avait agi seul. Le 16 avril, le bureau du FBI de Knoxville (Tennessee), rédigea un rapport détaillé sur cette affaire d'extorsion de fonds, dont une copie fut envoyée à Los Angeles pour que Rita en prenne connaissance. Mais lorsqu'elle arriva à destination, Rita et deux de ses amies étaient déjà à bord du bateau qui, de New York, devait les conduire en Europe.

A son grand déplaisir, la rumeur de son éventuel mariage avec David Niven l'y avait déjà précédée. Qui plus est, Niven débarqua à Londres au moment où Rita s'apprêtait à en repartir, et les gens en conclurent qu'ils allaient annoncer leurs fiançailles. Il ne restait à l'acteur qu'une seule chose à faire : nier publiquement qu'il se fût jamais passé quoi que ce soit entre eux.

En réalité, il y avait déjà un autre homme dans la vie de Rita depuis son arrivée en Europe : le blond et séduisant chef d'orchestre Teddy Stauffer, qu'elle avait rencontré au Mexique pendant le tournage de *La dame de Shangaï*. Ce fut une brève liaison, qui tourna vite à l'orage, et une fois de plus Rita découvrit combien il lui était difficile de mener une vie amoureuse paisible. A Paris, Stauffer tenta de la reconquérir en escaladant la façade de l'élégant hôtel Lancaster, jusqu'au balcon de sa chambre, sous les applaudissements et les cris d'encouragement de la foule massée rue de Berri.

Lorsque Rita retrouva la Californie en septembre, il lui restait une dernière formalité à remplir avant de recommencer à travailler : déposer sa demande officielle de divorce. Pas la moindre protestation ne lui parvint de la part d'Orson qui, entre-temps, avait tourné à toute allure un *Macbeth*, avait eu une brève passade avec Marilyn Monroe, et s'apprêtait à filer en Italie pour y être la vedette d'un film sur Cagliostro*. Lorsque, en novembre, leur affaire passa devant la cour, Welles avait déjà quitté les États-Unis.

---

* *Black Magic (Cagliostro)*, de Gregory Ratoff (1947), d'après *Joseph Balsamo* d'Alexandre Dumas. *(NdE.)*

13

Le 10 novembre 1947, le tribunal d'instance de Los Angeles prononça le divorce (qui ne deviendrait effectif que l'année suivante) de Rita Hayworth et de l'homme qu'elle appelait le grand amour de sa vie. Pure coïncidence, le numéro de *Life* paru ce même jour consacrait sa couverture à Rita, sous le titre : « La déesse de l'amour en Amérique ». A l'intérieur, le texte proclamait : « Plus qu'une femme, Rita Hayworth est l'une des incarnations de notre principal mythe national — c'est la déesse de l'amour. » Pour Rita, qui considérait sa vie amoureuse comme un échec, cette coïncidence était douloureuse, mais le slogan fit mouche. On ne l'appela plus désormais que la Déesse de l'Amour : qualificatif qui, pour elle, demeurerait à jamais associé à ce triste jour où fut prononcé son deuxième divorce.

C'est avec le film qu'elle tourna ensuite sous la direction de Charles Vidor, *The Loves of Carmen* (*Les amours de Carmen*), d'après la nouvelle de Mérimée, que fut inauguré le nouveau contrat qui la liait à la Columbia. Si, comme elle l'espérait, le film devenait un grand succès, sa carrière allait pour la première fois lui rapporter beaucoup d'argent. En attendant, et bien qu'elle fût sagement rentrée au bercail, « Harry Cohn, toujours aussi paranoïaque, continuait à surveiller tous ses faits et gestes.

C'était terriblement inconfortable[1] ». Une domestique placée à la porte de sa loge rapportait fidèlement le nom des gens qui entraient et sortaient, tandis qu'à l'intérieur un micro enregistrait toutes les conversations : Rita en connaissait l'existence, mais elle savait aussi que si elle s'en débarrassait il serait aussitôt remplacé ; en conséquence elle parlait tout bas, ou évitait de parler de ce qu'elle voulait cacher à Cohn. Une des rares choses qu'elle ne désirait pas lui cacher était le mépris qu'elle éprouvait pour lui et ses larbins. D'après Bob Schiffer, « elle les haïssait tous et ne prenait pas de gants pour dire à Cohn ce qu'elle pensait de lui ».

Néanmoins, en grande professionnelle qu'elle était, elle ne laissait jamais paraître sa colère ou sa rancœur sur le plateau : « Elle avait une grande maîtrise d'elle-même[2] », reconnaît Earl Bellamy.

Sa doublure, Grace Godino, s'émerveillait de la capacité « qu'elle avait de s'abstraire de ce qui l'entourait. Quelle que fût l'agitation qui régnait sur le plateau, elle s'asseyait dans un coin et faisait le vide comme si rien ne se passait. Elle restait là, tranquillement, et personne ne venait la déranger ».

Ce pouvoir qu'elle avait de rentrer en elle-même lui permettait entre autres de supporter sans se plaindre les longues heures qu'il fallait parfois à Rudolph Maté pour régler les éclairages nécessaires aux gros plans. Pour Bob Schiffer, « il était capable de passer deux heures, s'il le fallait, pour obtenir un gros plan parfait. Puis, lorsqu'il avait fini, je m'approchais avec ma boîte de maquillage et corrigeais quelques détails sous les yeux ». Rita avait un œil très légèrement plus petit que l'autre (« Comme quelqu'un à qui on dit : ''Ce que tu as de belles jambes, surtout la droite'' », explique Schiffer), défaut que Bob méticuleusement faisait disparaître[3].

Earl Bellamy juge qu'« il y avait des tas de choses qu'on ne comprenait pas chez elle, qu'elle gardait par-devers elle ». Toutefois, après le travail, Rita semblait « se laisser un peu aller : Après une journée de travail, Bob et moi nous la ramenions chez elle, on s'asseyait autour du bar, et elle nous versait à boire. Après il fallait la surveiller, parce qu'elle y allait un peu fort, et on avait une certaine difficulté à trouver la porte de sortie[4] ! »

Grace Godino se souvient que « sur le plateau, tous les hommes étaient comme des petits garçons, ils essayaient de se faire valoir à ses yeux. Comme des gosses qui font la roue devant la fille du voisin[5]. » Parmi les hommes qui traversèrent sa vie à cette époque-là, il y eut le frère du shah d'Iran : il venait souvent la chercher au studio, après le travail, et l'emmenait dîner et danser au Mocambo.

Mais c'est avec Howard Hughes qu'elle eut sa liaison la plus sérieuse. Grâce à la fortune dont il avait hérité encore adolescent, le longiligne et flamboyant Texan s'était installé à Hollywood en 1925, à l'âge de vingt ans, où il s'était acquis une réputation de play-boy autant que de producteur-metteur en scène. Par la suite, ses exploits de pilote, ses créations de modèles d'avions futuristes — il faillit perdre la vie, en 1946, en essayant un de ses appareils — l'avaient rendu légendaire.

Le dynamisme de Hughes fascinait Rita, mais elle ne voyait pas d'avenir à leur histoire. Elle envisageait de rompre à la fin du tournage des *Amours de Carmen* et de partir à l'étranger pour de nouvelles longues vacances. En attendant elle découvrit, bouleversée, qu'elle était enceinte. Shifra Haran, l'ancienne secrétaire d'Orson que Rita avait engagée à l'époque, se souvient des problèmes que cette grossesse, qui devait demeurer secrète, posa pendant le tournage : « Ses vêtements étaient devenus si étroits qu'il fallait une épingle pour les fermer dans le dos[6]. » Pour Rita, il n'était pas question d'avoir un enfant hors mariage (même si le bébé devait un jour hériter de la fortune de Hughes), mais à qui pouvait-elle demander de l'aide ? Existait-il à Hollywood un médecin suffisamment discret ? Elle pensa alors au docteur Maurice Bernstein, le père subrogé d'Orson, qui la fit avorter en toute sécurité. Sachant que Welles était violemment opposé à l'idée même d'avortement, il était peu probable que « Dadda » lui rapporte cet incident.

Aussitôt après, laissant une fois de plus Becky aux bons soins de tante Fanny, Rita prit le train pour New York, première étape de ses vacances. Elle avait choisi Shifra Haran pour compagne de voyage : « Miss Hayworth avait besoin d'une présence amicale auprès d'elle. Elle était tellement vulnérable, à cause de sa célébrité et de sa beauté, et aussi à cause de sa personnalité. Je suppose qu'elle se sentait bien avec moi parce qu'elle savait que je ne l'espionnais pas. Elle me faisait confiance parce que Mr. Welles avait eu confiance en moi. Vous rendez-vous compte de ce que pouvait être une telle vie ? Un vrai cauchemar[7]. »

Au cours de son précédent voyage à l'étranger, Rita avait fait la connaissance du président libanais al-Khuri, qui l'avait invitée à lui rendre visite. Elle comptait, avant de se rendre au Liban, s'arrêter en Europe où — selon Shifra Haran — il est évident qu'elle espérait tomber sur Orson. Elle avait jusqu'à l'automne pour rentrer à Hollywood, où Harry Cohn avait prévu de lui faire tourner un western intitulé *Lona Hanson*, avec William Holden pour partenaire — un projet qui lui répugnait, car les westerns lui rappelaient les horribles films qu'Eddie Judson lui dégotait lorsque la Fox l'avait laissée tomber.

Malgré la fin de leur liaison, Hughes continuait à lui manifester sa sollicitude et à lui apporter son aide. « Il n'était plus question d'amour entre eux, remarque Shifra Haran, mais il voulait lui rendre son voyage le plus agréable possible. Il avait des gens à lui dans le monde entier. Pendant notre traversée des États-Unis, ceux de la TWA sont restés constamment en contact avec nous, telle une ombre tutélaire. Ils étaient au courant de tous nos faits et gestes. On aurait dit qu'un angelot nous protégeait. Partout où nous nous arrêtions, des employés de Hughes nous appelaient. *Est-ce que Miss Hayworth avait besoin de quelque chose ? Et moi, voulais-je quelque chose ?* Tout ce que je désirais pour elle, je pouvais l'avoir[8]. »

Au cours d'une escale à Kansas City, Rita envoya Shifra lui chercher un journal qui publiait un article sur *Carmen*. A sa grande surprise, on y louait autant son jeu que sa beauté ou ses talents de danseuse. Pourtant, au lieu de la rendre heureuse, le papier la plongea dans la mélancolie : « Vous voyez, j'ai toujours cru que si j'avais de bons articles, je serais heureuse, dit-elle d'une petite voix triste. Mais tout est si vide. Ça ne ressemble jamais à ce que je voulais. Tout ce que je voulais, c'est ce que tout le monde désire — être aimée. »

A New York, les représentants de Hughes lui proposèrent à nouveau leurs services, mais Rita les repoussa. Elle ne demandait qu'une chose : monter à bord du bateau qui l'emmènerait en France et se reposer, tâcher d'écarter de son esprit tout ce qui la tracassait. C'était ne pas compter avec l'émoi que sa présence allait causer parmi les autres passagers.

Il y avait pourtant des années qu'elle vivait avec les yeux des gens sans cesse braqués sur elle, mais elle supportait toujours aussi mal cette curiosité. Lorsque, le premier soir de la traversée, la somptueuse créature et sa compagne firent leur entrée dans la salle à manger, toutes les têtes se tournèrent vers elles. En se dirigeant vers la table qui lui avait été assignée, Rita fut prise de panique à l'idée de s'asseoir au milieu de tous ces gens. L'invitation du capitaine à venir prendre place à sa table parut la soulager, mais elle s'aperçut en y arrivant que celle-ci était légèrement surélevée, ce qui la rendait encore plus visible. Effrayée, mal à l'aise, elle toucha à peine à la nourriture, et ne se sentit rassurée qu'une fois enfermée dans sa cabine. « Nous ne sommes plus jamais retournées dans la salle à manger. Nous mangions dans notre cabine, et nous n'allions marcher que lorsqu'il faisait très noir et qu'il n'y avait plus grand-monde aux alentours. Elle était virtuellement prisonnière dans sa chambre[9]. »

Sauf lorsque Rita l'envoyait faire des courses, Shifra demeurait toujours auprès d'elle. Et il en serait ainsi pour tous leurs voyages. « Je ne la laissais jamais seule, parce que je ne savais jamais quand elle aurait envie de parler — bien qu'elle ne fût pas une grande bavarde. Ce n'était pas le genre à recevoir des gens et à faire la conversation pendant des heures. Mais j'avais le sentiment qu'il fallait que je sois là au cas où elle aurait désiré quelque chose. Elle avait besoin d'une présence amicale auprès d'elle. »

Un jour, à l'heure du thé, Rita décida de s'aventurer hors de sa cabine. Pour le thé, contrairement aux autres repas, on s'installait à n'importe quelle table. A peine Rita et Shifra s'étaient-elles assises dans un coin retiré qu'elles furent rejointes par deux femmes, des mannequins vedettes new-yorkais, dont l'une avait fait la connaissance de Rita au cours du tournage de *Cover Girl*. Il était évident qu'elles n'avaient pas la moindre envie de lui parler : tout ce qu'elles voulaient, c'était être vues avec Rita Hayworth. Elles ne firent d'ailleurs aucun effort pour la faire participer à leur conversation et semblèrent même se moquer d'elle, s'imaginant sans doute qu'elle ne comprenait pas ce qui se passait.

« Elles pensaient que ce qu'elles disaient lui passait par-dessus la tête, se rappelle Shifra. C'étaient des filles brillantes, le type même de la New-Yorkaise à l'esprit acéré, et elles prenaient plaisir à se sentir plus intelligentes qu'elle. Miss Hayworth s'en est naturellement rendu compte, tout comme moi, et ça l'a mise terriblement mal à l'aise [10] ».

Mais comment les interrompre sans se montrer trop impolie ? Pendant ce qui sembla une éternité, les jeunes femmes continuèrent à parler sans se soucier de Rita qui, silencieuse, regardait fixement droit devant elle. Finalement, elle eut le courage d'interrompre ce manège. « Bon, eh bien, je pense que nous devons partir », dit-elle en s'excusant presque.

Rita fit heureusement une meilleure rencontre pendant ce voyage : celle d'un élégant play-boy descendant d'une très vieille famille française. Dès qu'il l'aperçut, il se précipita pour lui offrir ses services. « Il s'était amouraché d'elle », selon Shifra Haran. A peine polie au début, Rita lui promit de prendre contact avec lui à Paris si elle avait besoin de quoi que ce soit.

Elle n'en avait peut-être pas vraiment l'intention, mais les circonstances en décidèrent autrement : peu de temps après son arrivée dans la capitale, elle eut une hémorragie, conséquence de son avortement ; il fallait lui faire un curetage. Elle n'avait auprès d'elle, dans sa suite du Lancaster, que Shifra Haran et une femme de chambre, Angel, et il n'était évidemment pas question qu'elles se chargent de l'opération, même si Rita était prête à tout pour éviter les indiscrétions. L'organisation Hughes avait continué à les protéger en Europe, mais Rita préféra ne pas faire appel à son aide. Il ne restait plus que le jeune Français qui, prévenu, arrangea un rendez-vous discret avec deux grands médecins.

Bientôt Rita entrait à l'hôpital américain de Neuilly, où tout fut arrangé pour garder sa présence secrète. D'après sa secrétaire-dame de compagnie, « on isola Miss Hayworth dans une aile spéciale et l'on donna des ordres très stricts pour empêcher qui que ce soit de rôder autour. Angel et moi nous allions tous les jours à l'hôpital, et je restais au chevet de Miss Hayworth pour qu'elle ne se sente pas seule... Tout le personnel de l'hôpital était à ses pieds. Ils l'adoraient. Elle était comme une reine, même si elle ne prenait jamais de grands airs et ne réclamait jamais rien ».

Cependant Rita redoutait que les journalistes, d'une manière ou d'une autre, ne finissent par arriver jusqu'à sa chambre. Elle se sentait bien trop mal pour les affronter. Que répondrait-elle à leurs questions ? Que pourrait-elle dire pour justifier sa présence à l'hôpital ?

Dans un premier temps, ses craintes parurent sans fondement ; aucun journaliste ne semblait avoir retrouvé sa trace. Si bien qu'elle ne se méfiait plus lorsque, soudain, la porte de sa chambre s'ouvrit : « Tout à coup, une étrange femme entra dans la chambre », se souvient Shifra Haran. A sa vue, Rita enfouit sa tête dans l'oreiller. « Qui vous a dit que j'étais ici ? demanda-t-elle. Je ne veux pas parler aux journalistes [11]. » Se penchant sur le lit, la femme remarqua que l'actrice, qui n'était pas maquillée, avait « le teint jaune, comme en cas de jaunisse ». Shifra Haran la prévint que Rita risquait « de devenir hystérique » si elle ne partait pas sur-le-champ, puis, dans l'espoir de calmer les choses, elle lui expliqua : « Elle ne veut pas qu'on imprime quoi que ce soit sur sa maladie afin de ne pas effrayer les gens en Amérique. »

Mais cela ne servit à rien. Bientôt l'histoire fit le tour des États-Unis. RITA HAYWORTH RETROUVÉE MALADE DANS UN HÔPITAL PRÈS DE PARIS, pouvait-on lire en gros titre. Heureusement, la journaliste semblait ne pas avoir découvert la cause réelle de l'hospitalisation. Elle parlait d'une « anémie et d'une infection non identifiée. On lui fait des transfusions de sang et quatre piqûres par jour. Un grand mystère entoure la maladie de Rita, l'hôpital refuse même d'admettre qu'elle est une de ses patientes ».

De tels incidents n'étaient pas faits pour aider la malade à se remettre. A son retour à l'hôtel, elle vécut dans la crainte constante de les voir se reproduire. Shifra Haran, qui dormait dans la chambre contiguë, se tenait constamment sur ses gardes, et effectivement, un matin, entendant frapper à la porte de Rita, elle ouvrit et se trouva nez à nez avec un flash.

Il fallut pourtant bien que Rita se décide à affronter les journalistes. En la voyant, ceux-ci en conclurent qu'elle avait surtout souffert d'une très grande fatigue. Elle remercia publiquement un pompier qui avait donné son sang pour elle. « Maintenant, en plus du sang irlandais de ma mère et du sang espagnol de mon père, j'ai également du sang français », conclut-elle.

L'épreuve qu'elle venait de traverser la laissait triste, désenchantée. D'après Shifra Haran, des hommes vinrent la voir pendant cette période, et dîner avec elle, mais il n'y eut rien de sérieux. Elle reçut aussi la visite d'Elsa Maxwell, la célèbre

« commère » de Hollywood, à qui il parut évident que toutes les pensées de Rita « allaient vers Orson [12] ». Elsa lui apprit qu'il tournait en Italie et avait une liaison avec une volcanique actrice italienne dont il était absolument fou. Rita n'en continua pas moins à caresser l'idée d'annuler son voyage au Liban pour le remplacer par un séjour sur la Côte d'Azur, où elle pourrait peut-être convaincre Orson de la rejoindre. Après tout leur divorce n'était pas encore définitif, et une fois, déjà, il avait suffi d'un dîner pour que leur couple se reforme.

En attendant, elle accepta, bien que pas encore totalement remise, de participer à un bal de charité donné à la tour Eiffel au profit des enfants pauvres de Paris. Pierre Balmain, à qui elle s'adressa, créa pour elle une robe en brocart d'après une toilette de Mme de Montespan, mais à la stupeur du couturier, Rita la trouva trop décolletée, et Balmain fut bien obligé de retoucher sa robe.

Le matin du bal, Shifra Haran partit en taxi ramasser bijoux et fourrures que des boutiques prêtaient obligeamment à Miss Hayworth. Quant à Rita, elle passa l'après-midi à répéter la courte allocution qu'elle devait prononcer, se demandant à quoi ressemblerait son français, et surtout quelle allure elle aurait. Il apparut qu'elle n'avait aucune raison de se faire du souci. A la voir si éblouissante, personne n'aurait pu imaginer qu'elle sortait juste de l'hôpital. Après quelques mots de présentation dits par Charles Boyer, elle énonça son petit discours en un très bon français et fut récompensée par un tonnerre d'applaudissements. Toute la haute société parisienne semblait être tombée amoureuse de Rita Hayworth.

Au nombre de ceux qui la fixaient avec le plus d'intensité figurait un bel homme athlétique aux yeux sombres que Rita n'avait jamais rencontré. Lui, en revanche, savait très bien qui elle était : en Égypte, durant la guerre, il avait été fasciné en la voyant pour la première fois sur un écran, dans *Arènes sanglantes* ; et maintenant qu'elle lui apparaissait enfin en chair et en os, il décida de la suivre partout en Europe jusqu'à ce que l'occasion se présente de se trouver en sa présence. Au besoin, lui, le prince Ali khan, saurait bien créer cette occasion.

« J'imagine que Rita est allée à Cannes parce qu'elle sait que c'est un des endroits de prédilection d'Orson [13] », racontait Elsa Maxwell à l'époque. Durant l'été 1948, la Côte d'Azur était soudain devenue le lieu de vacances à la mode de l'élite hollywoodienne, et l'élégant hôtel du Cap, jadis résidence de l'aristocratie russe et britannique, voyait débarquer des grands pontes comme Jack Warner ou Darryl Zanuck, et des acteurs comme Tyrone Power et Clark Gable. L'arbitre indiscuté de tout ce petit monde était Elsa Maxwell, qui donnait des dîners somptueux dans une charmante ferme ancienne située à Auribeau, un village proche de Cannes, au cours desquels elle recueillait bon nombre des informations indiscrètes qui alimentaient ses chroniques.

Lorsque Rita et Shifra Haran arrivèrent à l'hôtel du Cap, on attendait Orson d'un jour à l'autre, en provenance de Rome. Il venait essentiellement pour convaincre Zanuck de mettre de l'argent dans la version filmée d'*Othello* à laquelle il travaillait alors. Mis au courant de la présence de Rita, Welles alla aussitôt la voir et lui proposa de l'emmener dîner le soir même au restaurant des Pêcheurs à La Napoule, lieu romantique par excellence. Rita passa son après-midi à rêver tout haut. Elle se demandait si elle parviendrait à l'éloigner de son actrice italienne. C'est vrai, c'est elle qui avait réclamé le divorce, mais maintenant elle reconnaissait qu'elle avait commis une terrible erreur. Si tout se passait comme elle l'espérait, elle reviendrait à Los Angeles avec le père de sa petite fille, l'homme qu'elle aimait toujours par-dessus tout.

La soirée ne commença pas sous les meilleurs auspices. Tout d'abord, un des pneus du taxi qui les conduisait au restaurant éclata, et la voiture fit une embardée. Heureusement personne ne fut blessé, mais Orson jugea préférable de ne pas poursuivre jusqu'à La Napoule. Ils retournèrent donc à Cannes où, après avoir dîné, ils allèrent finir la nuit dans un night-club. A un moment, Orson embrassa Rita, sous les applaudissements des autres clients. Il n'en fallut pas plus pour que les journaux d'outre-Atlantique titrent : RUMEURS DE MARIAGE ENTRE WELLES ET RITA HAYWORTH [14]. On parlait d'une seconde lune de miel.

Effectivement, lorsque Orson la déposa à son hôtel, Rita était convaincue qu'il lui était revenu. Mais les jours suivants, elle attendit en vain qu'il l'appelle. Il lui fallut se rendre à l'évidence : à l'issue de son rendez-vous avec Zanuck, Welles s'était dépêché de regagner sa Rome bien-aimée.

Par la suite, une foule de prétendants se pressèrent à sa porte, dont le shah d'Iran et le roi Farouk, avec lesquels elle consentit à dîner. Selon Shifra Haran, « elle était le morceau de choix ! Tous ces hommes la poursuivaient parce qu'ils voulaient être vus avec elle, photographiés avec elle. Ils voulaient tous se servir d'elle ».

Invitée par Elsa Maxwell à un de ses petits dîners, Rita commença par refuser. Elle était trop triste, lui dit-elle, à cause d'Orson. Mais Elsa insista, lui conseilla même de s'acheter une nouvelle robe pour l'occasion, blanche de préférence, et d'arriver bonne dernière. Elle tenait absolument à lui faire rencontrer un certain invité. C'était un prince persan, lui expliqua-t-elle, et il saurait l'espace d'une soirée lui faire oublier ses ennuis.

14

Casanova, sybarite, gentleman-rider, pilote de course, chasseur, pilote d'avion, éleveur de chevaux, soldat et chef religieux musulman : à trente-sept ans, Ali Salomon khan était un homme énigmatique aux multiples facettes. En association avec son père l'Aga Khan III, Ali possédait et dirigeait des élevages d'où sortaient bon nombre des meilleurs chevaux de course européens. Mais il était certainement mieux connu pour ses talents de séducteur et ses innombrables aventures féminines. Si, par sa famille paternelle, il pouvait prétendre descendre en droite ligne de Fatima, la fille du prophète, du côté de sa mère, une ancienne danseuse du ballet de Monte-Carlo, on ne trouvait que des Italiens de modeste origine. Ali devait passer la majeure partie de sa vie dans l'ombre écrasante d'un père qui, imam de quelque quinze millions d'ismaéliens en Afrique et en Asie, mais aussi homme d'État, sportif, bon vivant et milliardaire, fut une des personnalités les plus fascinantes et hautes en couleur de son époque. Il avait joué un rôle important dans la fondation de la Ligue musulmane indienne, et avait un temps été président de la Société des Nations. En contrepartie de tous ces talents, il avait un point faible : son peu de goût pour la paternité. Le jeune Ali, dont la mère était morte quand il avait quinze ans, avait souffert toute son enfance du manque de chaleur et d'affection de son père, et il était déjà bien engagé dans l'âge adulte qu'il essayait encore désespérément, semblait-il, de retenir l'attention du vieil aga.

La nuit même du dîner offert par Elsa Maxwell au Casino d'été de Cannes, Ali avait prévu de s'envoler, dans son avion privé, *Le vengeur*, pour l'Irlande où l'un de ses chevaux, Attu, était engagé dans une course importante. Mais sa rencontre avec Rita lui fit changer instantanément ses plans. Il ne partit ni cette nuit-là, où il emmena Rita faire une promenade dans la montagne sous prétexte d'étudier les étoiles, ni le jour suivant, où il l'invita à visiter sa somptueuse résidence du bord de mer, le château de l'Horizon. Bien qu'ayant accepté de bonne grâce ces deux invitations, Rita ne prenait pas leur auteur plus au sérieux que les autres play-boys de la Côte d'Azur dont elle avait jusque-là accepté la compagnie. D'après Shifra Haran, « le prince fut immédiatement subjugué, mais elle, pas du tout ».

A l'issue de sa première soirée avec Rita, Ali confia à son chauffeur, Emrys Williams, qu'il n'avait jamais été aussi excité de sa vie. Il avait l'impression de marcher dans les airs. Et comme il voulait également danser, il envoya Williams acheter un gramophone et des disques. Lorsque, à l'heure prévue, le chauffeur se présenta à l'hôtel de Rita pour la conduire au château de l'Horizon, il fut accueilli par Shifra Haran qui lui dit que Miss Hayworth avait accepté une invitation à déjeuner du millionnaire argentin Alberto Dodero, et qu'en conséquence il devrait l'attendre. Il attendit trois heures. Et quand finalement Rita réapparut, il trouva qu'elle ne s'était guère mise en frais : non maquillée, elle portait un simple short et un chemisier blanc.

Lorsqu'ils arrivèrent enfin à la résidence du prince, ils le trouvèrent dans un état d'extrême agitation bien compréhensible. Mais bientôt le gramophone laissait échapper des flots de musique, Rita et Ali dansaient joue contre joue et tout le monde semblait heureux. Néanmoins, connaissant la réputation d'Ali, sa vie d'homme à femmes, elle gardait ses distances.

Finalement, ne pouvant reculer davantage son départ, Ali extorqua à Rita la promesse de l'attendre à son hôtel l'après-midi de son retour : il aurait une merveilleuse surprise pour elle. Pour la faire patienter, il l'inonda de roses. L'appartement en était plein, Shifra ne savait plus où les mettre. Rita n'avait pourtant pas la moindre intention d'attendre Ali. « Je crois qu'elle ne voulait surtout pas tomber amoureuse, dira Shifra Haran. Pour être sûre de ne pas être là lorsqu'il reviendrait, elle est partie faire une promenade en bateau avec des amis et est restée absente presque toute la journée [1]. » Shifra se trouvait donc seule dans la suite lorsque, brusquement, elle entendit un énorme bruit à l'extérieur. « Il tournait autour de l'hôtel dans son avion, jusqu'à le frôler des ailes. Mais elle n'était pas là ! La seule personne qui assista à son numéro de voltige, ce fut moi. » Lorsque, plus tard, Ali appela pour savoir comment Rita avait apprécié sa surprise, il tomba de haut en apprenant qu'elle n'avait pas été là de la journée.

A dater de ce jour, toutefois, ils commencèrent à beaucoup se voir, même si Rita s'efforçait de garder la tête froide. Quoique toujours officiellement marié à Joan Yarde-Buller, dont il avait deux fils, Ali menait une vie de parfait célibataire. Or Rita voulait une maison, une famille, la sécurité : le contraire absolu de l'existence de plaisirs, sans attaches, que semblait mener le prince. Lequel néanmoins multipliait les attentions à son égard et cherchait constamment ce qui pouvait lui faire plaisir, l'emmenant danser dans les night-clubs les plus exclusifs ou dîner aux chandelles dans de petits restaurants nichés dans les collines.

« Le prince était beaucoup plus empressé et romantique que Mr. Welles », se souvient Shifra.

Bien entendu, plus le temps passait, plus Rita se sentait attirée par Ali, mais elle trouvait qu'il allait trop vite. Après avoir cru qu'il ne cherchait qu'à s'amuser avec elle, comme n'importe quel play-boy avec une jolie femme, elle commençait à penser qu'il voulait l'entraîner dans une relation à long terme, et cela l'effrayait : elle ne s'y sentait pas prête.

Finalement, la seule échappatoire qu'elle imagina fut de quitter le cap d'Antibes pour l'hôtel de la Réserve à Beaulieu-sur-Mer où Shifra et elle arrivèrent en secret. Elle espérait que le prince ne retrouverait pas sa trace, et finirait par laisser tomber.

A quelques jours de là, elle fut invitée à déjeuner par Fletcher Markle (un écrivain qu'Alexander Korda avait dépêché auprès d'Orson, pendant le tournage de *La dame de Shangaï* au Mexique, pour collaborer avec lui à l'écriture d'un scénario) et sa femme, l'actrice Mercedes McCambridge. Rita leur ayant demandé s'ils pouvaient inviter un homme en plus, car elle était seule, ils se livrèrent à une cruelle plaisanterie à ses dépens. L'homme en question était un serveur de restaurant basque qu'ils firent passer pour un gros propriétaire terrien. « Il était superbe, se souvient Mercedes McCambridge, qui le vit se préparer à escorter la Déesse de l'Amour —, avec sa chemise en soie bleu lavande ouverte jusque-là, son corps bronzé digne de toutes les convoitises, son torse velu comme celui d'un singe. Un pantalon blanc, des organes génitaux plantureux que l'on devinait sous le tissu usé jusqu'à la trame ! Un bon accroc et ça y était [2] ! »

Ce garçon s'appelait Jean. Lorsqu'elle fut en sa présence, Rita goba tous ses propos. Toujours d'après Mercedes McCambridge, elle « le regardait comme s'il avait été un gigantesque cadeau de Noël venant directement de chez Neiman-Marcus, ou deux kilos de chocolats de chez Godiva emballés dans un œuf de Fabergé. Le paquet fermé qu'elle avait devant elle l'intriguait tellement que, comme les enfants, elle avait du mal à ne pas y toucher ! ». Un trio à cordes jouait sur la terrasse de La Réserve, et Rita et le jeune homme allèrent danser. « J'avais déjà vu Rita Hayworth danser à l'écran, avec les meilleurs partenaires de l'époque, Fred Astaire pour ne citer que celui-là, mais quand elle se coula dans les bras de notre Jean, jamais son corps ne me parut plus beau, un corps qui épousait dans tous ses méandres celui de Jean. »

Un autre jour, une mystérieuse femme proche de la cinquantaine, une sorte de gitane parlant italien, se présenta à la réception de l'hôtel et demanda à voir Miss Hayworth. Elle insistait, disant qu'elle avait un message important à lui transmettre. On pria Shifra Haran de descendre : « Comment cette femme savait-elle que nous étions là ? C'était étrange. Il y avait quelque chose en elle qui me fascina. Si ç'avait été quelqu'un d'autre, je n'en aurais pas parlé à Miss Hayworth, mais là je lui demandai si elle voulait la voir, et elle me répondit oui, ce qui me surprit. »

La gitane monta dans la chambre de Rita et proposa de lui dire la bonne aventure. Pour commencer, et comme pour lui prouver son pouvoir, elle évoqua en les dramatisant certains détails insignifiants de son passé. « Elle semblait tout savoir de Miss Hayworth », au dire de Shifra. Elle lui annonça qu'elle allait vivre la plus grande histoire d'amour de sa vie, avec quelqu'un qu'elle connaissait déjà mais dont elle avait bêtement refusé les avances. Que Rita se laisse fléchir et fasse confiance à cet homme, et elle connaîtrait enfin le bonheur.

La visiteuse partie, Shifra Haran eut le sentiment que Rita avait été convaincue par ce que cette femme lui avait raconté. Il était probable qu'Ali khan avait manigancé cette histoire, mais comment le prouver ? Et puis Rita ne demandait vraisemblablement qu'à la croire. Peut-être, confia-t-elle à Shifra, avait-elle commis une terrible erreur en fuyant le prince. A l'instant même elle décida de retourner au cap d'Antibes, et peu de temps après elle s'abandonnait entre les bras d'Ali, comme la gitane le lui avait conseillé.

Au gala du Sporting-Club, Rita et le prince dansèrent joue contre joue jusque tard dans la nuit, ne s'interrompant que pour déguster un petit déjeuner composé d'œufs au jambon et de champagne. Il ne s'était guère écoulé que quelques semaines depuis que l'on avait vu Orson embrasser son ex-femme en public, dans une boîte de nuit toute proche. Et ce soir-là, ce fut le prince qui laissa ouvertement éclater sa passion.

Bientôt le Tout-Cannes sut que Rita s'était installée au château de l'Horizon. C'était une maison de trois étages avec dix chambres dans lesquelles le soleil entrait à flots, sept salles de bain, des Degas, Renoir et Utrillo sur tous les murs. Dans le salon où Ali aimait à recevoir ses invités, il y avait de grandes bibliothèques, un piano et un tapis d'Aubusson ; des portes-fenêtres s'ouvraient sur une très grande terrasse d'où l'on avait une vue panoramique sur la Méditerranée et sous laquelle se trouvait une immense piscine d'où un chemin descendait directement à la mer. Pour le déjeuner, le prince faisait dresser un buffet sur la terrasse ; le soir on dînait dans la salle à manger bleu clair, avec son imposante table en marbre d'Italie qu'entouraient des chaises anciennes.

Dans l'une des chambres, Ali avait fait installer un coffre dans lequel il conservait des devises de différents pays : il pouvait ainsi s'envoler à bord du *Vengeur* à l'improviste et pour n'importe quelle destination. Contrairement à ce qu'on raconta à l'époque, ce ne fut absolument pas la richesse du prince qui attira Rita. « Elle se fichait complètement des beaux vêtements, des bijoux et de toutes ces choses, insiste Shifra Haran, qui vint s'installer avec elle au château. Pour elle, le prince était simplement un grand type aux yeux bruns ! Elle était sensible à l'attention qu'il lui portait, non aux choses qu'il lui donnait. Elle ne s'est jamais intéressée aux choses. Jamais. Ce n'était pas ce qu'elle demandait à la vie. Elle voulait juste quelqu'un qui l'aime, et qui n'aime qu'elle ! »

Hélas ! si elle s'attendait à être l'objet unique de l'attention d'Ali et à vivre dans la sérénité, elle fut cruellement déçue. Le prince était grégaire de nature. Il appartenait à cette sorte d'hommes qui ne paraissent jamais plus heureux que lorsque leur maison est pleine d'invités, et il ne lui serait jamais venu à l'idée de changer son mode d'existence sous prétexte qu'une nouvelle femme venait d'entrer dans sa vie. Le jour même où Rita vint s'installer chez lui, il avait prévu de donner une grande soirée et, pis, avait invité bon nombre de ses hôtes à demeurer au château autant qu'il leur plairait. Le chauffeur d'Ali nota la déconvenue de Rita lorsqu'elle découvrit plusieurs autres jolies femmes parmi les invités à demeure.

La jalousie n'était pas seule à mettre au compte du malaise de Rita. A l'instar des deux mannequins rencontrés sur le bateau qui l'avait amenée de New York, les femmes de l'entourage d'Ali semblaient prendre un malin plaisir à la rabaisser, s'il faut en croire Shifra Haran : « Ces Européennes ne se conduisaient pas bien avec elle, et elle s'en rendait compte. Imaginez la situation : être considérée comme la Déesse de l'Amour et se retrouver entourée de toutes ces femmes qui, loin de la regarder avec amour ou admiration, ne cessaient de la critiquer. Elle ne cherchait qu'à se dérober. »

Pour Rita, ce fut un cauchemar. La plupart des conversations se déroulaient en français, et peu nombreux étaient les invités qui faisaient un effort pour lui parler en anglais. « Les quelques mots de français qu'elle savait, elle les disait avec un très joli accent, mais elle était beaucoup trop timide pour oser se lancer. Elle essayait avec moi [Shifra] et avec Angel, mais jamais devant des étrangers. »

Bientôt, la vie au château lui devint insupportable. Selon sa secrétaire « tout cela était trop écrasant pour elle. Elle n'avait rien d'une hôtesse sachant recevoir. Ce n'était pas dans sa personnalité ». Comprenant qu'elle allait de nouveau prendre la fuite, Ali lui proposa un voyage de quinze jours en voiture à travers l'Espagne et le Portugal ; peut-être y trouverait-elle la sérénité et l'intimité auxquelles elle aspirait. Rita accepta, et Ali prit les mesures nécessaires. Il commanda une nouvelle Cadillac à Paris, qui irait les attendre à Biarritz où ils se rendraient dans l'avion privé du prince ; de là ils partiraient pour la suite du voyage. Il fallait en outre s'entourer du maximum de discrétion, car, en tant que chef religieux, Ali ne tenait pas à être photographié dans une situation compromettante en compagnie d'une femme qui n'était pas son épouse. Si son père, le vieil aga, tombait sur des photos prises par des paparazzi, il n'apprécierait certainement pas. Bien que lui-même *coureur** de jupons notoire dans son jeune âge, l'aga insistait auprès de son fils pour qu'il fît oublier son image d'homme à femmes incorrigible.

Avant son départ, Rita appela en secret Orson à Rome. Elle avait été si malheureuse au château qu'elle voulait essayer une dernière fois de récupérer son mari. La seule chose qu'elle lui dit au téléphone fut qu'elle avait besoin de le voir immédiatement. Inquiet, Orson accepta, et ils décidèrent qu'il viendrait sur la Côte à une date qu'ils fixèrent d'un commun accord. Or, à cette date, Ali et Rita seraient déjà en route pour l'Espagne. Welles ignorait naturellement tout du voyage projeté, et s'il savait par les papotages de la *jet society* que Rita sortait avec Ali, connaissant la réputation du prince et les besoins affectifs de sa femme, il ne prenait pas cette relation très au sérieux.

Rita savait très bien qu'elle et Ali seraient partis lorsque Orson arriverait, mais elle espérait tout bonnement susciter sa jalousie. « Au début, Rita ne s'est liée avec le prince Ali que dans l'espoir d'intriguer Orson Welles[3] », devait écrire Elsa Maxwell. Toutefois, lorsqu'il débarqua à Cannes, ce n'est pas la jalousie qui s'empara d'Orson, mais la colère. S'il était prêt à aller n'importe où pour Rita lorsqu'elle avait vraiment besoin de lui, dit-il à la célèbre potineuse, il était furieux d'être venu en avion de Rome pour rien.

Décidément, rien ne se passait comme Rita l'avait espéré, et le voyage n'allait pas tarder lui aussi à se montrer décevant. Au début, pourtant, tout sembla aller pour le mieux. La Cadillac les attendait à Biarritz, et ils prirent la route de Madrid. Parfois Ali s'installait au volant, et Rita put vérifier que les rumeurs qui en faisaient un pilote diabolique et casse-cou n'étaient pas exagérées. A un moment il heurta une carriole tirée par un cheval, et tandis qu'il réglait le différend avec le propriétaire s'assembla une foule de curieux, parmi lesquels quelqu'un, regardant par la vitre de la voiture, reconnut l'actrice.

Le temps qu'ils atteignent Madrid, la presse espagnole avait été tuyautée. Une foule de journalistes excités se rassembla devant l'entrée du Ritz, chacun voulant photographier le prince et Rita se dirigeant vers la réception de l'hôtel. Ils prirent deux chambres séparées, quoique contiguës, ce qui ne trompa personne. Et lorsqu'ils essayèrent de se glisser au-dehors pour se rendre à un dîner, ils furent pris en chasse par une file de taxis pleins de journalistes. La soirée était gâchée, et il ne leur resta plus qu'à regagner l'hôtel où ils dînèrent dans leur chambre.

Cernés de toute part, ils n'osaient plus sortir. Pourtant Ali n'envisagea pas, semble-t-il, de retourner à Cannes. Au contraire, Rita ayant manifesté le désir d'assister à une corrida, il décida d'aller à Tolède où, espérait-il, ils passeraient plus inaperçus qu'à Madrid. Néanmoins, il jugea préférable que tous deux quittent l'hôtel séparément.

Le prince partit le premier avec les bagages ; Rita et le chauffeur devaient le rejoindre à l'autre bout de la ville. Au moment de s'esquiver, elle fut prise de panique, persuadée qu'elle ne pourrait pas échapper à la meute. En un dernier sursaut, elle se rua vers l'entrée de service et sauta dans la Cadillac qui démarra en trombe, avant que les journalistes aient eu le temps de comprendre ce qui se passait.

Les choses n'allaient pas s'arranger à Tolède, où il s'avéra qu'Ali était fou de croire que Rita pût pénétrer dans les arènes sans se faire remarquer. En la voyant, l'orchestre se mit à jouer « Put the Blame on Mame » tandis que la foule scandait : « Gilda ! Gilda ! » La superbe actrice offrait un bien meilleur spectacle que la corrida. Comme toujours elle fut terrifiée par tous ces gens qui la dévisageaient et l'appelaient ; elle voulut fuir, mais le prince la retint par le bras : un départ brusqué risquait d'accroître l'excitation de la foule. Ils restèrent donc jusqu'à la fin, mais n'en furent pas quittes pour autant.

Lorsqu'un des toreros qui avait eu droit à l'oreille du taureau en fit l'hommage à Rita, la foule devint folle. Et soudain, la petite fille terrifiée se mua comme par magie en doña Sol (l'héroïne d'*Arènes sanglantes*), elle se leva crânement et attrapa l'oreille que lui lançait le torero.

« Je suis un amoureux des animaux, et cet incident me donna la nausée, se souvient Emrys Williams. J'étais assis à côté de Rita, et j'ai eu tout loisir de l'observer à ce moment-là. Ses yeux brillaient d'un éclat sauvage, elle était radieuse. Le corps tendu, on voyait frissonner les muscles de son cou [4]. »

Quelques minutes plus tard, elle devenait « pâle de terreur » devant la foule des spectateurs qui se ruait sur elle. Ils ne lui voulaient évidemment aucun mal, mais Ali et elle risquaient d'être piétinés dans la bousculade. Seule l'intervention de plusieurs policiers leur permit de s'échapper.

L'étape suivante fut Séville — la ville où était né Eduardo Cansino et où vivaient encore plusieurs membres de la famille. Avant même que Rita et Ali n'arrivent à l'hôtel, où ils prirent ostensiblement deux chambres, cousins, tantes et autres proches piétinaient devant l'entrée dans l'espoir d'apercevoir cette parente si célèbre. « C'étaient vraiment des gens très pauvres, plus pauvres que ma propre famille du pays de Galles » remarque Emrys Williams, et de la voir au bras d'un prince ne pouvait que renforcer l'émerveillement qu'ils ressentaient en pensant à ce qu'était devenue la petite Margarita.

Rita les invita tous à dîner, y compris son grand-père, le vieux « Padre » Cansino, qui était revenu à Séville, dans les jardins d'un charmant restaurant. Dans l'espace laissé libre au milieu des tables, chaque membre de la famille vint tour à tour danser le flamenco, encouragé par les *Olé*! qui avaient tant manqué à Eduardo à son arrivée en Amérique. Parmi ces gens simples, Rita se sentit tout de suite dans son élément. Finalement, ce fut au tour de Padre de se joindre aux danseurs, suivi par sa petite-fille. « Elle dansait comme une véritable Espagnole, non comme une star de cinéma, se rappelle le chauffeur d'Ali. Elle claquait des doigts et ses bras blancs volaient autour de sa tête. Sa jupe faisait des vagues en tournoyant et ses longs cheveux roux défaits flottaient sur ses épaules [5]. »

C'est cette nuit-là, en voyant surgir la sauvage et flamboyante Rita qu'il avait admirée à l'écran, qu'Ali décida de divorcer et de l'épouser.

Mais Rita ne l'entendait pas de cette oreille. L'été touchait à sa fin, et pour ce qui la concernait, sa liaison avec Ali également. Elle repassa par Cannes pour y récupérer Shifran Haran avant le retour aux États-Unis, et elle dit au revoir au prince. La nécessité de retrouver son travail et sa petite fille fournissait une conclusion naturelle à leur aventure. Elle trouvait Ali charmant, délicieux, peut-être même adorable — mais elle n'avait pas sa place dans le monde où il vivait. Ainsi, au moment même où le prince estimait que leur histoire ne faisait que commencer, Rita bouclait ses bagages. Ali n'avait pas l'habitude d'être repoussé : il la cajola, essaya de la faire changer d'avis — sans résultat. Non seulement elle partait, mais ils se séparaient sur une dispute : la dernière chose à laquelle il s'était attendu.

15

Arrivée en Europe déprimée et fatiguée, Rita en repartit en bien meilleure forme. Tant de choses s'étaient passées depuis son avortement, quatre mois auparavant. Elle avait le sentiment qu'elle pouvait définitivement enterrer cet épisode. Lorsque le *Queen Elizabeth* entra dans le port de New York, elle était inhabituellement gaie et détendue. Le temps que les autres passagers remplissent les formalités de douane, elle demeura à bord avec Shifra Haran, regardant par les hublots le spectacle qui se déroulait au-dessous : « Tout d'un coup nous nous sommes mises à cracher, raconte en riant Shifra. On était si haut ! Chacune à son hublot, on crachait. Elle était comme ça[1] ! »

Le jeu s'interrompit brusquement lorsque Rita, rejetant la tête en arrière, referma le hublot et pressa Shifra d'en faire autant. « Mon Dieu ! dit-elle, le type juste en dessous de nous, je crois que je l'ai touché ! »

Quatre jours plus tard, son train s'arrêtait en gare de Pasadena où l'attendait la petite Becky, un bouquet de roses à la main. Derrière Becky se tenait la tante Fanny, bien droite, et tout autour les journalistes, envers qui Rita se montra pleine de bonne volonté. Non, elle ne s'était pas réconciliée avec Orson. Non, il n'y avait pas de liaison entre elle et le prince Ali khan, juste de l'amitié.

Pourtant, à peine était-elle installée chez elle à Brentwood que le téléphone sonnait — ce qu'il n'allait plus cesser de faire. Ali était très bouleversé par la façon dont les choses s'étaient terminées entre eux, mais à son grand désarroi, il trouva Rita inébranlable. Elle était de retour auprès de sa fille et n'avait pas l'intention de revenir en Europe dans un proche avenir. Rien de ce qu'il pourrait dire ne la ferait changer d'avis — elle semblait même un peu harassée par son insistance.

Le lendemain de son arrivée, Rita se présenta à la Columbia pour s'entendre dire que le scénario de *Lona Hanson* n'était pas prêt. A l'évidence, une guerre des nerfs commençait. Son nouveau contrat prévoyait qu'on devait lui soumettre les scénarios pour approbation, ce qui n'était naturellement pas du goût de Harry Cohn, qui n'avait qu'une idée en tête, procéder comme par le passé, et lui imposer ses projets. Avant de partir pour l'Europe, Rita lui avait dit qu'elle ne voulait pas jouer dans un western, mais elle avait finalement accepté de jeter au moins un coup d'œil sur le scénario à son retour. Or, voici qu'on ne lui donnait pas de scénario à lire et que Cohn se comportait à l'égard de sa vedette comme si un devoir sacré obligeait celle-ci à accepter tout projet qui lui était présenté. Rita sentit sa haine la reprendre. Elle avait beau savoir que, quel que fût le film dans lequel elle jouerait, elle gagnerait beaucoup d'argent, elle était fermement décidée à utiliser son droit de regard sur le sujet — ne serait-ce que parce que Cohn semblait vouloir le lui dénier.

Désespéré de n'avoir pas réussi à convaincre Rita, Ali fit le siège de Shifra Haran et lui demanda de l'aider. Elle commença à ressentir de la compassion pour ce pauvre prince qui semblait si sincèrement malheureux, et lui promit d'essayer de trouver un compromis, ce qu'elle devait se reprocher amèrement plus tard. Elle allait, lui dit-elle, tenter de convaincre Rita d'accepter qu'Ali vienne la voir à Hollywood. Pendant son mariage orageux avec Orson, Rita s'était souvent adressée à sa secrétaire pour lui demander des conseils ; aussi l'écouta-t-elle lorsque celle-ci intercéda en faveur du prince, et finit-elle par céder. Ali en fut tellement reconnaissant à Shifra que, à sa descente d'avion, où elle était venue l'attendre, il lui offrit une montre en diamants et saphirs de chez Van Cleef et Arpels.

Le hasard voulut qu'il débarque à Los Angeles à un moment particulièrement opportun : Rita était parvenue au point de rupture dans sa lutte contre Harry Cohn, et l'irruption d'Ali dans sa vie lui parut particulièrement bienvenue. Mais cette fois-ci elle réservait au prince un nouveau rôle : celui de l'homme fort, dernier en date de ces protecteurs vers lesquels elle se tournait régulièrement au fil des années.

Bien qu'en France elle eût habité avec Ali, il n'était pas question qu'il s'installe à Brentwood. Rita ne refusait certes pas de recevoir des hommes chez elle — qu'on se souvienne de Howard Hughes —, mais elle savait que la présence du prince sous son toit créerait un énorme scandale dans l'Amérique de 1948. Ali et son valet Tutti s'installèrent donc dans une maison de stuc rose juste en face de chez Rita : ainsi les apparences étaient-elles sauves. Dans une déclaration à la presse, elle admit que, puisque le prince se trouvait à Los Angeles, ils sortiraient « fréquemment » ensemble. Point final. On ne lui ferait pas dire un mot de plus.

Or, bizarrement, on les vit très peu en public, ce qui rendit les journalistes frénétiques. Où étaient-ils ? Que se passait-il ? Certains en conclurent que toute cette histoire n'était qu'un coup publicitaire, d'autres se demandèrent si cet homme que l'on appelait le prince Ali khan existait vraiment. La réalité était toute simple : ils passaient la majeure partie de leur temps chez Rita. « Ils restaient dans la chambre et y faisaient l'amour », raconte Shifra Haran. Exactement ce que Rita avait cherché en Europe et n'avait pu y trouver, pas plus en Espagne qu'au château. Cette fois-ci, bien décidé à ne pas la perdre à nouveau, Ali tenait à ce qu'elle fût complètement satisfaite. « Je n'ai jamais considéré le prince comme un maniaque sexuel, ajoute Shifra. C'était Miss Hayworth qui se montrait insatiable. »

Ali n'était certes pas le premier homme dans le lit de qui Rita cherchait à se rassurer, mais il était le seul capable de passer avec elle autant de temps qu'elle le désirait. « Dans l'art complexe et précis de l'amour, Ali n'avait pas d'égal, écrit son biographe Leonard Slater. Il privilégiait avant tout le plaisir de la femme [2]. » D'après Slater, Ali pratiquait une science amoureuse orientale dénommée « Imsak », qui lui permettait de se retenir indéfiniment ; il pouvait faire l'amour pendant des heures sans jouir. Enfermée avec lui à Brentwood, Rita paraissait plus sereine et heureuse qu'elle ne l'avait été depuis très longtemps.

A cela il convient d'ajouter la très grande gentillesse d'Ali à l'égard de la petite Becky de trois ans, dont témoignera Shifra Haran : « Le prince était merveilleux avec Rebecca, absolument merveilleux ! Elle en avait bien besoin. »

Becky connaissait très peu son père, et c'est un des grands reproches que Rita faisait à Orson. Aussi fut-elle très touchée de l'affection spontanée qui naquit entre Ali et la petite fille. Becky l'appelait « Ali » et lui « ma petite princesse ». En les voyant jouer ensemble, Rita se forgeait une toute nouvelle image du prince qui, peut-être parce qu'il avait souffert d'une enfance solitaire, voulait donner à cette petite fille toute l'attention qu'il n'avait pas reçue. Peut-être, se disait Rita, et contrairement à ce qu'il lui avait semblé en Europe, saurait-il lui procurer le foyer et la vie familiale auxquels elle rêvait depuis si longtemps.

En attendant, Ali habitué à la célébrité en Europe, trouvait très plaisant de passer inaperçu dans cette partie de l'Amérique. « Personne ne le connaissait, et ça le ravissait », raconte Shifra, qui l'accompagnait lorsqu'il allait faire quelques courses, essentiellement dans les boutiques chics de vêtements pour hommes et chez les marchands de glaces — il avait une passion pour les glaces : « C'était un vrai bonheur pour lui que de marcher dans Beverly Hills sans que personne ne le remarque. Il se sentait libre. » (Rita, en revanche, même quand le prince n'était pas là, n'allait presque jamais faire de courses, de peur d'être dévisagée et accostée. Elle y envoyait sa secrétaire avec mission de lui rapporter, disons, dix paires de chaussures, parmi lesquelles elle en choisissait une et renvoyait les autres.)

Pendant ce temps, les choses au studio n'avaient pas évolué. Harry Cohn exigeait toujours que Rita tourne *Lona Hanson*, mais ne lui avait toujours pas montré le scénario, et il continuait à la traiter d'une manière aussi grossière que par le passé. Quand il ne lui ordonnait pas tout bonnement de « la fermer », il lui reprochait avec véhémence la mauvaise publicité que son aventure avec un homme marié lui attirerait. Revenue depuis à peine deux mois à Hollywood, Rita n'eut plus qu'une envie : fuir à nouveau.

Sous l'inspiration du moment, Ali et elle s'envolèrent pour Mexico, accompagnés par Shifra Haran. Bien que les billets eussent été achetés à la dernière minute, la presse eut vent de ce départ soudain. Déjà alarmé à l'idée qu'une photo de lui et de Rita, prise un soir au Ciro's de Los Angeles, et publiée dans la presse, avait pu tomber sous les yeux de son père, Ali, à la vue des photographes accourus à l'aéroport, s'enferma dans les toilettes jusqu'au décollage.

Et ce fut encore bien pire à Mexico, où un des réceptionnistes de l'hôtel avait, contre espèces sonnantes, averti la presse locale de leur arrivée. Remarquant cette foule assemblée devant la porte, Ali et Rita firent une rapide volte-face et, conduits par Shifra Haran — qui avait appris à connaître la ville à l'époque où elle était la secrétaire d'Orson —, gagnèrent un autre hôtel, La Reforma. Seules Rita et Shifra signèrent le registre, mais c'était là une piètre ruse, et il fallut peu de temps aux journalistes pour les retrouver et assiéger le bâtiment. L'un d'entre eux, ayant consulté le registre, écrivit le lendemain que, de son vrai nom, le prince Ali khan s'appelait en fait Shifra Haran !

Grassement payés, les employés de l'hôtel acceptèrent de céder leur uniforme : il n'y eut bientôt plus un garçon d'ascenseur, plus une femme de chambre qui ne fût un reporter. « Miss Hayworth était constamment sur le qui-vive, se rappelle sa secrétaire. Elle ne savait plus qui était qui. Il n'y avait aucun contrôle. Les reporters avaient simplement envahi l'hôtel. » Comme à Madrid, Rita et Ali vivaient en assiégés.

« Ce fut le grand scandale de l'année, dit encore Shifra. Chaque fois qu'ils voulaient aller quelque part, il fallait que je les fasse passer par l'issue réservée aux poubelles. C'était terrible ! » Le directeur de l'hôtel, exaspéré, supplia Shifra de convaincre Rita de donner une mini-conférence de presse. S'ils avaient la possibilité de la rencontrer et de prendre quelques photos, peut-être les journalistes se calmeraient-ils un peu ? Rita finit par se laisser convaincre, et tandis qu'Ali restait enfermé dans la chambre, elle affronta la meute, son plus charmant sourire aux lèvres. Après quoi elle retourna dans sa chambre, d'où elle ne laissa plus sortir son compagnon. Shifra Haran commença à se demander si, malgré sa légendaire vigueur, Ali allait pouvoir faire face aux exigences de Rita.

Et puis, soudain, Shifra assista à un de ces accès de jalousie qu'elle n'avait que trop connus au temps du mariage avec Orson. Elle avait accompagné le prince chez le coiffeur et, lorsqu'ils avaient quitté l'hôtel, Rita paraissait très bien. Mais à leur retour, une heure et demie plus tard, ils la trouvèrent dans un état d'extrême agitation. Shifra comprit alors qu'elle était de nouveau en proie à ses angoisses, à cette peur qui ne la quittait pas depuis son enfance d'être abandonnée et trahie. Rita se mit à crier, lançant ce qui lui tombait sous la main à travers la chambre et accusant Ali d'être sorti pour rencontrer une autre femme.

« Elle avait besoin que le prince lui répète constamment qu'il l'aimait », explique Shifra ; il avait beau lui rappeler qu'il n'était pas sorti seul, elle ne s'apaisait pas. Ali ne connaissait pas encore cet aspect de Rita, mais au lieu d'être épouvanté par ses imprécations, il parut plutôt s'en amuser. D'après Shifra, « il trouvait cela stimulant ».

Puis ils quittèrent Mexico pour Acapulco, où Rita n'était plus retournée depuis le tournage de *La dame de Shangaï*, et où les conduisit le même chauffeur qu'Orson et elle avaient eu à l'époque. Le séjour dans cette ville se passa très agréablement. Ali fit tout ce qu'il put pour aider Rita à se détendre. Il l'accompagna chez tous les disquaires où elle souhaitait acheter ces disques de rythmes exotiques qu'elle adorait ; chaque fois qu'ils passaient dans une rue au nom étrange, il demandait à Shifra de le noter parce que, expliqua-t-il, il cherchait toujours des noms nouveaux pour ses chevaux. Le soir il découvrit un restaurant inconnu des touristes où ils purent dîner heureux en tête à tête.

Angoissée à l'idée de retrouver Hollywood, et tous les ragots et insinuations que leur escapade mexicaine n'aurait certainement pas manqué de susciter, Rita demanda à Ali de l'emmener à Cuba. Sur quoi, le prince dépêcha Shifra Haran à l'ambassade cubaine à Mexico pour s'y procurer les visas nécessaires. Lorsque l'employé à qui elle s'adressa apprit qu'elle était là pour le compte de Rita Hayworth et d'Ali khan, il exigea un pot-de-vin princier pour ne pas faire traîner les formalités en longueur.

Dans l'avion, puis à l'aérodrome de La Havane, Rita se comporta comme si elle voyageait seule, avec Shifra Haran pour toute compagnie. Ali et elle évitaient même de se regarder. Comme on pouvait s'y attendre, quelqu'un de l'ambassade de Cuba à Mexico avait prévenu la presse, et à l'intention des journalistes, le couple joua à ceux qui se rencontrent par pure coïncidence. Naturellement personne ne fut dupe, et les journalistes leur firent sentir qu'ils étaient vexés qu'on pût les croire aussi jobards. Assailli de questions, Ali rétorqua : « J'aimerais vous répondre, mais que puis-je dire devant des questions aussi embarrassantes ? »

Ils montèrent chacun dans une voiture pour se rendre à leur hôtel de La Havane, où on leur appliqua un tarif exorbitant, beaucoup plus élevé que s'il s'était agi de clients ordinaires. Le prince avait l'habitude de ces procédés, et il paya sans protester. Shifra Haran, elle, était furieuse : « Quelle bande de voleurs, dans cet hôtel ! La note était scandaleuse. Ils lui ont compté dix fois plus qu'à n'importe qui d'autre. Quelqu'un avait dû leur dire : ''Il y a un couple de gogos qui va débarquer.'' »

Comme de coutume, Rita et Ali prirent deux chambres séparées, à charge pour Shifra d'arranger les lits dès que le bagagiste eut le dos tourné.

Bien entendu, leurs portraits ne tardèrent pas à s'étaler à la une des journaux de La Havane, et l'on vit affluer vers l'Hotel Nacional des voitures pleines d'adolescentes accourant dans l'espoir d'apercevoir leur idole. Pour quelle raison, à La Havane, ses fans étaient-ils surtout des femmes, Rita n'en avait pas la moindre idée. Elles furetaient partout à la recherche de sa chambre. « Nous avons vécu de durs moments ! se rappelle Shifra. Je devais essayer de tenir à l'écart toutes ces petites filles gâtées et leurs amis qui inondaient l'hôtel. Je passais mon temps à descendre dans le hall pour les empêcher de trouver la chambre. »

Après quelques tours en ville pour acheter des disques, le couple, toujours accompagné de Shifra, se rendit en voiture à Varadero Beach, une superbe plage où, dans un ravissant hôtel, il put enfin bénéficier de quelques heures de calme et d'intimité.

Sur quoi, il fallut bien se décider à prendre le chemin du retour vers Los Angeles. De La Havane, ils s'envolèrent pour La Nouvelle-Orléans. En approchant de l'aéroport, l'avion traversa un épais banc de nuages et Rita, qui avait toujours peur en avion, fut prise d'une véritable panique. Elle était persuadée qu'ils allaient s'écraser. Shifra eut toutes les peines du monde à la calmer, d'autant que, comme à l'aller, Ali et elle étaient censés voyager séparément.

Après le difficile atterrissage, Rita n'avait qu'une envie : se précipiter vers Ali pour qu'il la réconforte, mais encore une fois il fallait sauver les apparences. On a du mal à comprendre comment ils pouvaient s'imaginer une seconde que dix mètres de distance entre eux deux suffisaient à tromper les gens, et pourtant ils persistaient dans cet absurde comportement. Toujours tremblante, Rita descendit d'avion pour se trouver face à une meute de journalistes et à un déluge de questions sur sa vie amoureuse. « Je n'ai rien à dire à propos de quelque histoire que ce soit, répondit-elle. J'ai seulement pris six mois de vacances, et maintenant je rentre pour tourner un film. » Puis elle s'échappa et put enfin retrouver Ali, avec qui elle gagna La Nouvelle-Orléans.

Ils auraient dû normalement prendre un vol de correspondance pour Los Angeles, mais Ali se rendit compte qu'elle était beaucoup trop choquée pour supporter un nouveau voyage en avion, et il décida qu'ils iraient par le train. Vêtus de blue-jeans, ils firent tout le trajet assis autour d'une table, à jouer aux cartes et à discuter du paysage qui défilait sous leurs yeux. Le charme incomparable d'Ali, son chaud sourire eurent raison de la nervosité de Rita, qui aborda la Californie pleinement détendue. De nouvelles épreuves l'y attendaient.

Le 1er décembre 1948, le juge Elmer Doyle décréta effectif le jugement de divorce des époux Welles. Rita était libre de se remarier. Le lendemain elle fut convoquée à la Columbia pour des essais de maquillage et de costumes : le tournage de *Lona Hanson* devait commencer la semaine suivante au Mexique. Comme elle n'avait toujours pas vu le scénario, elle refusa de se présenter au studio. On finit quand même par lui donner à lire un script, qu'elle repoussa après lecture. Il lui semblait que le rôle, celui d'une femme qui hérite d'un ranch dans le Montana, n'était vraiment pas fait pour elle, et qu'en conséquence elle s'y montrerait à son désavantage. Il lui fallut néanmoins rassembler tout son courage pour opposer un non définitif à Cohn. Elle n'était ni autoritaire ni agressive de nature, confirme Shifra Haran : « Elle n'était pas comme Bette Davis, qui se battait et rendait coup pour coup. Ce n'était vraiment pas le genre de Rita. »

Exaspéré, Cohn annonça qu'il cessait de lui verser son salaire, soit cinq mille dollars par semaine. Rita avait déjà fait l'objet de mesures de suspension pour avoir renâclé devant des projets de Cohn, mais cette fois-ci c'était beaucoup plus grave : toute une production était renvoyée à une date indéterminée par sa faute. William Holden, qui devait être son partenaire, fut rendu à son studio d'origine, la Paramount, et partit tourner un autre film ; tous les autres, acteurs ou techniciens, durent changer leurs plans.

Or, dans l'esprit de Rita, cette bagarre ne concernait qu'elle et Harry Cohn : jamais elle n'avait imaginé qu'elle pût risquer de se mettre à dos toute l'industrie cinématographique. Mais

Cohn se hâta de faire savoir qu'elle avait refusé de se présenter à son travail, ce qui, ajouté à la publicité de mauvais aloi que lui valaient ses aventures avec un play-boy international, jeta une vilaine ombre sur son image professionnelle. Cette liaison scandaleuse, finalement, jouait en faveur de Cohn, car elle incitait les gens à voir en Rita une de ces filles qui parcourent le monde uniquement à la recherche de leur plaisir. Dans son refus de tourner *Lona Hanson*, les professionnels du cinéma ne virent pas la lutte d'une employée décidée à faire respecter son contrat, mais le refus de travailler d'une gosse trop gâtée. Selon l'opinion générale, elle aurait dû s'incliner et se montrer reconnaissante pour ce contrat inouï que la Columbia lui avait concédé.

Consciente du tort immense que toute cette histoire causait à sa réputation, Rita fit une déclaration publique où elle réfutait les allégations du studio : « Prétendre que j'ai refusé de me présenter à mon travail est inexact. Je m'y suis présentée le 12 septembre, mais on ne m'a montré aucun scénario. On m'en a remis un jeudi dernier. Le rôle qui m'y est assigné n'est pas fait pour moi, il ne peut que me causer du tort. C'est ce que j'ai dit au studio, et on m'a suspendue. »

Mais sa protestation n'eut aucun effet. La situation financière de l'industrie cinématographique n'était pas très brillante à l'époque, et la rébellion de Rita risquait, croyait-on, de faire du mal à tout le monde. On put lire dans le *New York Times* que « les professionnels lui ont fait observer, en termes non déguisés, que la situation difficile de l'industrie cinématographique ''oblige tous ceux que cela concerne à faire de nouveaux efforts'' ».

Ce qui choquait le plus Rita, c'est qu'on pût la prendre pour une paresseuse, une tire-au-flanc, elle qui, depuis son enfance, avait toujours travaillé dur pour gagner sa vie et celle de sa famille. Comment osait-on aujourd'hui la juger irresponsable ?

Il est difficile de dire comment elle aurait supporté cette crise si Ali khan ne s'était pas trouvé auprès d'elle. Mais il était là, et il insistait pour qu'elle retourne en Europe avec lui. Jusqu'alors elle n'avait jamais envisagé de vivre en permanence avec lui, elle l'avait même catégoriquement refusé, et c'est pour cela qu'il était venu à Los Angeles. Mais soudain tout avait changé. Son divorce la rendait libre, le studio lâchait les rênes, Hollywood lui tournait le dos, seul Ali la vénérait et voulait faire son bonheur. Le temps qu'ils venaient de passer ensemble, la gentillesse d'Ali à l'égard de la petite Becky incitaient Rita à croire qu'il était capable de lui apporter ce qu'elle recherchait. Ali, effectivement, ne demandait qu'à prendre soin d'elle, à satisfaire tous ses désirs, parmi lesquels, pourtant, il en était un qu'il ne comprit jamais très bien. Ainsi qu'il l'admettra lui-même plus tard, il était tombé amoureux « de sa beauté et de sa célébrité[3] ». C'était Gilda qu'il avait conquise, pourquoi aurait-il souhaité que Rita se transforme en quelqu'un d'autre ? Qu'elle voulût abandonner définitivement sa carrière, cela, il ne parviendrait jamais à l'admettre.

Mais pour le moment, ni l'un ni l'autre n'y pensait. Lorsqu'il lui proposa de partir et de laisser tous ses problèmes derrière elle, elle dit oui. Et cette fois-ci, Shifra Haran ne fut pas seule du voyage ; on emmena aussi Becky. On ferma la maison de Brentwood, on renvoya les serviteurs : à l'évidence, Rita avait l'intention de séjourner un long moment à l'étranger.

16

A New York le petit groupe descendit au Plaza, et Rita confia à Shifra Haran — qui n'avait guère eu d'enfants autour d'elle — le soin de veiller sur Becky : « Ce fut très dur pour moi. Je n'avais pas l'habitude des enfants, et Rebecca n'avait pas l'habitude de voyager, aussi ce fut difficile pour elle comme pour moi. Une nurse s'en serait beaucoup mieux sortie [1]. » Shifra était obsédée par l'idée que Becky pût avoir un accident pendant qu'elle l'avait sous sa garde : « Il n'y avait pas de barreaux aux fenêtres. Que se passerait-il si elle se penchait et tombait ? J'étais terrorisée à cette pensée. Inutile de vous dire que je fermais ces fenêtres plutôt deux fois qu'une ! » On comprend que l'enfant ait été terriblement perturbée dans cette ville étrangère, sans sa nurse habituelle. Au moins connaissait-elle Miss Haran.

Les choses se passèrent beaucoup plus mal avec une autre secrétaire, Elisabeth Rubino, qui avait travaillé pour Orson Welles et que Shifra recommanda au prince. C'est ainsi qu'un matin Elisabeth se retrouva gardienne de Becky : « J'aurais pu la tuer, dira-t-elle en riant. C'était une enfant adorable, mais aux opinions incroyablement arrêtées pour son âge. Absolument la fille d'Orson Welles ! Nous étions dans sa chambre et je lui ai donné du papier pour dessiner. ''Tu ne trouves pas que c'est une jolie couleur à employer?'' lui ai-je demandé, et elle de me répondre : ''Tu n'as pas à me dire quelle couleur je dois employer.'' Puis je lui dis : ''Ne veux-tu pas prendre un petit déjeuner?'' et elle : ''Ne me dis pas ce que je dois prendre! Je veux avoir le menu!'' Je ne pense pas qu'elle pouvait lire le menu, mais je sais qu'elle a commandé ce qu'elle voulait. C'était une sacrée gamine[2] ! »

La personne qui s'entendait le mieux avec la petite fille était le prince. Il se mettait à quatre pattes, elle grimpait sur son dos et lui faisait faire le tour de la chambre en poussant des cris de joie.

Avant de partir pour l'Europe, Ali envoya Miss Rubino acheter des cadeaux de Noël, notamment pour les employés de son élevage de chevaux en Irlande, où ils devaient tous aller passer les fêtes. La veille du départ, il remit à Elisabeth une enveloppe non cachetée contenant dix mille dollars en espèces, qu'il lui demanda de déposer le lendemain dans une banque. Puisqu'il quittait les États-Unis pour longtemps, il n'avait pas besoin de transporter une telle somme sur lui. « Mais ne vous en faites pas à ce sujet, lui dit-il. Même si vous les perdez, ne vous en faites pas. » Néanmoins, rentrée chez elle, Elisabeth ne ferma pas l'œil de la nuit, à la pensée de tout cet argent dans son appartement.

Le 15 décembre 1948, jour de leur embarquement sur le *Britannic* en direction de l'Angleterre, une épaisse couche de neige recouvrait Central Park. Ali se glissa le premier hors de l'hôtel sans se faire remarquer des journalistes, puis, vers trois heures de l'après-midi, Rita, Becky et Miss Haran s'engouffrèrent dans le monte-charge. Emmitouflée dans son manteau de vison, l'air fatigué et harassé, agrippant la main de sa petite fille bouleversée, Rita affronta les inévitables journalistes, qui l'assaillirent de questions. Ils voulaient savoir pourquoi elle refusait d'accorder des interviews. « Je crois avoir droit à une vie privée, rétorqua-t-elle, mais ça semble impossible avec la presse américaine. »

Quelques minutes plus tard, à leur arrivée au quai n° 54, la meute était encore plus nombreuse, mais les questions se perdirent sous les ovations de quelque deux cents employés du port alignés pour voir passer la Déesse de l'Amour. Tandis que sa secrétaire affirmait aux journalistes que Miss Hayworth ne savait absolument pas si le prince avait l'intention de prendre le même paquebot qu'elle, Ali montait tranquillement à bord, noyé au milieu des autres passagers.

La traversée prit huit jours, durant lesquels Rita et Ali conservèrent des cabines séparées. Et lorsque, deux jours avant Noël, quelques passagers tremblant de froid débarquèrent un peu avant minuit à Cobb, en Irlande, les journalistes s'y trouvaient déjà. L'accent était différent, mais pas les questions. *Avait-elle l'intention d'épouser le prince ? L'aimait-elle ?* Questions que Rita aurait tout aussi bien pu se poser à elle-même tandis qu'elle se dépêchait de monter dans une des voitures qui les attendaient pour les conduire à la propriété d'Ali dans le comté de Kildare.

L'entrée du haras de Gilltown était gardée par une imposante grille de fer surmontée d'une paire de gargouilles. Cette grille franchie, au bout d'une allée sinueuse on arrivait devant une massive bâtisse vert et beige, à un étage, où la petite Becky allait passer son premier Noël loin de Los Angeles. Il n'y avait pas de neige mais le froid pénétrait jusqu'aux os. A l'intérieur, les immenses pièces à très hauts plafonds n'étaient chauffées que par de petites cheminées où brûlait de la tourbe — et encore le peu de tiédeur qu'elles dégageaient montait-il dans les chambres, à l'étage supérieur. En se réveillant le lendemain matin, Rita découvrit avec consternation qu'on attendait d'elle qu'elle joue à nouveau les charmantes hôtesses ; cette fois-ci la maison était pleine de cavaliers, amis d'Ali. Elle qui avait quitté Hollywood pour ne pas figurer dans un western était brusquement entourée de chevaux. Un camion arriva d'où jaillirent des dizaines de fox-hounds aboyant, reniflant, soufflant. Et lorsque le prince et ses amis partirent à cheval, elle demeura seule. « Elle ne montait pas, bien sûr, dira Shifra, et de plus elle avait peur des chevaux. »

Elle avait peur aussi du milieu dans lequel évoluait Ali. Après les épreuves qu'elle venait de traverser à Hollywood, elle ne souhaitait que se détendre, et voici qu'elle se trouvait entourée de gens parmi lesquels elle se sentait mal à l'aise, étrangère. Sa secrétaire se souvient d'une soirée particulièrement pénible : il n'y avait que huit invités ce soir-là pour le dîner, un petit nombre par rapport aux normes habituelles. Le cuisinier avait préparé un rôti, disposé sur une table d'appoint. Chacun se levait, allait se servir et revenait à sa place. Simple et facile, sauf pour Rita. Actrice, elle avait suffisamment de métier pour dissimuler ce qu'elle ressentait, mais quelqu'un qui la connaissait aussi bien que Shifra pouvait noter la lueur de panique dans ses yeux, la légère rigidité du cou et des épaules. De sa place elle regardait vers l'autre table, semblant jauger l'espace qui l'en séparait et l'effort qu'il lui faudrait accomplir pour s'y rendre. Elle savait que tous les yeux seraient braqués sur elle, et plusieurs fois déjà, dans des occasions semblables, elle avait choisi de ne pas manger plutôt que de traverser la pièce pour aller se servir. Cette fois-ci, pourtant, elle réussit à vaincre son anxiété et « traversa la pièce tranquillement, comme si c'était pour elle la chose la plus simple du monde » — ce qui rendit sa secrétaire très fière d'elle.

Elle ne s'habituait pas pour autant à cet endroit. « Dans son histoire avec le prince, la passion l'a emporté pendant un mois ou deux, mais ce fut une erreur dès le départ, constate Shifra. Leurs mondes étaient trop éloignés. » Même lorsque les invités se montraient aimables avec elle, elle gardait la plupart du temps le silence. « Elle semblait distante, non parce qu'elle l'était, mais par timidité. » Comme au château de l'Horizon, Rita se sentait perdue dans cette énorme maison où elle se faisait l'impression d'un objet à l'étalage. Comment était-elle censée se comporter, s'habiller ? N'avait-on jamais droit à la moindre intimité ? Shifra Haran pense que « sa vie avec Mr. Welles était beaucoup plus agréable que celle qu'elle a connue avec le prince. La maison de Carmelina était sa maison. Elle pouvait aller dans sa chambre, passer un peignoir de bain et revenir bavarder tranquillement avec des gens agréables et paisibles comme Roger et Hortense Hill. Elle était à son aise, et n'avait pas à se plier aux règles de quelqu'un d'autre ».

Croisant Miss Haran dans le hall, le prince lui demanda ce qui n'allait pas. Pourquoi Rita se comportait-elle de cette étrange façon ? Elle qui la connaissait depuis son mariage avec Orson Welles, pouvait-elle lui expliquer pourquoi elle demeurait si silencieuse, pourquoi elle se tenait à l'écart des autres ? Pour Noël, Rita avait fait cadeau à Ali d'un jeu de fléchettes, et avait reçu en échange un somptueux bracelet de diamants — qu'elle ne semblait pas prendre plaisir à porter. Elle qui avait eu tellement hâte de quitter Hollywood était cafardeuse, ombrageuse depuis leur arrivée à Gilltown. Qu'allait-il faire d'elle ? Embarrassée,

Shifra essaya de lui expliquer qu'il attendait peut-être trop de Rita. Peut-être avec du temps, de la compréhension...

Ali adopta sa solution habituelle : bouger. Trois jours après Noël, lui, Rita, Becky et Miss Haran montèrent à bord du *Vengeur*. Paris était leur destination, mais de mauvaises conditions atmosphériques les obligèrent à se poser à Londres. Naturellement, ils y étaient attendus par les journalistes qui les poursuivirent jusque dans le hall du Ritz, mais cette fois-ci ils allèrent un peu trop loin. Affolée par les flashes, le bruit des caméras, Becky s'effondra. Le prince la prit dans ses bras, monta dans sa suite et déclara que, si le temps le permettait, il s'envolerait pour Paris dès le lendemain.

Au matin, Ali jugea préférable de faire sortir Rita et Becky par le restaurant de l'hôtel, vide à cette heure, tandis que lui amuserait les journalistes qui attendaient à l'entrée principale. Pour se conformer à ce plan, la mère et l'enfant se dirigèrent d'abord vers les sous-sols, d'où elles empruntèrent l'escalier de service menant au restaurant, où les attendait le directeur de l'hôtel. Il leur montra les portes-fenêtres qui donnaient sur un petit balcon d'où une planche d'à peine un mètre de large permettait d'accéder au jardin. Tout cela semblait bien périlleux, mais il n'y avait pas moyen de reculer — Ali était déjà parti. Tenant Becky fermement par la main, Rita descendit pas à pas, pour s'apercevoir que le jardin était entièrement ceint d'une grille de fer. Dans son désarroi, elle commença à donner des coups de pied dans les barreaux, et le bruit alerta naturellement ceux auxquels elle voulait échapper. Finalement, un employé de l'hôtel réussit, à l'aide d'un levier, à écarter suffisamment les barreaux pour permettre à Rita et à sa fille de s'échapper et de se précipiter vers la voiture de louage qui les attendait.

Et maintenant, vers quoi se dirigeait-elle ? Vers Paris, certes, mais quoi d'autre ? Lorsqu'elle s'était échappée du Plaza à New York, elle partait pour une nouvelle vie en Europe. Or cette vie, dont elle avait eu un avant-goût en Irlande, ne l'avait pas rendue heureuse. Les mêmes journalistes, ou leurs semblables, la poursuivaient toujours comme des chiens courant après une proie, elle ne se sentait toujours pas plus à l'aise dans le monde d'Ali, et pourtant elle fonçait à toute allure vers l'aérodrome et vers le *Vengeur* qui l'emporterait avec le prince. A Paris.

Là, Becky allait retrouver brièvement ce père qu'à quatre ans elle connaissait si mal et qui venait exprès de Rome pour la voir. Comme il fallait s'y attendre, la rencontre entre la petite fille, conduite par Miss Haran, et son père, dans la suite de l'hôtel où il était descendu, fut une expérience assez perturbante. En très peu de temps, Ali était devenu une présence aimante et protectrice ; tout le monde était frappé par la chaleur, la tendresse des rapports qui existaient entre lui et la fille de Rita. Par contraste, l'accueil d'Orson parut tendu, pour ne pas dire plus.

Assis dans le salon, ils semblaient tous les trois — Becky, Shifra et Orson — terriblement mal à l'aise. La secrétaire fut choquée, déprimée par l'aspect fripé, négligé, presque sale d'Orson — si différent de l'image impeccable, immaculée qu'elle gardait de lui à l'époque glorieuse d'Hollywood, où Shorty et elle le suivaient partout avec des chemises propres pour le cas où il aurait voulu se changer, ce qu'il faisait parfois plusieurs fois par jour. Nul doute que maintenant il payait les soucis financiers, les problèmes psychologiques qu'il lui avait fallu affronter pour produire lui-même son film *Othello*. A cela s'ajoutait certainement la nervosité qui s'emparait de lui à l'idée de voir sa petite fille.

Contrairement au prince Ali khan, Orson n'avait jamais très bien su comment se comporter avec les enfants, et ce jour-là il ne fit pas exception. Becky trouva peu d'intérêt aux cadeaux qu'il lui avait apportés et se mit à brailler tandis que Miss Haran lui ôtait ses vêtements de pluie. Pour Noël, le prince lui avait donné plus de jouets qu'elle n'en avait l'utilité, aussi les cadeaux de son père la laissaient-ils indifférente. Welles et son ancienne secrétaire échangèrent quelques propos conventionnels sur le bon vieux temps, puis un long silence gêné s'installa à l'issue duquel, la preuve étant donnée qu'Orson ne savait positivement pas quoi faire avec sa fille, Miss Haran annonça aussi gaiement qu'elle le put qu'il était temps de partir. Elle entreprit de rhabiller Becky, qui incontinent se remit à hurler, et Orson jeta sur l'enfant un long, un dur regard, et maugréa : « Comme moi — aucune discipline ! C'est ça mon problème : je n'en ai jamais eu non plus. »

La veille du nouvel an, le *Vengeur* se posa à Genève. Rita avait mal supporté le vol depuis Paris, et il lui fallut quelques minutes avant de pouvoir sortir de l'avion. Au Palace Hôtel de Gstaad, elle allait rencontrer pour la première fois les deux fils chéris d'Ali, Amyn (dix ans) et Karim (douze ans). Pour éviter la confrontation avec la nouvelle maîtresse de son mari, leur mère avait sagement décidé de s'éclipser. Si les gros titres dans les journaux et les ragots dans la presse à scandale faisaient souffrir mille morts à Rita, la vie n'était pas non plus facile pour l'épouse du prince Ali. Du premier au dernier jour, Joan Yarde-Buller khan se comporta avec une grâce et une dignité admirables.

Rita et sa fille, Ali et ses fils célébrèrent la nouvelle année 1949 dans l'intimité, ce qui n'empêcha pas les rumeurs d'aller bon train dans les salons du Palace. Le soir du 1er janvier, le couple fit une brève apparition pour boire quelques verres et danser. En déclarant que Rita était « follement belle », le directeur de l'hôtel exprima à l'évidence le sentiment des autres clients[3]. Le lendemain matin, Rita prit seule sa première leçon de ski, le prince prétextant qu'il devait surveiller les enfants — en fait il ne voulait pas qu'on les photographie ensemble.

Ali avait raison de jouer la prudence. Apparemment, tout le monde n'était pas prêt à se montrer aussi aimable et louangeur envers Rita que le directeur de l'hôtel. On trouvait outrageant de la voir ainsi voyager en compagnie d'un homme marié. Le dimanche suivant, le *People*, journal britannique, la clouait au pilori pour ce qu'il appelait ses « folles expéditions » avec un « prince de couleur », et titrait : CETTE AVENTURE EST UNE INSULTE A TOUTES LES FEMMES DÉCENTES. A dater de ce jour, annonçait l'article, le *People* ne « couvrirait » plus l'histoire d'amour Rita-Ali, « au nom de la décence publique ».

Sous le titre UNE BIEN SORDIDE AFFAIRE, le *Sunday Pictorial* écrivait de son côté :

> Un scénario de film qui raconterait la conduite de Miss Hayworth et du millionnaire Ali khan ne serait jamais accepté par la censure, que ce soit ici ou en Amérique. Comment qualifieriez-vous une amitié dont les protagonistes sont une femme divorcée se propulsant à travers deux continents avec un homme marié — et finissant par arriver en Suisse où l'épouse de ce dernier séjournait déjà avec ses deux enfants ? Et trouveriez-vous un certain charme à voir Miss Hayworth traîner sa petite fille de quatre ans dans cette vulgaire chevauchée du plaisir ?

Pour la première fois — mais assurément pas la dernière — l'aptitude de Rita à élever sa fille était publiquement mise en question. Le *Sunday Pictorial* allait même jusqu'à laisser entendre que dans le cas où une mère britannique se conduirait de cette manière, les tribunaux confieraient probablement sa fille « à quelqu'un sachant élever correctement » les enfants. Et pour bien faire comprendre quelle sorte de personnage était Rita, l'article citait une des répliques de *Gilda* : « Si j'avais été un ranch, on m'aurait appelé la Sans Barrière. »

Bien que, de nature, Ali eût la peau plus dure que Rita, il s'inquiétait en pensant à la façon dont son père devait accueillir tous ces propos outrageants. Effectivement, la réaction du vieil Aga ne se fit pas attendre : il lui envoya un mot lui ordonnant de mettre un terme immédiatement à ce scandale. Ce qui impliquait soit qu'Ali se sépare de la Déesse de l'Amour, soit qu'il l'épouse. Et même si le couple déclarait son intention de se marier, rien ne prouvait que l'Aga Khan accepterait Rita pour belle-fille, ou qu'Ali se verrait accorder le divorce rapidement.

Quoi qu'il en fût, il fallait prendre une décision, et vite. C'est ainsi que, malgré toutes ses réserves, Rita accepta de se rendre à Cannes avec Ali pour obtenir l'approbation de l'Aga à leur mariage.

L'Aga Khan résidait dans sa propriété des hauts de Cannes, la villa *Yakimour*, à environ six kilomètres du château de l'Horizon. Tout dépendait de la façon dont se déroulerait son entretien avec Rita. Si elle ne réussissait pas à faire sa conquête, cela signifierait probablement la fin de sa liaison avec Ali. Becky ayant attrapé la grippe, on décida de la laisser à Gstaad, sur quoi, au moment de prendre la route, le 12 janvier, Rita elle-même commença à se sentir patraque. C'était vraiment le pire moment pour tomber malade. Et comme la rumeur s'était répandue qu'elle était enceinte, on imaginait facilement ce que penserait le vieux potentat s'il la voyait débarquer pâle et hagarde à la villa *Yakimour*.

Pour le voyage elle jeta son manteau de fourrure sur ses vêtements de ski, consciente des périls qu'elle allait affronter non seulement en raison des routes verglacées mais de la vitesse à laquelle Ali s'obstinait à conduire. Ils furent suivis pendant une partie du chemin par un journaliste, mais au moment de passer la frontière suisse, Ali avait réussi à le semer.

Arrivée au château de l'Horizon, Rita essaya de se reposer un peu et de soigner son rhume avant sa rencontre avec l'Aga, qui heureusement n'était pas prévue immédiatement. Ali, par contre, était convoqué sur-le-champ chez son père, et le court entretien des deux hommes laissa présager le pire pour Rita. L'Aga devait reconnaître plus tard que lui-même s'attendait au pire.

Aux États-Unis également, Rita s'attirait les foudres du public pour sa conduite scandaleuse. Ce jour-là, à Chicago, la Fédération américaine des clubs de femmes menaça de boycotter les films que Rita Hayworth serait amenée à tourner à l'avenir. « Je pense qu'on ne devrait pas permettre à Miss Hayworth de tourner d'autres films tant qu'elle n'aura pas amendé sa conduite », déclara une des porte-parole de l'organisation. Ces dames n'auraient pas pu choisir plus mal le moment de leur déclaration. Une telle femme, ajoutaient-elles, pouvait-elle faire une épouse convenable pour un chef religieux musulman ?

Rita racontera plus tard à Elsa Maxwell dans quel état de nervosité elle se trouvait au moment d'affronter l'Aga Khan. Malgré les quelques heures de repos qu'elle avait prises, son rhume avait empiré. Mais il se passa avec son futur beau-père ce qui s'était passé avec des millions d'hommes : elle le conquit immédiatement. Tutti, le valet d'Ali, raconta à Miss Haran qu'au premier coup d'œil, l'Aga rayonna. Prêt à se répandre sur son compte avant de la connaître, il proclamait quelques jours plus tard : « Je ne connais personne de plus posé et qui ait autant l'air d'une grande dame. »

On vit Rita tapoter la main de l'Aga avec affection et lui parler « très doucement ».

Il ne restait plus qu'à informer la presse du prochain mariage : peut-être cela mettrait-il fin aux ragots et aux spéculations.

17

On imagine la stupeur des journalistes lorsqu'ils furent invités à rencontrer le prince Ali khan au château de l'Horizon. Cela faisait des mois qu'il les fuyait et voilà qu'il les accueillait avec la plus grande courtoisie. Rita, leur dit-il, était couchée avec la grippe, mais s'ils voulaient bien prendre connaissance du texte dactylographié qu'on allait leur distribuer, ils y trouveraient probablement la réponse aux questions qu'ils se posaient. Ce texte était le suivant :

>Je me suis jusqu'ici interdit tout commentaire à propos des informations mal fondées, souvent outrageantes et méchantes, qui ont été publiées ici ou là concernant ma vie privée.
>
>Je tiens à ce que l'on sache que voici trois ans, et d'un mutuel accord, ma femme et moi avons décidé de vivre séparément ; que, depuis près d'un an, nous avons entrepris la procédure qui s'imposait, et qu'au terme de cette procédure nous prendrons des mesures susceptibles d'améliorer la situation qui a conduit à ces commentaires désobligeants dont je viens de parler.
>
>Je vais épouser Miss Hayworth dès que je serai libre

Margarita bébé. Elle est née à Brooklyn en 1918 *(Pictorial Parade)*.

Ci-dessous : Les enfants Cansino à New York. Margarita (3 ans et 8 mois, Vernon (8 mois), et Eduardo Jr. (2 ans et 8 mois) *(Pictorial Parade)*.

A droite : Volga Cansino et ses enfants à Los Angeles, en 1928. A propos de l'alcoolisme de leur mère, les enfants parlaient pudiquement de sa "maladie" *(UPI/Bettmann Newsphotos)*.

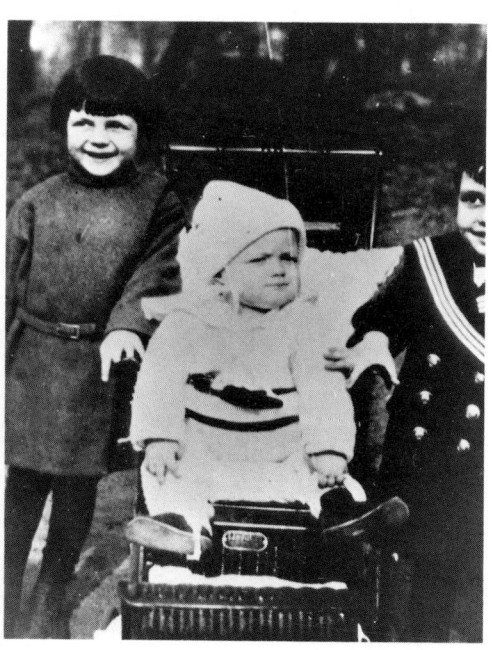

Los angeles - calif
april 1928.

Margarita à douze ans, l'année où son père en fit sa partenaire *(The Academy of Motion Picture Arts and Sciences)*.

Margarita, neuf ans, déguisée en danseuse japonaise *(Pictorial Parade)*.

Margarita Cansino (Rita Hayworth) danse avec son père, Eduardo Cansino. Dans les casinos mexicains ou les casinos flottants installés sur des bateaux où elle se produisit dès l'âge de douze ans, elle passait pour la femme d'Eduardo *(Lincoln Center Library for the Performing Arts)*.

Eduardo Cansino et sa sœur aînée, Elisa, avaient été des têtes d'affiche au music-hall. "Ils ont déclenché l'enthousiasme du public américain", écrivit le *Houston Post* en 1915 *(Lincoln Center Library for the Performing Arts)*.

Ci-dessus, à gauche : Margarita et Eduardo, les Dancing Cansinos. Ses frères révélèrent à des camarades de classe que leurs parents avaient menti sur son âge pour ne pas avoir à l'envoyer à l'école *(UPI/Bettmann Newsphotos)*.

A droite : Rita Cansino à l'époque de son premier contrat avec la Fox *(The Academy of Motion Picture Arts and Sciences)*.

Ci-contre : Rita et son premier époux, Eddie Judson, en 1937, peu après qu'ils s'étaient enfuis pour se marier. Il l'incita à coucher avec d'autres hommes qui pouvaient l'aider dans sa carrière *(UPI/Bettmann Newsphotos)*.

Rita Hayworth à l'époque d'*Arènes sanglantes* *(Tanguay Collection)*.

Rita et Eddie Judson en 1941. Rita avait conquis ses galons de star. Lorsqu'elle évoqua la possibilité de le quitter, Eddie menaça de la défigurer *(UPI/Bettmann Newsphotos)*.

Rita et Hermes Pan, le chorégraphe de Fred Astaire, qui demeura son ami jusqu'à sa mort *(Photo Hermes Pan)*.

Ci-dessous, à gauche : Rita et le patron de la Columbia, Harry Cohn *(Pictorial Parade)*.

A droite : Rita et Marlène Dietrich, qui la remplaça dans le numéro de magie monté par Orson Welles *(UPI/Bettmann Newsphotos)*.

Rita et Fred Astaire. Ils tournèrent deux films ensemble *(Tanguay Collection).*

Orson Welles dans le rôle de Mr. Rochester de *Jane Eyre*, à l'époque où il rencontra Rita *(Photo Shifra Haran).*

Orson Welles et Rita au Stork Club de New York *(UPI/Bettmann Newsphotos)*.

Le mariage de Rita et d'Orson, en septembre 1943. Des années plus tard elle l'appellera "le grand amour de ma vie" *(UPI/Bettmann Newsphotos)*.

Rita, sa première fille, Rebecca Welles, et Pookles, le chien de la famille *(Photo Shifra Haran)*.

Shifra Haran, la secrétaire d'Orson, tient la petite Becky dans ses bras. Les Welles habitaient alors une maison sur Carmelina Drive *(Photo Shifra Haran)*.

Orson, Rita et Shifra Haran au Mexique *(Photo Shifra Haran)*.

Rita et sa mère, Volga Cansino *(UPI/Bettmann Newsphotos)*.

Rita chante "Put The Blame On Mame", dans *Gilda* *(Tanguay Collection)*.

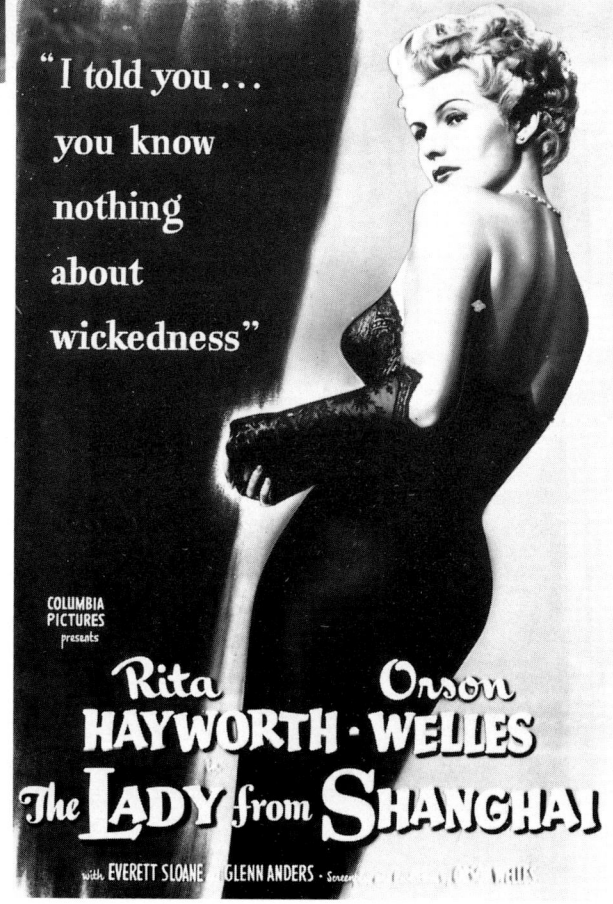

La séquence de la galerie des glaces, dans *La Dame de Shanghai*, le film d'Orson Welles *(Tanguay Collection)*.

En 1948, Rita quitte l'Hôpital américain de Neuilly, où elle a été soignée à la suite d'un avortement *(UPI/Bettmann Newsphotos)*.

Ci-dessus : Le prince Ali Khan, sportif et playboy international *(UPI/Bettmann Newsphotos)*.

Ci-dessous : Rita et Ali au temps où ils sortaient ensemble *(UPI/Bettmann Newsphotos)*.

Le château de l'Horizon, propriété d'Ali à côté de Cannes *(UPI/Bettmann Newsphotos)*.

A droite : Poursuivie par une meute de journalistes avides d'informations sur sa scandaleuse aventure avec Ali Khan, Rita s'embarque pour l'Europe et sa nouvelle vie de princesse. Derrière elle, on aperçoit Becky Welles et Shifra Haran, qui tient la poupée de l'enfant *(UPI/Bettmann Newsphotos)*.

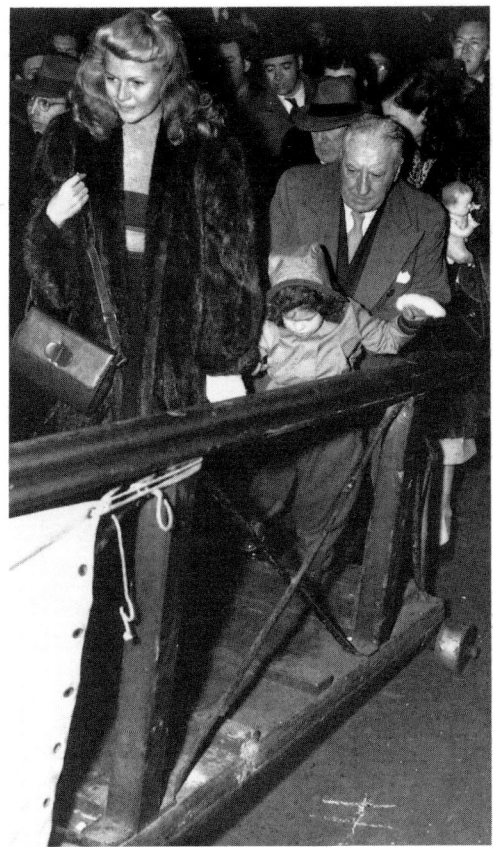

Rita, la main sur celle de l'Aga Khan qui vient d'approuver son mariage avec son fils Ali *(Wide World Photos)*.

En haut : Le mariage d'Ali et de Rita sur la Côte d'Azur, en mai 1949. Rita était enceinte (*UPI/Bettmann Newsphotos*).

Ci-dessus : Le texte de l'invitation au mariage (*Wide World Photos*).

A droite : Ali et sa fille Yasmine, née à Lausanne en décembre 1949 (*Wide World Photos*).

Ali et Rita devant l'hôtel particulier d'Ali à Neuilly *(Wide World Photos)*.

Le prince et la princesse assistent à la première d'une pièce montée par Orson Welles à Paris en 1950. Ce n'est plus un secret pour personne que le troisième mariage de Rita connaît de sérieuses difficultés *(Wide World Photos)*.

Rita et la petite princesse Yasmine, âgée de trois ans, quittent le tribunal de Reno où le divorce entre Rita et Ali Khan vient d'être prononcé *(UPI/Bettmann Newsphotos)*.

Le chanteur de charme Dick Haymes et la princesse Yasmine à Las Vegas, à quelques jours du mariage de Dick et de Rita *(UPI/Bettmann Newsphotos)*.

Quatrième mariage de Rita, à Las Vegas, avec Dick Haymes, sous l'œil de ses filles Yasmine et Rebecca *(UPI/Bettmann Newsphotos)*.

A Las Vegas, des gardes armés assurent la protection de Rita et de Yasmine qui ont reçu des lettres de menace anonymes *(UPI/Bettmann Newsphotos)*.

Accusée d'abandon d'enfants par la Société pour la sauvegarde des enfants du comté de Westchester, Rita, accompagnée de Dick Haymes, vient rechercher Yasmine et Rebecca chez la femme qui en avait la garde *(UPI/Bettmann Newsphotos)*.

Rita, affolée, et Dick Haymes sortent du tribunal de Westchester devant lequel elle a comparu pour abandon d'enfants *(Wide World Photos)*.

Ci-dessus : Rebecca Welles est portée hors du tribunal de Westchester, où on l'a questionnée sur ses conditions de vie chez la femme à qui leur mère les avait confiées, elle et Yasmine *(Wide World Photos)*.

A gauche : Après la longue bataille qui l'a opposé à son ex-femme pour la garde de Yasmine, Ali a enfin la joie de retrouver sa fille en Europe *(UPI/Bettmann Newsphotos)*.

La princesse Yasmine en compagnie de son grand-père, l'Aga Khan, et de la Begum, à Paris en 1955. Le vieil homme, malade, avait craint de ne plus jamais revoir son unique petite-fille *(UPI/Bettmann Newsphotos)*.

A Deauville, Yasmine gagne une course de trot attelé pour enfants *(UPI/Bettmann Newsphotos)*.

Ali Khan escorte Rebecca Welles (à droite), Yasmine (avec une couverture sur les genoux) et une de leurs petites amies à un spectacle sur glace. Paris, 1956 *(UPI/Bettmann Newsphotos)*.

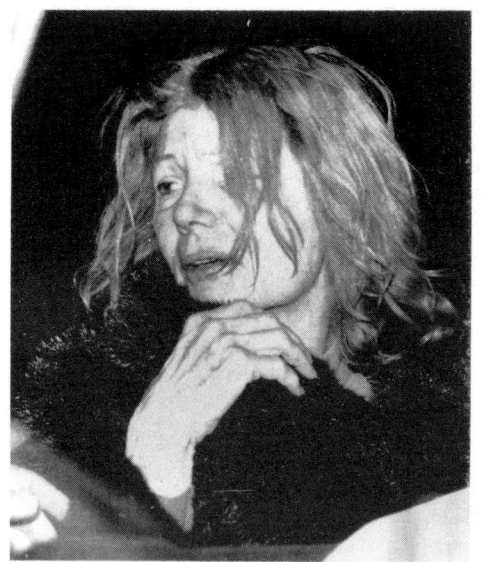

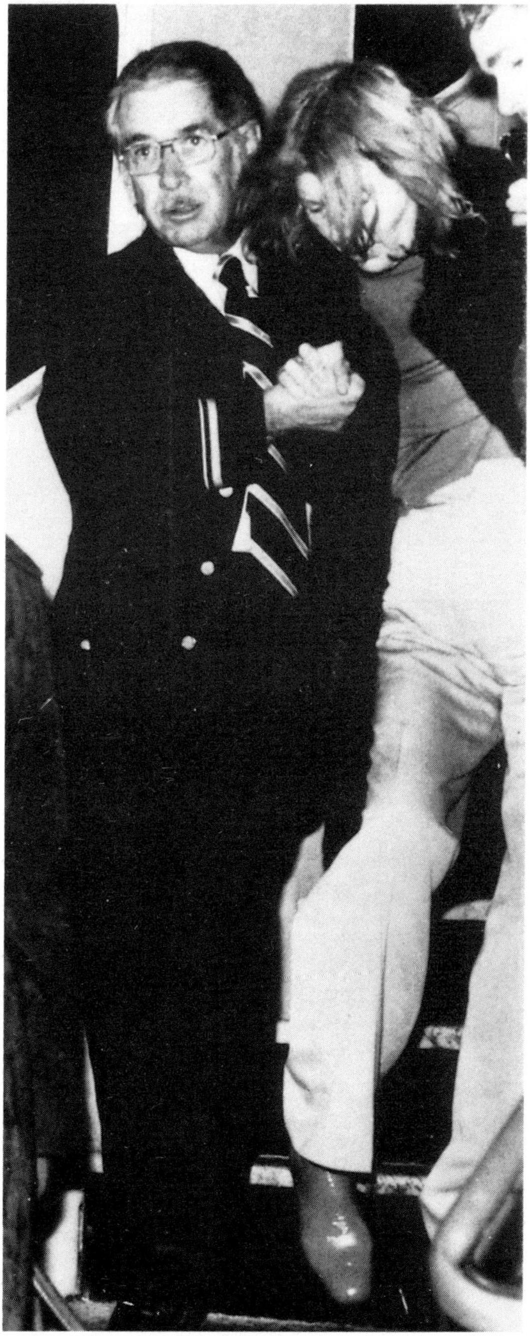

Lorsque ces photos ont été prises à l'aéroport d'Heathrow à Londres, en 1976, personne ne savait que Rita souffrait de la maladie d'Alzheimer. Bien que terrorisée, éperdue, prise parfois d'accès de violence, elle n'en continuait pas moins à faire des apparitions en public, dans le monde entier *En haut et en bas : UPI/Bettmann Newsphotos - A droite : Wide World Photos).*

1978. Rita danse avec son vieil ami Hermes Pan *(UPI/Bettmann Newsphotos)*.

1979. Rita et Mac Krim, qui lui servait de chevalier servant à l'époque *(Franck Edwards/Fotos International)*.

1980. Une des dernières apparitions publiques de Rita, en compagnie du metteur en scène Rouben Mamoulian. Elle a soixante-deux ans *(UPI/Bettmann Newsphotos).*

Rita aux côtés de Yasmine, qui s'est occupée de sa mère pendant ses dernières années, jusqu'à sa mort survenue en 1987, à l'âge de soixante-huit ans *(UPI/Bettmann Newsphotos).*

de le faire. Dans ces circonstances, j'espère que l'on voudra bien respecter ma vie privée autant que celle de n'importe quel autre individu.

A ce texte était jointe une autre déclaration, de Rita elle-même :

Je suis tout à fait au courant de la déclaration que le prince Ali khan a remise à la presse aujourd'hui, et je souscris totalement à ce qui y est dit. J'ai seulement attendu d'être libre pour pouvoir l'épouser.

Mais les journalistes avaient naturellement d'autres questions à poser. Le prince leur expliqua aimablement qu'aucune date n'avait encore été fixée, que l'Aga avait donné son approbation, et que le mariage aurait lieu selon les règles de la religion musulmane et la loi du pays où se déroulerait la cérémonie. Quant à décider si Rita devrait répudier sa propre religion catholique, pour sa part le prince était très libéral, mais à une condition importante : que tous les enfants qui viendraient à naître de leur union soient élevés dans la foi musulmane.

Il restait à affronter la procédure du divorce. Comme dans ce cas c'était Rita *l'autre femme*, son nom risquait encore d'être traîné dans la boue devant les tribunaux français. Elle s'attendait au pire, surtout lorsque le *Los Angeles Times* raconta, dans son numéro du 1er février 1949, que Joan, l'épouse bafouée, avait bien l'intention de la citer nommément dans sa demande de divorce. Pourtant, le jour suivant, lorsque la princesse Ali khan se présenta devant le tribunal civil de la Seine, à Paris, ses deux avocats précisèrent : « Il ne sera pas fait mention de Miss Hayworth dans l'action intentée par la princesse. Nous avons déposé une requête en termes conciliants et modérés pour protéger les enfants du couple de tout nouveau scandale. »

Effectivement, lorsque la princesse Joan et ses avocats sortirent du bureau du juge Jacques Rousselet, celui-ci confirma que le nom de Rita n'était apparu « ni dans la conversation privée, ni dans la plainte officielle ». Le prince était accusé d'avoir « gravement insulté » sa femme, envers laquelle il avait fait preuve d'un « manque de considération » — rien de plus méchant ou de plus précis que cela.

Ali fut lui aussi convoqué devant le juge, puis il lui fallut se prêter à l'audience de conciliation prévue par la loi française. Reportée une première fois, la princesse étant tombée malade à Londres, elle se déroula finalement le 19 février. Le juge ayant dûment constaté qu'aucun rapprochement n'était possible entre les époux, Ali n'eut plus qu'à attendre le jugement qui lui rendrait sa liberté.

Il y avait tout lieu de se réjouir du fait que la procédure de divorce se déroulât dans le calme. La santé de l'Aga Khan se détériorait, il avait même récemment dû être hospitalisé, et s'il insistait tellement pour que son fils amende sa conduite, c'était parce que celui-ci devait prouver son aptitude à devenir le chef spirituel et temporel des ismaéliens. Or, à peine le scandale venait-il de s'apaiser par l'annonce du prochain mariage qu'un autre menaçait d'éclater : en mars 1949, Rita découvrit qu'elle était enceinte.

Heureusement, le 7 avril, soit plus d'un mois avant la date prévue, le divorce d'Ali fut prononcé à Paris, aux torts réciproques des deux époux. Avec l'assentiment de sa femme, Ali reçut la garde des deux enfants. Il ne restait plus qu'à attendre l'enregistrement du jugement, ce qui demanderait encore de quatre à six semaines, mais cela aussi pouvait être accéléré.

Le 11 avril, Rita et Ali partirent pour Cannes où, comme à l'habitude, les attendait une maison pleine d'invités. Stupéfaite et horrifiée, Rita constata que le prince ne les connaissait pas tous, certains de ses hôtes ayant amené leurs propres invités. Ali traitait royalement tout ce monde qui, presque chaque jour, avait droit à un somptueux buffet où le caviar le disputait à la langouste, aux truffes et autres mets délicats. Dans leurs rares moments d'intimité, Rita s'emportait avec vigueur contre tous ces « pique-assiette [1] », mais son futur époux semblait ne pas comprendre ce qu'elle entendait par là : depuis son enfance, Rita avait travaillé dur pour gagner de l'argent, ce qui n'était vraiment pas le cas du prince, d'où leur optique foncièrement différente sur la façon dont il convenait de le dépenser. Tous ces appels téléphoniques longue distance, par exemple, que les « pique-assiette » donnaient sans se priver la faisaient enrager, mais comme Ali semblait ne pas s'en offusquer, elle n'osait rien dire.

Le château se transforma en une véritable ruche pour les préparatifs du mariage. Essayages interminables pour Rita (compliqués par le fait qu'il fallait dissimuler sa grossesse) avec Jacques Fath ; établissement des listes d'invités, des menus, organisation de la cérémonie pour le prince qui, même lorsqu'il se cassa la cheville en jouant avec les enfants, ne ralentit pas ses activités.

Son principal souci pour le moment était d'obtenir l'autorisation de célébrer le mariage civil en privé, chose interdite par la loi française. Pensant que Rita avait traversé suffisamment d'épreuves comme cela, il savait trop bien ce qui se passerait si la cérémonie se déroulait dans un lieu public : un déferlement des journalistes du monde entier. Il s'en ouvrit donc directement au ministre de la Justice. Le duc et la duchesse de Windsor avaient obtenu semblable dérogation ; pourquoi pas le prince Ali khan ? La date du mariage fut fixée au 27 mai 1949, et tenant pour acquise l'approbation du ministre — dont il n'avait pourtant toujours pas la réponse —, Ali envoya les invitations portant le château de l'Horizon comme lieu de la cérémonie.

Tous ces préparatifs n'empêchaient pourtant pas le futur marié de se livrer à ses plaisirs habituels. Ne le voyant pas dans les boîtes de nuit, les journalistes en avaient conclu qu'il avait réformé sa conduite, alors qu'en fait il se glissait régulièrement hors du château aux petites heures du matin. Lee Ellroy, l'homme d'affaires de Rita, l'accompagna dans une de ces escapades au casino de Cannes, où le prince lui offrit de choisir entre deux charmantes jeunes femmes. Ellroy ayant manifesté quelque réticence, Ali, pas embarrassé pour autant, partit avec l'une des deux.

Quant à Rita, plus le jour du mariage approchait, plus elle sentait monter son angoisse, et plus elle se posait des questions sur la vie qui l'attendait aux côtés d'Ali. Et tandis que cadeaux et invités commençaient à arriver de tous les coins du monde, que la ville de Cannes semblait tout entière suspendue à l'événement, elle prit une décision. Elle allait arranger un rendez-vous avec Orson Welles et lui proposer de fuir ensemble et de se remarier.

Welles était à Rome lorsqu'il reçut la convocation de Rita. « Elle m'a demandé de venir et de la ramener avec moi, racontera-t-il plus tard. Elle m'a envoyé un télégramme, et comme je n'ai pu trouver de place sur un vol régulier, j'ai pris un avion-cargo jusqu'à Antibes[2]. » Rita l'y attendait dans un hôtel : « Il y avait des bougies, du champagne — et Rita dans un merveilleux déshabillé. La porte refermée, elle m'a dit : ''Me voici. Épouse-moi.'' » Sur ce qui la poussait ainsi à vouloir se remarier avec lui, après toutes les difficultés que leur union avait connues, Welles a une explication : « Elle épousait l'homme le moins rangé d'Europe, c'était le pire des mariages. Et elle le savait ! C'était un mariage funeste, la pire des choses qui pouvaient lui arriver. Il était charmant, attirant, gentil — je l'ai très bien connu —, mais le plus mauvais des maris pour elle. »

Pourtant, malgré toute l'affection qu'il portait à Rita, Welles repartit pour Rome le lendemain matin. « A cette époque, j'étais amoureux fou de la femme la moins attirante que j'ai connue, qui me faisait porter les cornes toutes les nuits ! » racontait-il pour expliquer ce retour précipité. Quant à la décision de Rita de finalement épouser le prince, il l'attribuait à son désir de ne pas revenir à Hollywood. « C'est Ali qui lui a permis de fuir Hollywood. Grâce à lui, et c'est probablement ce qui a le plus attiré Rita, elle est devenue quelqu'un qui n'avait plus rien à voir avec Rita Hayworth. Elle est devenue la princesse Ali khan. Elle a pu dire : ''Allez vous faire foutre'' à tout Hollywood [3]. »

La preuve de ce qu'avance Orson Welles, on peut la trouver dans le fait que parmi les rares personnes qu'elle invita à son mariage figurait l'une de celles qu'elle détestait le plus au monde : Harry Cohn. Invitation que, sagement, il déclina : être là au moment où sa vedette, sa propriété, deviendrait une princesse avait probablement semblé aussi intolérable au magnat que d'avoir ensuite à l'appeler « Votre Altesse ».

Après son rendez-vous secret avec Orson, Rita retourna au château comme si de rien n'était. Elle épouserait Ali. Quarante-huit heures avant le jour J, la mauvaise nouvelle arriva : le ministre de la Justice refusait de satisfaire à la requête du prince. Conformément à la loi, il avait suffi, pour que le mariage soit tenu de se dérouler dans un lieu public, qu'une seule personne dépose une protestation. En l'occurrence, il s'agissait d'un journaliste français, un petit futé, pour lequel il n'était pas question de ne pas assister à la cérémonie. Désormais, grâce à lui, toute la corporation journalistique allait pouvoir fondre sur ce qui aurait dû être un événement privé.

Au château, tout était prêt. Il allait donc falloir changer les plans en dernière minute. Ali téléphona à son avocat à Paris, et à son père, pour voir si vraiment il n'y avait rien à faire, mais il dut s'incliner. Il n'avait d'autre choix que de se retourner vers la mairie de Vallauris et d'essayer, autant que possible, de protéger Rita de la foule des curieux, habitants, touristes, et bien entendu journalistes.

Les désirs d'Ali étaient une chose, les projets du maire de Vallauris, Paul Derignon, un communiste, en étaient une autre. Il fut à l'évidence ravi de l'occasion qui lui était fournie d'avoir les projecteurs braqués sur son petit village aux toits de tuile, qui abritait Picasso et son atelier de poterie. Pendant deux jours, presque minute par minute, des nouvelles de Vallauris fileraient aux quatre coins du monde. Derignon fit procéder à toute allure au ravalement et à la décoration de sa mairie, et reçut le renfort de cent vingt policiers venus de Nice. Par courtoisie envers le prince Ali qui vint le voir (et donna un million de francs à la ville), Derignon accepta de procéder à la cérémonie dans une salle du rez-de-chaussée, ce qui éviterait au vieil aga d'avoir à monter les marches. En revanche, il refusa obstinément de fermer les portes de la mairie. Il fallait, dit-il, que « les paysans puissent entrer ». L'assistance prévue avait beau compter parmi elle sept princes, quatre princesses, un maharadjah et un émir, le maire n'en proclamait pas moins : « Nous devons conserver à cette cérémonie son caractère démocratique. » Pour Rita, tout cela prenait une allure de cauchemar.

Décidément, rien ne s'arrangeait comme Ali l'avait espéré. Même son père le décevait. Lorsque l'Aga arriva au château pour y déposer le cadeau de Rita, le prince était parti jouer au tennis. C'est son chauffeur, Emrys Williams, qui prit la boîte et la remit ensuite à Ali. D'après Williams, le prince l'emporta dans son bureau et ne cacha pas sa déception en découvrant qu'elle ne contenait qu'une paire de boucles d'oreilles en diamant. « C'est tout ! s'exclama-t-il, en la secouant dans tous les sens. Mon père devient plutôt mesquin, non ? » « Je pense qu'il s'attendait à un chèque d'un millon de livres », conclut Williams[4].

Rita choisit une robe de lin bleue et des chaussures blanches pour le lunch offert la veille du mariage. Une vingtaine d'ismaéliens revêtus de leurs plus beaux atours y assistèrent, porteurs de cadeaux somptueux, perles, ivoires et objets en or, provenant d'Afrique, d'Inde et du Moyen-Orient. Rita s'était gendarmée, bien décidée à prouver qu'elle savait se comporter d'une manière aussi raffinée que les amis européens d'Ali, mais comment était-elle censée se conduire, que devait-elle dire lorsque, l'un après l'autre, les sujets du prince se jetèrent à genoux et lui baisèrent les pieds ? Avant qu'elle ait eu le temps de réfléchir, les Ismaéliens se retirèrent, et elle se retrouva au milieu des élégants Européens, luttant pour paraître aussi sophistiquée qu'eux.

Ce même soir, le prince avait organisé une projection privée, au cinéma Alexandre de Cannes, du film *Les amours de Carmen*, et en entendant ses fans piaffer et hurler son nom à l'extérieur de la salle, Rita perdit un peu de son assurance. Elle était enceinte de Howard Hughes lorsqu'elle avait tourné ce film, et voici qu'elle était de nouveau enceinte, de celui qui projetait le film en son honneur. Qu'Ali ait eu l'idée de cette célébration était en soi mauvais signe : il prouvait par ce geste que, dans son esprit, la femme qu'il épousait était la star de cinéma ; l'image qui l'avait captivé était exactement celle à laquelle Rita tenait par-dessus tout à échapper.

Pendant la projection, la foule à l'extérieur avait considérablement augmenté. Tous voulaient apercevoir Rita Hayworth. Et lorsque, à l'issue de la séance, et après avoir difficilement fendu les rangs, Rita monta dans sa limousine, ses fans se précipitèrent sur les portières qu'ils réussirent à ouvrir. Ils poursuivirent la voiture, hurlant des souhaits de bonheur, à travers les rues de Cannes jusqu'à ce qu'elle disparaisse en direction du vieux village de Mougins, sur les collines, où le prince avait convié quelque soixante personnes à dîner au célèbre restaurant Les Terrasses.

Si Caddour Ben Ghabrit, l'imam de la mosquée de Paris, qualifia le mariage de Rita de « plus grand mariage musulman du siècle[5] ». Paul Derignon avait décrété ce vendredi jour férié à Vallauris, et plus de cinq cents villageois s'assemblèrent devant la mairie pour attendre l'arrivée de la mariée. Tôt le matin, alors que la foule commençait à s'amasser le long de la route menant du château au village, le prince alla voir Derignon pour lui demander une dernière fois de refuser l'accès de la salle aux photographes et aux reporters — et il réussit à le convaincre. Soixante-quinze journalistes, furieux, se virent ainsi refoulés moins d'une heure avant le début de la cérémonie.

Lorsque, à onze heures, l'Aga Khan sortit de sa Rolls Royce

quatre chemises de nuit arachnéennes de chez Saks, une nuisette et un déshabillé de la célèbre boutique Juel Parks, un pot à lait en argent massif, et un flacon d'un parfum égyptien extrêmement coûteux.

Étant donné tout l'argent qu'il avait englouti dans *Le tour du monde*, Orson dut refréner ses élans habituels de générosité à l'égard de ses amis, se contentant de leur envoyer le programme de son spectacle malchanceux avec ces simples mots : « En souvenir de ce qui empêche la famille O. Welles (par ailleurs follement heureuse) de vous souhaiter un joyeux Noël avec des fleurs ou quoi que ce soit d'autre. » Orson et Rita croyaient-ils sincèrement qu'ils étaient « follement heureux » ? Peut-être à l'occasion de Noël essayaient-ils de s'en persuader. En janvier, ils programmèrent de faire un voyage à l'étranger dès que *La dame de Shangaï* serait terminé. Mais le moment venu, c'est-à-dire à peine deux mois plus tard, tout avait changé entre eux.

C'était l'éternelle histoire : maintenant qu'ils ne travaillaient plus ensemble, Rita voyait beaucoup moins Orson. Tant qu'il avait été son metteur en scène, il avait semblé concentrer toutes ses pensées sur elle, mais la fin de cette période marqua la fin de leur mariage.

La rupture finale intervint peu de temps après un incident qui terrorisa Rita : une lettre de menace. Adressée à Rita et à sa fille, aux bons soins des studios de la MGM, postée à Cleveland, Tennessee, le 2 février, la lettre commençait par ces mots : « La Cicatrice ne s'Efface Jamais », et continuait ainsi : « C'est pas une plaisanterie je vous certifie, si vous me versez pas deux mille dollars en liquide pour le dix du mois, votre bébé sera enlevé et votre beau visage sera défiguré par de la soude que vous recevrez dans vos beaux yeux. » On lui disait d'envoyer les deux mille dollars en coupures de cinq, dix et vingt dollars, au nom de George Welch, poste restante, San Pedro, Californie. « Soyez sûre, continuait le maître chanteur, que la Cicatrice obtient ce qu'elle veut, vous ne voulez pas ressembler au Dahlia Bleu, n'est-ce pas, vous ne voulez pas non plus qu'on arrache votre enfant de vos bras, et ceci est un dernier avertissement RITA, ORSON WELLS ne peut vous aider et le FBI non plus, car ça fait un bout de temps qu'ils me cherchent, personne ne peut vous aider seul l'argent parlera. » La lettre était signée « La Cicatrice ».

Curieusement, avant même la réception de cette menace par

s'expliquer : il repartit en trombe vers le fond de l'appareil, hurlant à Rita que son maquilleur cherchait à les tuer ! Il était persuadé que Schiffer voulait se venger d'avoir été renvoyé. Quelques minutes plus tard, Rita à son tour se précipitait dans le cockpit, suppliant Bob : « Pour l'amour de Dieu, sors d'ici ! Orson fait un raffut du diable ! »

A Acapulco, Orson donna une fête pour le vingt-huitième anniversaire de sa femme. Un orchestre et deux chanteurs furent chargés de divertir les dix-huit invités, qui consommèrent huit bouteilles de vin rouge, six de blanc, et treize bouteilles de champagne. Malgré ces abondantes libations, il parut évident aux yeux de tous que la réconciliation entre Rita et Orson n'était pas aussi parfaite qu'on l'avait espéré. « Ils étaient charmants l'un envers l'autre, se rappelle Libby Sloane, mais ils ne se conduisaient pas en amoureux. Ils étaient polis. Ni cris, ni mauvaise humeur, pas d'accrochage. Mais on sentait que c'était vraiment le déclin[7]. »

Un autre jour, ce fut Errol Flynn (qui avait prêté son yacht, le *Zaca*, pour le tournage) qui donna une somptueuse fête en l'honneur d'Orson. « Chacun se mit en habit de soirée, sur son trente et un, et une vedette nous transporta jusqu'au yacht, dit Libby Sloane. Sur le pont, on aurait dit un décor de film : lanternes en papier et autres idioties. » Rita et Orson arrivèrent les derniers, et ils firent grande impression, elle avec ses cheveux blond platine, lui dans un costume blanc immaculé. Ils ne passèrent inaperçus ni des invités, ni, apparemment, du singe apprivoisé d'un des membres de l'équipage. Au moment où les Welles faisaient leur entrée, « le singe décida qu'il n'aimait pas Orson, raconte Libby, il lui sauta dessus et commença à chier sur lui. C'était incroyable. Tout le monde était médusé. On ne savait pas quoi faire. Après tout, il s'agissait de l'invité d'honneur ! ».

Lorsqu'ils rentrèrent aux États-Unis, Rita semblait fatiguée, malade. Il est vrai que la dysenterie et le mal de mer avaient frappé tout le monde, acteurs comme équipage. Dans le cas de Rita, il fallait ajouter le facteur angoisse. Elle était dans l'incapacité de travailler plus d'une demi-journée, et comme de nombreuses scènes, parmi les plus importantes, avaient été écrites pour elle, la fin du tournage posa de sérieux problèmes. A la fin de décembre, elle s'évanouit sur le plateau et, sur ordre des médecins, dut garder le lit pendant une semaine. Elle eut ainsi le loisir d'admirer les cadeaux qu'Orson lui fit pour Noël :

verte, il put entendre les protestations et les cris de colère de la presse cantonnée par la police dans la cage de l'escalier. En costume blanc à veston croisé, une rose d'un rouge éclatant à la boutonnière, il salua la foule et lui envoya des baisers. Derrière lui se tenait sa femme, la belle-mère d'Ali, la bégum, dans un somptueux sari bleu. Si, comme il le dit plus tard, il trouva cette atmosphère de cirque déplaisante, sur le moment il sut fort bien cacher son sentiment.

Puis ce fut au tour de Rita de faire son entrée, dans sa Cadillac blanche décapotable flambant neuve, avec une escorte de policiers devant, derrière et de chaque côté de la voiture. La luxueuse automobile avait été expédiée par bateau d'Amérique spécialement pour le mariage, mais pendant le trajet des vandales avaient gravé leurs vœux de bonheur à la Déesse de l'Amour sur la carrosserie, et il avait fallu la faire entièrement repeindre.

En entendant la foule hurler le nom de Rita, le maire jaillit de son édifice et vint poser à ses côtés, sur les marches. Vêtue de la robe en mousseline de soie bleue à manches longues que lui avait dessinée Jacques Fath, coiffée d'un chapeau à la Gainsborough du même bleu, au bord souple, Rita, agitant son mouchoir blanc, salua nerveusement avant de rejoindre le prince qui l'attendait déjà à l'intérieur.

Pendant ce temps les journalistes continuaient de protester, notamment les Français, qui faisaient remarquer que leur interdire l'accès de la salle revenait à célébrer la cérémonie en privé, ce qui était antidémocratique et illégal. Aussi, à la dernière minute, et sans qu'Ali fût en mesure de s'y opposer, les autorisat-on à se regrouper dans le fond de la pièce, où ils promirent de ne pas se manifester.

Assis dans des fauteuils recouverts de tapisserie, Ali et Rita écoutaient le secrétaire général de la mairie proclamer sentencieusement : « Aujourd'hui paraissent devant nous le prince Ali Salomon khan, croix de guerre avec palmes, né à Turin le 13 juin 1911, fils de Son Altesse l'Aga Khan de Yakimour et de Thérèse Magliano, décédée, divorcé de Joan Yarde-Buller ; et Margarita Carmen Cansino, née à New York le 17 octobre 1918 ; en présence des témoins Georges Catroux, général de l'armée française, grand-croix de la Légion d'honneur, et Son Altesse le prince Jean d'Orléans de Bragance, de Rio de Janeiro. »

Puis ce fut le tour du maire. Debout derrière la table qui le séparait des deux futurs époux, il posa la question rituelle.

« Oui », dit Rita d'une toute petite voix.

« Oui », dit Ali d'une voix plus affirmée.

Puis, les anneaux d'or échangés, le maire conclut : « Sur vos réponses séparées et affirmatives, nous vous déclarons, au nom de la loi, unis par les liens du mariage. » Les témoins signèrent le registre, Ali prit Rita par la taille et l'embrassa sous les applaudissements de l'assistance. « Votre Altesse », intervint alors le maire.

« *Votre Altesse* » : c'était la première fois que Rita s'entendait appeler ainsi.

« C'est un événement sensationnel, et en même temps un honneur inespéré pour notre petite ville que d'avoir été choisie par Vos Altesses pour y unir leurs destinées. Grâce à vous, notre industrieuse petite cité, dont les ouvriers fabriquent des poteries et des céramiques renommées, dont les paysans récoltent la fleur d'oranger, se voit honorée, et le nom de Vallauris se répand jusqu'au bout du monde en même temps que celui du prince Ali khan et de la grande artiste Rita Hayworth. » Pendant ce discours Ali s'agitait, mal à l'aise dans son fauteuil, tandis qu'à l'autre bout de la pièce l'Aga s'appuyait lourdement sur sa canne, aussi immobile qu'une immense statue. « Je souhaite de tout mon cœur, continuait le maire, et avec un espoir sincère que, après les jours fiévreux que vous venez de traverser, qui sont le prix de la gloire et du succès, vous trouviez dans cette oasis le bonheur auquel vous aspirez dans le calme et la tranquillité. Prince, princesse, notre vœu le plus cher est que vous soyez heureux au milieu de notre communauté. »

Huit minutes après le début de la cérémonie, les nouveaux mariés émergeaient au soleil, sous les vivats de la foule qui leur lançait du riz. Pendant quelques minutes ils se prêtèrent aux photographes, puis le chauffeur les aida à gagner la Cadillac blanche, qui les ramena au château par des routes bordées de centaines de curieux.

Sur les terrasses, les tables du buffet croulaient sous les victuailles. Parmi les invités on dénombra une bonne vingtaine de resquilleurs. Flottant à la surface de la piscine, des œillets blancs formaient un A (pour Ali) et un M (pour Margarita) de trois mètres cinquante de haut. Tandis qu'Ali lisait à voix haute les télégrammes de félicitations qui ne cessaient d'arriver du monde entier, l'Aga s'astreignait à ingurgiter de prodigieuses quantités de caviar, assis à la table centrale d'où il ne bougea pas pendant toute la durée de la réception. La petite Becky n'avait pas assisté à la cérémonie de la mairie, mais elle participa à la fête, vêtue d'une adorable robe d'organdi et tenant sa gouvernante par la main.

Quant à la mariée, on eut l'impression qu'elle essayait « de se fondre dans la foule[6] ». Avec son flair bien connu, Louella Parsons détecta que Rita « ne paraissait pas heureuse[7] ».

N'oublions pas qu'elle était enceinte, que les heures qui venaient de s'écouler avaient été particulièrement épuisantes, et qu'il était naturel qu'elle souhaitât voir cette journée terminée. Les festivités allaient pourtant encore durer six bonnes heures. A la fin, la mariée se dirigea vers la table de l'Aga, qui semblait lui aussi passablement fatigué. « Trop de caviar, Rita, l'entendit-on grommeler. Trop de caviar. »

Le jour suivant, deux prêtres musulmans en robe blanche descendirent de Paris pour la cérémonie religieuse. On lut des passages du Coran et on porta des toasts — avec des jus de fruits — à la santé des époux.

Les ismaéliens étaient peut-être heureux de leur nouvelle princesse, mais du côté du Vatican, on ne cachait pas sa désapprobation. « L'Église ignore ce mariage, déclara un porte-parole. En tant que catholique, Rita Hayworth devrait savoir que son mariage civil n'a aucune valeur aux yeux de l'Église. Pour une catholique qui épouse un non-catholique, le mariage religieux est obligatoire[8]. » Sans compter que l'enfant qu'elle pouvait porter avait forcément été « conçu dans le péché[9] ».

18

« Elle donnait aux hommes l'image qu'ils désiraient d'elle, disait Bob Schiffer pour définir les relations entretenues par Rita avec ses époux et amants. C'est ainsi, malheureusement, qu'elle croyait que les choses devaient se passer [1]. »

Et c'est ainsi que cela se passa avec Ali khan.

Peu importaient la renommée et le succès qu'elle s'était acquis, l'image dévaluée qu'elle avait d'elle-même et son sentiment d'infériorité, legs de son enfance, la poussaient à considérer chaque homme qui partageait sa vie comme le centre de l'univers, et à s'efforcer de devenir ce qu'il attendait qu'elle fût. Son père l'avait façonnée en danseuse espagnole aguichante, Eddie Judson en avait fait une star, et avec Welles elle s'était transformée en l'épouse d'un futur politicien. Maintenant Ali la confiait à un répétiteur chargé de lui apprendre le français, dont elle aurait besoin pour naviguer dans la société qu'il fréquentait, et à un autre précepteur chargé de lui enseigner les règles de l'étiquette et du protocole. C'est à un prince géorgien, Gregory Eristoff, qu'incomba la charge de transformer la native de Brooklyn en princesse. Il lui fallait savoir comment se comporter avec les membres de familles royales, comment s'adresser à eux, comment les placer à un dîner. Tout ceci, bien entendu, allait totalement à l'encontre de sa personnalité, de sa timidité foncière, mais, au début du moins, elle se fit violence pour plaire à Ali, pour qu'il soit fier d'elle.

Autant, les mois précédents, ils s'étaient attachés à fuir les projecteurs, autant maintenant ils plongeaient sous leurs feux, en une suite ininterrompue de manifestations mondaines et sportives, en France et en Angleterre.

Comme toujours, Rita drainait vers elle une énorme curiosité, qui pouvait parfois se révéler dangereuse pour une femme enceinte. C'est ainsi qu'aux courses d'Epsom, où Ali et son père faisaient courir, la journée faillit tourner au désastre lorsque la foule surexcitée les serra de si près qu'il fallut appeler la police à la rescousse pour leur permettre de regagner leur voiture.

Par deux fois en des circonstances semblables, en France, Rita s'évanouit : la première ce fut aux courses de Longchamp, où elle tomba dans les bras de Marcel Boussac qui se trouvait à ses côtés, et la deuxième au cours de la Kermesse aux étoiles, dans les jardins des Tuileries, où, à moitié étouffée par des chasseurs d'autographes, elle s'effondra contre Maurice Chevalier, renversant une bouteille de champagne sur le smoking du chanteur. « Mon smoking neuf est fichu », entendit-on crier Chevalier, tandis que d'autres, plus galants, se précipitaient pour la ranimer.

Comme d'autres célébrités du jet-set international, Rita devint la cible de truands, tels ces voleurs qui un soir les suivirent, elle et Ali, à la sortie d'un night-club parisien : une poursuite s'engagea alors entre la Cadillac du prince, conduite par le chauffeur, et la Citroën des gangsters. Terrorisée, Rita suggéra de jeter ses bijoux par la vitre de la voiture, mais Ali ne l'entendait pas de cette oreille. Soudain il brandit un revolver, et il s'apprêtait à tirer lorsque son chauffeur lui fit remarquer qu'ils risquaient de se faire tirer dessus à leur tour. L'apparition inattendue d'un policier les sauva et les voleurs prirent la fuite. Pour Ali l'incident était clos, mais Rita restait en état de choc. « Elle était transie de peur, elle sanglotait hystériquement, le visage enfoui dans ses mains, se rappelle Emrys Williams, le chauffeur. Elle était toute recroquevillée, les cheveux défaits tombant sur ses genoux[2]. »

Peu de temps après ils furent de nouveau confrontés au monde de la criminalité, mais cette fois-ci la cible fut la petite Becky Welles. La fillette avait déjà fait l'objet de menaces de kidnapping, et ce jour-là un homme s'approcha d'elle, sur la plage de Deauville où elle jouait avec un autre enfant, et la saisit par le bras. Heureusement la nurse veillait. A ses cris, Williams accourut avec un pistolet et mit l'assaillant en déroute.

Cette vie constamment exposée aux regards était précisément une des choses que Rita avait tellement désiré fuir ; elle s'efforça néanmoins de s'y accommoder, puisque cela faisait partie de son rôle de princesse. En revanche, une autre composante de sa vie à laquelle elle ne s'habitua jamais fut le goût de son époux pour les aventures extraconjugales. (« Je n'ai jamais pu supporter ses habitudes de play-boy[3] », dira-t-elle plus tard.) Jalouse comme elle l'était, et si peu sûre de soi, comment aurait-elle pu accepter sereinement de le voir courtiser toutes les femmes de Deauville, d'autant qu'elle ne savait jamais jusqu'où allaient ces flirts et si elle n'était pas victime de son imagination. La villa *Gorizia*, la propriété d'Ali en bord de mer, était naturellement toujours pleine d'invités, et Rita se demandait toujours laquelle des femmes présentes était la maîtresse de son mari. Fatiguée par sa grossesse, elle se couchait généralement tôt, et ce n'était un secret pour personne que, à peine la savait-il endormie, Ali partait jouer les jolis cœurs dans Deauville. « Ali aimait courir les filles, il en était *fier*[4] », confirmera Orson Welles.

Pourtant, à l'époque, Ali semble avoir vraiment aimé Rita, à sa façon. Certes il la trompait, mais il savait aussi se montrer incroyablement tendre et regagner son cœur au moment où elle atteignait le comble de l'exaspération. C'est ainsi qu'un soir, après avoir dansé avec tout un assortiment de jolies femmes, il fit signe au maître d'hôtel d'éteindre les lumières et demanda à l'orchestre de jouer « Night and Day ». Puis il traversa la piste, tendit la main à son épouse et dansa avec elle le reste de la soirée, comme si toutes les autres femmes avaient disparu.

Bien que ses évanouissements en public et les vêtements lâches qu'on la voyait porter de plus en plus souvent eussent éveillé les soupçons, Rita attendit le mois d'août pour annoncer sa grossesse. Elle était alors enceinte de cinq mois, mais elle prétendit que l'accouchement aurait lieu en février. (Lorsque la date réelle approchera, en décembre, Ali et l'Aga Khan raconteront à qui voudra les entendre que les accouchements prématurés étaient de tradition dans leur famille.) Cette déclaration, quoique mensongère, lui permit en tout cas de ne plus chercher à dissimuler ses formes opulentes et de porter ouvertement des vêtements de maternité. En privé, elle préférait les chemisiers flottant par-dessus des blue-jeans peu ajustés.

En novembre, Ali conduisit sa femme en Suisse pour qu'elle se repose avant la naissance, et l'on aurait difficilement pu imaginer futur père plus empressé. Le passé médical de Rita — une césarienne, l'hémorragie et les autres complications qui avaient suivi son avortement — imposait un maximum de précautions ; effectivement, par deux fois elle faillit faire une fausse couche. Ils s'installèrent dans une suite du Palace-Hôtel de Lausanne, ville où l'Aga avait de nombreux intérêts, ce qui leur garantissait la sollicitude de la municipalité et de sa police. De plus, le professeur Rudolph Rochat, médecin personnel de Rita et directeur de la clinique Montchoisi, lieu d'élection des familles royales européennes, était à portée de main. Comme Rita continuait à affirmer qu'elle ne devait accoucher qu'en février, la présence continuelle de journalistes devant l'hôtel la plongeait dans une agitation extrême — ce qui, bien sûr, n'était pas recommandé dans son état.

De peur que certains de ces reporters ne tentent de forcer sa porte, comme cela s'était déjà produit au moment de son curetage, le valet de chambre Tutti montait la garde en permanence, et Ali prévint les journalistes qu'au moindre geste déplacé de leur part, au moindre flash éclatant au visage de sa femme, il convoquerait immédiatement la police.

Très souvent, le matin, le prince sortait seul de l'hôtel et partait acheter des chocolats, des roses, des parfums et toute sorte d'autres cadeaux pour Rita. L'après-midi il l'emmenait faire une promenade en voiture, et les observateurs notèrent qu'elle paraissait « faible » et avait « les traits tirés »[5]. Entre deux parties de cartes, dans leur suite, ils discutaient du prénom de l'enfant, et finirent par s'entendre sur Yasmina pour une fille et Aladin pour un garçon.

Au grand mécontentement d'Ali, des bruits commencèrent à circuler affirmant que l'enfant serait baptisé. Il n'avait jamais exigé que Rita abjure sa foi catholique, mais dès le début il avait décrété catégoriquement que leurs enfants seraient élevés dans la religion musulmane. Il démentit donc avec la plus grande fermeté toutes ces « fausses rumeurs ».

Il avait été prévu qu'une escorte de police conduirait Rita à la clinique Montchoisi, mais les événements en décidèrent autrement. A trois heures du matin, le 28 décembre 1949, Rita réveilla Ali et lui dit que le moment était venu. Dans sa panique, il oublia d'appeler la police et la conduisit lui-même, roulant à toute vitesse, terrifié à l'idée qu'elle pourrait accoucher dans la voiture. Après sept heures de travail, et sans qu'une césarienne eût été nécessaire, Rita donna naissance à une petite Yasmina de trois kilos.

Pendant qu'elle était en salle de travail, Ali avait rempli sa chambre de lilas et placé Tutti devant la porte. Rita était toujours endormie lorsqu'on la ramena dans son lit, et Ali, lui aussi, finit par s'endormir dans son fauteuil ; il voulait être près d'elle lorsqu'elle se réveillerait.

Si Rita trouva jamais ce qu'elle cherchait auprès d'Ali, ce fut pendant les trois mois qui suivirent la naissance de Yasmina, dans le chalet que le prince avait loué à Gstaad. Là, il sembla oublier sa frénésie habituelle vis-à-vis des autres femmes et, s'il lui arriva quelques fois de filer à Paris, ostensiblement pour ses affaires, il demeura la plupart du temps en compagnie de sa femme, se livrant aux joies du ski, s'occupant de ses deux fils et de Becky qui étaient venus les rejoindre. Rita goûtait enfin la vie familiale telle qu'elle l'avait toujours rêvée — à laquelle un accident vint trop rapidement mettre fin.

Ali se cassa une jambe en faisant du ski et, malgré les soins et les attentions de sa femme, il ne lui fallut pas longtemps pour trouver cette réclusion forcée au chalet insupportable. Il décida que le temps était venu de retourner au château de l'Horizon, où il disposerait d'un plus vaste choix de distractions et d'amusements.

Rita ne comprit pas immédiatement que ce retour sur la Côte d'Azur signifiait la fin du bonheur qu'elle avait connu à Gstaad. Il lui parut qu'elle pouvait maintenant définitivement couper les ponts avec l'Amérique, et elle donna instruction à son homme d'affaires de vendre sa maison de Los Angeles — mise à prix cinquante-cinq mille dollars —, son foyer étant maintenant en Europe, avec Ali.

Mais à peine étaient-ils réinstallés au château que les vieux problèmes resurgirent. Finie la vie tranquille : Ali, malgré sa jambe blessée, recommença à papillonner. « Les querelles entre

Rita et son mari reprirent de plus belle dès leur retour à Cannes[6] », se rappelle Emrys Williams.

De nouveau le château fut envahi par cette cohorte de gens auprès desquels Rita semblait, de par sa nature, incapable de jouer les charmantes hôtesses. Elle s'enfermait dans sa chambre, avec quelques verres, et dansait des heures au son des disques de musique espagnole qu'elle collectionnait. Elle apparaissait pour le dîner et restait silencieuse pendant tout le repas, n'adressant pas la parole à son voisin de table. Elsa Maxwell, qui assista à certains de ces dîners, nota : « Plus d'une fois elle m'a semblé effrayée, comme si elle ne savait où se tourner ni que faire[7]. »

Mais autant Rita paraissait distante en public, autant en présence de son mari elle pouvait se montrer sauvage et explosive. Et ces rages soudaines, comme l'avait déjà remarqué Shifra Haran, avaient pour effet de stimuler Ali, de le ramener vers elle. Une de ces querelles particulièrement violentes éclata lorsqu'il lui demanda de l'accompagner aux courses d'Ascot. « Jamais, avant ni depuis, je n'ai vu une telle fureur chez un être humain[8] », reconnaîtra Emrys Williams.

Elle déclara qu'elle était écœurée de la vie qu'elle menait avec lui et qu'elle voulait rentrer en Amérique, sur quoi Ali, très calme, lui reprocha d'avoir trop bu. Rendue furieuse par cette accusation, Rita lui lança à la tête tout ce qui lui tombait sous la main : tableaux, livres, après quoi, ayant sonné un serviteur pour qu'il lui apporte un verre de jus de fruits, elle en balança le contenu au visage d'Ali — lequel demeurait toujours aussi calme. Finalement, frustrée dans sa colère, elle éclata en sanglots. « Chérie ! Ma chérie ! » entendit-on Ali répéter, prélude à ce que Williams appelait « une tendre réconciliation ».

Ainsi allaient les choses entre les deux époux : des querelles violentes et répétées alternant avec des moments de grande tendresse. Des années auparavant, Rita avait entendu raconter l'histoire de Marlene Dietrich et de Jean Gabin, qui soupirait après la star qu'il avait admirée à l'écran et non après la *Hausfrau* que Marlene souhaitait être pour l'homme qu'elle aimait. Ali, de la même manière, n'était jamais plus heureux que lorsque Rita, dans de brefs éclats, réveillait les fantasmes que Gilda avait suscités.

Bien entendu, Rita finit par se rendre à Ascot — et à toutes les autres manifestations mondaines ou sportives qui jalonnaient d'un bout de l'année à l'autre la vie d'Ali. L'une de ces sorties, néanmoins, fut organisée à l'initiative de Rita. Alors qu'ils se trouvaient à Epsom, en juin 1950, célébrant leur premier anniversaire de mariage en même temps que le derby, Rita décida d'assister à la première du nouveau spectacle que montait Orson Welles au théâtre Edouard-VII à Paris. Donné en anglais, ce spectacle comprenait deux parties : une petite pièce qu'il avait écrite sur Hollywood, intitulée *The Unthinking Lobster* (*La langouste sans tête*), et une adaptation du *Dr. Faustus* (*La tragique histoire du Dr Faust*) de Marlowe, sous le titre de *Time Runs* (*Le temps qui court*). Welles avait choisi pour partenaire la fabuleuse Eartha Kitt, dont l'Aga Khan avait dit, après l'avoir vue se produire dans un night-club parisien, qu'elle était la femme la plus excitante d'Europe.

Dans l'assistance, venue en nombre, toutes les têtes se tournèrent à l'entrée de Rita et d'Ali. Rita portait une longue robe de dentelle noire, des peignes en diamant retenaient ses cheveux coiffés en hauteur, et d'autres diamants étincelaient à son poignet et à ses oreilles. Le prince, en habit, escorta sa femme jusqu'à leurs sièges, au troisième rang. Rita se trouva placée juste derrière une femme dont la tête s'ornait d'un chapeau agrémenté d'immenses plumes d'autruche, si bien que pendant toute la première partie du spectacle, Welles ne remarqua pas son ex-épouse. Et personne, pendant l'entracte, ne lui apprit sa présence dans la salle. Lorsqu'il remonta sur scène pour *Times Runs*, la dame aux plumes d'autruche avait disparu, et c'est le sourire de Rita qui s'offrait à lui, derrière le fauteuil vide.

Il ne l'avait pas revue depuis cette étrange nuit à Antibes où elle lui avait proposé un remariage avec elle, et il se mit à la fixer avec une telle intensité que les autres spectateurs s'efforcèrent de voir qui était l'objet de ce regard. Ce soir-là, le public eut droit à deux spectacles pour le prix d'un. Dès l'instant où il l'eut repérée, Welles ne quitta pas Rita des yeux.

« Docteur John Faustus, lui demandait Hélène (Eartha Kitt), qui est donc cette Margarita dont vous êtes si amoureux?

— Margarita, Margarita, répondait Orson, les yeux toujours fixés sur ceux de Rita. Ah! oui, une fille que j'ai connue! »

Cette réplique fit rire Rita bruyamment, mais son mari ne sembla pas apprécier outre mesure. Il termina la soirée en boudant.

Les difficultés du couple étaient un secret de polichinelle dans la haute société européenne, mais elles atteignirent un point culminant à l'occasion de la visite que rendit Ali aux ismaéliens d'Afrique, et pour laquelle Rita l'accompagna. Conscient de l'inquiétude qu'elle éprouvait à l'idée de jouer le rôle de l'épouse d'un chef religieux, Ali invita deux vieux amis à elle, l'ancien homme d'affaires de Welles, Jackson Leighter, et sa femme, Lola, à se joindre à eux. Ils devaient les retrouver au Caire.

Ali annonça que, dès qu'il aurait rempli ses obligations envers les différentes communautés ismaéliennes, il emmènerait Rita suivre un safari romantique. Mais le projet ne parut guère la séduire. Elle fut malheureuse du début à la fin du voyage, et toujours pour les mêmes vieilles raisons : partout où ils allaient, Ali semblait prêter attention à tout le monde sauf à elle. Au Caire, la nuit du nouvel an, elle partit en claquant la porte d'une soirée où elle s'était retrouvée la plupart du temps assise seule à une table. Et à Nairobi ce fut bien pire, car après avoir passé sa journée à rencontrer ses fidèles, Ali occupait ses nuits à jouer au bridge avec trois Égyptiens qu'il avait emmenés expressément dans ce but.

Lorsqu'elle se plaignit de son sort, Ali suggéra que, après le safari, elle pourrait peut-être envisager de tourner un nouveau film. Idée à laquelle il semblait tenir, car à peine avait-elle déclaré à un journaliste de Nairobi qu'elle ne voulait pas refaire du cinéma qu'Ali confiait à un autre reporter, à Zanzibar, que lui et l'Aga Khan estimaient que Rita devrait accepter de retrouver les studios si on lui offrait un bon rôle. Quelle consternation dut-elle éprouver en lisant ces propos, elle qui avait considéré son mariage comme le plus sûr moyen de dire définitivement adieu à Hollywood !

Ali a peut-être sincèrement cru que tourner un film aiderait Rita à surmonter ce mal de vivre qu'elle éprouvait depuis qu'elle était en Europe, mais il avait également une autre idée en tête, bien plus cynique : l'argent que gagnerait Rita en retravaillant. Malgré le luxe dans lequel évoluait le prince, on savait que le vieil Aga surveillait de très près sa fortune et que la bourse de son fils « était souvent vide », si l'on en croit Elsa Maxwell [9]. Ali devrait attendre la mort de son père pour satisfaire ses perpétuels besoins d'argent, exacerbés par le jeu et un gaspillage immodéré.

S'il était exact, comme tout le monde s'en émerveillait, que Rita avait épousé un homme très, très riche, son vieil ami Hermes Pan n'en avait pas moins remarqué qu'Ali dépensait sans vergogne l'argent de sa femme : « L'argent de Rita lui glissait entre les doigts comme de l'eau. Il a dépensé ainsi une fortune [10]. »

Finalement, à Nairobi, elle en eut assez et décida de s'en aller, comme lors de cette soirée au Caire, mais cette fois-ci c'était plus grave. Ali étant parti chasser, elle lui envoya un mot disant qu'elle retournait à Cannes auprès des enfants. Sur quoi il revint à Nairobi pour discuter. Elle prétendit que ses enfants lui manquaient, qu'elle était fatiguée après trois mois d'Afrique, mais il était évident que sa décision dissimulait quelque chose de plus sérieux. Selon ce qu'affirmera Ali ultérieurement, elle lui dit alors qu'elle voulait passer deux mois à New York avec les enfants et il accepta à deux conditions : elle attendrait qu'il soit revenu d'Afrique, et elle n'emmènerait pas la petite Yasmina avec elle.

Si promesse il y eut de la part de Rita, elle l'oublia à peine rentrée à Cannes : elle fit ses bagages et partit avec les deux petites filles le jour même où l'Aga Khan devait arriver du Pakistan pour une réunion de famille. Et le choix du jour ne fut pas un hasard. « Miss Hayworth s'était mis dans la tête qu'Ali ou moi voulions lui enlever sa fille, rappellera l'Aga, en quelque sorte kidnapper l'enfant [11]. » Craignant qu'une fois l'Aga présent on ne l'autorise plus jamais à emmener Yasmina, Rita organisa son départ dans le plus grand secret. Elle commença par prendre le train pour Paris, d'où elle gagna Le Havre et un paquebot qui, le 25 mars 1951, fit route pour New York.

19

Sans que Rita le sût, l'Aga l'avait fait étroitement surveiller dès la minute où il avait appris qu'elle et sa petite-fille avaient quitté le château de l'Horizon. Elle devait apprendre bien plus tard, par l'avocat du prince, que les autorités françaises avaient tenu Ali et son père au courant du moindre de ses mouvements. Si le prince avait voulu l'empêcher d'emmener Yasmina à New York, il aurait été aisé à l'Aga Khan d'obtenir que la police fasse traîner les formalités de départ suffisamment longtemps pour permettre au père de récupérer sa fille. Ainsi Rita croyait qu'Ali ignorait où elle se trouvait alors qu'il avait délibérément choisi de ne pas se manifester. Bien avant que des journalistes ne lui téléphonent au Caire pour l'« informer », il était parfaitement au courant de la situation, mais il savait aussi que son père tenait par-dessus tout à éviter un nouveau scandale. Légalement Ali avait le droit de garder Yasmina, mais cela n'empêcherait pas la presse de monter l'événement à la une. Alors pourquoi risquer toute cette méchante publicité, puisqu'il était probable que, une fois à New York, Rita se calmerait et reviendrait avec l'enfant ?

Par ailleurs, après les moments difficiles qu'ils venaient de connaître, Ali, lui aussi, avait besoin de se retrouver seul. Si Rita espérait qu'il la suivrait à New York pour tenter de la convaincre de revenir au château, comme cela s'était déjà produit une fois, elle se trompait lourdement. Aux journalistes Ali affirma que le brusque départ de sa femme n'avait rien d'extraordinaire. Et lorsqu'ils lui demandèrent s'il avait l'intention de la rejoindre prochainement, il répondit que cela se pourrait, mais seulement à la fin de la saison des courses. Ses pieux mensonges ne servirent pas à grand-chose, et Rita n'était pas encore arrivée en Amérique que les journaux annonçaient le retour peut-être définitif de la Déesse de l'Amour dans son pays.

Pour Harry Cohn ce fut là certainement une bonne nouvelle. A peine le paquebot avait-il jeté l'ancre dans le port de New York que la Columbia manifestait son désir de reprendre sa vedette. « La Columbia est prête à s'asseoir autour d'une table et à négocier avec Miss Hayworth, ou la princesse Rita, à n'importe quel moment, annonça le studio. Naturellement, nous avons plusieurs propositions à lui faire, mais il était difficile de parler affaires tant qu'elle se trouvait à huit mille kilomètres de chez nous. » La Columbia ne pouvait en dire plus, car Harry Cohn ignorait encore si Rita avait réellement décidé de quitter le prince ou s'il ne s'agissait que d'un court séjour à New York. (Elle-même, du reste, n'était pas encore très fixée là-dessus.)

Lorsque, plus tard, Cohn apprendra qu'elle était fermement résolue à mettre fin à son mariage et qu'elle se trouvait dans une situation financière délicate, il s'empressera de profiter de son désespoir. Mais pour le moment, il ne pouvait qu'attendre, tout en sachant pertinemment que tous ces bruits dont la presse se faisait l'écho ne pouvaient que raviver l'intérêt du public : eût-il voulu payer une campagne publicitaire pour annoncer le retour imminent de la star à la Columbia qu'il n'aurait jamais pu en financer une de cette importance.

Le 2 avril 1951, donc, lorsque Rita débarqua, les journalistes l'attendaient au moins aussi nombreux que pour son départ, deux ans auparavant. Mais cette fois-ci elle n'essaya pas de les tromper. Elle eut beau nier avoir décidé de quitter Ali et de retourner à Hollywood, ses efforts évidents pour se réconcilier avec la presse suggéraient le contraire. Lorsqu'on lui demanda si elle s'attendait que les gens en Amérique l'appellent « princesse », elle répliqua : « Je ne veux être connue que comme Rita Hayworth. » Puis, pour bien prouver qu'elle était une

Américaine comme toutes les autres, elle ajouta : « La première chose que je vais faire, c'est de manger un hot dog. »

Tous ces efforts pour les séduire n'empêchèrent pas certains journalistes teigneux de se moquer de la légère touche d'accent anglais que, disaient-ils, elle avait attrapée en Europe. Et bien qu'elle eût fermement défendu que l'on prenne des photos de ses deux filles, les portraits de Yasmina et de Becky s'étalaient dans les journaux dès le lendemain.

Pourtant, dans l'ensemble, les retrouvailles de Rita avec la presse américaine furent un succès. Son mariage avec Ali avait-il fait oublier le scandale qui l'avait précédé, et un divorce risquait-il de ternir à nouveau son image ? En tout cas, si l'on en juge par la longueur des articles qui commentèrent son désir de manger un hot dog, la conférence de presse impromptue l'avait certainement aidée à reconquérir la sympathie du public américain.

A ce stade, néanmoins, Rita n'était absolument pas pressée de retrouver son ancienne vie à Hollywood. Si Ali était venu la chercher, elle l'aurait certainement suivi. Or, non seulement il ne venait pas, mais il ne donnait même pas l'impression d'être touché par tout cela. A son retour d'Afrique, et malgré le désir de l'Aga d'éviter tout scandale, il assista à toutes les manifestations du festival de Cannes, en compagnie d'un essaim de jolies femmes. Ce n'était certainement pas la réponse que Rita attendait, et de voir dans les journaux des photos de son mari aux côtés de l'actrice Joan Fontaine (qui avait interprété le rôle de Jane Eyre avec Orson Welles dans celui de Mr. Rochester) n'arrangea pas les choses. Finalement, elle ne put plus en supporter davantage. Le 28 avril 1951, son avocat, Bartley Crum, fit les premières démarches pour ce qui allait devenir l'un des cas de divorce les plus longs et les plus sensationnels de l'histoire d'Hollywood. Plutôt que de communiquer avec Ali par l'intermédiaire de ses avocats, comme le veut l'usage, Crum fit connaître les intentions de sa cliente par voie de presse.

Le lendemain, 29 avril, Ali assistait à un déjeuner donné pour les membres de la Légion d'honneur à l'hôtel Martinez de Cannes. Lorsque les journalistes lui demandèrent ce qu'il comptait faire au sujet de Yasmina, il se contenta de répondre : « Je n'ai rien à dire. » Ce même jour il écrivit à Rita une lettre qui se voulait conciliante et qui, lorsqu'elle la reçut, ne fit que l'exaspérer davantage :

Ma chérie,

Je dois avouer que j'ai été non seulement surpris, mais très blessé et malheureux, premièrement de ta décision de me quitter, deuxièmement que tu n'aies pas cru bon de me prévenir avant de mettre l'affaire entre les mains des avocats, me laissant découvrir tout cela dans la presse.

Tout ceci ne te ressemble pas, et j'ignore quelles mauvaises influences t'ont poussée à agir ainsi — qui ne s'intéressent certainement ni à ton bonheur, ni au mien. Je ne saurai jamais pourquoi tu les laisses casser quelque chose qui était si sincère et durable...

Comment as-tu pu imaginer que j'étais capable de faire quoi que ce soit qui pût te causer des ennuis ou atteindre Yasmina, ou te rendre les choses encore plus désagréables, même si tout cela est très douloureux pour moi ?

Je suis terriblement triste pour deux raisons : premièrement à cause de ta décision, deuxièmement à cause de ton manque de confiance en moi et de la façon dont tu as conduit toute cette affaire.

Ceci dit, bien entendu, je ferai ce que tu veux.

Si tu souhaites une séparation légale, avec tout ce que cela représente de temps perdu, etc., tu l'auras. Pour ma part, comme je n'ai pas l'intention de me remarier ou de laisser une autre femme prendre ta place dans mon cœur, je ne veux pas divorcer.

Apparemment, toi-même ne désires pas te remarier, d'après ce que dit la presse, alors pourquoi ne pas simplement nous séparer, sans processus légal ?

Tu auras la même liberté, et les mêmes avantages. Même après une séparation légale, tu ne pourrais te remarier sans passer par le divorce, et si jamais tu souhaites te remarier, je t'accorderai le divorce, que notre séparation ait été légale ou simplement amicale. Comme je te l'ai déjà dit, je ne veux pas d'une autre épouse, donc un divorce ne m'intéresse pas.

Pour ce qui concerne notre Yasmina chérie, il va sans dire que, quelle que soit ta décision, je prends à ma charge tous les frais concernant son éducation.

Mon seul désir, que j'espère tu respecteras, dans son intérêt et parce que nous en étions convenus à sa naissance, est que tu l'élèves dans la religion musulmane et que, lorsqu'elle aura sept ans et qu'elle ira à l'école, tu la laisses passer une partie de ses vacances avec moi.

Quant à ses intérêts financiers, tu sais que nous sommes musulmans et que, tes avocats te le confirmeront, nous sommes gouvernés par la loi musulmane. Selon cette loi, un homme ne peut déshériter aucun de ses enfants, et ne peut pas davantage privilégier un fils ou une fille au détriment des autres.

D'après cette loi, que je le veuille ou non, Yasmina héritera d'un cinquième de ma fortune, quoi qu'il arrive, et quelle que soit cette fortune.

On ne peut exclure en ces temps de communisme et de révolution mondiale que toute propriété disparaisse, mais sauf à ce que cela se produise, elle aura sa part de tout ce que je laisserai après ma mort. De quelque point de vue que je me place, je ne vois pas où serait l'avantage pour toi d'une séparation légale, encore que tes désirs soient et seront toujours dans ce domaine ma loi.

Je t'en prie, réfléchis à tout cela, et envoie-moi un télégramme si tu optes pour une séparation privée et amicale. Ton avocat et le mien peuvent conclure un arrangement par consentement mutuel, avec une clause prévoyant que dans le cas où tu souhaiterais le divorce, ultérieurement, je te l'accorderais.

Cette lettre te paraîtra peut-être froide et matérialiste, mais tu ne saurais imaginer combien je suis peiné de te perdre, et s'il reste un brin d'espoir, je tiens pour ma part à m'y accrocher.

Si, avec le temps, tes pensées se tournent vers moi et vers l'amour que j'ai éprouvé et que j'éprouve toujours pour toi, sache que mes bras sont ouverts; si un tel heureux changement se produisait, aucune séparation, privée ou légale, ne saurait empêcher ta lumière d'éclairer à nouveau ma vie.

Ali[1].

Mais lorsque cette lettre arriva à New York, Rita était déjà partie pour le Nevada. Yasmina, Becky et leur nurse l'y avaient précédée et occupaient une maison de huit pièces à Glenbrook, près du lac Tahoe, qu'elle avait louée pour six semaines, délai de résidence requis par la législation de l'État pour avoir l'autorisation de déposer un recours en divorce. Afin de se donner le temps de la réflexion, elle quitta New York le 1er mai en compagnie des Leighter, dans une Packard bleue décapotable, pour une longue randonnée jusqu'au Nevada.

Pendant ce temps, un journal français, *L'Espoir*, annonçait que le prince Ali avait l'intention d'intenter une action en justice afin de récupérer sa fille. Information dont Ali exigea immédiatement le démenti : Rita était assez furieuse comme cela sans qu'elle se croie l'objet de menaces à travers Yasmina.

Aussi désireux que fût l'Aga de ne pas exposer les ennuis de sa famille à la curiosité des foules, il se sentit obligé de s'exprimer publiquement afin de calmer Rita et de l'empêcher de prendre des mesures désespérées. Il savait que tout en l'aimant beaucoup, elle redoutait son pouvoir. En conséquence, s'il lui affirmait qu'elle n'avait rien à craindre de lui, cela pouvait considérablement la rassurer. Aussi, avant de quitter Genève pour assister au mariage du roi Farouk d'Égypte avec Narriman Sadek, fit-il une déclaration qui, espérait-il, atteindrait sa belle-fille où qu'elle se trouvât, entre New York et le lac Tahoe : « J'espère vraiment beaucoup qu'il n'y aura pas de divorce. Ali tient beaucoup à Rita, et il serait profondément désolé de la perdre. Mais cet amour est justement une des raisons pour lesquelles il ferait n'importe quoi pour lui plaire — même accepter un divorce. S'il devait y avoir un divorce, continuait-il, la seule condition serait que Rita élève la princesse Yasmina dans la foi musulmane. Mais si Rita s'installe en Californie, cela ne devrait pas poser de difficultés, car il existe là-bas de nombreux centres islamiques. Rita est une jeune femme très raisonnable. Je suis sûr qu'elle ne verra aucune objection à élever sa fille dans la religion musulmane [2]. » L'Aga ajouta qu'Ali souhaitait également que Yasmina soit autorisée à venir le voir régulièrement. Le vieil homme comprenait que, dans sa crainte de perdre sa fille, Rita risquait de chercher à la couper de sa famille et de son père. D'où la nécessité pour lui de s'exprimer sur un ton très diplomatique.

Pendant ce temps, l'objet de toutes ses craintes, la petite Yasmina, se trouvait sur les bords du lac Tahoe, gardée par une nurse française, tandis que Becky jouait seule sur la plage. « Je serai heureuse quand maman arrivera », disait-elle. Mais, soucieuse de bien éclaircir les choses dans sa tête avant de prendre une décision, Rita ne se pressait pas.

Bien que s'inscrivant dans les hôtels sous le nom de « Mrs. A. Khan », elle voyagea la plupart du temps sans être reconnue. Les quelques fois où des gens lui demandèrent si elle n'était pas Rita Hayworth, elle se contenta de nier. Un jour, dans le désert du Nevada, une voiture de police lui fit signe de s'arrêter, non pour lui infliger une amende comme elle le craignait, mais simplement pour saluer celle qui personnifiait la déesse de l'Amour.

Finalement, le 10 mai, Rita et les Leighter s'arrêtaient devant la maison surplombant le lac. « Maman ! Maman ! » cria Becky, courant à travers la pelouse pour l'accueillir. Rita la serra contre elle, puis elle prit Yasmina dans ses bras. Elle avait beaucoup réfléchi pendant le trajet, et avait décidé de déférer au vœu de l'Aga en élevant la petite fille dans la foi musulmane. Mais ni l'Aga ni Ali n'allaient trouver à leur goût son autre décision : quatre jours plus tard, le 14 mai, Bartley Crum annonça à New York que Rita demandait le divorce, et exigeait qu'Ali dépose une somme de trois millions de dollars au nom de Yasmina.

La lettre que le prince avait écrite à sa femme avait été publiée dans son intégralité par la presse française ; le jour qui suivit l'annonce de Crum, elle parut également dans la presse américaine. Rita ayant refusé de lui répondre, c'est Ali lui-même qui avait fait passer cette lettre aux journaux, pour prouver qu'il n'avait pas l'intention de causer le moindre tort à la mère et à l'enfant. Rita, elle, estima qu'il cherchait simplement à ne pas déclencher la colère de l'Aga en tentant d'éviter un divorce que la presse ne manquerait pas d'exploiter. Elle était persuadée qu'Ali ne voulait pas sincèrement une réconciliation, mais une séparation à l'amiable qui lui permettrait de continuer à courir les femmes, comme cela s'était déjà produit lors de son premier mariage, et elle était décidée à ne pas donner son aval à un tel arrangement. Elle s'installa donc pour ses six semaines de résidence dans le Nevada.

Pour leur second anniversaire de mariage, le 27 mai 1951, Ali lui envoya deux douzaines de roses accompagnées d'un mot disant : « Te souviens-tu de moi ? » Mais Rita tint bon — elle ne s'en souvenait que trop bien ! Cependant, aussi courageuse et déterminée qu'elle se montrât en public, elle était profondément bouleversée et angoissée par son avenir. Qu'allait-elle faire ? Le temps passé en Europe l'avait laissée quasiment sans un sou, et elle dut emprunter vingt-cinq mille dollars à son agent pour s'en sortir.

Bob Schiffer, son vieil ami, vint lui tenir compagnie et loua un cabanon juste au bas de la route qui menait à sa maison. Il la trouva effrayée, hésitante, confuse. « Rita était très seule, se rappelle-t-il, et totalement perdue. Elle ne savait pas quoi faire de sa vie, ni quelle direction suivre. Elle ne savait pas si elle devait reprendre sa carrière, ni même si elle *avait* une carrière. » L'Europe ne lui avait laissé que de mauvais souvenirs. « Elle me dit qu'elle s'était sentie une petite fille effrayée à l'Horizon. Tout ce qu'elle demandait maintenant, c'était de retrouver ses vieux amis[3]. »

Au début de juin, Bartley Crum partit pour Paris afin d'entamer les négociations avec Charles Torem, l'avocat d'Ali. Dès la première rencontre, il parut évident qu'il était hors de question qu'Ali dépose la somme de trois millions de dollars réclamée par Rita pour Yasmina, et qu'en fait il n'était pas là pour discuter divorce mais pour tenter d'obtenir une réconciliation qui serait davantage du goût de son père. Quant à Rita, si elle ne réclamait pas de pension alimentaire, elle insistait pour que l'on garantît à sa fille une somme substantielle.

A la fin de la réunion, Torem qualifia d'« erreur » et de « sottise » le montant de la somme exigée, tandis que Crum déclarait que sa cliente était fermement décidée à obtenir son divorce. « Nous voulons le même type de règlement financier pour la petite fille que celui accordé par Ali khan aux deux fils nés de son précédent mariage », insista-t-il. Ce que réclamait Rita, dit-il (à l'intention visiblement de l'opinion publique américaine), en exigeant que sa fille soit traitée comme les deux garçons, c'était « l'égalité des droits de la femme ». Quant à l'éducation de Yasmina, Crum confirma que sa cliente déférerait aux vœux du père et élèverait sa fille dans la religion musulmane — mais la formulation laissait apparaître un premier signe de résistance : elle suggérait que Rita ne le voulait pas vraiment : « Miss Hayworth l'a promis au moment de son mariage. Elle ne reviendra pas sur sa parole. Elle le fera peut-être à contrecœur, mais elle le fera. » Finalement, Crum annonça que les discussions reprendraient la semaine suivante, lorsqu'il serait revenu d'Israël où l'appelaient d'autres affaires.

Or, avant de quitter Paris, Crum surprit Ali dans une situation qui rendait difficile de croire qu'il souhaitait sincèrement une réconciliation. C'était du reste le genre de bévue que le prince ne commettait que trop fréquemment (comme s'il eût été déchiré entre le désir de plaire à son père et le besoin d'attirer son attention par n'importe quel moyen). Toujours est-il que, quelques heures à peine après avoir exprimé son désir de se réconcilier avec sa femme et imploré Crum d'essayer de la convaincre de le rejoindre aux Caraïbes pour qu'ils pussent parler face à face, Ali débarquait au Club Florence, une boîte de Montmartre très en vogue à l'époque, en compagnie de sa conquête du moment,

Joan Fontaine. Et qui se trouvait là assis quelques tables plus loin avec des amis ? Bartley Crum. D'où une gêne considérable de part et d'autre, le prince essayant désespérément de faire croire qu'il n'accompagnait pas la belle actrice. Naturellement les journaux s'emparèrent de l'histoire, ce qui eut pour résultat de rendre Rita encore plus furieuse. Elle eut l'impression qu'une fois de plus Ali l'avait humiliée en public. Pour ce qui la concernait, elle ne le croirait plus jamais, quoi qu'il pût dire. Et lorsqu'elle apprit sa proposition concernant leur rencontre éventuelle aux Caraïbes, elle câbla à son avocat de refuser et de poursuivre la procédure de divorce.

Une nouvelle épreuve l'attendait : le jour suivant, le *district attorney* (équivalent américain du procureur de la République), le shérif et son adjoint se présentaient inopinément à sa porte pour l'informer que, à dater de cette minute, sept policiers allaient monter la garde devant chez elle, car on avait eu vent d'un projet de kidnapping des enfants. Quelques policiers armés se trouvaient déjà sur sa plage privée, le bruit courant que les gangsters envisageaient d'arriver par bateau, d'embarquer les enfants et de fuir de l'autre côté du lac.

Rita fondit en larmes. En emmenant les enfants en Amérique, les avait-elle exposées à de nouveaux dangers ? Serait-elle capable de les protéger ? Bien que la police fût là pour les garder, la présence de ces hommes en armes lui faisait l'effet d'une invasion. Le district attorney, Jack Streeter, lui expliqua qu'il revenait de Floride où, à l'hôtel McAllister de Miami, il était tombé sur des truands bien connus dans la région qui semblaient s'intéresser de très près aux faits et gestes de Rita sur les bords du lac Tahoe. Ignorant bien entendu l'identité de l'homme qui se trouvait non loin d'eux, ils avaient donné la preuve dans leur discussion qu'ils connaissaient avec précision les habitudes de Rita et des enfants. L'un d'eux avait même déclaré : « La petite Yasmina vaut un paquet de fric. » D'où cette arrivée de policiers, qui patrouilleraient également dans la forêt qui s'étendait derrière la maison. Le bruit courant que Rita voyageait avec des bijoux d'une valeur de deux cent cinquante mille dollars, Streeter lui demanda de les déposer dans un coffre.

Et comme si tout cela ne suffisait pas, Rita dut affronter une autre source d'ennuis : Harry Cohn. Pour le moment, elle était seule et vulnérable — exactement la situation où il aimait la voir.

Sachant fort bien dans quel état d'esprit elle devait se trouver, les questions qu'elle devait se poser sur l'accueil que lui réservait le public américain, il en profita pour la pousser à abandonner la clause de son contrat qui lui octroyait un droit de regard sur les scénarios. Et aussi désireux qu'il fût de la voir reprendre son travail, il n'en joua pas moins les pessimistes au téléphone, disant qu'il redoutait pour sa carrière les effets de toute cette publicité qui entourait son divorce ; il voulait lui donner l'impression qu'il lui faisait une faveur en la reprenant.

Si l'on excepte ses bijoux, Rita n'avait plus d'argent. Au point que, vers la fin de son séjour au Nevada, elle déménagea avec sa petite famille dans une maison de dimensions plus modestes et donc moins chère. Les factures continuant à s'accumuler, il devenait de plus en plus évident, même si l'idée l'épouvantait, qu'il lui faudrait bientôt retourner à Hollywood.

Si bien que, et malgré le fait qu'elle s'était installée dans le Nevada dans ce seul but, elle hésita brusquement à poursuivre la procédure de divorce. La réalité de sa situation, la nécessité de devoir recommencer à travailler avaient eu raison d'elle. Comment pourrait-elle retrouver une vie — et une image — auxquelles elle croyait avoir échappé à jamais en épousant Ali ? En laissant en suspens l'action en cours elle se ménageait une échappatoire, et ainsi une plus grande tranquillité d'esprit en vue de sa rencontre avec Harry Cohn — leur premier face à face depuis son départ, en 1948.

20

L'après-midi du 5 juillet 1951, la voiture transportant Rita et ses filles remontait l'allée du Beverly Hills Hotel, où elle avait retenu un bungalow de trois pièces sous un nom d'emprunt. La standardiste de l'hôtel reçut pour instruction de répondre à quiconque s'en enquerrait que Rita Hayworth n'habitait pas là. Mais tandis que Rita dormait profondément, une journaliste qui avait retrouvé sa trace et, bernant une femme de chambre, s'était fait conduire jusqu'au bungalow, réussit à entraîner Yasmina et Becky à l'extérieur, où elle prit quelques bonnes photos. Lorsque, à son réveil, Rita comprit ce qui s'était passé, elle devint folle de rage : et si, au lieu de la journaliste, des kidnappeurs s'étaient introduits chez elle et avaient enlevé les enfants ?

Le chef de la police de Beverly Hills, C. H. Anderson, arriva peu après et proposa de la faire protéger par ses hommes, mais Rita refusa. Elle accepta seulement qu'un vigile de l'hôtel, armé, s'installe devant sa porte et qu'un policier motocycliste stationne derrière le bungalow.

Aussi fiables fussent-ils, les deux hommes ne pouvaient pas la protéger de ce qu'elle considérait comme le plus grave des dangers : que, d'une manière ou une autre, l'Aga réussisse à attirer la petite Yasmina et à la garder en Europe. L'obligation d'élever l'enfant dans la foi islamique lui apparaissait de plus en plus comme un élément menaçant. Soudain, et contrairement à ce qu'il avait affirmé jusqu'à présent, Crum déclara qu'« il restait à déterminer si Yasmina pourrait grandir et boire des icecreams sodas comme n'importe quelle petite fille américaine, ou si elle devrait recevoir l'éducation d'une princesse musulmane ». Il fallait voir là, bien entendu, une tactique destinée à gagner à Rita la sympathie du public américain. La majorité de ses concitoyens préféreraient certainement que l'enfant soit élevée « comme n'importe quelle petite fille américaine » plutôt que selon les principes funestes et mystérieux qu'ils imaginaient caractériser une éducation musulmane.

Le changement de position de Rita dans ce domaine correspondait également à sa crainte, sans cesse croissante, de perdre sa fille, véritable obsession qu'elle traduirait pendant des années en empêchant l'enfant de rejoindre son père et sa famille. L'attitude d'Ali et de l'Aga démontrerait ultérieurement que ni l'un ni l'autre n'avaient l'intention de retirer l'enfant à sa mère, mais cette peur ne devait jamais la quitter et expliquerait en majeure partie sa conduite étrange et changeante pendant toutes les négociations qui allaient suivre.

C'est ainsi que lorsque Charles Torem, l'avocat d'Ali, vint la trouver pour lui proposer de reporter toute action légale à six mois, elle répondit qu'elle n'accepterait que si Ali, à son tour, acceptait de se présenter devant la justice du Nevada au cas où elle déciderait d'obtenir le divorce. C'était toujours la même raison qui lui dictait cette requête : Yasmina. Pour que le divorce fût reconnu en Europe, il fallait que le prince ou un de ses représentants fît acte de présence devant la justice américaine ; ainsi toute sentence concernant la garde de l'enfant ferait-elle autorité en Europe également. En cas contraire, le jour où sa fille mettrait les pieds sur le sol européen, Ali aurait parfaitement le droit d'affirmer que Rita n'avait jamais reçu la garde légale de Yasmina. Encore une fois, rien ne prouve que le prince ait jamais envisagé une telle attitude, mais Rita le croyait, et durant toute la procédure elle agit en fonction de cela.

Après quelques jours de réflexion, elle décida de rejeter la proposition d'Ali et de poursuivre son action en justice. A la mi-août, il fallut se rendre à l'évidence : le prince n'accepterait jamais de déposer la somme de trois millions de dollars qu'elle réclamait pour Yasmina. Bartley Crum essaya à nouveau d'attirer la sympathie du public américain en affirmant que le refus d'Ali venait de « cette vieille idée orientale selon laquelle les filles n'ont pas la même valeur que les garçons » et que Rita se battait « pour le droit des femmes ».

En cette mi-août, toute l'Europe jasait sur l'œil au beurre noir qu'Ali s'était fait mettre, à Deauville, par un industriel belge dont il avait courtisé la femme. Un peu plus tard il débarqua en Amérique du Sud, ostensiblement afin de persuader Rita de le laisser venir aux États-Unis pour voir sa fille, mais bientôt on ne parla plus que de sa liaison avec une jeune actrice, à Rio de Janeiro. Toutes ces histoires, évidemment, n'arrangeaient ni sa cause, ni ses rapports avec sa femme.

L'été tirait à sa fin et, le 1er septembre, Rita déposa devant le tribunal de Reno une requête en divorce pour cause d'« extrême cruauté mentale ». Elle réclamait la garde de Yasmina et acceptait qu'un droit de visite fût accordé au prince. Le jour même, la cour du Nevada adressait une convocation au prince Ali khan, lui intimant de se présenter devant elle dans les trente jours qui suivraient la réception de ladite convocation. En cas de refus du prince, le tribunal statuerait par défaut, et Rita n'aurait qu'à venir une deuxième fois devant la cour pour obtenir le divorce.

Effectivement Ali ne tint pas compte de la sommation du tribunal de Reno, mais Rita attendit pourtant un an et demi avant de concrétiser son divorce. Sans la somme qu'elle réclamait pour Yasmina ni l'assurance légale qu'Ali ne pourrait lui enlever celle-ci, elle ne voyait dans le décret du Nevada qu'une victoire à la Pyrrhus.

Naturellement toutes ces péripéties alimentaient régulièrement la presse américaine, et lorsque Rita reprit le chemin des studios de la Columbia, pour la première fois depuis trois ans, on l'y attendait avec la plus grande curiosité, ses camarades de travail étant pressés de voir si sa vie de princesse l'avait changée ou non. Mais, si l'on en croit Earl Bellamy, ils reconnurent très vite qu'elle était bien la Rita dont ils avaient gardé le souvenir. Même la légère trace d'accent anglais qu'elle avait en arrivant à New York avait disparu, et il ne lui restait de sa vie fascinante à l'étranger qu'une deuxième fille.

Avide de comptabiliser l'énorme publicité que son retour à Hollywood procurait à sa vedette, Cohn voulait la placer immédiatement devant les caméras, et c'est avec un scénario inachevé qu'il la convoqua pour tourner le film de Vincent Sherman, *Affair in Trinidad (L'affaire de Trinidad)*. Encore à la veille du premier jour du tournage, il n'avait à lui montrer que soixante pages d'un premier jet, si bien que, soupçonnant à juste titre un projet bancal, Rita refusa de jouer tant qu'on ne lui donnerait pas à lire un scénario définitif. Sur quoi Cohn la suspendit à nouveau, comme il en avait parfaitement le droit, puisqu'elle venait juste de renoncer à la clause lui donnant un droit de regard sur le scénario de ses films. Comme dans le passé, elle devait maintenant accepter tout projet émanant du studio, aussi critiquable qu'il fût, ce qui était le cas en l'occurrence. Même Cohn admettait que l'idée de base de *L'affaire de Trinidad* était nulle, mais son sens des affaires lui soufflait que même un mauvais film pouvait rapporter de l'argent tant que l'intérêt du public pour la princesse Rita ne faiblirait pas.

Dans ces circonstances, celle-ci se dit qu'elle pourrait peut-être négocier sa participation au film contre l'annulation du contrat qui la liait à la Columbia. Tout d'abord, Cohn parut accepter, mais il changea bien vite d'avis. Pourquoi négocier alors qu'il savait que, après un certain temps de suspension, elle aurait un urgent besoin d'argent et serait obligée de revenir travailler ?

Ainsi donc recommençait la bataille de *Lona Hanson*, sauf que, cette fois-ci, Cohn n'avait plus à craindre la clause fatidique. Et pour contraindre Rita à céder encore plus rapidement, il raconta toute l'affaire à la presse. A nouveau Rita se vit accusée de faire perdre inconsidérément de l'argent au studio. Citant à la fois *Lona Hanson* et *L'affaire de Trinidad*, la Columbia déclara qu'« en refusant de tourner [Rita] lui avait fait perdre huit cent mille dollars d'investissement [1] ». Et à nouveau, le spectre de la mise au ban par toute la profession se profila devant Rita. Avec deux enfants à entretenir, elle pouvait difficilement se le permettre. Et même si elle finissait par obtenir sa libération de la Columbia, rien ne prouvait que les autres studios seraient désireux de l'employer. Que lui restait-il à faire dans ces conditions, sinon retourner travailler et essayer de s'en tirer au mieux avec *L'affaire de Trinidad* ?

Pendant cette période, elle recommença à avoir des aventures. « Elle semblait flotter d'un homme à l'autre, se rappelle Bob Shiffer. C'était un besoin[2]. »

Elle eut une brève liaison avec Kirk Douglas, qu'elle nia après qu'on les eut photographiés ensemble au Ciro's, et à laquelle, d'ailleurs, Kirk mit un terme rapidement. « Je devinais quelque chose de très profond en elle — solitude, tristesse — que je n'étais pas en mesure de soulager, qui m'aurait entraîné moi-même. Il fallait que je m'éloigne[3]. »

A cette histoire succéda une liaison passionnée avec le producteur Charles Feldman, homme courtois et raffiné. Pourtant, les liens les plus profonds étaient ceux qui l'unissaient depuis longtemps à Bob Schiffer, et dont personne ne parlait. Grand, athlétique, d'une beauté rude, Schiffer représentait pour Rita beaucoup plus que le compagnon occasionnel auquel les gens s'étaient habitués. Quoi qu'il pût arriver dans sa vie, quel que fût l'homme avec qui elle avait une aventure, Bob était toujours là quand elle avait besoin de lui.

Un jour Schiffer se trouvait auprès d'elle, buvant un verre, à l'époque de sa liaison avec Charles Feldman, lorsque celui-ci débarqua. En l'entendant sonner, Rita se demanda ce qu'elle allait trouver pour expliquer la présence de Bob. « Qu'est-ce que je vais faire de toi? lui dit-elle.

— Raconte-lui que je suis Thor Heyerdahl, le Norvégien », lui répondit-il, faisant allusion à l'auteur de la célèbre histoire du *Kon-Tiki*, qu'il venait juste de lire. « Et dis-lui que je ne parle pas anglais.

— Mais c'est complètement dingue, dit-elle en riant elle aussi.

— Parle-moi en espagnol », renchérit Schiffer.

La sonnette de la porte retentit à nouveau, et Rita alla ouvrir.

« N'oublie pas, insista Schiffer, je ne parle pas un traître mot d'anglais. C'est tout ce que tu as à lui dire. »

Rita accueillit Feldman, expliqua que le monsieur qu'elle lui présentait ne parlait pas anglais et s'appelait « Thor quelque chose ».

« Heyerdahl! Heyerdahl! intervint Schiffer.

— Thor Heyerdahl! » s'exclama Feldman. Et, se tournant vers Rita : « Tu ne sais pas qui il est?

— Non, répondit Rita, s'efforçant de garder un visage impassible. Je ne connais pas ce type. Je viens juste de le rencontrer.

« — Seigneur ! Viens ici, dit Feldman, la poussant dans la pièce à côté. Je veux faire signer un contrat à ce type ! Il faut que tu m'aides à lui parler [4]. »

Pendant ce temps, Schiffer essayait de se rappeler le seul et unique mot de norvégien qu'il eût jamais entendu, qui était un juron, et qu'il ne cessa de répéter lorsque Rita et Feldman réapparurent. Naturellement, le producteur n'avait pas la moindre idée de ce qu'il disait.

Feldman s'efforça donc de faire signer un contrat à « Heyerdahl » tandis que Schiffer expliquait en espagnol à Rita ce que signifiait son mot norvégien. Incapable de garder son sérieux, elle sortit en courant de la pièce et s'écroula de rire dans sa chambre. Bob, lui, joua la farce jusqu'au bout, et Feldman ne devina jamais à qui il avait eu affaire.

Schiffer était une des rares personnes avec qui Rita pouvait être simplement elle-même. Il se rappelle qu'« elle était partante pour n'importe quoi, sauf l'aviation ». Ils passaient des heures idylliques à faire de la voile, loin de leur milieu. Et lorsque, le tournage de *L'affaire de Trinidad* à peine terminé, Cohn voulut l'obliger à se remettre aussitôt au travail, elle décida d'en appeler secrètement à Bob pour qu'il l'aide à s'échapper — il comprendrait.

Les préparatifs de tournage de *Salomé*, un extravagant navet en Technicolor, avaient déjà commencé, mais Rita n'avait qu'une idée en tête, s'en aller. « Tout ça m'emmerde, dit-elle un jour à Bob qui devina immédiatement ce que cela signifiait.

— Je pense comme toi, répondit-il.

— Tirons-nous d'ici, reprit Rita. Qui a envie de faire des films ? »

Ils descendirent en voiture jusqu'à Acapulco, et on n'entendit plus parler d'eux pendant des jours. On imagine aisément la colère de Cohn.

Mais d'autres ennuis n'allaient pas tarder à surgir. Comme bon nombre de gens du milieu cinématographique à l'époque, Rita fut soumise à une investigation portant sur son activité politique dans le passé. C'était la pleine période de la terreur rouge à Hollywood, des dénonciateurs et des listes noires : une période de crainte, de méfiance et de trahison.

Le 28 mai 1951, peu de temps après le retour de Rita aux États-Unis, le FBI dressa une liste de tous les acteurs sous contrat avec la Columbia, marquant d'un X les noms de ceux qui figuraient dans ses archives comme s'étant livrés à une activité politique suspecte. Rita apparaissait sur cette liste. Sur quoi, le FBI rassembla un dossier détaillé sur ce qu'elle avait fait à l'époque de son mariage avec Orson Welles. B.B. Kahane, vice-président de la Colombia, finit par exiger une déclaration « sous serment » où elle expliquerait pourquoi elle avait prêté son nom à diverses associations et groupes de gauche. Il écrivait notamment : « La déclaration devra insister sur le fait (si, comme je le présume, c'est le cas) qu'elle n'est pas et n'a jamais été membre du parti communiste. Elle devra aussi contenir une affirmation ferme et définitive de sa loyauté à l'égard des États-Unis, ainsi que, je l'espère, une condamnation rigoureuse des groupes subversifs et de l'idéologie communiste[5]. »

Sur l'insistance des avocats de Rita, le studio finit par accepter une simple déclaration écrite, au lieu du « serment de loyauté » exigé tout d'abord. Rita avait néanmoins le sentiment d'être assiégée (ce qu'elle était en effet), et de nouveau elle se prit à rêver d'évasion, soit au Mexique, soit même en Europe.

Après avoir refusé avec hauteur toutes les propositions de réconciliation que lui faisait Ali, les nouvelles en provenance d'Europe l'amenaient à réfléchir. Au cours d'un voyage en Inde où il était allé visiter ses fidèles, l'Aga Khan avait eu une attaque cardiaque et avait été ramené précipitamment en France pour y être soigné. Pendant ce temps Ali caracolait en Amérique du Sud, notamment en Argentine, où il avait donné une soirée particulièrement délirante qui avait scandalisé les ismaéliens du cru. Lorsqu'il apprit la maladie de son père, il se précipita à son chevet.

Jusqu'alors, Rita refusait même de lui parler, mais là elle ne put s'empêcher de lui téléphoner. Elle ne connaissait que trop bien les sentiments mitigés qu'il éprouvait envers son père. Sa conduite avait trop souvent été un sujet de mécontentement pour le vieil homme, mais maintenant Ali devait remplacer l'Aga, et reprendre la tournée auprès des communautés ismaéliennes asiatiques là où ce dernier l'avait laissée.

Une fois de plus, Ali proposa à Rita de revenir auprès de lui : son père serait plus tranquille s'il apprenait qu'elle suspendait sa demande de divorce. Il lui envoya dans ce but son avocat, mais Rita ne se laissa pas fléchir. Tout juste consentit-elle, pour ne pas lui rendre les choses plus difficiles, à ne pas rendre le divorce définitif. Réjoui par cette bonne nouvelle, Ali commença à lui téléphoner régulièrement à Los Angeles. Et bientôt, elle accepta qu'il vienne aux États-Unis pour voir Yasmina. Le prince était aux anges. Même s'il ne parvenait pas à persuader Rita de renoncer au divorce, il aurait du moins prouvé à son père qu'il avait fait tous ses efforts pour parvenir à une réconciliation.

21

Si Ali était aussi pressé qu'il le prétendait de reconquérir Rita, sa conduite en arrivant à New York fut pour le moins étrange. Pour commencer, il avait préféré prendre le bateau — le paquebot *United States* —, plutôt que l'avion pour venir d'Europe. Puis, avant de se rendre à Los Angeles, il expliqua à Rita qu'il passerait quelques jours à Saratoga Springs, dans l'État de New York, où se tenait la vente annuelle de yearlings dans laquelle une vingtaine de chevaux de l'Aga étaient engagés. Ce qu'il ne lui dit pas, c'est qu'il en profiterait pour passer également quelques nuits avec Yvonne De Carlo, avec qui il avait une liaison. La presse française avait publié des photos des deux amants avec cette légende : « Attention, Rita — j'ai pris ton homme », ce qui, si l'on en croit la belle actrice, « avait beaucoup amusé[1] » Ali.

A New York le couple réussit à échapper à l'attention des journalistes, mais plusieurs centaines de curieux attendaient à l'aéroport de Los Angeles pour voir débarquer Ali et ses quatre-vingts kilos de bagages (dont cinq immenses caisses de jouets). Il se fit conduire chez le producteur Jack Warner d'où, après s'être douché et rasé, il se précipita pour enfin retrouver sa petite fille de deux ans et demi, qu'il n'avait pas revue depuis plus de dix-huit mois.

Yasmina et Becky venaient d'avoir la coqueluche, mais comme les deux fillettes n'avaient plus de fièvre, Rita leur permit de veiller plus tard qu'à l'accoutumée pour attendre le prince. En approchant de la maison de North Alpine Drive, Ali dit au chauffeur qu'il serait de retour dans quelques minutes : il ignorait de fait combien de temps Rita l'autoriserait à rester. Avant même qu'il ait sonné, la secrétaire lui ouvrit la porte et le fit entrer dans le salon où l'attendait sa femme. Quelle qu'eût été leur anxiété à tous deux à l'idée de se revoir, la rencontre se déroula si calmement qu'Ali resta cinq heures.

A deux heures du matin, Rita fit prévenir le chauffeur du prince qu'il n'avait plus besoin de l'attendre, mais à peine une demi-heure plus tard, Ali repartait au volant d'une voiture empruntée à un domestique. A la dernière minute, Rita avait changé d'avis et l'avait mis dehors. Elle dormait encore lorsque, le lendemain, il revint comme convenu déjeuner avec elle et les enfants.

Ce soir-là, le prince devait dîner avec un ami, mais juste au moment de sortir, il reçut un coup de téléphone affolé de Rita. Vers huit heures, la gouvernante était allée vérifier que tout se passait bien dans la chambre des enfants, et par terre, près du lit de Yasmina, elle avait trouvé une boîte de somnifères vide. Le médecin en avait prescrit au moment de la coqueluche, mais combien en restait-il dans la boîte, et combien en avait-elle avalé ? Yasmina avait dû trouver la boîte dans la chambre de sa mère et croire qu'il s'agissait de bonbons. Rita dit à Ali qu'elle emmenait l'enfant au Santa Monica Receiving Hospital. Pouvait-il la rejoindre là-bas ?

Il y arriva le premier. Quelques heures seulement auparavant, il était tout heureux auprès de sa ravissante petite fille, et voici qu'il craignait pour sa vie. Lorsque Rita et la gouvernante, portant l'enfant, arrivèrent à leur tour, Yasmina était de loin la plus calme des trois. Elle suçait un sucre d'orge et, à part quelques rares quintes de toux, paraissait aller très bien.

Ali, fou d'inquiétude, houspilla une infirmière qui n'agissait pas assez vite à son gré, mais bientôt le médecin de garde prenait les choses en main, et procédait à un lavage d'estomac. Pendant ce temps Rita, incapable d'attendre à l'intérieur, faisait les cent pas dans une allée. Durant les vingt minutes que dura l'intervention, Ali fit l'aller retour entre sa femme et l'enfant.

Yasmina avait bien crié un peu lorsque le tube en caoutchouc avait été introduit, mais maintenant elle paraissait en bon état. C'était Rita qui avait davantage besoin d'aide, et Ali, surmontant sa propre inquiétude, s'employa à la rassurer. Pour la première fois depuis bien longtemps, l'amour, la compréhension renaissaient entre eux, ils formaient de nouveau un couple. Une heure et quart après que la gouvernante eut découvert la boîte de pilules vide, le médecin leur dit que Yasmina était hors de danger. Elle semblait n'en avoir avalé que quelques-unes. Ils allaient pouvoir la ramener chez eux.

La crise était passée, mais les liens qu'elle avait tissés entre Rita et Ali n'en disparurent pas pour autant. Ali était accouru lorsqu'elle avait eu besoin de lui, et de cela elle lui était très reconnaissante. Comme aurait-elle fait pour affronter cette situation toute seule ? Maintenant elle semblait aussi désireuse que lui de parvenir à une réconciliation.

Le dimanche soir, après avoir assisté aux courses à Del Mar, Ali vint dîner avec Rita et les enfants. Il lui avait dit qu'il suivait un régime, aussi n'eut-il droit qu'à du poulet grillé, sans les habituels gâteaux qu'elle commandait pour le dimanche. A l'évidence, ils formaient de nouveau une famille. Loin de la société qui entourait Ali en Europe, Rita se retrouvait sur son terrain.

Le 20 août, les deux époux déjeunèrent tranquillement au Naples Café, un restaurant italien près des studios de la Columbia, où Rita tournait toujours *Salomé*. Ce même jour, Ali et son valet Tutti devaient s'envoler pour Chicago, puis pour le Kentucky où l'Aga et lui possédaient des chevaux. Il était entendu que, après avoir terminé son film, Rita le rejoindrait en Europe et qu'ils jugeraient à ce moment-là de l'état de leurs relations. Néanmoins, elle ne lui promit rien d'autre que de le retrouver en France.

Ali voulait revoir sa fille, mais Rita refusa de l'emmener, signe qu'elle n'était pas certaine de l'issue de leurs retrouvailles. Au cas où les choses se passeraient de nouveau mal entre eux, elle ne voulait pas courir le risque de ne plus pouvoir ramener l'enfant aux États-Unis. Elle redoutait donc toujours autant les réactions de l'Aga.

A la fin de septembre, Rita embarqua à bord de l'*United States*, avec l'intention de dire à Ali que pour le moment elle abandonnait la procédure de divorce. Le 24 septembre, le navire entrait dans le port du Havre où, à son grand désappointement, elle ne trouva pour l'accueillir que Tutti. Si Ali avait tellement envie de la revoir, n'aurait-il pas dû être là ? Qu'étaient devenues la chaleur et la gentillesse qui avaient fait fondre son cœur à Los Angeles ? Et lorsqu'elle arriva dans la maison de Neuilly, il ne s'y trouvait pas davantage. Ses affaires, lui dirent de sa part les domestiques, le retenaient à Cannes. Et naturellement, la maison était pleine d'invités, alors qu'elle rêvait d'intimité, d'une vie à deux tendre et romantique. Voilà qui augurait bien mal de cette réconciliation à laquelle il prétendait tellement tenir.

Rita passa donc sa première nuit en Europe seule dans son lit. Le lendemain, elle ordonna aux domestiques de dire qu'elle se reposait et ne voulait pas qu'on la dérange. Finalement, tard dans la soirée, Ali arriva de Cannes. Ils passèrent la nuit ensemble, mais au matin, il déclara que Rita était fatiguée et se rendit seul à un déjeuner avec des amis. Pour justifier l'absence de sa femme, il expliqua qu'elle était enrhumée.

Bien que leur reprise de vie commune ne se déroulât pas comme elle l'avait espéré, Rita accepta d'annoncer publiquement qu'elle renonçait à sa procédure de divorce, et Ali, qui s'était toujours efforcé de la protéger autant que possible de la presse, sembla cette fois-ci vouloir attirer le maximum de journalistes et photographes pour leur apprendre la nouvelle. Elle devait confier plus tard qu'elle avait eu l'impression de s'être fait avoir : toute cette histoire de réconciliation avait été montée que l'Aga, à la lecture des journaux, fût satisfait et reconnût qu'Ali s'était bien conduit.

Après quoi, le prince continua à mener sa vie mondaine comme si sa femme n'avait pas été là. Rita ayant refusé d'assister au Prix de l'Arc de Triomphe, il s'y rendit sans elle et déclara à ceux qui lui en faisaient la remarque qu'ils avaient décidé de mener chacun leur vie, sans déranger l'autre. Sous prétexte qu'ils étaient mariés et que sa femme n'aimait pas les courses, devait-il s'abstenir d'y assister ? Et il en serait ainsi pour bien d'autres choses, laissait-il entendre.

Ali avait souhaité satisfaire son père, mais le vieil homme ne tarda pas à apprendre combien Rita était malheureuse de la conduite de son mari. Pendant que le prince se faisait un point d'honneur d'accepter toutes les invitations en sachant très bien qu'elle les refuserait, elle restait chez elle à broyer du noir. On l'avait vue souvent pleurer tandis que son mari, sans vergogne, sortait avec d'autres femmes. L'Aga était au moins aussi déçu que sa bru de cette mascarade de réconciliation et, furieux, il s'en ouvrit à Elsa Maxwell. « Ne peut-il pas se tenir tranquille, loin des brunes et des blondes, tant que Rita est ici[2] ? » se lamentait-il.

Malgré son désir, le vieil homme n'arrivait pas à se concilier Rita, qui refusait fermement d'aller le voir. Elle était tout simplement « effrayée » à l'idée de le rencontrer, expliqua-t-elle à Bartley Crum. Contrairement à son fils, l'Aga était un personnage puissant, redoutable. Face à face avec lui, où trouverait-elle la force de lui résister s'il l'implorait de rester avec son fils ou d'envoyer Yasmina en Europe ? La dernière fois, plutôt que de l'affronter, elle avait préféré prendre la fuite le jour même de son retour du Pakistan.

La situation empira jusqu'au soir du dîner qu'offrit Ali pour fêter le retour de son épouse : elle était tellement outrée des humiliations qu'il ne cessait de lui faire subir qu'elle décida de lui rendre la pareille et de ne pas s'y montrer. Après une heure d'attente, et sa femme restant introuvable, il fit servir. Puis il emmena ses invités au Jimmie's, la boîte la plus chic de l'époque, où ils tombèrent sur Rita en compagnie de deux hommes que le prince n'avait jamais vus auparavant. Non contente de l'avoir plongé dans l'embarras en n'assistant pas à son dîner, elle demeura à l'écart tout le reste de la soirée, qui se déroula dans une ambiance passablement tendue. Un spectacle bien différent de celui qu'Ali avait souhaité donner à l'opinion publique.

Le vendredi 3 octobre, moins d'une semaine après avoir annoncé son intention de ne plus divorcer, Rita quittait la maison de Neuilly et s'installait à l'hôtel Lancaster. A l'évidence, elle poursuivait sa vengeance et voulait que l'Aga sût que la réconciliation avait échoué. Elle convoqua son avocate parisienne, Suzanne Blum, et lui expliqua sa position au cours d'un déjeuner. Bien qu'Ali lui eût demandé de renoncer au divorce « pour des raisons familiales », dit-elle, elle avait décidé de relancer la procédure à Reno : « Il joue les play-boys pendant que je travaille à Hollywood. De plus il dépense trop d'argent, et je dois travailler pour deux. » Elle lui dit aussi qu'il s'était servi d'elle depuis son arrivée. « Si je viens à Paris, ce n'est pas pour vivre dans une maison avec quatre-vingts personnes qui vont et viennent, ni pour dîner chez Maxim's. Je n'ai pas quitté Hollywood pour me faire photographier dans les salons parisiens ou dans de grands restaurants. » Puis elle aborda le sujet qui allait les occuper, elle et son mari, pendant les nombreux mois à venir — Yasmina : « Ce qui me tracasse le plus, c'est Yasmina. Je ne veux pas de son argent si cela doit lui servir à la garder. Je renonce à réclamer quoi que ce soit, pourvu qu'elle reste avec moi. »

Cette déclaration est très significative ; elle indique que, même si Rita chercha malgré tout à obtenir un règlement financier pour sa fille, l'argent ne fut jamais à ses yeux le principal point de contentieux. Pendant la longue lutte qui allait suivre, son principal souci fut d'empêcher l'Aga et Ali d'obtenir les moyens de lui arracher Yasmina.

Le lundi suivant, maître Blum rendit publics les propos de Rita[3]. Dès lors, Ali n'avait plus d'illusions à se faire sur l'issue de sa prétendue réconciliation. On sut bientôt dans tout Paris que l'Aga l'avait accusé de se conduire comme un imbécile et lui avait intimé l'ordre de disparaître des gros titres des journaux. Il fallait que le divorce aboutît le plus vite possible.

Et tandis que Bartley Crum, convoqué à Paris, rencontrait les représentants d'Ali, Rita, sur un coup de tête, prit le train pour Madrid — où, à peine arrivée, elle se heurta à une manifestation d'activistes catholiques exigeant qu'elle quitte immédiatement la ville en raison de sa « conduite immorale » avec le prince ; on dut faire appel à la police pour les tenir à distance. Cela augurait mal d'un séjour qui, espérait-elle, l'aiderait à se remettre de tous les pénibles événements qu'elle venait de vivre en France.

Elle demeura néanmoins à Madrid, et ne fit aucun effort pour dissimuler la vie amoureuse qu'elle y mena. Elle semblait assoiffée d'attentions, avait besoin qu'on la rassure, et parmi les hommes vers qui elle se tourna figurait un ami d'Ali, le fringant comte José Maria (« Pepe ») Villapadierna. Très vite, tout Madrid sut que Rita n'acceptait aucune invitation afin de consacrer tout son temps à Pepe. Le 5 novembre, Crum lui téléphona pour lui recommander de se montrer plus discrète : il fallait absolument, pour le divorce, qu'elle garde son image d'épouse bafouée et que l'opinion publique ne se retourne pas contre elle. Mais Rita ne tint pas compte de ses avertissements, et elle continua à s'afficher avec Pepe, voyageant avec lui à travers toute l'Espagne, venant même à Paris, où elle décida de repousser la date de son retour aux États-Unis.

Ce n'était pourtant pas le moment de risquer de compromettre les négociations entre Crum et Charles Torem, l'avocat d'Ali. Elle était revenue sur ses propos un peu hâtifs concernant l'argent, d'autant que, selon ce qui se disait à Paris, l'Aga avait pressé son fils de proposer un règlement généreux pour Yasmina et d'en finir avec cette histoire qui lui attirait une publicité de mauvais aloi. On parlait d'un montant annuel de cinquante mille dollars — somme respectable, mais fort éloignée des trois millions que Rita avait exigés. Le 6 novembre, Crum et Torem annoncèrent qu'ils pensaient être parvenus à un accord et espéraient le conclure dans les quelques jours à venir.

Restait la question de la religion de Yasmina : Rita refusa, comme le lui demandait son avocat, d'en discuter avec Ali et l'Aga. Finalement, le 10 novembre, Torem informa son confrère que, tout en ne s'opposant pas à l'action en divorce, le prince refusait de se faire représenter au Nevada. Rita repartit pour les États-Unis, bien décidée à passer outre.

En janvier 1953, tandis qu'Ali, à Cannes, défrayait la chronique avec son nouvel amour, l'actrice Gene Tierney, Rita et Yasmina quittaient Los Angeles, dans une Cadillac noire conduite par un chauffeur, en direction de Reno, Nevada : Rita était convoquée par le juge A. J. Maestretti, qui devait prononcer un jugement par défaut en sa faveur. La nuit qui précéda sa comparution, elle était tellement surexcitée qu'elle dormit à peine une heure.

Puisque la garde de Yasmina était l'élément principal à prendre en considération, le juge demanda que la petite fille paraisse devant la cour. Et l'on vit se présenter un petit bout de chou de trois ans, mâchant du chewing-gum et naturellement bien inconscient de l'importance de la situation, et que sa mère dut forcer à rester tranquille.

Dix-sept minutes : tel est le temps que mit la cour pour rendre son jugement. Rita n'avait que trente-quatre ans, et ce divorce marquait son troisième échec matrimonial.

Comme prévu, elle obtint la garde de sa fille et Ali un droit de visite. Mais il s'agissait d'une sentence par défaut qui, comme telle, n'était pas reconnue partout. Ali ou l'Aga avaient toujours la possibilité d'essayer de reprendre l'enfant : pour Rita, toute angoisse n'avait donc pas disparu.

22

« Après Ali, Rita s'est engagée sur une pente descendante, une piste de toboggan très, très raide [1] », dira Orson Welles.

Après tout ce qu'elle avait subi, d'abord de la part de son père, puis de son premier mari, l'échec de ses mariages avec Welles et Ali khan ne pouvait que confirmer ses pires craintes concernant ses capacités à mener une vie intime harmonieuse — et la concernant elle, tout simplement. Pendant le temps, bref, qu'avaient duré son union avec Welles puis celle avec le prince, elle avait connu quelques périodes d'espoir, mais tout cela s'était terminé par des trahisons.

Humiliée par la façon dont Ali s'était conduit lors de cette semaine qu'elle avait passée à Neuilly, blessée par cette parodie de réconciliation, elle était mûre pour une nouvelle crise. Comme nombre de victimes d'inceste qui épanchent leur rage contre autrui par le biais d'actes autodestructeurs, Rita, en s'affichant si ouvertement avec le comte Villapadierna (malgré les mises en garde de son avocat), criait le malheur d'une femme dont les derniers espoirs de bonheur familial venaient de s'évanouir. Puisque les protestataires de Madrid l'accusaient d'immoralité (elle qui souhaitait si désespérément n'être qu'une bonne épouse et une bonne mère), eh bien elle allait abonder dans leur sens, leur prouver qu'effectivement elle ne méritait pas une vie stable et tranquille.

Très souvent la victime d'un inceste fait reporter sur elle la responsabilité de l'acte. Son enfance tragique l'ayant privée de toute estime de soi, tout ce qu'elle subit par la suite ne peut que la confirmer dans l'opinion qu'elle a d'elle-même : celle d'être une personne mauvaise et méprisable.

Savoir cela permet de comprendre comment Rita a pu se retrouver sur cette terrifiante « pente descendante » et se jeter dans une aventure totalement autodestructrice avec un personnage aussi trouble que le chanteur-acteur Dick Haymes — un homme aussi répugnant et manœuvrier qu'Eddie Judson jadis.

Né en Argentine, âgé de trente-cinq ans lorsque Rita le rencontra, Dick Haymes avait acquis sa popularité dans les années quarante, époque des grands orchestres, comme soliste à la belle voix chaude dans les formations de Tommy Dorsey, Harry James et Benny Goodman. Dix ans plus tard, on disait qu'il avait dilapidé les quelque quatre millions de dollars que lui avaient rapportés ses disques, films et engagements dans des night-clubs. Selon le producteur Jonie Taps, « l'argent lui brûlait les doigts. Il était dipsomaniaque, c'était ça son problème ». En 1953, Dick avait déjà la réputation bien méritée d'être un perdant, un homme fini, un tapeur — « M. la Débine », comme on l'appelait à Hollywood. Et ce n'était un secret pour personne qu'il se trouvait dans une situation financière désastreuse, devant subvenir à l'existence d'une ex-épouse, l'actrice Joanne Dru, de trois enfants, de sa nouvelle femme dont il vivait séparé, et avec un arriéré d'impôts se montant à près de cent mille dollars.

En la personne de Rita Hayworth, Dick Haymes crut voir arriver son salut, financier et professionnel. Leur première rencontre eut lieu dans les studios de la Columbia, où elle tournait *Miss Sadie Thompson (La belle du Pacifique)* — l'histoire, tirée d'un roman de Somerset Maugham, d'une femme au passé trouble qui échoue sur une île tropicale et se fait violer par un pasteur, véritable tartufe — et c'est Jonie Taps qui présenta Haymes à l'actrice : « Rita aimait à prendre un martini avant le déjeuner, et on n'en servait pas dans la salle à manger réservée aux personnalités. Je l'ai donc emmenée déjeuner dehors, et en chemin nous sommes tombés sur Dick Haymes, qui venait de terminer pour moi un film appelé *Cruisin' Down the River**. Je lui ai dit : "Allez, Dick, viens déjeuner avec nous[2]." »

En entendant, au cours du repas, Rita expliquer qu'elle devait prendre le train pour New York afin d'assister à la première de *Salomé*, Dick se dit qu'il y avait là une chance à saisir. Il se précipita pour prendre un billet sur le même train, prétendant, lorsque naturellement il tomba sur Rita, que le hasard faisait bien les choses. Avant l'arrivée à Manhattan, son charme lui avait procuré une invitation à la première et à la réception qui serait donnée au Stork Club.

Rita arriva à la première accompagnée par un des dirigeants du service publicité de la Columbia ; Haymes, lui, y vint seul. Il attendait son moment. Pendant la réception il invita Rita à danser. Une fois. Deux fois. Sans arrêt. Ils dansèrent ainsi toute la soirée, sous les yeux éberlués des autres invités. Et lorsqu'elle décida de rentrer, c'est Dick qui l'escorta à son hôtel.

Même après les avoir vus partir ensemble, les gens ne pouvaient pas imaginer qu'il se passerait quelque chose de sérieux entre cet homme à l'épouvantable réputation et une des plus grandes stars de l'époque. Mais de retour à Hollywood, Rita sortit avec lui de plus en plus souvent, pour des dîners intimes et de longues discussions sentimentales au Naples Café et à l'hôtel Bel Air. Aussi couvert de dettes qu'il fût, Dick ne recula devant aucune dépense : l'investissement en valait la peine. Se montrer régulièrement en public en compagnie de la vedette principale de la Columbia ne pouvait qu'améliorer son image de perdant. Et alors que d'autres femmes auraient considéré les échecs matrimoniaux de Haymes comme une raison de se tenir à l'écart, Rita y vit au contraire un élément qui les rapprochait : les rapports tourmentés qu'ils avaient eus avec leurs ex-épouses et époux leur fournissaient le sujet de longues conversations.

De fait, Rita avait un nouveau sujet de plainte contre Ali. En janvier, le juge de Reno avait proposé que les ex-époux règlent entre eux la question de l'aide financière pour Yasmina, mais depuis le prince se faisait tirer l'oreille. En avril, les avocats de Rita déposèrent donc une réclamation devant le tribunal du Nevada, demandant qu'Ali soit contraint à verser quarante-huit mille dollars par an pour l'éducation de sa fille. La cour

---

* Inédit en France. *(NdE.)*

obtempéra, mais elle n'avait aucun moyen de forcer Ali à respecter cette ordonnance, puisqu'il n'avait pas assisté ni ne s'était fait représenter à l'audience de divorce. Et pour ajouter l'insulte à l'injure, Gene Tierney semblait avoir déjà pris la place de Rita dans la vie du prince. (Ce que Rita ignorait, c'est que l'Aga avait interdit à son fils d'épouser Gene : il y avait eu assez d'une star de cinéma dans la famille.)

Les démêlés de Haymes avec ses femmes faisaient apparemment de lui la personne la mieux placée pour comprendre les ennuis dans lesquels se débattait Rita. Tous deux partageaient le sentiment d'avoir été trompés, agressés par la vie — et plus ils parlaient, plus Haymes réussissait à la persuader qu'ils étaient liés contre le reste du monde. Rita semble ne s'être jamais rendue compte que, tout en lui exprimant son extrême sympathie dans sa bagarre contre Ali, Haymes était lui-même poursuivi par son ex-épouse pour non-paiement de la pension qu'il devait au titre de l'éducation de ses enfants.

En mai 1953, toute l'équipe de *La belle du Pacifique* partit poursuivre le tournage à Hawaii, ce qui interrompit la romance Rita-Dick. Saturée de voyages en avion (Ali lui en avait beaucoup infligés), elle demanda à prendre le bateau, ce que Cohn refusa sous prétexte de manque de temps. Mais comme elle semblait réellement terrorisée, il la fit accompagner d'un médecin et proposa à Bob Schiffer, dont il avait entendu dire que Rita l'aimait bien, de venir lui aussi. (Il ignorait que c'était avec Schiffer que Rita s'était enfuie au Mexique pendant le tournage de *Salomé*.)

« Ils m'ont demandé de la mettre dans l'avion, racontera Bob plus tard, et de la calmer, de l'aider à maîtriser la situation. A l'époque je buvais un peu, et elle aussi. Nous étions un petit groupe dans un compartiment séparé, à l'arrière de l'appareil : le docteur, sa femme, Rita et moi. Et nous avons siroté tranquillement jusqu'à Honolulu. Je l'ai fait sciemment, pour qu'elle puisse se détendre, car elle était littéralement paniquée par l'avion, et je dois reconnaître que détendue, elle l'était. Malheureusement, on l'a photographiée à sa descente d'avion à Honolulu, photo qui a été largement reproduite et où elle a l'air hagard. C'était terrible : j'avais juste essayé d'adoucir les choses pour qu'elle ne se rende même pas compte qu'elle était en avion [3]. »

Bob croyait que Haymes était hors course, du moins temporairement, et qu'il aurait Rita pour lui tout seul à Hawaii, ce en quoi il se trompait. Pour une fois dans sa vie, Dick avait les idées claires. Depuis le début, Rita avait tenu à garder leur histoire le plus possible à l'abri de la publicité, et Dick avait feint d'abonder dans son sens, mais en fait il était convaincu que plus on parlerait de ses relations avec la Déesse de l'Amour, plus cela l'aiderait à relancer sa carrière. Il n'avait donc pas intérêt à laisser Rita lui échapper, même pour peu de temps. Aussi décidat-il de la suivre à Hawaii, et, pour donner le change, réussit-il à obtenir un engagement dans une boîte.

Mais Hawaii, à l'époque, n'était encore qu'un territoire américain et non un État*. En tant que citoyen argentin, Haymes avait donc besoin d'une autorisation pour s'y rendre. Comme il avait perdu sa carte de résident étranger, il déposa, le 21 mai 1953 (date dont Rita et lui auront de multiples raisons de se souvenir), une demande de carte temporaire auprès du bureau de Los Angeles des services d'Immigration et de Naturalisation. Avait-il besoin d'autre chose pour se rendre à Hawaii ? demandat-il à l'employé. Non, lui répondit-on, la carte de résident temporaire suffisait. Quelques jours plus tard, Dick Haymes faisait route vers Honolulu — et vers Rita.

Si cette dernière fut touchée que Dick se fût déplacé jusqu'à Hawaii pour la voir, Bob Schiffer, on le comprend, trouva la nouvelle beaucoup moins plaisante : « J'ai survécu à toutes ses histoires d'amour, dira-t-il en évoquant tous les hommes qu'il dut accepter, à commencer par Welles. Je ne sais pas comment j'ai fait, parce que j'étais fou d'elle. J'ai tout supporté. Lorsqu'elle m'a dit : ''Dick arrive'', j'ai répondu : ''Bon, tant mieux.'' Mais en fait ça m'agaçait, parce qu'on s'amusait bien ensemble, on sortait, on faisait des tas de choses[4]. »

Et bien vite Haymes eut repris Rita en main, et les deux semaines romantiques qu'ils passèrent à Hawaii consolidèrent leur union. Bien entendu Cohn fut tout de suite mis au courant, et après avoir déjà été consterné par les épisodes Welles et Ali khan, il devint blême en apprenant qui était le nouvel élu : alors qu'il venait juste de récupérer sa vedette, voilà que ce grossier personnage prétendait entrer dans sa vie.

---

* Ce n'est qu'en 1959 que Hawaii deviendra le cinquantième État de la fédération américaine. (NdE.)

Mais il eût fallu plus que l'opposition de Cohn pour stopper Dick. Il savait très bien désormais le mode de fonctionnement psychologique de Rita (ne l'avait-il pas écoutée parler pendant des heures ?), et il utilisa habilement la haine de celle-ci envers le patron de la Columbia. Tout de suite il comprit que l'intransigeance du magnat ne servirait qu'à les rapprocher, lui et Rita, et que tout ce que Cohn pourrait dire contre lui plaiderait en sa faveur.

A cette époque, la conduite de Haymes à l'égard de Rita était presque irréprochable : il essayait de ne pas trop boire, de refréner ses instincts de violence, et, tout en appelant de ses vœux quelques coups de projecteur, il semblait respecter son désir de garder leur histoire à l'abri de la publicité. Par conséquent, toutes les critiques de Cohn à son encontre, Rita les considérerait comme de vilains mensonges : comment pouvait-on inventer de si méchants bobards, alors que Dick était si naturellement tendre et charmant ?

Le 7 juin, Dick repartit pour Los Angeles. Rita et lui avaient décidé de passer quelques jours seuls tous les deux, dès qu'elle en aurait terminé avec *La belle du Pacifique*. Mais avant toute chose, Dick devait remplir une simple formalité : rendre sa carte temporaire de résident étranger et s'en faire délivrer une autre. Rien là d'extraordinaire : il n'avait qu'à attendre que le bureau responsable le prévienne que sa carte était prête — du moins est-ce ce qu'il croyait ; comment aurait-il pu soupçonner l'incidence que cette simple formalité allait avoir sur leur vie, à lui et à Rita, ainsi que sur celle des enfants et même du prince Ali khan ?

Mais lorsque, le 8 juillet, il se présenta au bureau de l'Immigration, il se rendit compte tout de suite que quelque chose allait mal. Richard Cody, le fonctionnaire auquel il avait déjà eu affaire, lui demanda de patienter, le temps pour lui de s'entretenir avec son supérieur. Il revint au bout de quelques minutes et escorta Haymes jusqu'au service des investigations.

Dick se retrouva alors en présence d'un inspecteur, Thomas McDermott, qui l'assaillit de questions tandis qu'une sténographe notait toutes ses réponses. « Je désire que vous fassiez une déclaration sous serment à propos de votre statut d'immigrant, lui dit McDermott. Tout ce que vous déclarerez pourra être retenu contre vous en cas de poursuites dans une affaire criminelle. Êtes-vous prêt à faire une telle déclaration librement et volontairement ?

— Bien entendu », répliqua Haymes, confondu, et on le fit aussitôt déposer sous serment. Il n'avait toujours pas la moindre idée de ce que tout cela signifiait, et les premières questions qu'on lui posa ne lui en apprirent pas davantage : nom, lieu de naissance, citoyenneté, origines familiales, situation matrimoniale.

Puis McDermott lui demanda : « Quand et où êtes-vous entré pour la dernière fois aux États-Unis ? »

Entré aux États-Unis ? Dick n'en était pas sorti, comment aurait-il pu y entrer ? Lorsqu'il avait sollicité une carte temporaire de résident, en mai, il avait explicitement demandé s'il avait besoin d'autres papiers pour aller à Hawaii, et on lui avait répondu que non. « Je ne savais pas que j'étais sorti des États-Unis, dit-il. Je suis rentré aux États-Unis, à Los Angeles, en provenance d'Hawaii, il y a six à sept semaines de cela.

— Veuillez prendre connaissance du formulaire DSS 301, dit McDermott, en application depuis le 25 janvier 1944, qui est une demande faite par les étrangers d'exemption du service militaire, et dites-moi si vous l'avez rempli ?

— Oui, je l'ai fait, reconnut Haymes, qui avait effectivement déposé cette demande pendant la guerre, arguant de sa citoyenneté étrangère.

— Vous a-t-on informé à l'époque que cela vous empêcherait d'obtenir la citoyenneté américaine ? La loi actuelle, applicable depuis le 24 décembre 1952, prévoit expressément que toute personne qui n'a pas droit à la naturalisation pour avoir demandé à être exemptée du service militaire peut être expulsée des États-Unis. »

Haymes fut comme foudroyé. Non seulement les autorités avaient pris la peine de déterrer un formulaire qu'il avait signé huit ans auparavant, mais maintenant elles lui opposaient d'obscurs décrets et règlements. A l'évidence ils l'attendaient au tournant, mais pourquoi ? Pour lui qui souffrait déjà de tendances paranoïaques, cette aventure confinait à la torture.

Finalement, l'enquêteur en vint au point essentiel : « Apparemment, votre départ des États-Unis pour Hawaii et votre retour à Los Angeles vous placent dans la catégorie d'une personne susceptible d'être expulsée ; sous la loi actuelle, il n'existe pas de solution de rechange, et vous n'avez aucun moyen de faire suspendre cette procédure.

— Je vous demande pardon : vous voulez dire que je vais être expulsé ? »

Haymes était visiblement abasourdi. De quoi parlait ce type ? Comment tout cela était-il possible ? Juste au moment où les choses semblaient prendre une meilleure tournure, on le jetait dehors !

« Et un amendement privé ? » demanda-t-il, se référant aux amendements qu'un sénateur ou un représentant pouvaient déposer afin de faire obtenir la citoyenneté à un individu qui, selon la loi, n'y avait pas droit. Mais c'était une question ridicule : où un ivrogne notoire, un filou comme Haymes trouverait-il un sénateur ou un représentant consentant à défendre sa cause ? Techniquement, néanmoins, c'était une possibilité, et McDermott le reconnut volontiers.

« Il existe une possibilité de faire légaliser votre statut, dit-il. Dans ce but, le service de l'Immigration et de la Naturalisation suspendra toute action pendant une période de soixante jours. Si durant ces soixante jours vous réussissez à faire introduire un amendement privé, il est probable que la procédure restera en suspens en attendant l'issue de cette démarche. Comprenez-vous ?

— J'ai compris », dit Haymes, et on le laissa partir quelques minutes après.

Les mêmes questions lui revenaient constamment à l'esprit. Pourquoi tout cela ? Pourquoi ne l'avait-on pas prévenu qu'en tant qu'étranger il n'avait pas le droit d'aller à Hawaii puis de revenir en Californie ? Plus il y réfléchissait, plus il flairait un coup monté. Il avait l'impression qu'un personnage puissant était à l'origine de tous ses ennuis, mais qui ? Qui voulait le voir expulsé du pays, juste maintenant ? Qu'avait-il fait récemment qui pût inciter un tel personnage à comploter contre lui ? Qui avait-il offensé ou gêné ?

Qui d'autre que Harry Cohn ?

A bien envisager la chose, ce ne pouvait être que lui qui avait tout manigancé avec les autorités. Cohn était le seul qui avait intérêt à faire expulser Haymes, l'évinçant ainsi de la vie de Rita. Les détails de l'histoire restaient encore un peu nébuleux, mais Haymes était certain d'avoir découvert son ennemi.

Avec soixante jours devant lui, il fallait qu'il agisse vite. Il savait qu'il ne trouverait aucun sénateur ou représentant prêt à le soutenir, mais il connaissait une personne de pouvoir et d'influence qui le ferait. Plus que jamais il avait besoin de Rita Hayworth : c'est par elle qu'il attirerait l'attention sur sa situation. Et si, dans le pire des cas, on l'obligeait à quitter le pays, il était évident qu'il valait bien mieux l'avoir à ses côtés, surtout si entre-temps elle était devenue sa femme. Il devait donc de toute urgence mettre fin à son mariage actuel et persuader Rita de l'épouser aussitôt après.

De nouveau, sa connaissance profonde de la psychologie de Rita allait le servir. Si elle continuait à vouloir dissimuler à la presse et au public sa liaison avec lui, comment allait-il la convaincre de se laisser mener à l'autel ? Tout simplement en la persuadant que c'est à son amour pour elle qu'il devait tous ces ennuis. Et c'est bien ce qui se passa. Elle devint obsédée par l'idée qu'elle était responsable de la situation où il se trouvait. Ne s'était-il pas précipité à Hawaii uniquement parce qu'il ne supportait pas d'être séparé d'elle ? De même, si c'était bien Cohn qui le poursuivait de sa vindicte, n'était-ce pas sa faute à elle ? Elle retrouvait les mêmes sentiments de culpabilité qu'elle avait éprouvés étant enfant : c'était à elle de ramener son père à la raison, de le *sauver* ; sinon elle serait responsable de son funeste destin.

23

Pour Dick Haymes, cette redoutable menace d'expulsion eut donc un effet bénéfique : rendre Rita encore plus malléable entre ses mains. A la mi-juillet, le tournage de *La belle du Pacifique* terminé, Rita annonça qu'elle allait passer quelques jours de vacances à New York avant le travail de postsynchronisation. Dick la conduisit à la gare de Pasadena, et les gens, le voyant sans bagages et négligemment vêtu, en conclurent qu'il ne faisait que l'accompagner au train. Or ses vêtements étaient dans les valises de Rita. Il les retrouverait à l'hôtel Plaza, où Rita et lui avaient réservé deux chambres à deux étages différents, toujours pour sauver les apparences, mais Dick avait décidé qu'une fois à Manhattan les choses changeraient : il était temps que tout le monde sache qu'il était son amant. Et parce qu'elle était persuadée d'être responsable de la situation dans laquelle il se trouvait, Rita n'oserait plus s'y opposer.

On pouvait juger étrange que, ayant à peine soixante jours pour se retourner, Haymes eût décidé de partir en vacances, mais il avait calculé que ce voyage à New York constituerait un rouage essentiel dans sa bagarre. Déjà les bruits qui couraient sur sa liaison avec Rita avaient payé : ils lui avaient rapporté un engagement au Sands Hotel de Las Vegas, qui commençait le 12 août.

Et ce n'était qu'un début. Lorsque les gens apprendraient que Rita se trouverait à ses côtés pour l'encourager, ils se presseraient au spectacle, ne serait-ce que pour la voir, elle.

A l'instar d'Eddie Judson, Dick connaissait les moyens d'attirer l'attention en se montrant dans les endroits adéquats. Le monde du jazz étant son domaine, il fréquentait tout les hot-clubs du moment : The Embers, La Zambra, le Bandbox, et il savait qu'en y conduisant Rita il tomberait forcément sur des échotiers.

Lorsque le bruit courut dans Broadway que Rita Hayworth assistait au show de Duke Ellington au Bandbox, la boîte fut envahie d'admirateurs espérant y apercevoir leur idole. Naturellement un journaliste traînait par là, qui se précipita à sa table, à une heure et demie du matin, pour lui demander si elle et Dick envisageaient de se marier. « S'il vous plaît, s'il vous plaît, répéta-t-elle, non, non, cela me rend nerveuse, ne me posez pas ce genre de questions[1]. » C'était là exactement ce que Dick souhaitait : il pourrait jurer ses grands dieux qu'il détestait ce genre de publicité, mais il en recueillerait les bénéfices. Ils avaient passé la soirée les yeux dans les yeux, et on remarqua que Rita agrippait la main de Dick pendant qu'elle suppliait le reporter : « Je suis en vacances dans mon pays, alors laissez-moi vivre un peu. »

Mais si Rita refusait obstinément de parler, Duke Ellington, lui, n'avait aucune raison de se taire. « [Cette histoire] a l'air très respectable, disait-il après les avoir observés toute la soirée. On voit bien que c'est autre chose que ces aventures où les gens ne cherchent qu'à s'amuser en cachette. Ouais, ça a l'air d'une histoire d'amour tout ce qu'il y a de vrai. »

Haymes avait bien calculé son coup : maintenant son nom était associé à celui de Rita dans les journaux. Ils avaient beau avoir pris des chambres séparées au Plaza, après quelques soirées stratégiques, tout le monde sut à New York qu'ils vivaient « une vraie de vrai » histoire d'amour.

Mais les journalistes n'étaient pas les seuls à pister Dick et Rita dans Manhattan. Voyant son client profiter de ses soixante jours de rémission pour s'afficher tous les soirs dans les boîtes de nuit, le service de l'Immigration lança un ordre d'arrestation et d'expulsion immédiat.

Le 30 juillet 1953, le bureau new-yorkais de l'agence reçut pour mission de s'emparer de Dick avant cinq heures de l'après-midi, une arrestation de nuit risquant de faire trop de bruit. Si les policiers ne pouvaient le trouver avant la tombée de la nuit, ils devraient attendre jusqu'au jour suivant. Mais, entre-temps, Haymes et Rita leur avaient filé entre les mains et étaient rentrés en Californie.

A peine le couple avait-il quitté New York qu'Ali khan y débarquait, dans l'intention d'assister à la vente de chevaux de Saratoga puis d'aller voir Yasmina. Des mois de négociations n'avaient pas abouti à un règlement à l'amiable au sujet de la garde de l'enfant, et cela faisait un an que le prince n'avait pas vu sa fille. Puisque Rita refusait de la laisser partir pour l'Europe (avec cette crainte toujours ancrée en elle qu'Ali ou l'Aga ne la lui rendent pas), il ne restait à Ali qu'à venir à Los Angeles. Bien entendu, à New York, il entendit parler de l'éventuel remariage de Rita, ce qui impliquait que Yasmina allait avoir un beau-père. Et si, jusqu'à présent, il ne savait pas grand-chose sur Haymes, il n'allait pas tarder à en apprendre suffisamment.

Le lendemain de l'arrivée d'Ali en Amérique, la voiture de Dick fut bloquée sur Sunset Boulevard par des agents fédéraux munis d'un mandat d'arrestation. Ils le remorquèrent jusqu'à leur bureau où il put appeler son avocat, Robert Eaton, et lui demander le versement d'une caution de cinq cents dollars. La comparution officielle aurait lieu dans deux semaines. Entre-temps, lui apprit le directeur du bureau local de l'Immigration, Haymes était considéré comme expulsable vers l'Argentine, en vertu de la loi McCarran-Walter sur l'immigration.

Comme si tous les surnoms dont on l'affligeait n'avaient pas suffi, voilà qu'il était catalogué comme embusqué en temps de guerre, ce que le public américain risquait de ne pas apprécier. C'était vraiment la dernière chose dont il eût besoin à la veille de son grand retour sur scène à Las Vegas.

Et Rita, qu'allait-elle penser de ces accusations ? Ali khan, lui, possédait de brillants états de service. De quoi Dick aurait-il l'air en comparaison ? Haymes se dépêcha d'expliquer à Rita qu'il avait échappé au service militaire afin de pouvoir demeurer auprès de sa femme qui était enceinte, et qu'après la naissance il avait voulu annuler sa demande d'exemption, mais que l'armée l'avait recalé pour cause de tension trop élevée. Mais il se rendit vite compte que toutes ces explications étaient inutiles : plus il avait d'ennuis, plus Rita se sentait l'âme secourable, plus elle désirait l'aider.

Dick partit donc pour Las Vegas, où Rita devait le rejoindre le soir de la première. Pendant ce temps, à l'issue de nombreuses conversations téléphoniques avec Ali, elle obtint qu'il verse immédiatement huit mille dollars pour l'entretien de Yasmina. On attendait le prince d'un instant à l'autre à Los Angeles, mais à la dernière minute il apprit que l'Aga venait de retomber malade, et il rentra précipitamment chez lui.

Depuis son retour de New York, Rita travaillait à la postsynchronisation de *La belle du Pacifique,* et la veille de la première de Dick, la fatigue physique et la tension nerveuse eurent raison d'elle : elle resta clouée au lit. Puisqu'elle ne pouvait pas aller à lui, Haymes décida qu'il irait vers elle, et, quelques heures avant de monter sur la scène du Sands, il prit l'avion pour Los Angeles : un geste qui ne pouvait que le rendre encore plus cher au cœur de Rita.

Cette nuit-là, à Las Vegas, Dick reçut, les larmes aux yeux, un accueil enthousiaste. C'était indéniablement le grand retour dont il avait rêvé, même s'il était évident que son histoire d'amour avec Rita, dont toute la presse parlait, ajoutait beaucoup à son talent de chanteur. En coulisse, les journalistes le pressaient de questions sur son éventuel mariage avec l'actrice. « Je ne peux rien dire à ce propos, répondit-il. Je ne suis même pas divorcé de mon épouse actuelle. »

Effectivement, son statut d'homme marié compliquait beaucoup les choses. Il avait espéré obtenir un divorce rapide dans le Nevada, mais maintenant Nora semblait faire machine arrière. Elle préférait que la procédure se déroule en Californie, ce qui lui permettrait d'avoir plus facilement barre sur Dick au cas où il se ferait tirer l'oreille pour le versement de sa pension. Mais selon la loi californienne, il devait s'écouler un an entre la prononciation d'un divorce et sa prise d'effet, et d'ici là Dick risquait d'avoir été expulsé vers l'Argentine. Des négociations étaient en cours pour essayer d'accélérer les choses : peut-être Nora pourrait-elle obtenir son divorce en Californie, et Dick le sien dans le Nevada. En tout cas, pour le moment, Haymes n'était absolument pas en mesure de prendre une nouvelle femme.

Pendant ce temps, les services d'Immigration et de Naturalisation préparaient son dossier d'expulsion. Un mémo daté du 14 août notait que Haymes était « persona non grata aux studios de la Columbia », une des nombreuses preuves que, depuis le début, les autorités étaient fort bien informées de l'animosité de la compagnie à son égard.

Le 26 août 1953, Dick Haymes fut invité à comparaître officiellement devant les autorités. Questionné sur son passé et ses origines familiales, il parut assez nébuleux. Par exemple, il ne savait pas quelle était la citoyenneté de son père, ni quand il était mort. Quant à sa propre histoire matrimoniale, après avoir affirmé qu'il avait été marié deux fois (comme il le racontait à tout le monde), brusquement il se « rappela » une épouse supplémentaire à laquelle il n'avait été uni que deux à trois semaines. L'agence avait vraiment travaillé en profondeur, et il pouvait se demander ce qu'elle avait bien pu déterrer d'autre.

Lorsque, pensant bien évidemment à Rita, l'inspecteur lui demanda s'il comptait se remarier, son avocat fit objection, et l'objection fut acceptée.

Puis on en vint au cœur du sujet : Dick avait-il jamais revendiqué la citoyenneté américaine ? Bien qu'il fût difficile, à travers les questions, de voir où l'inspecteur voulait en arriver, les réponses hésitantes de Haymes laissaient penser que les autorités étaient tombées sur quelque chose qui risquait de lui causer de graves problèmes. « Je ne sais pas comment répondre à cette question, répliqua-t-il. Parfois — je répondrai ainsi à votre question —, parfois, pour éviter une confusion, j'ai dit que je venais de Santa Barbara, mais je n'ai jamais officiellement prétendu être un citoyen américain.

— Que voulez-vous dire par ''éviter une confusion'' ? demanda l'inspecteur, ne dévoilant toujours pas son jeu.

— Dans les histoires pour les magazines, par exemple. J'ai effectivement vécu à Santa Barbara un bon moment, j'y ai connu des gens, et je disais que c'était mon pays, mais je n'ai jamais officiellement prétendu être un citoyen américain. »

On en revint ensuite à sa demande d'exemption du service militaire en tant que citoyen d'un pays neutre, et Dick répéta qu'il avait considéré cela comme « un ajournement temporaire » et qu'il ne s'y était résolu que parce que sa femme « était enceinte, qu'elle supportait très mal sa grossesse », et qu'il savait « que ça ne durerait pas très longtemps ».

A ce stade, on eut l'impression que Dick avait tressé des kilomètres de corde pour se pendre. Son avocat demanda et obtint un report de l'audience, qui fut fixée au 28 septembre. Haymes objecta qu'à cette date il serait dans l'Est et ne pourrait peut-être pas revenir à temps, mais sa protestation ne fut pas prise en considération. A l'évidence, l'agence voulait en finir le plus rapidement possible avec son cas, et l'expulser.

Mais maintenant, Dick Haymes n'était plus seul à lutter contre l'administration américaine : Rita prit ouvertement et publiquement son parti. Pour régler son problème de divorce, Dick avait élu résidence au Nevada pendant les six semaines requises, et Rita vint l'y rejoindre. « Je suis cent pour cent derrière Dick, annonça-t-elle. Je l'aime et je l'épouserai ici dès que possible. » Haymes précisa même où aurait lieu la cérémonie : au Sands de Las Vegas. Mais comme Nora, de son côté, demandait le divorce en Californie, il leur faudrait attendre un an s'ils voulaient vivre légalement en tant que mari et femme à Los Angeles.

Sur ce, la Columbia enjoignit à sa star numéro un de revenir pour faire des photos publicitaires. Rita considéra cette convocation comme une tentative de l'éloigner de son amant. « Je ne quitterai pas Las Vegas tant que Dick et moi ne serons pas mariés », affirma-t-elle. Qu'Harry Cohn lui inflige une mesure de suspension si ça lui chantait, personne ne l'obligerait à lâcher Dick.

Mais pour l'heure, une telle menace n'était pas le danger le plus grave qui la guettait.

24

Durant le mois qui précéda l'audition de Dick Haymes par les services de l'Immigration, Louella Parsons reçut à son bureau de l'International News Service, à Hollywood, une lettre non signée, non datée, dont le timbre indiquait qu'elle avait été postée à New Rochelle, New York, le 24 août 1953, et ainsi libellée : « *S'il vous plaît, ne laissez pas Rita Haywood* [sic] *épouser Dick Haymes. Conseillez de rendre princesse Yasmina à Ali khan ou l'enfant sera tuée.* » Aussitôt elle avertit Rita, la Columbia et la police de Los Angeles du contenu pour le moins troublant de cette missive.

Puis le 9 septembre, soit deux jours après avoir déclaré publiquement qu'elle aimait Dick et avait l'intention de l'épouser, Rita reçut un second avertissement (expédié également de New Rochelle), mais cette fois adressé directement à son nom, au Sands Hotel de Las Vegas.

RITA :

Croyez pas que ça arrivera pas ça arrivera sûrement si vous épousez Dick Haymes vot petite fille YASMINA *sera tuer et si vous voulez pas que ça arrive vous feriez mieux de revenir à Ali Khan, et vous pauvre tocarde il y aura quelqu'un qui vous battra comme ça vous devrez aller à l'opital et votre carrière de star sera terminée.*

Bien évidemment, de telles menaces ne pouvaient provenir ni de son ex-mari ni d'un proche quelconque, mais elles ne firent qu'exacerber les craintes de Rita, ce qui explique peut-être la façon dont elle réagit aux questions d'un journaliste sur l'état des négociations entre elle et le prince.

A Paris, l'avocat de Rita, Bartley Crum, venait d'annoncer le résultat de ses derniers entretiens avec le représentant légal du prince, et il devait se rendre à Las Vegas pour en discuter avec sa cliente. Tout d'abord, Ali acceptait d'ouvrir un compte de un million de dollars pour l'éducation de Yasmina, et il autorisait Rita à élever sa fille dans la foi catholique, en demandant toutefois qu'à partir de sept ans (l'âge de raison pour les mahométans) la petite princesse apprenne l'histoire et la religion ismaéliennes.

Mais avant que Crum ait eu le temps de lui présenter cette requête extrêmement raisonnable, des journalistes avaient interrogé Rita sur ce qu'elle ressentait à l'idée de devoir élever sa fille comme une musulmane (ce qui n'était plus le cas, nous venons de le voir). De plus, les journalistes ignoraient qu'elle venait de recevoir cette lettre anonyme et qu'elle en était toute bouleversée. « Tout l'argent du monde n'enlèvera pas à ma fille le droit d'être élevée comme une Américaine, explosa-t-elle. Le choix de la religion de Yasmina est mon affaire. Je n'ai pas à le préciser. Millions de dollars ou pas, Yasmina est élevée comme n'importe quelle petite Américaine chrétienne, et continuera de l'être — et tout l'argent du monde ne nous retirera pas ce droit. »

Cette sortie tombait vraiment mal, en raison de la position très modérée que venait de prendre Ali ; d'autre part elle était proférée deux jours après l'annonce par Rita de son intention d'épouser Dick Haymes, un homme de si mauvaise notoriété et dont les démêlés avec l'administration américaine étaient commentés quotidiennement dans la presse. On pouvait dire tout ce qu'on voulait pour ou contre Ali, mais on ne pouvait nier qu'il était un père aimant et généreux. Tandis qu'avec « M. la Débine » comme beau-père, quelle vie aurait l'enfant ?

En apprenant, à son arrivée dans le Nevada, les détails des lettres de menace, Crum prévint aussitôt le FBI et fit placer des gardes armés devant la porte de Rita à Las Vegas, ainsi qu'auprès de Yasmina et Becky que leur mère avait autorisées à retourner à Los Angeles avec Dick. Puis il câbla à l'Aga :

> En tant que chef spirituel de millions de gens dans le monde vous devez savoir que des menaces ont été proférées contre la vie de votre petite-fille Yasmina et celle de Rita Hayworth. Nous vous demandons d'user de votre influence de guide spirituel du monde musulman et de votre aura pour leur garantir la sécurité et le bien-être.

La récente sortie de Rita contre Ali était déjà mal venue, mais cette mise en demeure de Crum était carrément offensante — comme si l'Aga ou ses fidèles avaient jamais encouragé un acte malveillant contre la fille d'Ali. Pour l'Aga, qui tenait avant tout à donner une bonne image de sa secte, cela dut paraître tout à fait insupportable de découvrir le télégramme de Crum reproduit intégralement dans la presse du lendemain. En suggérant aux journalistes que les menaces pouvaient provenir de « quelques adeptes de la foi musulmane », l'avocat donnait un dernier coup de pouce à une campagne destinée à monter l'opinion publique américaine contre les adversaires islamiques de Rita dans l'affaire de la garde de Yasmina. Mais dans l'ambiance actuelle, et compte tenu de ces menaces de mort, publier le télégramme adressé à l'Aga et faire des déclarations enflammées risquait de réveiller la colère de celui, ou celle, qui avait écrit la lettre anonyme, ou même d'inciter un autre déséquilibré à entrer en action.

« Accorder à cette histoire attention et investigation continues jusqu'à obtention conclusion logique », écrivit J. Edgar Hoover, le directeur du FBI, dans un mémo adressé à ses agents de Salt Lake City et de Los Angeles. L'enquête à grande échelle lancée par Hoover témoigne du sérieux avec lequel le FBI avait pris les menaces proférées contre Yasmina. On chercha des empreintes digitales sur les lettres, puis on les compara avec des dizaines d'autres figurant dans les dossiers. Après avoir découvert quelle était la firme qui fabriquait le papier sur lequel avaient été écrites les lettres, les agents du FBI partirent à la recherche des boutiques de New Rochelle qui vendaient ce papier et en interrogèrent les propriétaires, espérant qu'ils les mettraient sur une piste. Ils questionnèrent également les employés des postes et les policiers de New Rochelle. Le bureau central du FBI à Washington contacta le Département d'État pour qu'il lui fournisse les noms « d'étudiants musulmans étrangers dans la région de New York », et il les transmit à son agence new-yorkaise, à charge pour elle d'interviewer des suspects possibles et de recueillir « des empreintes digitales et des spécimens d'écriture qui [seraient] analysés dans les laboratoires du FBI ». (« Cette directive doit être exécutée avec la plus grande célérité », était-il spécifié.) Les agents du FBI contactèrent également les secrétaires administratifs des universités de l'État de New York pour voir si résidaient « à New Rochelle des étudiants en provenance de pays musulmans ».

Pendant ce temps, leurs collègues californiens interrogeaient Louella Parsons et des dirigeants de la Columbia, et faisaient surveiller le courrier, notamment tout ce qui pouvait provenir de New Rochelle.

A Las Vegas, Dick et Rita dirent qu'ils ne reconnaissaient pas l'écriture des lettres et ne connaissaient personne habitant New Rochelle. Puis, d'après le compte rendu de l'entretien qui figure dans les archives du FBI, Rita « reconnut qu'elle avait déjà reçu de nombreuses lettres de maniaques dans le passé, mais aucune ne la menaçait elle et ses enfants » — déclaration étonnante si l'on se rappelle (ce qui apparemment n'était pas le cas de Rita) les menaces dont elle et Rebecca avaient été l'objet de la part d'un certain James Gibson emprisonné dans le Tennessee.

Bien décidée à rester aux côtés de Dick quoi qu'il arrive (« Je le suivrai n'importe où sur terre » avait-elle juré), Rita fit venir Becky et Yasmina. Des détectives privés escortèrent les enfants jusqu'à l'aérodrome de Los Angeles, tandis qu'à l'autre bout leur mère les attendait, protégée par trois agents de la sécurité du Sands Hotel.

Las Vegas croulait sous les journalistes avides de suivre le déroulement de la saga Haymes-Hayworth. Si l'on pense que Yasmina venait par deux fois d'être menacée de mort, l'amener au beau milieu de ce cirque médiatique n'était peut-être pas la meilleure idée. Alors que le FBI avait bien recommandé à l'actrice de ne pas laisser photographier la fillette, elle accepta joyeusement de poser en compagnie de ses deux enfants. Compte tenu des circonstances, il était insensé que Rita autorise la presse à publier des portraits de Yasmina, mais sous la pression de Dick, toujours aussi avide de publicité, elle semblait avoir perdu tout jugement. Il ne s'agissait même pas d'instantanés, puisqu'elle invita les photographes dans sa suite du Sands et posa complaisamment pour eux, assise sur un canapé avec ses deux petites filles. Sur une autre photo, on voit celles-ci dans leurs vêtements de nuit, prêtes à aller au lit : Rita brosse les cheveux de Yasmina tandis que Becky semble absorbée dans un album de bandes dessinées. Et bien entendu, l'inévitable Dick Haymes figure sur nombre de ces clichés.

Le vendredi 18 septembre, les journaux publièrent une photo de l'agence United Press légendée : « Yasmina témoigne son affection à son futur beau-père, le chanteur de charme Dick Haymes » et jouxtant un article qui annonçait qu'un jugement interlocutoire venait d'accorder le divorce à Nora, la femme de Haymes, sur la base de « témoignages affirmant qu'il se montrait cruel envers elle, insultait leurs invités, et buvait trop ».

Mais rien de ce que Nora ou quiconque d'autre pouvait dire contre Dick ne paraissait devoir ébranler la résolution de Rita. Il ne restait plus à Nora qu'à signer un désistement autorisant son mari à poursuivre la procédure dans le Nevada et à contester la somme forfaitaire de huit mille dollars qui lui avait été allouée en sus des cent dollars hebdomadaires de pension alimentaire. Le divorce devait venir devant le tribunal du Nevada le 23 septembre et, sans perdre de temps, Dick et Rita fixèrent la cérémonie de leur mariage au lendemain, dans les salons du Sands. Jusque-là, il y eut encore d'autres photos avec les enfants et de multiples sorties dans les boîtes de Las Vegas. Rita se trouvait ramenée aux jours anciens, lorsque Eddie Judson la poussait à se montrer, sauf qu'aujourd'hui c'était Dick qui voulait se faire voir, et qui utilisait Rita à cet effet.

Toutefois il prenait grand soin de prouver au monde qu'il ne l'exploitait pas. Quelques jours avant la cérémonie, ils signèrent un contrat de mariage, et naturellement la presse fut invitée à assister à l'événement. « J'aime tellement cette fille que je ferais n'importe quoi pour la protéger, affirma Dick. J'ai bien l'intention de garder les pieds sur terre et de m'occuper tout seul de mes problèmes. Je remercie simplement Dieu de l'avoir avec moi ; son amour me donne de la force dans mon travail et dans les batailles que je dois mener. »

Puisque Rita était le principal soutien financier de la famille, on aurait pu s'attendre que le contrat servît à la protéger de Dick. Au lieu de quoi, le document semblait avoir pour but principal de la tenir à l'écart de ses créanciers à lui. L'ex-épouse de Sid Luft avait récemment déposé un recours en justice pour que les gains de Judy Garland, la nouvelle femme de Sid, soient déclarés appartenir à la communauté et donc pris en considération pour l'établissement de la pension alimentaire. Dick Haymes ne tenait absolument pas à ce qu'une telle chose pût lui arriver ! Il avait beau proclamer haut et fort son désir de protéger sa future femme, le contrat de mariage ne protégeait pas Rita des besoins financiers de son époux, et rien n'était prévu qui l'empêchât de lui remettre jusqu'à son dernier sou — ce qu'à la longue elle finirait par faire. Tout simplement, Dick voulait que personne d'autre, et surtout pas ses ex-épouses, n'eût accès à cet argent.

On s'aperçut bien vite que la cérémonie nuptiale était destinée elle aussi à servir les intérêts de Dick avant tous autres. Elle fut en effet réglée de façon à attirer au maximum l'attention des médias. A écouter les déclarations de Rita avant le grand jour, personne ne se serait attendu à ce qui allait suivre. « Nous voulons un mariage simple », insistait-elle — laissant à penser qu'elle souhaitait marquer ainsi la différence entre cette cérémonie et celle de son mariage avec Ali khan. « Celui-ci est trop important pour moi pour que je m'encombre de falbalas inutiles. L'important c'est que nous nous aimons, et que nous allons enfin nous marier après tant de difficultés. »

Les informations émanant du chef des relations publiques du Sands laissaient entendre une tout autre chanson. Il annonça que la cérémonie se déroulerait dans le « Salon doré » de l'hôtel, où les célébrités donnaient leurs conférences de presse. Micros et caméras de télévision enregistreraient chaque minute de la cérémonie, après quoi Dick et Rita offriraient un déjeuner à la presse. Dire qu'à son dernier mariage on avait tout fait pour tenir les journalistes à l'écart, et que pour celui-ci les seuls « invités » ou presque, ce seraient eux !

Trois jours avant ce mariage-événement, Rita reçut une troisième lettre de menace, adressée au Sands et postée de « Brooklyn, New York ».

Miss Hayworth,

Vous auriez dû tenir compte de mon conseil.
Yasmina mourra si son père n'obtient pas la permission de l'élever comme une musulmane.
Vous souffrirez également !! Gloire à Allah.

Mahomet et Ses Fidèles.

Telle était l'emprise de Dick sur Rita que, même après cela, elle ne changea rien à l'extravagante fête médiatique qu'il avait organisée, et qui risquait pourtant de placer ses filles dans une situation très dangereuse. On fit parader les deux enfants au cours d'une conférence de presse, et le chargé de relations publiques du Sands proclama fièrement : « Yasmina est la seule petite-fille de l'Aga Khan, ce qui fait d'elle le seul descendant direct féminin de Mahomet. » Parce que Dick pensait que plus leur mariage attirerait l'attention et la sympathie, plus il serait difficile de l'expulser, Rita laissait exhiber sa petite fille, dont la vie avait été menacée à trois reprises, devant une foule d'étrangers.

Dès que les journalistes arrivèrent au Sands, l'homme des relations publiques les prit en charge et ne les lâcha plus d'une semelle. Rien ou presque de ce qui allait se passer pendant ces quarante-huit heures ne fut spontané et sans arrière-pensée. Les « festivités » commencèrent par le divorce de Haymes qui lui fut notifié la veille du mariage. Le « Calendrier des événements — Mariage Hayworth-Haymes » distribué par l'hôtel prévoyait une séance de « photos et commentaires » de la part de Dick à l'extérieur du tribunal de Las Vegas.

Avant cela, il comparut devant le juge Frank Gregory, et il accusa Nora de cruauté mentale pour avoir refusé de le suivre dans ses déplacements professionnels, c'est-à-dire dans tous les night-clubs du pays où il était engagé. « Le résultat, c'est que je n'avais pas la tête à mon travail, je maigrissais et je dormais mal. » En Californie, sa femme l'avait accusé d'ivrognerie et de comportement abusif, mais à Las Vegas il lui suffit d'arguer du peu de goût de son épouse pour les voyages pour obtenir son divorce en sept minutes.

« Est-ce que tout le monde est heureux ? » criait à la cantonade le publicitaire du Sands, tandis que les photographes mitraillaient

Dick posant avec son acte officiel. Après quoi la meute accourut pour voir Dick et Rita déposer leur demande de licence de mariage.

Quatre ans auparavant, la foule se pressait le long des routes menant de Vallauris au château de l'Horizon, criant à Rita ses souhaits de bonheur. En ce matin du 24 septembre 1953, les clients du Sands, perchés sur le plongeoir de la piscine ou surgissant du salon de coiffure, essayaient d'apercevoir le cortège parti du bungalow de Rita en direction du casino. Pour aider les photographes à faire le point, l'attaché de presse marchait quelques pas en avant des futurs mariés. Puis soudain, le couple disparut de la vue. Où étaient-ils allés ? Est-ce que tout ce cirque avait eu finalement raison de Rita ? Avait-elle retrouvé son bon sens et s'était-elle enfuie ?

Absolument pas. Haymes et l'écrivain Jim Bacon, qui « couvrait » le mariage pour l'Associated Press, se trouvaient avec elle lorsqu'elle disparut dans un des bureaux privés de l'hôtel. « Apparemment elle avait ses règles, se souvient Bacon. La cérémonie fut retardée le temps pour une secrétaire d'aller lui chercher un Tampax ou quelque chose comme ça. »

En attendant, le couple sirotait du bourbon pour se calmer les nerfs.

Avant peu, le cortège se reformait et traversait les salles de jeu perpétuellement plongées dans la nuit, et Bacon faisait cet étrange constat : « Une des plus grandes beautés de l'écran, un symbole sexuel, passait devant eux, mais les joueurs ne levaient même pas les yeux. C'est ainsi que sont les joueurs. Spécialement ceux qui jouent pendant le jour. Ce sont eux les vrais joueurs. »

Le tohu-bohu qui les attendait dans le « Salon doré » compensa amplement le manque de curiosité de tous ces gens. Éclats des flashes, moteurs des caméras, tout se mit en marche dès que Rita et Dick apparurent. On avait placé les petites filles bien en vue, au premier plan, sur un canapé. La petite Becky de huit ans restait assise tranquillement, mais Yasmina, avec ses trois ans, n'arrêtait pas de parler. « Maman, qu'est-ce que tu fais ? répétait-elle. Maman, est-ce que tu te maries ? »

Sur un signe de l'attaché de presse, le juge McNamee déclencha les opérations, encore qu'il eût bien du mal à se faire entendre par-dessus le ronronnement des caméras de télévision. Étant donné que les deux fiancés avaient chacun été mariés trois fois, on ne leur demanda pas de prononcer des vœux éternels. La question : « Jurez-vous de vous aimer, de vous honorer et de vous chérir pendant tout le temps de votre mariage ? » parut beaucoup plus réaliste.

Au moment où Dick passait l'anneau au doigt de Rita, on entendit la princesse Yasmina crier : « Je veux un anneau, moi aussi. » Sur quoi, le directeur de l'hôtel, qui servait de témoin au marié, s'empressa de donner à l'enfant sa propre alliance en diamant.

« Vous n'en avez pas deux comme ça ? » lui demanda-t-elle.
— Je tâcherai de t'en procurer un autre », répondit-il.

La réception qui suivit ne fut qu'une séance ininterrompue de photographies. De toutes les innombrables images de cette journée mémorable, il en est une, publiée par *Life*, qui a su en capter l'exacte saveur : on y voit Dick embrasser Rita devant les caméras tandis que, à quelques pas, l'attaché de presse de l'hôtel, lèvres retroussées, mime le baiser. Et entre les nouveaux mariés et cet homme, deux petites filles : Yasmina, qui regarde sa mère avec une sorte de fascination, et Becky, l'air abandonné, qui fixe le plancher.

25

Dick et Rita passèrent leur nuit de noces au Sands. Puis, après avoir communiqué leur itinéraire au FBI et promis de prendre contact avec l'agence régulièrement, ils s'envolèrent pour New York avec Becky et Yasmina. De là, Dick partit pour Philadelphie où l'attendait un engagement de dix jours au Latin Casino, tandis que Rita et les enfants s'installaient dans la maison de style Tudor de quatorze pièces que la mère de Dick avait louée pour eux à Greenwich, dans le Connecticut.

Dick ne devait pas bénéficier longtemps des retombées du mariage. Occupée à inscrire Becky à l'école et à engager une personne pour s'occuper des enfants, Rita ne put aller le soutenir au Latin Casino, et dès lors que l'on sut que la Déesse de l'Amour ne serait pas dans la salle, les affaires chutèrent. A sa grande humiliation, Dick, poussé par la direction de l'établissement, dut appeler Rita à son aide. Il fallait se rendre à l'évidence : sans Rita à ses côtés, son grand retour sur scène était un bide. Qui pis est, avant même qu'il ait pu toucher ses cinq mille dollars de salaire hebdomadaire, l'administration fiscale les lui confisqua, au titre des cent mille dollars d'arriérés d'impôts qu'il traînait derrière lui. Ainsi, brusquement, non seulement Dick se retrouvait travailler pour rien, mais il n'avait même pas de quoi payer son pianiste — il allait lui falloir de nouveau emprunter.

Une semaine ne s'était pas écoulée qu'il était déjà brisé. A l'issue du week-end, il ne retourna pas à Philadelphie. Il commença par téléphoner du Connecticut pour dire que son avion était tombé en panne, puis il annula carrément son engagement. Il avait déjà eu des mots avec la direction, à qui il avait fait remarquer que la présence de Rita dans la salle n'était pas prévue dans son contrat. Mais si en plus il n'était pas payé, à quoi bon continuer ? Vu le petit nombre de personnes qui s'étaient déplacées pour l'écouter, il était évident qu'on ne le regretterait guère.

Puisque la présence de Rita était indispensable pour attirer les foules, elle laissa les enfants aux soins de la nouvelle nurse et entreprit, à la suite de Dick, la tournée des boîtes de nuit où il devait se produire, en Alabama, dans l'Indiana et au Texas.

Malgré tout l'amour qu'elle portait à ses filles, Rita se comportait un peu comme sa propre mère autrefois : les besoins du mari passaient en premier, quel qu'en soit le coût, même si les enfants devaient en souffrir. Volga laissait les garçons livrés à eux-mêmes pour suivre Eduardo, et maintenant Rita confiait ses filles aux soins d'une nurse, à quelques encablures de la ville où les deux premières lettres anonymes avaient été postées.

Parvenues à l'âge adulte, les femmes qui ont été victimes d'un inceste dans leur enfance aspirent de toute leur âme à devenir des mères parfaites (souvenons-nous du serment prêté par Rita en présence d'Orson), mais une part d'elles-mêmes désespère de jamais y arriver, si bien que profondément elles se croient condamnées à échouer. De plus elles redoutent que, le jour où leur incapacité à assumer leur rôle parental viendra à être connue, on ne leur retire leurs enfants. Ces deux aspects de leur personnalité, la bonne mère et la mauvaise mère qu'elles s'imaginent être tour à tour, se combattent perpétuellement, chacun luttant pour prendre le dessus dans les décisions concernant les enfants.

De là découle probablement l'étrange conduite, souvent contradictoire, de Rita à l'égard de ses filles. D'un côté, « la bonne mère », la protectrice, se battant désespérément pour empêcher l'Aga ou Ali de mettre à exécution ce qu'elle s'imaginait être leur vœu le plus cher : la séparer de Yasmina ; d'un autre côté, la « mère négligente » semblant se soucier fort peu des menaces de mort émises à l'encontre de sa fille cadette.

Après Birmingham, dans l'Alabama, et Indianapolis, dans l'Indiana, Dick et Rita arrivèrent à Houston (Texas), à l'hôtel Shamrock, où le fisc les attendait. Mais au moment de procéder à la saisie du salaire de Haymes (six mille dollars), les agents des contributions découvrirent que le Shamrock l'avait payé d'avance. Cette fois-ci, il n'y avait rien à prendre. Mais comme il était évident que l'Oncle Sam ne les lâcherait pas d'un pouce, Dick et Rita convoquèrent leurs avocats à Houston pour discuter avec eux de leurs difficultés financières.

Il fallait commencer par empêcher le fisc de s'emparer du salaire de Haymes. Le 15 octobre, Rita déclara à des journalistes qu'elle était « complètement fauchée » et qu'il n'y avait plus que le salaire de Dick « pour subvenir à mes besoins, à ceux de mes enfants, et faire vivre la maisonnée ». « Contrairement à ce que tout le monde croit, continua-t-elle, je ne suis pas une femme riche, je n'ai absolument pas d'argent. Vous n'avez pas idée combien c'est horrible pour une femme qui aime son mari de le voir passer des nuits sans sommeil à essayer de résoudre tous ces problèmes de factures, d'amendes et d'impôts, sans parvenir à trouver une solution. Je me sens si impuissante. » Et Ali ? C'était la question que tout le monde avait à l'esprit. « Je n'ai reçu de lui que huit mille dollars, déclara-t-elle. Depuis mon divorce, c'est moi qui ai fait vivre Yasmina et Rebecca. »

Aussi embarrassant que cela fût, Rita espérait, en plaidant ainsi la pauvreté, attendrir l'administration fiscale et l'empêcher de saisir l'intégralité des gains de Dick.

« Ça ne sert à rien de tourner autour du pot. Nous avons besoin de cet argent pour vivre. »

Cette plaidoirie n'eut pas l'heur de convaincre tout le monde. Un porte-parole de la Columbia fit remarquer que, depuis qu'elle avait recommencé à travailler, Rita avait gagné plus de deux cent cinquante mille dollars par an, sans compter les vingt-cinq pour cent qu'elle devait toucher sur les bénéfices de *L'affaire de Trinidad*. Mais étant donné les embrouillaminis juridiques dans lesquels le couple se débattait, cet argent servait pour une bonne part à payer les honoraires de leurs avocats (les faire venir par avion à Houston, par exemple, ne coûtait pas trois sous).

Dick, en guise de manifestation de reconnaissance à l'égard

de Rita qui s'était publiquement humiliée pour lui, lui flanqua une paire de claques. Cela se passa dans le bar du Shamrock, où ils buvaient un verre après son numéro : Rita ayant voulu monter se coucher avant qu'il en eût manifesté le désir, il leva la main sur elle ; et à des clients qui lui reprochaient ce geste, Dick affirma qu'il avait simplement voulu l'attraper par le bras, et qu'il ne s'agissait là que d'une « querelle de lune de miel ». Mais Rita, qui avait été si souvent battue par son père, se retrouvait plongée dans un climat de violence qu'elle ne connaissait que trop bien. « Je n'arrivais pas à croire que j'avais pu passer en quelques minutes du statut de princesse à celui de femme battue », devait-elle confier plus tard à l'actrice June Allyson [1].

Du Texas, Dick et Rita retournèrent à Las Vegas, où elle reçut de Bartley Crum des nouvelles plutôt encourageantes. L'avocat avait retrouvé à New York le médecin qui avait déclaré Haymes inapte au service militaire en raison d'une hypertension chronique. Ce qui prouvait bien, espérait Dick, qu'il ne mentait pas en affirmant que, pour sa part, il n'avait sollicité qu'une exemption temporaire du service militaire, et que c'étaient les autorités qui l'avaient réformé. Il n'y avait donc pas lieu de retenir contre lui la déclaration qu'il avait faite un peu hâtivement de ne jamais avoir revendiqué la citoyenneté américaine.

Ce que Dick ne voulait pas reconnaître, c'est qu'il n'avait pas de son propre chef demandé la résiliation de son sursis, mais qu'il avait perdu ce sursis lorsque l'Argentine avait cessé d'être un pays neutre. Alors seulement il avait bénéficié d'une exemption à titre médical. Néanmoins, c'est avec confiance qu'il aborda la dernière audition devant statuer sur son expulsion, persuadé que la découverte de ce médecin allait tout arranger. Il ne tarda pas à découvrir que les autorités de l'Immigration voyaient les choses tout autrement.

Au cours de la précédente audition, lorsque l'inspecteur lui avait demandé s'il avait jamais prétendu être un citoyen américain, Dick avait affirmé que non. Peut-être en passant, dans certaines interviews, mais jamais officiellement. Et voici que, de nouveau, on lui reposait la question : « Vous êtes-vous fait passer pour un citoyen des États-Unis auprès du Syndicat des acteurs ? »

« Cela m'est peut-être arrivé », répondit-il, sachant parfaitement qu'il l'avait fait. Les statuts du syndicat offrant des avantages financiers aux citoyens américains, Dick, lorsqu'il avait présenté sa demande d'adhésion, avait affirmé être né à Santa Barbara, Californie, et avoir la nationalité américaine.

Il ne pouvait nier l'évidence : selon l'avantage qu'il en retirait, Haymes avait revendiqué telle ou telle citoyenneté. Dès lors, comment pouvait-on le croire lorsqu'il prétendait ne pas avoir réellement compris qu'en signant sa demande d'exemption il s'engageait par là même à ne jamais solliciter la citoyenneté américaine ? L'audition se termina sur cette note menaçante, et la prochaine fut fixée à novembre.

Dick revint à Las Vegas, où à nouveau Rita monta en première ligne pour le défendre (alors même que des témoins avaient assisté à une violente querelle entre les deux époux). Elle déclara publiquement, sur un ton profondément désespéré, que des personnages puissants, encore non identifiés, poursuivaient son mari de leur vindicte et étaient à l'origine de toutes ses difficultés : « Il est pour le moins troublant de voir le Département de la Justice, avec tous les problèmes qui se posent au pays aujourd'hui, jeter tout son poids contre un homme seul, à propos d'un incident qui a eu lieu dix ans auparavant. Dick n'a jamais été accusé d'autre chose que d'avoir violé la loi McCarran, qui, si je comprends bien, était destinée à éloigner du pays tous les escrocs, les cinglés et les cocos. Pourquoi refuse-t-on de prendre en considération le fait qu'il a demandé la résiliation de son sursis, et que par deux fois l'armée l'a déclaré inapte au service — alors que le médecin qui l'avait examiné à New York il y a dix ans nous a télégraphié qu'il était prêt à témoigner ? Il y a beaucoup d'argent du contribuable qui est dépensé dans cette affaire. Aussi bien l'opinion publique que la presse semblent prêts à reconnaître sa bonne foi, mais je crois qu'il y a quelque chose derrière tout cela, et je demande à mon avocat de réclamer une enquête du Congrès. Dick est déchiré et crucifié. Sa carrière est ruinée. Il est touché financièrement. Ça fait deux mois que j'observe tout cela et que je souffre avec lui. Je ne peux plus me taire, bien qu'il me l'ait demandé. J'en appelle au Congrès, à l'opinion publique, et à la presse pour que la justice américaine s'applique en toute équité à son cas. Et que Dieu vienne en aide à ceux qui sont responsables d'une telle iniquité. »

C'est alors que, pour la première fois, à Paris, le prince Ali khan fit ouvertement des démarches pour enlever Yasmina à sa mère. Si l'on se fiait aux comptes rendus de la presse, il apparaissait que Dick et Rita ne maîtrisaient plus la situation. Peu après sa déclaration publique en faveur de son mari, Rita reçut un télégramme d'Ali lui demandant d'envoyer Yasmina à Paris où elle serait en sécurité : une démarche que n'importe quel parent soucieux des intérêts de son enfant aurait faite.

D'après Bartley Crum, qui était accouru à Las Vegas, Ali estimait que le FBI était incapable de protéger la petite fille. Et toutes ces photos, toute cette publicité qui entourait les démêlés juridiques du couple n'arrangeaient pas les choses. Diplomate, Ali, au lieu de pointer un doigt accusateur sur Rita, faisait retomber le blâme sur le FBI.

Furieuse, Rita — qui de toute façon n'avait pas les enfants auprès d'elle, mais n'aurait pas dû pour autant s'opposer à la requête du prince — répliqua immédiatement par câble : « Le FBI a pour mission d'enquêter — non de protéger — comme toi et tes avocats devriez le savoir. »

Une fois de plus, Crum déclara à la presse que Rita n'avait pas l'intention de rendre Yasmina à Ali. Une fois de plus, on souleva la question de la religion : Rita élèverait l'enfant dans la foi chrétienne, dit-il, et « s'opposerait jusqu'à la limite de ses forces » à toutes les tentatives qui seraient faites pour lui enlever Yasmina. Dans ce contexte, évoquer la question « musulmane » n'était plus une finasserie, c'était une absurdité. Il était absurde d'entendre Rita parler d'éducation chrétienne quand les journaux étaient pleins d'histoires grossières le concernant, elle et Dick. Mais l'atmosphère de persécution qui l'entourait, la paranoïa de Dick l'empêchaient de reconnaître qu'Ali cherchait tout simplement et honnêtement le bien-être de leur fille.

Après Toledo (Ohio), les Haymes devaient se rendre à Pittsburgh, où Dick avait un engagement au Carousel Theatre. A Chicago, où ils changeaient de train, Rita, voulant sans doute minimiser l'inquiétude d'Ali, déclara à des journalistes qu'elle ne se faisait plus de soucis pour la sécurité de Yasmina (alors que le FBI continuait activement à mener son enquête), et qu'elle accompagnerait ensuite son mari à Buffalo et Boston. Après quoi, elle et Dick montèrent dans le train... mais ils n'arrivèrent jamais à Pittsburgh.

Ils descendirent à l'arrêt de New York, et le soir du 2 novembre, alors que Dick aurait dû être sur la scène du Carousel

Theatre, il entrait au Park East Hospital de Manhattan pour cause d'hypertension. On accrocha l'écriteau « Visites interdites » à sa porte, et le personnel soignant prédit qu'il en avait « pour un bon moment ».

« Je ne sais pas quoi faire, dit-il à son avocat, David Marcus, qu'il appela à Los Angeles. Je deviens fou. Je suis à bout de nerfs. Je ne sais de quel côté me tourner. Je veux travailler. J'essaie de travailler, mais ils m'en empêchent. »

Marcus eut l'impression que Haymes « était sur le point de craquer ».

Une journée après être entré à l'hôpital dans un « état traumatique », si l'on en croit Rita, Dick en sortait de sa propre autorité et rejoignait sa femme et les enfants dans le Connecticut. Son médecin lui ordonna de retourner immédiatement au Park East pour une semaine de repos, mais aucun soin médical ne pouvait guérir Dick de ce dont il souffrait : son conflit permanent avec les services de l'Immigration et des Contributions directes, sans parler des demandes d'argent de la part de ses deux ex-épouses.

A peine sorti du lit, il reprit la route avec Rita, venant se détendre, entre deux engagements, à l'hôtel Madison de New York, tandis que les petites filles demeuraient avec leur nurse dans la maison du Connecticut. Jusqu'au jour où le propriétaire les en chassa pour cause de loyer en retard. A la dernière minute, Dick réussit à payer ce qu'il devait, et le propriétaire lui laissa jusqu'au 15 février pour vider la maison de tout ce qu'elle contenait, famille et mobilier.

Mais le pire était encore à venir. Le 1er février, à huit heures du soir, ils se reposaient dans leur suite du douzième étage du Madison lorsqu'on frappa à la porte. Avant d'ouvrir, Dick demanda à qui il avait affaire. Deux hommes lui répondirent, qui se présentèrent comme des auxiliaires du shérif et l'informèrent qu'ils venaient l'arrêter. Dick et Rita les écoutèrent avec horreur leur expliquer que ce même jour, le juge James B.M. McNally de la Cour suprême avait émis un mandat d'arrêt. Il ne fallait pas en chercher la cause dans les démêlés de Dick avec l'Immigration ou le fisc, mais chez son ex-femme, Joanne Dru, à qui il devait la somme de 33 323,49 dollars. Il avait, semble-t-il, accepté devant le tribunal de lui verser 10 pour 100 de ses gains jusqu'à l'extinction de sa dette, et maintenant elle l'accusait de se faire payer d'avance par les night-clubs qui l'engageaient, si bien qu'elle ne pouvait plus prélever sa part. Craignant que Dick ne soit expulsé prochainement et ne se retrouve ainsi hors de sa portée, elle avait décidé d'agir.

Haymes était au bord de l'hystérie. Il n'avait toujours pas ouvert la porte et il cria aux policiers auxiliaires qu'il ne les laisserait pas entrer tant qu'il n'aurait pas consulté son avocat. Et tandis que Rita se précipitait sur le téléphone pour appeler Bartley Crum, les deux hommes, armés, se mettaient en faction, au cas où les Haymes tenteraient de fuir, l'un devant l'ascenseur, l'autre devant la cage de l'escalier.

Bartley Crum ne fut pas le seul à accourir à l'hôtel. Il y retrouva l'avocat de Joanne Dru, Lewis Greenbaum, ainsi qu'une foule de journalistes qui avaient entendu parler d'un « siège » à l'hôtel Madison. Le couloir sur lequel donnait la suite des Haymes fut bientôt plein à craquer, mais Dick refusait toujours d'ouvrir la porte, même à son avocat ! Lequel, à la stupéfaction des spectateurs, se retrouva en train de conférer avec ses clients par le trou de la serrure.

Dick lui dit qu'il s'était enfermé pour qu'on ne puisse pas le jeter en prison. La situation était apparemment sans issue. Tout ce qu'on lui criait à travers la porte le laissait inébranlable : il semblait avoir perdu tout sens de la réalité. Il espérait qu'en n'ouvrant pas la porte le problème disparaîtrait d'une manière ou d'une autre.

Le temps passant, les avocats et les journalistes rentrèrent chez eux. Quant aux policiers, sauf à défoncer la porte, ils n'avaient guère d'autre solution que de camper pour la nuit dans le couloir, sur deux mauvaises chaises. Il faudrait bien qu'à un moment ou un autre Dick et Rita sortent de leur chambre, et les deux hommes seraient là pour les arrêter.

Au matin, les dernières aventures des Haymes s'étalaient dans toute la presse. Déjà inquiet de ce qu'on lui avait appris sur la vie actuelle de Rita, comment Ali allait-il réagir à ce nouvel épisode ?

Dick et Rita restèrent enfermés dans leur suite tandis que Bartley Crum s'entretenait avec William Cahill, le shérif adjoint. Les autorités souhaitaient maintenant ménager Haymes. Il n'avait qu'à glisser sous la porte un chèque de vingt-six mille dollars, et on ne l'arrêterait pas. Il devait beaucoup plus que cela à Joanne, mais cette somme rembourserait du moins sa quote-part sur les impôts fonciers que son ex-femme avait payés en totalité pendant tout leur mariage. Plus tard, lorsqu'il sortirait de l'hôtel, on lui rendrait son chèque contre le dépôt d'une caution du même montant.

A ce beau discours, Crum répondit qu'il ne voyait pas l'intérêt de faire signer un tel chèque à Dick, qui n'avait pas un centime à son compte en banque, ni des amis susceptibles de le cautionner. Il allait falloir trouver une autre forme d'arrangement avec l'avocat de Joanne.

Finalement, Dick accepta d'entrebâiller la porte pour que Crum pût s'y glisser. L'avocat trouva le couple assis tranquillement, en vêtements d'intérieur. Rita aurait naturellement pu sortir à n'importe quel moment, puisque c'était uniquement après Dick qu'on en avait, mais elle avait juré de rester auprès de son mari jusqu'à la fin. Crum se rendit compte que les heures qui venaient de s'écouler l'avaient plongée dans une « profonde angoisse ». Il n'y avait rien à manger dans l'appartement, et le couple était à jeun depuis la veille. Mais lorsque, à la demande pressante de l'avocat, les autorités proposèrent de faire monter un petit déjeuner, Dick répliqua qu'il n'avait pas faim. A quatorze heures, toutefois, il changea d'avis, et il se fit servir, pour lui et Rita, des œufs Benedict, du jus de pamplemousse et du café. Un garçon d'hôtel fut donc autorisé à pénétrer dans l'appartement assiégé.

Les journalistes étaient maintenant si nombreux à se bousculer dans le couloir du douzième étage que la direction de l'hôtel finit par les confiner dans une salle à l'extrémité nord du hall d'entrée. C'est là que Crum vint leur annoncer que lui et l'avocat de Joanne étaient parvenus à un accord. Vingt-quatre heures s'étaient écoulées depuis que Dick et Rita s'étaient enfermés dans leur suite, avec des gardes armés en faction devant leur porte. Ils étaient de nouveau libres d'aller et venir à leur guise.

Mais ils n'en avaient pas fini avec les auxiliaires de police. Dix jours plus tard, alors qu'ils séjournaient toujours au Madison, ils apprirent qu'un de ces auxiliaires s'était présenté chez eux, à Greenwich, dans le Connecticut. Pour une tout autre raison. Dick, on s'en souvient, avait accepté de déménager au milieu du mois, mais compte tenu de tout ce que racontait la presse, le propriétaire de la maison craignait que ses locataires ne s'esbignent sans payer. De plus, il affirmait que la famille Haymes avait causé pour quatre mille dollars de dégâts dans sa maison. En conséquence, il avait obtenu qu'un policier auxiliaire campe dans les lieux pour empêcher Dick et Rita de déménager leurs biens tant qu'ils n'auraient pas payé ce qu'ils devaient au titre des arriérés de loyer et des déprédations.

Mais dans la maison, il n'y avait que Becky, Yasmina, la nurse et une employée de maison. Et l'on comprend que les petites filles aient été « très bouleversées par tous ces étranges agissements [2] » — comme l'eût été n'importe quel enfant en voyant s'installer un étranger, un gardien, au milieu du salon familial.

26

Lorsqu'il apprit les nouveaux démêlés des Haymes avec la justice, Ali dépêcha à New York son propre avocat, Charles Torem. Malgré le gâchis dans lequel elle s'enfonçait, et alors même que les enfants vivaient loin d'elle la plupart du temps, Rita refusait toujours de confier Yasmina à son père. Elle semblait s'être remise entièrement entre les mains de son nouveau mari et n'écouter personne d'autre. D'après un journal de Buenos Aires, on s'attendait que Dick rentre bientôt et définitivement en Argentine. Naturellement, Haymes avait démenti formellement, sinon il aurait semblé admettre que son affaire était perdue et qu'il allait être expulsé. Pourtant, il donna pour instruction à la société de gardiennage à qui il confiait le mobilier de la maison de Greenwich de l'emballer comme « pour une expédition à l'étranger ».

A New York, l'avocat d'Ali batailla tout un mois pour essayer de trouver une solution équitable concernant Yasmina. Il était de plus en plus clair que, face à Ali, il y avait non seulement Rita mais Dick Haymes, lequel tenait absolument à s'affirmer dans cette histoire.

Les exigences de Rita étaient démesurées, et offensantes pour le prince : elle demandait qu'Ali ou un de ses représentants se présente devant le tribunal du Nevada pour « valider » l'ordonnance qui lui confiait, à elle, la garde de l'enfant ; elle précisait également que jusqu'à ce que Yasmina ait douze ans, son père ne pourrait la voir qu'aux États-Unis, pour des séjours de quinze jours séparés au minimum par des périodes de trois mois. Ce qui signifiait qu'Ali n'aurait jamais suffisamment de temps à consacrer à sa fille pour qu'il pût véritablement s'en occuper et surtout que l'Aga Khan, vieux et malade, risquait de ne plus jamais revoir sa petite-fille.

Rita était tellement obsédée par la crainte que lui inspirait le pouvoir de l'Aga qu'elle ne se rendait pas compte des dangers, véritables ceux-là, qui menaçaient ses enfants. Après le déménagement de la maison de Greenwich, les petites filles vinrent habiter avec elle au Madison, mais bientôt elle les envoya chez la nurse, Mrs. Chambers, qui vivait à White Plains, dans un quartier de motels et d'hôtels garnis — dans ce même comté, Westchester, d'où avaient été expédiées les lettres de menace. La maison de Dorothy Chambers était petite et plutôt sale, et surtout les fillettes y étaient laissées à elles-mêmes, sans surveillance. N'importe qui pouvait facilement les approcher et faire d'elles ce qu'il voulait — et c'est exactement ce qui se produisit les 18 et 19 mars, tandis que les négociations pour la garde de Yasmina repartaient pour un dernier round.

Le 18 mars, un homme sonna chez Mrs. Chambers et lui dit qu'il envisageait de louer sa maison, mais qu'avant il voulait y jeter un coup d'œil. Dorothy Chambers songeait à prendre des locataires pendant qu'elle voyagerait avec Dick et Rita en tant que « gouvernante » des enfants. Elle invita l'étranger à entrer dans la cuisine et, par la fenêtre, lui montra les filles de Rita Hayworth. Il put voir la princesse Yasmina Aga Khan « jouant dans une arrière-cour encombrée de détritus, au milieu des poubelles », alors que Rebecca Welles, « assise sous l'auvent également encombré de saletés, lisait un livre ».

Mrs. Chambers n'avait pas la moindre idée de l'identité de ce visiteur : il aurait pu être un kidnappeur, un assassin, voire le cinglé qui avait envoyé les lettres anonymes. En réalité, il s'agissait d'un reporter du magazine *Confidential*, une des principales feuilles à scandale de l'époque, qui avait apparemment été alerté par des voisins indignés de l'état de la maison dans laquelle vivaient les fillettes.

Bien vite, il sortit dans la cour pour bavarder avec Becky. « Ça ne marche pas très bien, dit-elle à propos de sa lecture, mais je lirais mieux si je pouvais aller à l'école comme les autres enfants. » Rita avait tout simplement omis d'inscrire sa fille à l'école.

Et tandis que Mrs. Chambers restait à l'intérieur, la petite Yasmina accompagna le journaliste au sous-sol, pour lui montrer la chaudière. Ainsi, au moment même où Rita refusait avec la dernière vigueur de placer la petite princesse en sécurité chez son père, un étranger se retrouvait complètement seul avec elle et libre de lui faire subir n'importe quoi.

Le journaliste revint le lendemain et trouva Yasmina toujours aussi mal surveillée. Pendant qu'il détournait l'attention de Mrs. Chambers, un photographe prit une série de clichés : au cas où on mettrait en doute les propos du reporter de *Confidential*, les photos seraient là pour prouver que l'état de la maison était bien tel qu'il le décrivait. Sur l'une d'elles, on voyait la petite princesse fouiller dans un panier plein de saletés, « balayer » le plancher avec un balai, jouer dans un évier encombré d'assiettes et de casseroles sales ; une autre montrait Yasmina et Becky sous l'auvent, une autre encore une salle de bain aux murs lépreux[1].

L'aspect « exploitation de l'innocence » que revêtait la démarche de ces deux hommes était fort déplaisant, mais le fait même qu'ils aient pu prendre leurs photos était pire que les conditions de vie des enfants qu'elles révélaient, car il démontrait la totale vulnérabilité des fillettes. Pourtant, il s'écoulerait encore bien des jours avant que Rita se voie contrainte de modifier les conditions dans lesquelles Becky et Yasmina vivaient à White Plains. Pour le moment, elle avait d'autres sujets de préoccupation.

Le 22 mars 1954, les autorités de l'Immigration décrétèrent l'expulsion de Dick Haymes. Rita et lui s'étaient attendus au pire, mais lorsque la décision leur fut notifiée, le choc fut immense. Terrés dans leur appartement du Madison, ils résolurent d'en appeler aux autorités supérieures, tandis que leurs avocats criaient ouvertement au coup monté par les ennemis de Haymes.

Sans aller jusqu'à accuser nommément Harry Cohn (mais à qui d'autre pouvaient-ils faire référence ?), ils affirmèrent que le décret d'expulsion avait été « inspiré par une personne ou des personnes appartenant à l'industrie cinématographique ». « Leur but est de démolir l'union de Dick et de Rita », proclama Bartley Crum. Et pour le cas où il serait venu à l'idée de quelqu'un de penser que la décision d'expulsion était justifiée, il ajouta : « Il saute aux yeux de n'importe quel avocat que la décision avait été prise avant même les auditions de Haymes. Elle émanait de Washington. »

Quoi qu'il en fût, si l'intention qui avait présidé à toute cette procédure était de séparer Rita de Dick, le projet se retournait contre celui qui l'avait manigancé. Depuis qu'elle courait les routes avec Dick, non seulement Rita ne travaillait plus, mais elle était l'objet d'une publicité de bien mauvais aloi qui pouvait avoir des répercussions sérieuses sur sa valeur au box-office. Et pour couronner le tout, maintenant que Dick était expulsé, elle déclarait qu'elle voulait le suivre.

Pendant quelque temps, les petites filles vinrent habiter avec leur mère à Manhattan. Le lendemain du jour où lui fut notifiée son expulsion, Haymes accompagna Rita et Becky au bureau de l'état civil, service des passeports, du Rockefeller Center. Pas rasé, il semblait angoissé, épuisé derrière ses lunettes noires. En manteau de vison, Rita paraissait tout aussi tendue. Quant à Becky, visiblement effrayée, elle s'accrochait à la main de sa mère tandis que crépitaient les flashes des photographes et fusaient les questions des journalistes. C'était une situation que l'enfant ne connaissait que trop bien depuis sa naissance, mais loin de s'y être habituée, il était évident, à voir son regard de détresse, qu'elle la détestait encore plus qu'auparavant. Lorsque Rita fit son entrée dans la salle des passeports, il y avait déjà une centaine de personnes avant elle, et un employé l'informa qu'elle devrait faire la queue comme tout le monde. D'un air théâtral, elle quitta la pièce, traînant Dick et Becky derrière elle.

Ils revinrent deux heures plus tard, et cette fois-ci on s'était arrangé pour qu'elle passe en premier. Renouveler son passeport et celui des filles fut l'affaire d'un quart d'heure. Silencieuse, Rita regardait droit devant elle, Becky pendue à son manteau, et ce fut Haymes, toujours aussi peu rasé, qui répondit aux questions de routine de l'employé.

Ce qui aurait pu n'être qu'un geste serviable était l'expression d'un comportement habituel : de plus en plus, Haymes assumait le rôle d'Eddie Judson et parlait au nom de sa femme, laquelle gardait un mutisme troublant. Comme sur les plateaux de cinéma, Rita semblait rentrer en elle-même. Des gens qui la virent à l'hôtel Madison dirent qu'elle paraissait « d'un calme glacial » et « faisait penser à une martyre [2] ».

« Je me sens comme un pêcheur japonais », dit-elle à Leonard Lyons lorsqu'elle et Dick le rencontrèrent, à trois heures du matin [3] à l'El Morocco. Comparer sa situation à celle des victimes de la bombe atomique était pour le moins démesuré et hors de propos, mais cela donne une idée de l'état d'esprit dans lequel elle se trouvait.

Pourtant, des faits nouveaux semblaient jouer en faveur de Dick. Son avocat, David Marcus, tomba par hasard, dans un restaurant, sur Richard Cody — le fonctionnaire qui avait réglé les formalités du voyage de Haymes à Hawaii en 1953. Aujourd'hui Cody n'appartenait plus aux services de l'Immigration, et il révéla à Marcus que ses supérieurs lui avaient enjoint de ne pas avertir Haymes de ce qu'il risquait s'il partait pour Hawaii. Il remit à Marcus une déclaration en bonne et due forme, si bien que le 26 mars Haymes put proclamer qu'on l'avait entraîné dans un piège. Marcus, de son côté, annonça qu'il envoyait une copie de la déclaration de Cody à la commission sénatoriale de la Justice et qu'il allait demander une enquête du Congrès à propos du cas Haymes.

Si, du côté de Dick, les choses semblaient s'améliorer, Rita en revanche était loin d'avoir gagné sa bataille contre Ali. Il s'était écoulé un an et demi depuis la dernière occasion qu'avait eue le prince de voir sa fille. Il ne demandait qu'à s'entendre avec Rita, mais Dick, remonté par la tournure récente que prenaient les événements, entendait se mesurer avec Ali. Les résultats allaient se révéler désastreux.

L'avocat d'Ali essayait d'obtenir un arrangement qui permettrait à celui-ci de se rendre aux États-Unis sans risquer de se voir opposer une décision de justice pour non-paiement des frais d'éducation de l'enfant (car ne parvenant pas à obtenir satisfaction pour la garde de Yasmina, il avait refusé de payer). Une fois en Amérique, Ali espérait pouvoir s'entretenir seul à seul avec Rita et aboutir à une solution. Mais, en attendant de recevoir la permission d'entrer aux États-Unis, il ne trouva rien de mieux que de s'installer au Mexique avec Gene Tierney.

L'expérience aurait dû lui enseigner que la presse ne mettrait que quelques jours à retrouver sa trace, et qu'inévitablement Rita saurait que ce voyage qu'ils avaient fait ensemble bien des années auparavant, il le renouvelait avec une autre femme. Et il aurait dû aussi se rendre compte que Rita prendrait fort mal la chose, de même que son père, qui lui reprocherait de prêter le flanc, comme toujours, à la curiosité malveillante des médias. L'Aga ne lui en voulait pas de ne pas pouvoir se passer de femme — après tout, lui aussi, dans son temps, avait été un grand coureur de jupons —, mais, se plaignait-il à Elsa Maxwell, « je n'attirais pas sur moi la publicité. Aujourd'hui la communication est universelle, mes fidèles savent lire — comment croyez-vous qu'ils réagissent lorsqu'ils apprennent que mon fils a épousé une star de cinéma, en a divorcé, et maintenant a une liaison avec une autre[4] ? ».

Fâché de ce que la presse eût découvert si rapidement son escapade mexicaine, Ali devint franchement furieux lorsque Dick Haymes commença à lui téléphoner. Dick avait convaincu Rita que cela se passerait beaucoup mieux si c'était lui qui traitait avec le prince. Il se lança donc dans une série d'appels téléphoniques auxquels Ali refusait obstinément de répondre. Il n'entendait pas discuter de la garde de sa fille avec Mr. Dick Haymes. Cet homme avait causé suffisamment de mal comme cela.

Le 6 avril, les avocats des deux parties parvinrent à un accord : le prince pourrait entrer aux États-Unis sans être convoqué en justice. Gene et lui s'envolèrent pour Los Angeles, d'où il comptait se rendre à New York. Il y discuterait avec Rita et verrait enfin sa fille. Son avocat parisien, Charles Torem, était déjà sur place. Mais à peine Bartley Crum avait-il révélé publiquement l'arrivée imminente du prince que Dick et Rita décampaient en direction de la Floride pour quelques jours de vacances — Becky et Yasmina ayant été confiées à Mrs. Chambers.

Il était évident que ce brusque départ visait à court-circuiter les projets d'Ali. Dick semblait bizarrement désireux d'empêcher Rita de régler le problème de la garde de Yasmina. Au Casa Marina Hotel de Key West, à un journaliste qui lui demandait si la rencontre prévue entre Rita et Ali aurait lieu en Floride plutôt qu'à New York, il répliqua : « C'est la première fois que j'entends parler de ça. Je suis venu ici pour me reposer et pêcher. C'est la seule raison pour laquelle nous sommes ici[5]. » La presse commençait à gloser sur cette habitude qu'il avait prise de parler au nom de sa femme et de pontifier sur le sort de Yasmina. Témoin cette phrase du *New York Herald Tribune* : « ''Il dépend d'Ali que nous parvenions ou non à un règlement'', a déclaré Mr. Haymes. Miss Hayworth, elle, n'a rien dit. »

Ali, pour sa part, était bien décidé à mettre un terme à toute cette absurdité. Il était venu en Amérique pour voir sa fille, et il ne repartirait certainement pas avant d'avoir réglé les choses avec Rita. Pendu au téléphone, il lançait des appels avec préavis, mais c'était toujours Dick qui répondait et refusait de lui passer Rita. C'est avec lui, Dick Haymes, que le prince devrait discuter de la situation de Yasmina.

Ali ne pouvait pas faire grand-chose, sinon refuser. Et comme pour le narguer, Haymes se pavanait en racontant aux journalistes que Rita ne répondait pas aux appels de son ex-mari. Pour la première fois depuis des années, Dick Haymes semblait contrôler entièrement une situation — il tirait les coups et adorait cela.

27

En quittant Key West, Rita et Dick ne se dirigèrent pas vers New York, comme Ali aurait pu l'espérer, mais s'installèrent à Miami Beach, à l'hôtel Roney Plaza. C'était là que dix ans auparavant Rita avait joué les gardes-malades auprès d'un Orson Welles encore très faible. Que de changements depuis ! A l'époque, elle avait eu l'impression d'avoir enfin enterré son malheureux passé, mais aujourd'hui elle se disait bien souvent que le pire était encore à venir.

Ce fut le cas le 21 avril : ce jour-là, deux voisins de Dorothy Chambers dénoncèrent à la Société du Westchester pour la prévention des cruautés envers les enfants les conditions de vie des filles de Rita Hayworth. Ladite société dépêcha immédiatement deux assistantes sociales chez Mrs. Chambers pour vérifier le bien-fondé de la plainte. Les photos prises par le journaliste de *Confidential* n'ayant pas encore été publiées, les deux femmes ignoraient ce qu'elles allaient trouver. Après deux jours d'enquête, elles rédigèrent un rapport au vu duquel William J. Bennett, directeur de la protection de l'enfance, s'empressa de déposer une plainte officielle pour défauts de soins à enfants. Becky, semblait-il, n'était pas inscrite à l'école, et les deux fillettes étaient laissées sans surveillance.

Peu de temps auparavant, comme on l'a vu, un policier s'était installé dans leur salon de Greenwich ; aujourd'hui un autre se présentait, qui leur annonça qu'elles étaient confiées à la garde du tribunal pour enfants. Néanmoins, avant qu'on ait pu les emmener, un avocat contacté par Mrs. Chambers obtint du tribunal qu'on laisse Becky et Yasmina chez leur « gouvernante » jusqu'au jour de comparution devant la cour, prévue pour la semaine suivante. Elles étaient cependant placées sous la tutelle du tribunal [1].

Le jour où ces faits se déroulaient, Dick et Rita, à bord d'une Jaguar empruntée à des amis, se dirigeaient vers Washington, et on n'avait pas réussi à les joindre. Ce ne fut donc que le surlendemain qu'ils apprirent l'horrible histoire. Ainsi Rita n'échappait-elle pas au destin qui semble être celui de nombreuses femmes ayant subi son sort dans leur jeunesse : mère déficiente, elle risquait de se voir enlever ses enfants. On imagine dans quel état de dépendance elle se trouvait par rapport à Dick pour en être arrivée là.

Bartley Crum s'était rendu à Washington pour hâter la révision du jugement d'expulsion prononcé contre Dick, et lorsque la nouvelle concernant le sort des petites filles lui parvint, il déclara que ces accusations étaient à mettre au compte du complot ourdi contre Dick Haymes. Beaucoup trop de choses étaient arrivées récemment à cette famille pour être imputables à la seule coïncidence, dit-il.

Sur la côte Ouest, Ali et Gene Tierney n'étaient pas chez eux lorsque des journalistes appelèrent pour connaître la réaction du prince. Seule la mère de Gene, Belle, avait entendu la nouvelle. Lorsque Ali fut au courant, il comprit immédiatement que cela changeait tout : Rita ne pourrait plus désormais refuser de discuter de la situation de Yasmina. Oserait-elle encore prétendre qu'elle offrait à sa fille la vie normale d'une petite Américaine, bien meilleure que celle qu'Ali voulait lui donner ?

Le prince partit aussitôt pour New York où se trouvait déjà son avocat. Il n'était plus question de laisser Mr. Haymes intervenir dans cette histoire, mais quel qu'en fut son désir, Ali ne pouvait pas débarquer chez Mrs. Chambers et emmener Yasmina avec lui : Rita serait alors en droit de l'accuser de kidnapping.

Pendant le week-end, Becky et Yasmina restèrent enfermées dans la maison, qui devint un lieu d'attraction touristique. La presse s'était naturellement emparée de l'affaire, et des voitures pleines de curieux arrivaient à White Plains. Pour protéger les enfants, Mrs. Chambers tira tous les rideaux, ferma tous les volets. Indignée, elle accusait ses voisins d'avoir monté ce scandale par pure méchanceté. « Ça vient de quelqu'un de vicieux, et qui recherche la publicité, déclara-t-elle. Quiconque cherche à tirer profit du malheur des enfants devrait mourir. »

Malgré les dénégations de Crum et de Mrs. Chambers, la Société pour la prévention des cruautés envers les enfants du Westchester n'en persista pas moins dans ses accusations. « Nous avons envoyé deux assistantes sociales, rétorqua Walter W. Westall, président de la société depuis dix-huit ans. Ce sont deux femmes pleines d'expérience, et nous n'avons commis aucune erreur [2]. »

Orson Welles se trouvait alors en Europe, luttant pour achever le tournage de *Mr. Arkadin*, film déjà très controversé. Il ne s'était certes jamais beaucoup soucié de Becky, mais enfin elle était sa fille, et qu'il le voulût ou non, l'affaire le concernait directement. Il donna immédiatement pour instruction à son avocat new-yorkais, Arnold Grant, de faire tout ce qui était en son pouvoir pour soutenir Rita, et notamment d'informer le juge que lui, Welles, estimait que son ex-femme avait toujours été une bonne mère. Si les enfants devaient être enlevées à leur mère le temps du procès, Grant (qui par chance habitait dans le comté de Westchester) devait proposer de les prendre chez lui [3].

En outre, Orson câbla lui-même à l'United Press et déclara que « quelle que soit la vérité, le blâme ne doit pas retomber sur Rita, qui a toujours été la plus dévouée des mères pour ses deux filles ». Ce qu'Orson ne dit pas, c'est qu'il craignait que, compte tenu des charges pesant sur Rita, Ali ne demande la garde également de Becky. Il devait l'admettre plus tard : il se sentait très coupable de sa propre négligence envers sa fille, mais tant que Rebecca était avec sa mère, il se pardonnait en pensant que tout allait bien. Si Ali avait pris Becky (encore que rien ne permette de croire qu'il en ait eu l'intention), Orson se serait senti atteint dans son orgueil : tout le monde aurait su alors qu'il était incapable d'assumer son rôle de père [4].

Contrairement à Welles, Ali s'interdit tout commentaire public, que ce fût pour condamner ou soutenir Rita. Il voulait minimiser le scandale autant que possible. Alors qu'on l'avait empêché d'exercer la moindre tutelle sur sa fille, il faisait maintenant implicitement figure d'accusé dans la presse qui remarquait que, tandis que la petite Yasmina vivait dans des conditions qui avaient entraîné l'intervention de la justice, ses deux parents prenaient des vacances luxueuses. Pensant à l'effet que toute cette histoire allait avoir sur les fidèles de l'Aga, Ali se dit qu'il fallait aider Rita à récupérer la garde de sa fille et négocier parallèlement avec elle. Il paraissait à peu près certain maintenant qu'elle lui accorderait ce qu'il demandait, notamment de pouvoir consacrer à Yasmina plus que les malheureux quinze jours qu'on lui avait concédés jusqu'alors.

Ali arriva à New York, par avion, le lundi 26 avril au matin. La comparution devant le tribunal était prévue pour quatorze heures ce même jour. Rita et Dick étaient arrivés, eux, à deux heures du matin au Roger Smith Hotel de White Plains, et à huit heures ils descendaient de leur Jaguar devant la maison de Mrs. Chambers, où Rita s'engouffra, essayant d'éviter l'humiliant face à face avec les journalistes. Malgré son bronzage elle semblait hagarde, affolée. L'interminable succession de problèmes auxquels Dick devait faire face, ajoutée à cette terrible histoire concernant ses filles, tout cela était trop pour elle. D'après Mrs. Chambers, lorsque Rita vint chercher les petites, « elle était malade d'angoisse ».

Deux heures plus tard Rita sortit de la maison, et elle dut alors affronter une batterie de caméras et d'appareils photo. Derrière elle venait Dick, qui d'une main portait une valise contenant les affaires des enfants et de l'autre tenait Yasmina ; Becky suivait sur ses talons. Les deux fillettes étaient impeccablement mises, et l'on aurait juré qu'elles se rendaient à un goûter d'enfants plutôt qu'à une convocation devant une cour de justice.

Vers midi, une limousine conduite par un chauffeur s'arrêta devant le Roger Smith Hotel ; en descendirent Ali et son avocat. Il allait enfin revoir sa fille, après un an et demi. Ce n'étaient certainement pas les conditions dans lesquelles Haymes avait rêvé de rencontrer Ali. Le scandale actuel les mettait, lui et Rita, dans une bien piètre position pour négocier, mais Ali n'était pas homme à faire des scènes. Comme d'habitude, il se montra d'une parfaite courtoisie. Il était fou de joie de retrouver Yasmina et, par souci des deux fillettes, pour ne pas risquer de les bouleverser davantage, il tenait à éviter tout violent échange de mots avec

Haymes. Le garçon d'étage qui leur servit une assiette de sandwichs au poulet fut très étonné de l'air heureux de tout ce petit monde.

Ali ne perdait néanmoins pas de vue l'objet de sa visite, qu'il voulait aborder avant que Rita ne parte pour le tribunal. Qu'elle l'autorise à emmener Yasmina en Europe avec lui et à la garder un certain temps, et il lui donnerait toutes garanties de la lui rendre. Il fallait que l'enfant vienne le plus vite possible en France pour voir l'Aga, qui était très malade et dont on redoutait la mort à chaque instant. Beaucoup de choses avaient changé depuis l'échec de leurs discussions en mars dernier, et si Rita voulait vraiment trouver une solution, c'était le moment.

Charles Torem rappela ensuite que, le 26 avril, Rita avait affirmé à son ex-époux qu'elle « ne souhaitait pas le priver de l'amour et de l'affection de leur fille » et « qu'elle ne demandait qu'à faciliter ses visites ». Les terribles événements de ces derniers jours lui avaient-ils rendu son bon sens ? Ou était-elle disposée à promettre n'importe quoi du moment qu'Ali ne s'opposait pas à ce qu'on lui rende la garde des enfants ? Toujours est-il que l'inépuisable bagarre à propos de Yasmina sembla toucher à sa fin. L'affreux scandale aurait au moins servi à cela.

Laissant la petite fille à l'hôtel en compagnie de son père, Rita, Dick et Becky partirent pour l'hôtel de ville de White Plains, où se tenait le tribunal devant lequel ils devaient comparaître. Des centaines de journalistes et de curieux s'étaient massés devant l'entrée principale, et dans l'espoir de leur échapper, Dick trouva une porte à l'arrière du bâtiment par laquelle ils se glissèrent. Le temps que la foule comprenne et se rue sur eux, ils repérèrent un ascenseur providentiel qui les déposa à l'étage du tribunal.

A huis clos, le juge George W. Smyth interrogea pendant deux heures toutes les personnes concernées, y compris Becky, qu'il qualifia ensuite de « très charmante petite fille ». Au bout du compte, et bien que Rita elle-même ne fût pas accusée d'abandon volontaire et de manque de surveillance, le juge déclara que la décision de la Société pour la prévention des cruautés envers les enfants du Westchester de placer Yasmina et Becky sous la protection et la sauvegarde de la cour avait été « pleinement justifiée [5] ».

Il fut décidé que, dans un laps de temps raisonnable, Rita devrait régulariser la situation inacceptable de Becky en l'inscrivant à l'école, et que d'ici là elle était autorisée à faire appel à un précepteur privé. On lui rendait la garde de ses enfants mais, pendant trois mois, la cour se réservait un droit de tutelle, de façon que le juge pût surveiller ce qui se passait. En conséquence, Rita promit que, durant ce temps au moins, elle et les fillettes demeureraient dans l'État de New York.

Maintenant, il fallait bien se résoudre à affronter la presse. D'après le *New York Herald Tribune*, elle « avait l'air hystérique en quittant la salle du tribunal ». Essayant de fendre la foule, elle agrippait nerveusement la main de Dick. On passa Becky à Bartley Crum et à un policier qui, la tenant chacun par une main, la portèrent pour lui faire traverser la multitude.

Rita ne put plus se contenir : en sanglots, les larmes coulant sous ses lunettes noires, elle supplia : « S'il vous plaît, s'il vous plaît ! Partez, laissez-moi tranquille. »

A huit heures ce soir-là, ce fut un Ali khan souriant que l'on vit sortir du Roger Smith Hotel. Après de nouvelles discussions avec Rita, il partait à peu près sûr de parvenir à un règlement définitif le lendemain. Il signa quelques autographes à des gamines excitées qui l'attendaient devant la porte, puis il partit en direction de Carlton House, à New York, une résidence située à quelques centaines de mètres de l'hôtel Madison où Dick et Rita avaient leur suite. Une heure plus tard, à White Plains, la police dégageait le passage pour que Dick, portant Yasmina endormie dans ses bras, et Rita, tenant Becky par la main, puissent gagner la limousine qu'ils avaient louée pour les ramener à New York.

Rita avait récupéré la garde de ses enfants, mais elle savait très bien que l'expression « pleinement justifiée » s'étalerait pendant des jours encore dans les journaux. Sans compter l'humiliation que représentait cette tutelle de la cour pendant trois mois ! Ce n'étaient pas là de bonnes conditions pour négocier avec Ali. Malgré tout ce qu'elle avait laissé paraître, elle continuait à être obsédée par l'idée que, si l'occasion lui en était donnée, Ali lui volerait sa fille. N'avait-elle récupéré Yasmina que pour se la faire enlever à nouveau ?

Le lendemain, les avocats ne cessèrent de faire la navette entre Rita et Ali. Le prince avait prévu de prendre l'avion de dix-huit heures pour Londres, et il essayait désespérément de parvenir à un accord définitif avec Rita avant son départ. A en juger par le bataillon de reporters qui accompagnait les avocats dans leurs aller retour sur Madison Avenue, le pays entier attendait de connaître les dernières nouvelles concernant la princesse Yasmina. Suivre les méandres de la bataille opposant les ex-époux était devenu une sorte de passe-temps national.

Rita et Ali restèrent enfermés chez eux toute la journée, mais à deux heures de l'après-midi, l'objet principal de toute cette agitation, la petite Yasmina, émergea de l'hôtel Madison en compagnie de Bartley Crum, qui interdit aux journalistes de la photographier. Il leur rappela que, moins d'un an auparavant, le FBI lui-même avait prescrit une telle interdiction. L'attitude de Crum était d'autant plus absurde que, entre-temps, Rita avait laissé prendre d'innombrables photos de sa fille. Après le mariage, puis le reportage du journaliste de *Confidential*, brusquement Crum allait jusqu'à s'adjoindre les services de deux détectives privés pour accompagner Yasmina jusqu'à la résidence de son père, quelques centaines de mètres plus loin.

Peut-être Rita voulait-elle montrer par là combien elle était concernée par la sécurité de sa fille. Et en voyant arriver Yasmina, Ali, tout heureux, n'imaginait pas que, de nouveau, Rita allait affirmer qu'il représentait une menace pour le bien-être de leur fille. Les détectives privés et l'interdiction notifiée aux photographes étaient destinés à instaurer un climat de peur qui justifierait l'angoisse de la mère à laisser partir sa fille en Europe. Crum ramena Yasmina au Madison et, pour traverser le hall, il la prit dans ses bras, pressant l'enfant contre lui pour que les photographes ne puissent pas capter son visage.

Entre-temps, Rita était convenue avec Charles Torem qu'Ali pourrait garder Yasmina auprès de lui trois mois par an, et ce dans n'importe quel pays. Le moment du départ d'Ali approchant, elle assura l'avocat qu'il ne lui restait plus qu'à faire signer les papiers par le prince, et qu'elle-même les contresignerait dans la demi-heure qui suivrait.

Ainsi, lorsqu'il quitta Carlton House pour l'aéroport d'Idlewild, Ali fut en mesure d'annoncer que Rita et lui étaient parvenus à un accord, qu'il venait de signer les papiers, et qu'il les faisait porter au Madison pour que son ex-femme les signe à son tour. Apparemment, il ne paraissait redouter aucune difficulté.

Mais à peine était-il parti que Rita déclara qu'elle avait réfléchi. Et lorsque Torem se présenta avec les papiers, elle lui dit qu'elle ne signerait pas maintenant : elle voulait reparler de tout cela avec Dick. Pouvait-il lui laisser jusqu'à onze heures le lendemain matin ?

Ni Torem ni Ali ne s'étaient attendus à un tel revirement. Ils n'avaient pas compté avec Haymes, lequel non seulement n'avait pas lâché prise mais paraissait considérer cette affaire de garde comme un duel personnel entre Ali khan et lui-même. Il était bien décidé à saboter l'accord conclu, usant de sarcasmes et qualifiant l'un des avocats d'Ali de « prince des ténèbres ».

Sur quoi, Bartley Crum se présenta devant les journalistes à qui il annonça : « Mrs. Haymes veut être sûre qu'elle aura le pouvoir de faire appel à la police si jamais le père ne lui rendait pas Yasmina. »

Ainsi Rita n'avait pas signé, ce qui n'empêcha pas la presse d'évoquer l'héritage de Yasmina. Le *New York Times*, par exemple, écrivit : « Une fortune de un million cinq cent mille dollars a été offerte hier à Yasmina khan, âgée de quatre ans, alors que le jour précédent encore elle était considérée par la justice comme une enfant délaissée. » Par la voix de Crum, Rita s'efforça de rectifier ces propos : Torem lui aurait répété à plusieurs reprises que, au cas où Yasmina refuserait d'aller voir son père, cet argent risquait de lui échapper.

Le mercredi, à l'heure où elle avait promis de donner sa réponse, Rita demanda un nouveau délai. Dick et elle passèrent la journée à conférer avec leurs avocats, mais à la nuit tombée, elle n'avait toujours pas signé les papiers. Et elle ne les signa pas davantage le lendemain. Il était dès lors évident que Dick l'avait emporté, et que Rita n'avait plus la moindre intention de s'entendre avec Ali.

Il ne restait plus au prince qu'un moyen de faire pression sur son ex-femme : s'adresser au tribunal de White Plains, à qui le sort des enfants incombait encore pendant trois mois.

28

Dans les mois qui suivirent, Dick et Rita s'enfoncèrent dans un imbroglio kafkaïen d'avocats et d'actions en justice. Quand ce n'était pas eux qui poursuivaient, ils étaient poursuivis pour une raison ou une autre. Il fallait toujours consulter de nouveaux avocats, payer davantage d'honoraires.

Au début de mai, le dernier avocat en date, Welburn Mayock, obtint des services de l'Immigration qu'ils réexaminent le cas de Dick, qu'on avait, dit-il, attiré dans un piège : l'attestation de Cody en était la preuve. Dick fut invité à se présenter en juin à Los Angeles pour être réentendu par la commission.

Poussée par Haymes, Rita de son côté entra dans la comédie des plaideurs. Le 12 mai, devant le tribunal fédéral de New York, elle intenta une action contre la Columbia Pictures pour obtenir l'annulation de son contrat de 1947. Idée étrange, si l'on pense aux excellentes conditions que Johnny Hyde avait négociées pour elle à l'époque : elle touchait 25 pour 100 des bénéfices nets sur chacun de ses films, ce qui fait que si elle avait travaillé plus régulièrement entre 1947 et 1954, elle eût été probablement une femme très riche. Certes, les studios ont la réputation de présenter rarement des comptes bénéficiaires, surtout lorsqu'un acteur touche un pourcentage. Bizarrement, les dépenses ne cessent d'augmenter, d'où des profits inexistants. Mais Rita voulait autre chose qu'un bilan exact des comptes de la Columbia. Si vraiment le studio lui devait de l'argent sur des films anciens, il s'écoulerait un bon laps de temps avant que les comptes soient mis à jour, et avant qu'elle puisse toucher sa part sur le dernier film en date, *La belle du Pacifique*. Or Dick Haymes avait besoin d'argent tout de suite. D'où l'action de Rita, qui visait à faire acheter par la Columbia les quatre cent cinquante parts de la société Beckworth qu'elle possédait (le studio en avait déjà cinq cents, et l'agent de Rita, William Morris, cinquante).

Grâce à cette tractation, Dick recevrait l'argent frais qui lui manquait tant, et surtout, il pourrait désormais contrôler la carrière de Rita : n'étant plus sous contrat avec la Columbia, la Déesse de l'Amour deviendrait tout à fait malléable entre ses mains. Leurs deux noms accolés feraient merveille : Dick ne cachait pas son intention de fonder, avec les sept cent mille dollars qu'ils espéraient retirer de la cession des parts, une maison de production de films en Europe. « Nous voulons réaliser des choses sentimentales, qui seront mieux faites là-bas, dit-il à Earl Wilson. Hollywood est un monde tellement ancré dans ses habitudes que c'est dur d'y faire des choses différentes, même quand on possède sa propre maison de production. »

Wilson en conclut que désormais Haymes « commandait deux destins », le sien et celui de Rita. Il pensait et parlait pour elle [1].

En attendant, les finances du couple sombraient en chute libre. Le grand come-back de Dick avait complètement avorté, et Rita n'avait plus touché de salaire depuis *La belle du Pacifique*. Aussi, en attendant de recevoir l'argent de la vente des parts, ils imaginèrent de se lancer dans une étrange aventure : mener une vie simple. Ils allaient laisser derrière eux tous ces endroits à la mode, l'hôtel Madison, El Morocco, pour mener une existence vagabonde dans la paix du Nevada. Alors que Rita avait promis au juge Smyth de ne pas quitter l'État de New York pendant trois mois, en juin la mère de Dick, Marguerita Haymes, prenait un train vers l'ouest, escortant Becky, Yasmina, un précepteur et une nurse. Dick et Rita suivirent en voiture. Bartley Crum demanda au tribunal de White Plains d'abréger la période de tutelle des fillettes, mais on lui répondit qu'aucune décision ne serait prise avant juillet.

Le 18 juin, Dick et Rita débarquèrent au Sands Hotel, où s'était déroulé leur mariage neuf mois auparavant ; ils envisageaient d'y demeurer jusqu'à ce qu'ils aient trouvé quelque chose à louer, une maison simple et retirée au milieu des bois, dans la région du lac Tahoe. A peine étaient-ils arrivés que Rita apprenait la mort de son grand-père, Padre Cansino, survenue à Los Angeles. Padre avait toujours été le membre de sa famille qu'elle chérissait le plus, mais elle n'assista pas à l'enterrement car, expliqua-t-elle aux journalistes, elle ne pouvait quitter ses enfants. Prétexte peu crédible, alors que Dick et elle venaient de traverser tout le pays en laissant à d'autres le soin de s'occuper des filletttes : plus probablement, son mari voulait la garder près de lui pendant qu'il préparait avec ses avocats sa comparution en appel devant le service de l'Immigration de Los Angeles.

Les avocats avaient demandé un abandon pur et simple des charges qui pesaient contre lui, ce que les autorités refusèrent. D'après la loi, pour accorder à Mr. Haymes une telle « libération arbitraire », il fallait être sûr que « M. la Débine » était de bonne moralité ; or, dans une note confidentielle figurant dans le dossier d'expulsion de Dick, on pouvait lire que « le sujet peut difficilement prétendre être une personnalité de bonne moralité, et, au contraire, on peut facilement prouver qu'il n'est pas une personnalité de bonne moralité ».

Appréciation que les autorités d'immigration n'étaient pas les seules à formuler. Pendant son séjour à Los Angeles avec Rita, Dick fut convoqué, le 2 juillet, à comparaître devant le tribunal pour non-paiement des sommes qu'il s'était engagé à verser à Joanne Dru. (Il avait également cessé de verser la pension alimentaire de Nora.) La dernière fois que Joanne l'avait fait poursuivre, c'était en février et, on s'en souvient, Rita et lui s'étaient enfermés dans leur suite du Madison. Ce coup-ci il choisit de ne pas tenir compte de la convocation, et le jour prévu pour la comparution, il était de retour, en sécurité, dans le Nevada. Sur quoi, le juge lança un mandat d'arrêt contre lui. S'il revenait à Los Angeles, il risquait cinq jours d'emprisonnement pour outrage au tribunal.

Pour le moment, il n'en était pas question. Il venait de signer un bail de location d'un an pour un modeste bungalow de deux pièces à Crystal Bay, un village situé à mille huit cents mètres d'altitude au-dessus du lac Tahoe. Rita avait l'intention de s'adonner à la peinture, et Dick à des travaux d'ébénisterie. Journaux et magazines n'avaient pas droit de cité dans la demeure, ils n'écoutaient que de la musique, et lorsque la radio diffusait des bulletins d'informations ils tournaient le bouton. Même leur accoutrement reflétait leur désir d'évasion. « Ils se baladaient tout le temps en longues robes marron de moines ! se rappelle Bob Schiffer, qui était venu accompagner sa femme à Crystal Bay où elle souhaitait passer quelque temps. Ils erraient de-ci, de-là — c'était complètement farfelu. Nous logions dans un chalet près de chez eux, et quand ils nous invitaient à dîner, il n'y avait pas grand-chose à manger. On aurait dit qu'ils faisaient une sorte de communion. Je ne comprenais pas ce qu'ils fabriquaient. Ma femme m'a dit : "Fichons-le camp d'ici — de toute façon c'est trop isolé pour moi [2]". »

Dans cet état d'isolement à peu près complet, Rita, plus que jamais, dépendait de Dick ; il était sa seule source d'information, son seul conseiller. Sans personne d'autre à qui s'adresser, elle était entièrement en son pouvoir. Elle voyait tout et chacun à travers ses yeux à lui. Mais malgré tous ses efforts, Dick ne pouvait totalement évincer la réalité. Elle les rejoignit à Crystal Bay comme naguère, à Manhattan, dans leur suite d'hôtel.

Ali n'avait jamais eu l'intention d'abandonner la bataille pour la garde de Yasmina (qui pour l'heure partageait la deuxième chambre du bungalow avec sa sœur). Lorsqu'il apprit la démarche de Bartley Crum auprès du tribunal de White Plains (pour demander la levée de la tutelle sur les fillettes), il adressa une vigoureuse protestation au juge Smyth. Il espérait que Rita serait obligée de revenir à New York pour la fin de juillet, et qu'il pourrait ainsi faire venir Yasmina en France. Sensible aux arguments d'Ali, le juge rejeta la demande de Crum. Et le 8 juillet, Rita et Dick, malgré leur décision de ne plus lire la presse, ne purent échapper aux gros titres des journaux : LE TRIBUNAL REFUSE LA LEVÉE DE TUTELLE DES DEUX ENFANTS DE RITA ; ALI S'OPPOSE A CE QUE RITA AIT LA GARDE TOTALE DE SES FILLES [3].

Quatre jours plus tard, Dick parla au nom de sa femme : « Tout ce que nous voulons, c'est la garde complète de Yasmina, dans quelque endroit du monde que nous soyons, et huit mille dollars par an pour son éducation. Je dis "nous" parce que j'aime cette enfant comme si c'était la mienne. Vous savez qui a payé pour élever Yasmina jusqu'à ce que j'arrive : Rita[4] ! » Déclaration qu'Ali dut trouver fort déplaisante lorsqu'il la découvrit dans les journaux.

La période de tutelle touchant à sa fin, il entreprit une démarche à laquelle les Haymes ne s'attendaient absolument pas : il demanda au tribunal, par l'intermédiaire de ses avocats, de proroger son mandat. La cour accepta et décréta que Yasmina et Becky resteraient sous sa tutelle jusqu'au 2 août. Si, en prenant cette mesure, le tribunal entendait signifier son manque de confiance en Rita, celle-ci décida que, dans ces conditions, elle allait raconter publiquement quelques histoires peu édifiantes dont son ex-mari avait été le héros. Bartley Crum se trouvait en Israël lorsqu'il apprit la sentence du tribunal. Il revint en hâte à New York et menaça d'exposer les détails des aventures amoureuses du prince : « Nous allons montrer à la cour quelle sorte de vie familiale mène Ali khan, et nous citerons comme témoins ses maîtresses actuelles, parmi lesquelles quelques-unes des plus célèbres stars d'Hollywood. Il est temps de mettre cartes sur table. »

En réponse à ce défi, Ali et Charles Torem prirent l'avion pour New York, où les gens attendaient avec jubilation de découvrir quelles seraient les compagnes du prince citées à comparaître comme témoins. Yvonne De Carlo, Gene Tierney, Joan Fontaine ? ou d'autres moins connues ?

« S'ils veulent se battre, nous nous battrons », avait averti Bartley Crum.

A quoi Charles Torem, interrogé à son arrivée à l'aérodrome d'Idlewild, répliqua d'un ton digne : « J'espère que non. »

Pourtant le combat semblait inévitable. Crum avait répété une fois de plus que Rita ne laisserait partir Yasmina pour l'Europe que si « elle avait l'assurance de la voir revenir ». Par ailleurs, Ali savait très bien que Dick Haymes ne lâcherait pas Rita d'une semelle. Elle n'allait nulle part sans lui. Et comme, pour le moment, Dick ne pouvait se déplacer à l'étranger en raison de ses démêlés avec les services de l'Immigration, il était exclu que Rita voyage. En conséquence, si l'on s'en tenait à la déclaration de Crum, tant que Rita n'accompagnerait pas Yasmina en Europe, l'enfant resterait aux États-Unis.

Le 2 août le tribunal de White Plains tint une audience à huis clos, au cours de laquelle Ali essaya d'obtenir une ordonnance qui lui accorderait un droit de visite plus long. Le juge Smyth écouta les avocats des deux parties et remit sa décision à quatre jours. Lorsque celle-ci lui parvint, Rita la reçut comme un grand coup sur la tête. Non seulement la cour décidait de proroger sa tutelle, mais le juge Smyth voulait étudier plus profondément le cas de la garde des enfants, et demandait aux avocats des deux plaignants de lui présenter dans les dix jours de nouveaux arguments et de nouvelles dépositions. A l'évidence, Ali avait gagné une grande bataille.

Un malheur n'arrivant jamais seul, les autorités fédérales décidèrent de relancer la procédure d'expulsion de Dick Haymes. Le 29 juillet, elles avaient rejeté l'appel interjeté par son avocat, mais Dick et Rita n'en furent informés que le 2 août, le jour même où Ali intentait son action auprès du tribunal de White Plains. Ils firent aussitôt appel du rejet du 29 juillet, et demandèrent à aller devant la Cour suprême des États-Unis.

Conscient de cette descente inexorable dans les marécages juridiques, Dick se dit que le moment était peut-être venu de négocier avec ses ennemis : Harry Cohn (qu'il pensait toujours être le responsable de la plupart de ses problèmes) et Ali khan.

Pour ce qui concernait le magnat de la Columbia, Dick savait qu'il possédait quelque chose que Cohn désirait follement : Rita Hayworth. Depuis qu'elle vivait avec Haymes, elle avait coûté beaucoup d'argent à la Columbia. Au lieu de tourner des films, elle s'était donnée en spectacle. L'immense curiosité du public à l'égard de Rita Hayworth signifiait des caisses pleines pour Harry Cohn, mais tous ces derniers temps son nom avait fait vendre des journaux et non des places de cinéma. Cohn devait maintenant avoir admis que ses tentatives pour se débarrasser de Dick avaient échoué. Et comme c'était un homme d'affaires, il voudrait certainement limiter ses pertes et écouter ce que Haymes avait à dire. Aussi, alors que l'action intentée par Rita contre le studio suivait son cours, Dick prépara des offres de paix destinées à servir ses propres intérêts plus que ceux de sa femme.

« Harry Cohn et moi étions descendus au Sands à Las Vegas, se souvient Jonie Taps, le vice-président de la Columbia. Le téléphone sonne, c'est Dick Haymes. Il est au Desert Inn, avec Rita Hayworth, et il me dit : "Vous ou votre patron, vous pouvez venir nous voir si vous le désirez. — Venir vous voir ? je lui réponds. Et si je vous disais d'aller vous faire foutre ?" Et je raccroche. Alors Harry Cohn me demande : "A qui disiez-vous ça ? — A Dick Haymes, lui dis-je. — Vous avez eu raison", me fait-il. Un quart d'heure plus tard, on frappe à la porte. C'étaient Rita Hayworth et Dick Haymes. Et nous avons finalement conclu un accord avec elle [5]. »

Un accord manigancé surtout par Dick Haymes. Rita ne retournerait pas travailler tant que quatre conditions essentielles ne seraient pas réunies, chacune de ces conditions ayant trait à Dick. Ce même mois d'août, l'agent de Rita, William Morris, fit connaître à B.B. Kahane, à l'époque vice-président de la Columbia, les exigences peu communes de la star. Tout d'abord, la compagnie devait prêter cinquante mille dollars à Dick Haymes, qui lui permettraient d'acquitter toutes les dettes qu'il avait envers ses ex-femmes. C'était un élément essentiel car il libérait Dick de la menace d'emprisonnement qui pesait toujours sur lui. A partir du moment où il pourrait de nouveau vivre en Californie, Rita elle aussi reviendrait à Hollywood, et donc pourrait travailler. Dick acceptait de rembourser la Columbia à raison de dix mille dollars par an.

Deuxièmement, Dick Haymes (dont le dossier d'expulsion mentionnait parmi les attendus le fait qu'il était considéré comme *persona non grata* à la Columbia) devait se voir notifier un libre accès aux studios. Puisque tout ce qui concernait Rita passait par lui maintenant (comme d'habitude, pendant la discussion préliminaire elle n'avait pas ouvert la bouche, laissant Dick parler en son nom), il n'était pas question qu'elle mette les pieds sur un plateau de cinéma si Dick n'y était pas le bienvenu.

Et puisque les deux époux soupçonnaient Harry Cohn d'être à l'origine de toute cette histoire d'expulsion, la troisième condition était que le studio ferait tout son possible pour arranger les choses. Si vraiment Cohn avait poussé l'administration fédérale à entamer cette procédure, l'appui du magnat représentait une aide considérable.

Enfin, quatrième et dernière exigence, au cas où Haymes serait quand même expulsé, Rita voulait avoir la possibilité de remplir ses obligations envers la Columbia en tournant des films dans le pays qu'elle et Dick choisiraient.

En résumé, la Columbia devait accepter un bloc : si elle voulait récupérer Rita, il fallait qu'elle prenne Dick. Et qu'elle rachète les parts de la société Beckworth. Haymes n'avait pas oublié les sept cent mille dollars que cette cession avait des chances de lui rapporter.

Parallèlement aux négociations avec la Columbia, qui durèrent tout l'automne, Dick et Rita tentèrent de s'entendre avec Ali. Tant que le tribunal de White Plains maintiendrait son droit de regard sur les conditions de vie des enfants, Rita se sentirait constamment menacée. Il semblait que seule une entente avec Ali inciterait les autorités judiciaires à abandonner leur tutelle. En septembre, enfin, l'annonce fut faite par Dick Haymes, et non par Rita ou Ali, que les parents de Yasmina étaient tombés d'accord « en principe » sur les conditions de garde de l'enfant. Toutefois l'expérience avait prouvé à Ali que promesses et bonnes intentions n'avaient pas de valeur tant que la signature de Rita ne figurait pas au bas d'un document — et cela, il n'avait pas encore réussi à l'obtenir.

Après deux brouillons et de multiples révisions, ils aboutirent à un accord définitif, que Rita signa dans le courant de novembre. Apparemment, Ali obtenait tout ce qu'il souhaitait. Trois ans et demi s'étaient écoulés depuis que Rita s'était enfuie du château de l'Horizon avec Yasmina, qui aujourd'hui avait cinq ans. L'Aga Khan n'avait jamais revu l'enfant depuis. Désormais la petite fille allait pouvoir passer un temps suffisamment long auprès de son père et de sa famille pour que s'établissent entre eux de véritables relations.

Il était entendu que Yasmina se rendrait en Europe à partir du 1er juillet 1955 pour une période de onze semaines. Pour cette première visite, Rita aurait le droit de l'accompagner. Le calendrier des visites était établi pour toutes les années à venir, jusqu'à ce que Yasmina atteigne ses vingt et un ans. Si, comme il était probable, elle faisait ses études dans un internat suisse ou français, elle passerait un mois de vacances d'été avec son père, ainsi que les petites vacances scolaires n'excédant pas une semaine.

Toujours obsédée par la crainte que le prince ou l'Aga ne lui rendent pas sa fille, Rita exigeait qu'à chaque visite de Yasmina chez son père celui-ci dépose cent mille dollars dans une banque que Rita lui désignerait. Cette somme servirait à engager des poursuites judiciaires au cas où, effectivement, Yasmina resterait en Europe. Mais si tout allait bien, l'argent alimenterait un fonds, jusqu'à concurrence de un million de dollars, que Yasmina toucherait lorsqu'elle atteindrait sa vingt-cinquième année.

De plus, avant que la fillette ne parte rejoindre Ali, l'Aga devrait à chaque fois garantir par écrit qu'elle serait rendue à sa mère. Il était plutôt offensant pour le vieil homme de voir ainsi sa parole mise en doute, mais si tel était le prix à payer pour avoir sa petite-fille auprès de lui et normaliser sa situation, il dut se dire que cela en valait la peine.

Et comme apparemment tout cela ne lui suffisait pas, Rita demanda et obtint deux garanties supplémentaires : Ali accepta de valider leur divorce américain en déposant devant le tribunal du Nevada une garantie de présentation d'enfant. De plus, il devrait solliciter de chaque pays d'Europe où il emmènerait Yasmina une ordonnance d'exequatur, signifiant que le pays en question reconnaissait la validité du divorce américain.

Sur le plan financier également, le nouvel accord comportait des changements importants. En avril 1953, Ali avait été condamné à payer quarante-huit mille dollars par an pour l'éducation de Yasmina. On tombait désormais à huit mille dollars, tant que l'enfant vivrait dans sa famille et jusqu'à ce qu'elle ait atteint l'âge de vingt et un ans. Si, à partir de dix ou douze ans, Yasmina entrait dans un pensionnat en Suisse, Ali assumerait tous ses frais de scolarité et Rita recevrait mille dollars par mois. Il paierait également un précepteur chargé d'enseigner à sa fille la religion islamique à raison de deux heures par semaine.

Plus d'une fois au cours de toutes ces discussions, Rita parut changer d'avis sur ce qu'elle désirait ou non. Dans le document définitif, elle renonça à exiger quelque modification que ce soit de la pension versée à Yasmina. C'était ça ou rien.

Allait-elle signer ?

Le 8 novembre, le juge Smyth déclara qu'il n'avait plus de raison de poursuivre une enquête sur le comportement de Rita à l'égard de ses enfants. Néanmoins il maintenait la tutelle du tribunal de White Plains jusqu'au 24 décembre. Pendant ce temps, à Paris, Ali signait le document scellant l'accord entre lui et Rita, et attendait anxieusement qu'elle s'exécute à son tour.

Ce qui fut fait le 20 novembre, dans le Nevada. Pendant toute la séance, Rita garda un silence prudent et mystérieux, mais lorsqu'elle leva sa plume, elle sourit avec une apparente satisfaction.

Un mois plus tard, le 28 décembre, elle signa également sans se faire prier un nouveau contrat avec la Columbia. La séance se déroula à l'Hôtel Riverside de Reno et dura neuf heures : le contrat comportait plus de trente documents. Ce serait le dernier qu'elle signerait, dix-sept ans après le premier engagement conclu par Eddie Judson, avec le studio qui avait fait d'elle une star. Pourtant, malgré toute la renommée et le succès que lui avaient apportés ces années, Rita était toujours Trilby face à un Svengali qui pour le moment se nommait Dick Haymes. C'était lui qui l'obligeait à signer ce nouveau contrat : même Harry Cohn devait reconnaître que, en abandonnant sa participation aux bénéfices en échange d'un salaire, elle commettait une faute stupéfiante. Et pour une fois, ce n'était pas Cohn qui essayait de lui faire avaler cette pilule amère mais son propre mari.

Comme d'habitude, Rita laissa Dick parler à sa place. Si elle s'était rappelé qu'il avait jadis gagné et dépensé en extravagances une réelle fortune, peut-être aurait-elle hésité à remettre toutes ses affaires entre ses mains. Mais Dick avait pris un tel ascendant sur elle qu'il ne lui serait pas venu à l'esprit de mettre en doute ce qu'il disait ou faisait.

Aussi exaspéré qu'il ait dû être, Cohn accepta toutes les conditions de Rita. Il avait hâte de la voir reprendre son travail, en l'occurrence un film intitulé *Joseph et ses frères*, scénario tiré de la Bible par Clifford Odets, une machine à grand spectacle qui, espérait-il, aurait le même succès que *Salomé*. Mais il fallait se dépêcher. Rita avait trente-six ans, et ses jours de sex-symbol étaient comptés : Cohn voulait tirer d'elle au minimum encore deux films avant qu'elle ait atteint les trente-huit ou trente-neuf ans. Peu lui importait si, après cela, elle tentait à nouveau de lui échapper : comme elle ne serait plus de la première jeunesse, il n'aurait plus besoin d'elle.

Son nouveau contrat stipulait donc que Rita devait deux films à la Columbia pour un cachet de cent cinquante mille dollars chacun. Puisque Ali attendait Yasmina le 1er juillet et que Rita avait prévu d'accompagner sa fille, la Columbia promit que le tournage de *Joseph et ses frères* commencerait le 8 mars et se terminerait le 25 juin. Entre-temps, et pour lui permettre d'attendre le premier versement de 12 500 dollars, son salaire hebdomadaire, le studio lui accorda un prêt de 17 844 dollars, et une avance sur salaire de 75 000 dollars.

Haymes de son côté toucha les cinquante mille dollars de prêt stipulés dans le nouveau contrat. Dans le même temps où Rita et lui traitaient avec les représentants de la Columbia à Reno, ses avocats, au Beverly Wilshire Hotel de Los Angeles, signaient avec les représentants de ses deux ex-épouses un accord de façon qu'il pût regagner la Californie sans risquer de se retrouver sous les verrous.

La Columbia, pourtant, n'était qu'à demi rassurée : une fois Rita en possession des sept cent mille dollars représentant le produit de la vente de ses parts de la compagnie Beckworth, allait-elle vraiment revenir travailler ? Avec toute cette manne qui lui tombait du ciel, Dieu seul savait ce que l'imprévisible Haymes allait inventer pour sa femme. Ne s'était-il pas institué directeur de la nouvelle société qu'il lui avait fait fonder, la Crystal Bay Productions, et n'avait-il pas prospecté le marché européen ? Pour conjurer ce danger, la Columbia enjoignit à Rita de déposer cent mille dollars de garantie, provenant de la vente de ses parts, dans une banque de Reno.

Et, probablement pour justifier la présence de Dick dans ses studios, la compagnie émit l'idée de se l'attacher comme scénariste ! Mais, tout en se gardant bien de l'exprimer, Dick avait une tout autre idée le concernant, beaucoup plus grandiose : afin de se préparer à devenir le partenaire principal de Rita, dans le rôle de Joseph, il avait commencé à se laisser pousser la barbe...

Personne, évidemment, ne lui avait offert ce rôle, mais il s'imaginait qu'une fois revenu à Hollywood ce ne serait qu'une question de temps. Néanmoins, le fait qu'il n'avait pas prévu ce cas de figure dans les clauses du contrat prouve qu'il n'était quand même pas assez fou pour croire que la Columbia serait enchantée par cette idée. Il lui faudrait attendre que les dirigeants du studio se rendent compte que, sans sa présence à ses côtés, Rita ne fonctionnait pas très bien.

29

Du moment où Dick et Rita se réinstallèrent à Hollywood, en laissant les enfants à Crystal Bay aux soins de la nurse, il apparut clairement que Haymes entendait tout ramener à lui. Même à l'occasion de la conférence de presse que donna Rita le premier jour de son retour au studio, il se posa en vedette, brodant sur ses innombrables problèmes personnels — ses dettes envers le fisc, ses ex-femmes, sa crainte de se voir expulser. En février, au cours de la séance de travail où Rita et Clifford Odets discutèrent du scénario, le producteur Jerry Wald eut l'impression que Dick Haymes « accaparait quatre-vingt-dix-huit pour cent du temps de parole ». Rita se contenta d'écouter tandis que Dick affirmait combien il était content que la Columbia eût choisi Odets comme scénariste, et qu'il approuvait totalement les modifications apportées par Clifford pour rendre le personnage de Zuleika (interprété par Rita) plus sympathique. Et Rita, qu'en pensait-elle ? Rita était d'accord avec tout ce que disait son mari.

Non content de participer aux séances de travail, Dick accompagnait Rita aux essayages et chez le coiffeur du studio. Bientôt il répondit aux questions en son absence. C'est ainsi que lorsque B.B. Kahane le pria de demander à sa femme si elle accepterait d'avoir Orson Welles pour partenaire dans le rôle de

Putiphar, Dick l'interrompit en disant : « Elle ne l'envisagera pas une seconde. Oubliez cela. » Et Kahane obtempéra.

Dick ne parla jamais de cette proposition à Rita. Il n'entendait pas laisser quelqu'un comme Welles tenter de rompre la sujétion dans laquelle il tenait sa femme. Il avait tout fait pour qu'elle ne puisse s'entendre avec Ali khan, il n'allait certainement pas faciliter un rapprochement avec Welles, qu'il jugeait encore plus dangereux.

Jusqu'à présent, tous ceux qui avaient travaillé avec Rita Hayworth s'étaient trouvés d'accord pour reconnaître qu'il était agréable de tourner avec elle : aussi versatile et explosive qu'elle pût être dans sa vie privée, dès qu'elle se trouvait sur un plateau elle exécutait fidèlement ce qu'on lui demandait, sans jamais protester. Mais maintenant que Dick parlait à sa place, tout devenait sujet de plainte — car Dick se plaignait sous couvert d'exprimer les revendications de sa femme. Si bien que le désir de plaire à son mari sembla avoir effacé son professionnalisme. Plus tard, lorsque Dick sera sorti de sa vie, elle affirmera qu'il agissait à l'égard de la Columbia la plupart du temps sans son consentement.

Néanmoins elle donnait souvent l'impression de se faire l'écho des actes et des paroles de son mari, à seule fin de se retirer en elle-même, grâce à ce mystérieux pouvoir qu'elle avait toujours eu de faire le vide lorsque des choses déplaisantes lui arrivaient.

Il était évident aussi que tous les deux buvaient beaucoup, et lorsque Dick était ivre, il pouvait se montrer violent, en paroles et en actes. Et tout en prétendant la protéger, il ne se privait pas de l'humilier en la morigénant en public.

Il faisait également tout ce qu'il fallait pour l'attacher à lui le plus étroitement possible, et avait notamment commencé à entamer des négociations en vue des films qu'il comptait bien coproduire avec Rita lorsqu'elle aurait rempli ses obligations à l'égard de la Columbia. Le tournage de *Joseph et ses frères* n'avait pas encore commencé que la firme United Artists (Artistes associés) annonçait qu'elle financerait et distribuerait deux films de Rita Hayworth produits par la Crystal Bay Productions — déclaration qui ne renforça certainement pas les sentiments de Cohn à l'égard de Haymes.

Lequel continuait à espérer qu'on lui attribue le rôle de Joseph dans le film. Ce rôle posait d'ailleurs des problèmes, et ne parvenant pas à fixer son choix sur l'acteur, la Columbia fut obligée de reporter le début du tournage, originellement prévu pour le 8 mars. Le studio assura néanmoins Rita qu'elle n'en aurait que pour cinq à six semaines de travail, et que si le tournage ne commençait pas plus tard que le 11 avril, elle aurait fini à temps pour accompagner Yasmina en Europe. Dick essaya de mettre à profit ce retard pour se faire prêter vingt-cinq mille dollars supplémentaires, mais il n'y parvint pas, et ne réussit pas non plus à obtenir le rôle de Joseph.

Ce fut finalement Kerwin Matthews, un jeune acteur sous contrat à la Columbia, qui l'obtint. Dick, qui encore une fois n'avait jamais reçu la moindre promesse, clama partout qu'on l'avait trahi. Le jour où il apprit la nomination de Matthews, le 5 avril, il jouait comme d'habitude les bourdons autour de Rita pendant une séance de travail avec le metteur en scène, William Dieterle. Le producteur, Jerry Wald, qui semblait en avoir déjà par-dessus la tête de Dick Haymes, exigea qu'il s'en aille. Malgré la condition expresse posée par Rita dans son nouveau contrat, Dick se retrouvait fichu à la porte. Remâchant son échec, il tourna les talons en jurant de se venger.

Lorsque Rita partit en fin d'après-midi, Dieterle estima qu'il avait encore des choses à voir avec elle, et il la pria de revenir à vingt heures trente. Mais il l'attendit en vain : elle passa la soirée au Polo Lounge du Beverly Hills Hotel, tranquillement assise à côté de Dick, lequel téléphona à Jerry Wald pour lui dire qu'elle était « trop fatiguée » pour recommencer à travailler. Puis Dick appela Dieterle et lui annonça que Rita était malade.

A minuit, le couple était toujours au Polo Lounge, passablement ivre, lorsque Dick décida qu'il fallait qu'il appelle quelqu'un d'autre séance tenante. « Mr. Haymes avait l'air très en colère, se souvient Clifford Odets, le destinataire de ce coup de téléphone. Il parla pendant presque trois quarts d'heure sans cesser de me répéter à quel point il était ennuyé. Son discours n'était pas très cohérent, et j'avais du mal à le suivre. » Et lorsque Odets lui rétorqua qu'il avait perdu sa soirée à attendre Rita au studio, Haymes se contenta de dire que Rita était restée avec lui au Polo Lounge.

« Vous feriez mieux de rappliquer ici, ou demain c'est aux Bahamas ou à la Jamaïque que vous me trouverez », ajoutat-il, avant d'accuser Odets de n'avoir pas discuté suffisamment avec Rita de la « psychologie » de son rôle.

Puis, toujours selon Odets, « Mrs. Haymes vint à l'appareil et se mit à parler des problèmes du monde et des difficultés qu'avait un artiste à travailler dans ces conditions ». Rita, se souvient-il, « avait l'air profondément mécontente. Elle appuya et répéta ce que son mari avait dit. Puis Miss Hayworth me dit : ''Je ferais mieux de repasser l'appareil à mon mari'' ».

Dick semblait encore plus furieux qu'auparavant. « Je suis sûr que vous êtes de leur côté », accusa-t-il. Puis il continua dans la même veine : des propos d'ivrogne, de paranoïaque, totalement irrationnels. Tout ceci pour masquer ce qu'il n'osait pas dire ouvertement : qu'il poussait Rita à laisser tomber le film parce qu'il n'avait pas obtenu le rôle de Joseph.

Le lendemain, 6 avril, après avoir reçu un coup de fil de Dick annonçant que Rita ne retournerait pas travailler, la Columbia envoya un télégramme ordonnant à sa vedette de se présenter au studio dans les vingt-quatre heures. Au lieu de quoi, Rita câbla à son tour que, puisque le tournage n'avait pas commencé le 8 mars comme prévu, il y avait rupture de contrat, et qu'elle ne s'estimait plus tenue de tourner pour la Columbia les deux films prévus. Qui plus est, ses avocats intentèrent une action pour obliger le studio à lui payer son cachet de cent cinquante mille dollars et à libérer les cent mille autres dollars qu'elle avait dû déposer à titre de garantie.

Mais la Columbia n'avait pas l'intention de se laisser faire et le 9 avril, ce fut à son tour de contre-attaquer en justice ; et pour que Dick ne s'imagine pas que sa femme allait pouvoir travailler pour les Artistes associés, comme il l'avait annoncé, elle déclara que Rita faisait l'objet d'une mesure de suspension et que « d'après son contrat, elle ne peut travailler nulle part ailleurs tant qu'elle n'a pas fait deux films pour la Columbia ».

Le 1er mai, Rita devait rembourser les dix-sept mille huit cent quarante-quatre dollars que lui avait prêtés le studio. Constatant le défaut de paiement, la Columbia intenta une seconde action en justice.

Et bientôt ce ne fut plus un secret pour personne à Hollywood que la véritable raison qui poussait Rita à rompre son contrat était la rancœur de Dick et le désir de celui-ci de la voir travailler le plus rapidement possible avec les Artistes associés. Elle avait donné comme raison officielle le retard de la production qui, disait-elle, allait l'empêcher d'accompagner Yasmina en Europe ; or, avant même ce contretemps, certains signes permettaient de supposer qu'elle n'avait pas l'intention de respecter l'accord conclu avec Ali en novembre.

Maintenant que le tribunal de White Plains lui avait rendu l'autorité complète sur ses enfants, elle se montrait de moins en moins coopérative. Ali prit l'avion pour Los Angeles, espérant régler les derniers détails du voyage de sa fille, mais Rita, avec un entêtement mesquin, continua à s'accrocher à des points de droit qui, faute d'être réglés, risquaient de faire tout capoter.

Elle avait insisté pour qu'Ali obtienne la reconnaissance de leur divorce par les tribunaux français (une ordonnance d'exequatur), mais, alors qu'elle avait tous les papiers en sa possession depuis deux semaines, elle omit de les signer dans les délais prescrits. Et comme si cela ne suffisait pas, elle se querella pour des questions d'argent avec son avocat parisien, ce qui naturellement n'accéléra pas la procédure. Tout ceci était inquiétant, mais ne signifiait pas néanmoins qu'elle entendait saboter l'accord conclu en novembre. Sur quoi, Ali apprit que Haymes venait de signer un engagement de trois semaines avec le Dunes Hotel de Las Vegas, pour la période du 18 juin au 8 juillet, et que Rita envisageait de l'accompagner. Dès lors, il était clair qu'elle n'avait pas la moindre intention de venir en Europe le 1er juillet avec Yasmina. Ce qu'Ali ignorait, encore qu'il aurait dû s'en douter, c'est que, comme Rita le reconnaîtrait plus tard, Dick lui avait simplement interdit d'y aller. Tout le reste n'était qu'excuses pour dissimuler l'emprise de son despote de mari.

Survinrent alors deux changements dans sa vie qui l'aideraient plus tard à se libérer de cette domination. Tout d'abord, grâce à l'argent retiré de la vente des parts Beckworth, ils louèrent une maison sur la plage de Malibu. Le bungalow de Crystal Bay fut abandonné, et les fillettes rejoignirent leur mère en Californie. Depuis son mariage, Rita avait passé la majeure partie de son temps à déménager d'un hôtel à l'autre, si bien que, à l'exception des escadrons d'avocats, Dick était la seule personne qu'elle voyait et à qui elle parlait régulièrement. Elle voyait le monde à travers sa vision à lui. Il courait, et elle courait derrière lui. Et il pensait pour deux. Dans leur retraite de Crystal Bay, la contrainte avait été encore plus forte, sans personne qui pût aider

Rita à prendre du champ, à ne pas se laisser totalement enfermer dans la névrose de Dick. L'installation à Malibu la remit en contact avec d'autres gens. De simples plaisirs, comme le dîner donné en l'honneur de Noël Coward par ses vieux amis, Lenore et Joseph Cotten, lui firent redécouvrir qu'il existait un monde sensé et rationnel au-delà de ce bunker mental dans lequel Dick Haymes l'avait enfermée.

L'autre changement important eut pour origine le problème principal de Dick : son expulsion. Rita n'avait cessé de se sentir responsable de cette histoire puisque c'était le voyage romantique de Dick à Hawaii qui avait permis aux autorités fédérales de s'en prendre à lui. Et si, comme ils le supposaient tous les deux, c'était bien Harry Cohn qui avait poussé à la roue, cela ne faisait qu'accroître son sentiment de culpabilité. Dick en était parfaitement conscient, et cela lui donnait prise sur elle. Que pesaient les violences auxquelles il se livrait envers sa femme, si elle était à l'origine de la situation terrible dans laquelle il se trouvait ? N'était-ce pas parce qu'il l'aimait et ne pouvait supporter de vivre loin d'elle qu'il avait été entraîné dans cette histoire ? En conséquence, le devoir de Rita n'était-il pas de demeurer à ses côtés maintenant ?

A première vue, en ce printemps 1955, la situation n'était pas brillante, quand bien même une des conditions mises par Rita à son retour sur les plateaux était que le studio fît tout son possible pour convaincre la justice d'abandonner la procédure d'expulsion. Là-dessus, un des avocats de Dick, David Marcus, qui en avait plus qu'assez de son client, annonça qu'il laissait tomber l'affaire : « Étant donné l'attitude de Mr. Haymes, je ne peux continuer à être son avocat. Je ne souhaite plus faire d'efforts pour le maintien dans le pays de ce chanteur d'origine argentine. »

Soudain, en mai, survint le spectaculaire revirement que Rita et Dick attendaient tant : le tribunal d'instance stipula que Dick Haymes n'était pas expulsable car, contrairement à ce qu'affirmaient les services d'Immigration et de Naturalisation, il n'avait pas quitté le territoire américain lorsqu'il s'était rendu à Hawaii. En conséquence, il ne venait pas d'un port étranger lorsqu'il était retourné en Californie.

Cette décision ne résolvait pas la question de savoir si l'exemption de service militaire pendant la guerre empêchait Dick de jamais devenir citoyen américain — auquel cas, s'il quittait le pays, il risquait de ne pas pouvoir y revenir. Mais pour Rita, l'essentiel était que le lourd fardeau qui pesait sur ses épaules, ce terrible sentiment de culpabilité, commençait à s'alléger.

Le 27 juin, se conformant à l'accord établi, l'Aga Khan fit parvenir à Rita sa promesse écrite de lui rendre Yasmina, mais malheureusement c'est en vain qu'il attendit le 1er juillet : à cette date, Rita était avec Dick à Las Vegas.

Avec Dick, mais aussi avec Noël Coward et son compagnon Cole Lesley. Tandis que Haymes faisait son numéro au Dunes et Coward le sien au Desert Inn, Rita parcourait la ville avec Cole Lesley. Ils allaient voir les spectacles des autres hôtels, dansaient un moment au Golden Nugget puis revenaient au Desert Inn « juste à temps pour entendre Noël chanter ''Nina'' que », au dire de Lesley, « il entonnait juste au moment où Rita entrait dans la salle, en souvenir de ses débuts de danseuse à Tijuana ».

L'engagement de Dick à Las Vegas se terminait le 8 juillet, mais il paraissait évident que Rita ne prendrait pas pour autant le chemin de l'Europe : elle s'était fait tellement tirer l'oreille pour signer l'ordonnance d'exequatur qu'Ali n'avait plus le temps de régler définitivement l'affaire avant les vacances judiciaires, qui en France commençaient le 15 juillet. Il faudrait attendre la reprise le 15 septembre. Et comme, pendant l'hiver, il devait entreprendre sa tournée annuelle des communautés ismaéliennes, il n'y avait plus beaucoup de choix possible quant aux dates du séjour de Yasmina.

Suivit alors une série d'appels téléphoniques et de télégrammes entre Charles Torem et Bartley Crum. L'avocat d'Ali suggéra le mois d'août. Certes, la question de l'exequatur n'était pas définitivement résolue, mais Rita avait la promesse écrite de l'Aga, et Ali avait déposé les cent mille dollars de fonds de garantie dans une banque new-yorkaise. Si les problèmes de Haymes empêchaient Rita de se déplacer, pourquoi ne pas faire accompagner Yasmina par Bartley Crum ? Lequel n'était pas opposé à cette solution, à condition bien entendu d'obtenir l'aval de Rita.

Lorsque, le 25 juillet, les autorités fédérales annoncèrent officiellement qu'elles abandonnaient la procédure d'expulsion contre Dick Haymes, on se réjouit dans le camp d'Ali, car cela signifiait peut-être que Rita se sentirait désormais libre de se rendre en Europe. Ils n'imaginaient pas que Dick continuerait à le lui interdire sous prétexte que lui ne pouvait voyager à l'étranger.

Mais, cette fois-ci, Rita accepta la dernière proposition d'Ali et autorisa Bartley Crum à conduire Yasmina auprès de son père. La nuit même, le prince reçut le câble qu'il attendait avec tant d'impatience :

RITA FAVORABLE... CRUM

Sur quoi il télégraphia à Rita :

RAVI ARRIVÉE YASMINA — MEURS D'IMPATIENCE DE LA VOIR — STOP S'IL TE PLAIT TÉLÉGRAPHIE — DATE ET HEURE ARRIVÉE — TENDRESSES ALI

Une semaine s'écoula, pendant laquelle le prince se prépara à accueillir sa fille.

Puis tout recommença. Comme déjà si souvent, Rita brusquement changea d'avis. Et le fit connaître par un nouveau câble de quatre mots :

RITA INSISTE EXEQUATUR ENTÉRINÉE — CRUM

« Dénouement accablant », dira Charles Torem. Cette fois-ci, Dick et Rita étaient allés trop loin. Jusqu'à présent, Ali avait essayé d'éviter un procès contre son ex-femme, mais le 10 août 1955 il déposa devant le tribunal de Reno, Nevada, une demande d'« Assignation à acceptation de droit de visite ».

Non seulement Rita avait privé le prince du droit de voir sa fille, soulignait la plainte, mais en ne respectant pas les termes de leur accord, elle avait également « privé l'enfant de l'amour de son père, qui est un droit légitime ».

Rita se trouvait maintenant avec deux procès sur les bras : celui qui l'opposait à la Columbia et devait venir devant la cour le 31 août, et celui que lui intentait Ali, dont l'audience était fixée au 14 septembre. Après le scandale de l'année précédente, il y avait de quoi s'affoler.

Lorsqu'elle apprit qu'Ali la poursuivait en justice, elle s'enferma avec Dick dans leur maison de Malibu. Mais les rapports du couple avaient profondément changé. La sentence fédérale en faveur de Dick avait eu sur elle l'effet d'un déclic : libérée, elle jetait sur sa situation un regard neuf — et ce qu'elle voyait ne lui plaisait absolument pas. Très vite, la mésentente du couple explosa en public.

Le 23 août, Dick entama au Cocoanut Grove, le night-club de l'Ambassador Hotel de Los Angeles, un tour de chant pour lequel il avait un contrat de deux semaines. Les Haymes avaient décidé de passer à l'hôtel les nuits où Dick donnerait son numéro, laissant les enfants à Malibu en compagnie de la nurse. Dès le premier soir, le couple se querella ouvertement. Des témoins les entendirent s'injurier, à la suite de quoi Rita ne réapparut pas au Cocoanut Grove pendant plusieurs soirs — ce qui n'empêcha pas Dick de dédier avec insistance son interprétation de « Come Rain or Come Shine » à « ma femme, Rita ».

Cependant, la tension avec celle-ci avait un effet visible sur son travail. « Des clients du Cocoanut Grove ont raconté que, pendant son numéro, Haymes paraissait distrait, hésitant, peu sûr de lui, bien loin du fantaisiste calme et pondéré qu'il fut autrefois », nota le *Los Angeles Times*.

Dès que Rita remit les pieds au night-club, leurs querelles se déchaînèrent jusqu'à la violence physique. Le samedi soir, les gens qui la virent au Cocoanut Grove trouvèrent qu'elle paraissait beaucoup plus que ses trente-six ans. Elle avait le visage tiré par l'angoisse. Dick et elle recommencèrent à se disputer, et les clients horrifiés virent le chanteur frapper sa femme, dont l'arcade sourcilière vira au noir. Ce n'était pas la première fois que Dick la battait, mais contrairement à ce qui s'était passé jusqu'à présent, Rita n'avait plus l'intention de le tolérer.

Elle sortit en trombe de l'Ambassador et repartit pour Malibu. Le dimanche matin, elle empilait Becky, Yasmina et les bagages dans un break et quittait Dick pour toujours.

30

Le lundi étant jour de relâche au Cocoanut Grove, dans la nuit du dimanche, sitôt son tour de chant terminé, Dick partit pour Malibu. S'il fut surpris de n'y trouver ni Rita ni les filles, il n'alla pas jusqu'à imaginer qu'elles l'avaient quitté. Mais il n'allait pas tarder à l'apprendre.

A six heures du matin il fut réveillé par un coup de fil d'un journaliste qui lui demanda si les rumeurs concernant la séparation intervenue entre lui et Rita étaient exactes. Tout Hollywood parlait de leur bagarre du samedi soir et du coup qu'il lui avait donné. « Pour l'amour de Dieu ! répondit Dick. Tout ça n'est rien. Rien du tout. D'ailleurs en ce moment même Rita est ici, avec moi. »

Il raccrocha et repartit se coucher. Deux heures plus tard, un autre journaliste l'appelait. Cette fois-ci, Dick fut plus évasif. Lorsque son interlocuteur évoqua les rumeurs de séparation, il répliqua : « Pourquoi me posez-vous la question ? » Puis le journaliste lui demanda, pour prouver qu'il disait la vérité, de lui passer Rita au téléphone, ce que naturellement Dick refusa.

Au coup de téléphone suivant, il avait préparé une autre histoire : Rita était partie voir son avocat pour discuter de la bataille juridique qui l'opposait à la Columbia. Il admettait qu'ils s'étaient querellés tous les deux à l'Ambassador, mais prétendait ne plus se rappeler comment ça c'était passé. « Ça avait si peu d'importance. »

Vers huit heures, de nombreux reporters faisaient le pied de grue devant la maison de Malibu, dans l'espoir de dénicher quelque chose. Ils virent entrer la bonne, qui ressortit quelques minutes après. « Je m'en vais parce que je n'ai pas de travail à faire ici aujourd'hui, leur expliqua-t-elle. Il n'y a que Mr. Haymes dans la maison, et il dort. »

Un journaliste du *Los Angeles Times* réussit à jeter un coup d'œil par une fenêtre, et ce qu'il vit contredisait totalement les affirmations de la bonne : « Le salon était sens dessus dessous, avec les cendriers renversés par terre. »

Il était évident que Dick était en pleine tourmente, ce qu'il confirma en refusant d'ouvrir la porte. Comme il l'avait fait naguère dans un semblable état de panique, il s'enferma dans la maison de la plage. Même quand son médecin arriva, il refusa de le laisser entrer par la porte et l'aida à passer par la fenêtre de la chambre. Une fois à l'intérieur, ledit médecin assura que Dick n'était pas « en état de voir qui que ce soit ».

En comparaison, Rita était d'une lucidité totale ce matin-là : accompagnée de son frère Vernon, elle se rendit chez son avocat pour préparer la déclaration où elle annoncerait qu'elle avait effectivement quitté son mari. Au cours de la brève conférence de presse qui suivit, elle ne quitta pas les lunettes noires qui dissimulaient les preuves des coups que lui avait portés Dick. Et lorsque les journalistes lui hurlèrent de les enlever, son avocat mit brutalement fin à cette rencontre en la poussant en hâte à l'intérieur de son bureau.

Dans le cadre de son procès contre la Columbia, elle était censée comparaître le jour suivant devant le tribunal, mais elle ne s'en sentait pas la force. On fit venir un médecin aussitôt après sa conférence de presse, qui lui prescrivit des sédatifs et signa une déclaration selon laquelle Rita souffrait d'un « choc émotionnel grave » et devait garder le lit. L'avocat de la Columbia n'y ayant pas fait d'objection, le juge Benjamin Harrison décida alors de reporter l'audience au 15 novembre.

« Je ne le crois pas », répondit Dick à un journaliste qui lui apprit au téléphone que Rita avait annoncé publiquement sa décision de le quitter. Mais lorsqu'il lui fallut bien se rendre à l'évidence, il rendit tout le monde responsable de ce qui était arrivé, sauf lui bien évidemment. Les propos décousus qu'il tint étaient typiquement d'un paranoïaque. La rupture, dit-il, avait été causée « par les mêmes personnes qui ont essayé de me faire virer du pays. C'est de l'exploitation. Ils se servent à nouveau de Rita. C'est tout ce qu'ils attendaient ».

Mais enfin, il l'avait bien frappée ? Il fallait tout de même qu'il l'admette, il y avait des témoins. Et son œil au beurre noir ?

« Il l'a peut-être un peu secouée, mais sans plus [1] », affirme un des copains de Dick.

Peu importait ce que les gens avaient vu, Dick persistait à nier avoir frappé sa femme : « Je ne l'ai jamais touchée. Je l'aime. C'est vrai, nous nous sommes querellés, mais comme tous les gens mariés, nous discutions de nos carrières, de nos précédents mariages, de toute sorte d'autres choses. Et puis ça s'est envenimé. »

Il ne put résister à l'envie d'inviter des photographes chez lui, devant qui il posa non rasé, l'air épuisé, et agrippant un téléphone pour montrer à Rita qu'il attendait son appel.

Le jour suivant, le mardi, il le passa à se demander, en prenant tout le monde à témoin, s'il devait aller faire son tour de chant. Au cas où il l'aurait annulé à la dernière minute, le Cocoanut Grove avait pressenti Vic Damone pour le remplacer. Mais Dick n'avait pas l'intention de perdre le bénéfice publicitaire que cette dernière crise lui valait. De fait, il commença son numéro dès l'après-midi, à Malibu, en sanglotant devant les journalistes : « Si elle ne revient pas, je ne pourrai pas continuer ! »

Il était dix heures du soir lorsqu'il arriva au Cocoanut Grove. Il dit qu'il espérait monter sur scène dans un petit moment, « si je vis jusque-là ». Malgré la mauvaise renommée de son tour de chant, ce soir-là la salle était bourrée. Près de six cents personnes, alléchées par les photos et les articles des journaux, voulaient voir si le malheureux crooner tiendrait le coup, tandis que celui-ci, quelques étages plus haut, dans la suite que Rita et lui avaient louée, vêtu de son peignoir jaune, fumait cigarette sur cigarette en pleurnichant : « Pourvu que je ne m'évanouisse pas. »

Quelques minutes plus tard, il montait sur scène sous les ovations de la salle, à qui il chanta le fameux « Something's Gotta Give ». Ceux qui étaient venus voir Dick Haymes s'effondrer en scène en furent pour leurs frais : il chanta beaucoup mieux ce soir-là qu'il ne l'avait fait depuis des années, comme ragaillardi par toute l'attention dont il était l'objet.

Le spectacle terminé, la représentation continua dans la suite de la vedette, où un Dick soudain plein d'assurance proclama à l'adresse des journalistes : « Je pense que tout va aller très bien. Je pense que Rita et moi avons été aussi proches l'un de l'autre qu'il est possible de l'être dans ce monde. Je sais qu'elle m'aime, et je l'aime aussi. Toute cette histoire est arrivée parce qu'on était soumis à toute sorte de pressions. Mais ça n'a rien à voir avec notre mariage. »

Ce qui, de toute évidence, n'était pas l'avis de Rita. Décidée à mettre une distance matérielle entre son mari et elle, le 10 septembre elle quitta secrètement la ville. Sous le nom de Mrs. Philsbury, elle prit le train pour New York, emmenant avec elle Becky, Yasmina, la nurse, et une vingtaine de valises, signes apparents d'une longue absence.

Et effectivement, lorsque, le 28 septembre, Dick à son tour arriva à New York où il avait un engagement, Rita et les enfants voguaient pour l'Europe à bord du *Queen Elizabeth*. Elle avait enfin consenti à laisser Yasmina voir son père avant que les tribunaux français aient reconnu officiellement son divorce. Son désir de s'éloigner de Dick l'avait emporté sur ses craintes.

Lorsque le *Queen Elizabeth* accosta à Cherbourg, Charles Torem les attendait, elle et ses enfants, avec la limousine d'Ali, pour les conduire à Paris. Les bagages suivraient dans un break.

Si Rita s'était demandé quel accueil lui réserverait Ali après toutes ces années d'amertume et de contentieux, elle découvrit bien vite qu'elle n'avait rien à redouter. Les six pièces que comprenait sa suite à l'hôtel Bristol croulaient sous les fleurs envoyées par le prince. Lorsqu'Ali arriva, Yasmina était déjà au lit, mais Rita l'entraîna dans la chambre pour lui montrer leur petite fille endormie.

« Elle est fantastique, absolument merveilleuse ! » s'écria-t-il. Dans son excitation, il contenait difficilement son envie de la réveiller, de jouer avec elle. Ces retrouvailles se passaient dans un tel climat d'harmonie que Rita invita son ex-mari à partager avec elle un souper au champagne. Quatre heures plus tard, il quittait l'hôtel par une porte de service.

Le lendemain matin, une foule de curieux se massait le long des Champs-Élysées dans l'espoir de voir la princesse Yasmina.

En l'espace d'une nuit, la petite fille aux grands yeux noirs semblait avoir conquis Paris. « Mardi, la Ville-lumière, la capitale la plus raffinée du monde, a éprouvé pour une petite fille de cinq ans l'amour d'un père et leur a donné son cœur à tous deux », écrivit le *Daily Mirror*. Aussi bienveillants que fussent ces gens, ils étaient trop nombreux pour ne pas poser quelques problèmes de sécurité, et l'on dut faire appel à la police qui escorta Yasmina, vêtue d'une robe à volants et serrant contre elle un chien en peluche blanche, jusqu'à la voiture de son père puis jusqu'à Neuilly.

L'y attendaient, outre Ali, l'Aga Khan et la bégum, qui avaient apporté de la Côte d'Azur deux pleines caisses de jouets. Ali, de son côté, qui s'inquiétait de ne pas savoir quels étaient les jeux favoris de sa fille, avait rempli la nursery de jouets et de poupées commandés spécialement en Allemagne et en Suisse. L'opulence de l'hôtel particulier de Neuilly offrait un contraste sidérant avec les misérables locaux où Yasmina avait vécu — et avait été photographiée — un an seulement auparavant. Désormais, plus personne ne pourrait dire que la fille du prince Ali khan était laissée à l'abandon.

Lorsque la voiture transportant la petite fille s'arrêta devant l'hôtel particulier, la foule des journalistes était telle que la police dut lui frayer un passage. Le dénouement de cette longue saga était enfin arrivé, pour lequel Ali et l'Aga s'étaient tellement battus, mais ils s'efforcèrent de ne laisser percer aucun ressentiment. L'après-midi même, Rita fut invitée à venir prendre le thé avec l'Aga. Il était très malade, mais les photos le montrent tout ragaillardi par la présence de Yasmina. Ce n'était pas là le personnage terrifiant dont Rita s'était bâti l'image, mais un vieux monsieur bienveillant, un grand-père tout simplement en extase devant son unique petite-fille. Rita dut avoir l'impression de se réveiller d'un cauchemar. Il était évident que ce vieux monsieur charmant n'avait pas la moindre intention de kidnapper Yasmina.

La fillette se coulait si aisément dans ce nouvel environnement, entre un père et un grand-père qui l'adoraient, qu'il était permis de se demander comment Rita avait pu lutter aussi férocement pour empêcher une telle réunion. Avec son charme consommé et ses talents de diplomate, l'Aga sut tout de suite la mettre à l'aise. Il n'avait d'ailleurs pas intérêt à se l'aliéner : rien ne devait la blesser qui aurait pu l'inciter à changer d'avis. Après les mois passés à supporter les violences de Dick Haymes, elle se retrouvait enfin traitée avec courtoisie et respect.

L'après-midi se déroula si bien qu'elle accepta de dîner le soir même avec Ali chez Maxim's. Leur tête-à-tête ne passa naturellement pas inaperçu, et la rumeur se répandit aussitôt dans Paris qu'Ali envisageait son remariage avec Rita dès qu'elle aurait divorcé de Dick Haymes. Il n'entrait pourtant pas dans les intentions de l'Aga de jouer les marieurs : il avait simplement cherché à regagner la confiance de son ex-belle-fille, et Ali avait calqué son attitude sur la sienne. C'était la condition pour que Rita continue à respecter les termes de l'accord concernant Yasmina.

Et apparemment, elle avait l'intention de les respecter. Le voyage vers la France avait eu un effet thérapeutique : en mettant l'océan entre elle et Dick, elle avait retrouvé la capacité d'envisager un nouvel avenir. Du point de vue de Haymes, il avait eu raison d'essayer de garder Rita constamment près de lui, car du jour où elle ne fut plus sous sa coupe, il la perdit définitivement.

Elle n'attendit pas la fin du mois d'octobre pour charger son avocat d'entamer la procédure de divorce. Il y avait eu trop de témoins du comportement de Dick à son égard pour que celui-ci pût prétendre s'opposer à la séparation, et le fait qu'elle fût domiciliée dans le Nevada depuis son divorce avec Ali allait faciliter les choses. Selon les termes de leur contrat de mariage, Dick et elle ne possédaient pas de biens en commun, et elle n'imaginait pas de réclamer une pension alimentaire.

L'avocat déposa le dossier devant le tribunal de Reno le 4 novembre 1955. Rita ne demandait qu'une chose : abandonner le nom de « Haymes » et redevenir Rita Hayworth. Le motif invoqué était une « extrême cruauté » qui, affirmait Rita, avait « affecté sa santé mentale ». Pour son témoignage, elle fut entendue à l'ambassade américaine de Paris le 6 décembre. « Mon mari usait avec moi d'un langage bas et injurieux ; il m'appelait ''une foutue star de cinéma'', et il utilisait ce langage devant mes enfants et mes domestiques, déclara-t-elle. J'avais le sentiment que si je continuais à être son épouse, je risquais d'y perdre ma santé. » Six jours plus tard, en l'absence des deux intéressés, le tribunal du Nevada accordait à Rita son quatrième divorce. Elle avait trente-sept ans.

Entre-temps, Ali avait emmené Yasmina et Becky, pour laquelle il avait toujours montré beaucoup d'affection, au château de l'Horizon. Quant au père de Becky, il s'apprêtait à faire sa rentrée dans un théâtre new-yorkais avec une nouvelle mise en scène du *Roi Lear*, et sa troisième épouse, la belle comtesse de Girfalco, plus connue sous son nom d'actrice, Paola Mori, s'apprêtait à lui donner une troisième fille. La petite Beatrice aurait plus de chance que sa demi-sœur, en ce qu'elle passerait une bonne partie de son enfance auprès d'Orson.

En permettant à Ali d'emmener les deux fillettes sur la Côte d'Azur, Rita prouvait combien elle avait évolué. Mais le prince tenait à dissiper tous les doutes qu'elle aurait pu encore conserver. Lorsque Rita descendit à Nice pour voir ses filles, elle n'était pas installée depuis une demi-heure au Négresco que le prince et les enfants la rejoignaient pour un joyeux déjeuner familial. Mais désormais Ali et elle n'étaient plus que des amis. A sa place, auprès du prince et des fillettes, on voyait souvent une jeune femme très belle ; il s'agissait de Bettina, ancien mannequin vedette de Jacques Fath, et dernier amour en date d'Ali. C'est sur elle que, par hasard, le couturier avait modelé la robe de Rita pour son mariage avec Ali en 1949.

Rita, quant à elle, avait déjà un nouvel amant. A peine débarrassée de Dick Haymes, elle avait entamé une liaison avec un homme qui lui portait un intérêt tout autant professionnel que sentimental : le producteur d'origine égyptienne Raymond Hakim, qui voulait en faire la vedette d'un film basé sur la vie d'Isadora Duncan. Raymond et son frère aîné Robert étaient des personnages importants du milieu cinématographique international. Ils avaient commencé à travailler pour la Paramount à Paris, puis, en 1934, ils avaient monté une maison de production d'où étaient sortis des films aussi renommés que *Pépé le Moko* et *La bête humaine*. Dans les années quarante, ils avaient étendu leurs activités à l'Amérique, mais dix ans plus tard ils s'étaient repliés sur la France.

Toutefois, avant que Rita pût travailler pour Hakim, il fallait qu'elle se libère de son contrat avec la Columbia, et il fut entendu que Raymond l'accompagnerait à Los Angeles lorsque le procès viendrait devant le tribunal. L'audience était prévue pour le 27 décembre.

Rita décida de laisser Yasmina et Becky aux soins d'Ali pendant qu'elle serait en Californie. Récemment encore, elle luttait farouchement pour empêcher Yasmina d'aller en Europe, et maintenant voilà qu'elle était tout heureuse de confier ses filles au prince ! Sa seule angoisse désormais tenait à ce contrat qui la liait à la Columbia et dont elle voulait absolument se défaire pour pouvoir ensuite tourner le film d'Hakim.

Le 13 décembre 1955, Rita, accompagnée de Raymond, embarquait au Havre sur l'*Ile-de-France* en direction de New York. Elle n'avait même pas pris la peine d'avertir son avocat de son départ alors que l'audience au cours de laquelle la justice française devait enfin valider son divorce avec Ali tombait le lendemain. Le pauvre avocat « bouillonnait de fureur » lorsqu'il apprit que, sans plus de souci, sa cliente avait pris le large vers l'Amérique.

31

Des bancs du public où il était assis, ce 27 décembre 1955, Raymond Hakim regardait Rita s'avancer vers la barre. Elle avait prétendu au départ que seul le retard du tournage de *Joseph et ses frères* avait motivé son abandon du film, mais sous le feu des questions de Macklin Fleming, l'avocat de la Columbia, elle fut bien obligée de reconnaître publiquement qu'elle n'avait fait qu'obéir à Haymes.

A la fin de la semaine, le juge Benjamin Harrison incita vivement les deux plaideurs, Rita et la Columbia, à régler entre eux leur différend, avant même que lui ne rende son verdict. « A entendre le témoin, j'ai eu l'impression que Mr. Haymes était la source principale des ennuis entre Miss Hayworth et son studio, dit-il. On bute sur Mr. Haymes à chaque instant dans cette histoire, et je souhaite que les avocats des deux parties recherchent jusqu'à quel point un mari a le droit de parler au nom de sa femme. »

Mais Rita voulait que, sans attendre le règlement à l'amiable auquel la poussait vivement le juge, on l'autorise à tourner *Isadora* en Europe. Cela, naturellement, Harry Cohn ne pouvait l'accepter. Il était évident, à la suite de la déposition de Rita, qu'elle n'avait eu aucun motif réel de rompre son contrat, et que dans ces conditions le juge ne pourrait trancher qu'en faveur du studio. Pourquoi alors se coucher et octroyer à la vedette ce qu'elle réclamait ? Rita Hayworth était la propriété de Cohn, et c'est pour lui qu'elle devait gagner de l'argent, non pour Raymond Hakim. Il n'avait qu'à attendre, et elle lui reviendrait.

Lorsque Rita repartit pour l'Europe le 19 janvier, sur le *Queen Mary*, rien n'était donc réglé. Hakim restait aux États-Unis, mais avait promis de la rejoindre prochainement. Elle avait décidé que, même si le tribunal l'obligeait à retravailler pour la Columbia, ce qui était probable, elle préférait vivre à Paris. Becky et Yasmina iraient à l'École américaine ; quant à elle, Los Angeles ne la reverrait pas de sitôt.

En attendant, elle emmena ses filles faire du ski à Megève, où Ali vint également passer quelques jours avant d'entamer sa tournée annuelle en Orient. Leurs relations naguère si turbulentes étaient maintenant très harmonieuses. Durant la journée Ali skiait avec les enfants, et le soir on pouvait les voir, lui et Rita, danser joue contre joue, parler et rire jusqu'aux petites heures de la matinée. Ce qui n'empêchait pas Ali d'être passionnément épris de Bettina, qu'il appelait fréquemment à Paris, et Rita d'attendre avec impatience l'arrivée de Raymond Hakim, à qui elle télégraphia à New York : « Bonjour, chéri. Dépêche-toi. Margarita. »

Il ne tarda effectivement pas à la rejoindre, mais il fut dès lors évident que son rêve de la voir jouer Isadora ne se réaliserait pas. A la mi-mars 1956, le juge statua en faveur de la Columbia. « J'estime que le plaignant a répudié sans justification le contrat qui le liait au défendeur », déclara-t-il.

Autrement dit, Rita n'avait qu'à retourner travailler — et encore... Le contre-procès que lui avait intenté la Columbia n'était toujours pas terminé, et si, là aussi, le juge tranchait en faveur du studio, Rita allait se retrouver avec une grosse dette — ce qui la contraindrait à trouver un terrain d'entente avec la Columbia le plus rapidement possible.

Elle avait toujours aussi peu envie de retourner aux États-Unis, et c'est à ce moment que lui parvint la proposition du metteur en scène Robert Parrish, qui paraissait fournir une solution idéale. Parrish lui offrait un rôle vedette dans *Fire Down Below (L'enfer des tropiques)*, qui devait se tourner aux Caraïbes et dans les studios londoniens, et qui était produit et distribué par la

Columbia. Elle avait donc la possibilité de travailler pour Harry Cohn ailleurs qu'à Los Angeles. Le 13 avril, elle signa à Paris son nouveau contrat, aux termes duquel elle devait, outre *L'enfer des tropiques*, un autre et dernier film à la Columbia. Après quoi, elle en aurait fini à jamais avec Harry Cohn.

Le 15 mai Rita arriva à New York, en transit pour Tobago, dans les Petites Antilles, où devait commencer le tournage de *L'enfer des tropiques*. Mince et très élégante dans une robe noire rehaussée d'un double rang de perles, elle était prête à affronter l'inévitable ronronnement des caméras qui l'attendaient à sa descente du bateau. Mais ni le maquillage soigneux, ni les longs cheveux auburn qui descendaient jusqu'à ses épaules ne parvenaient à cacher les ravages provoqués par l'alcool et l'angoisse. Des rides s'étaient creusées autour des yeux et de la bouche, et elle paraissait usée, épuisée, plus vieille que ses trente-huit ans.

Et de nouvelles épreuves juridiques l'attendaient, conséquences du pouvoir en blanc qu'elle avait signé à Bartley Crum, et qui autorisait l'avocat à poursuivre Orson Welles pour non-paiement de la pension qu'il devait verser pour l'éducation de Becky. Cette pension s'élevait, selon un accord datant de 1947, à cinquante dollars par semaine mais, d'après Rita, Orson n'avait « pas payé un centime », ce qui fait qu'il lui devait vingt-deux mille quatre cent cinquante dollars. Tant que Welles avait parcouru l'Europe (en réinvestissant quasiment l'intégralité de ses cachets d'acteur dans la production de ses propres films), il y avait eu peu d'espoir de récupérer cet argent, mais maintenant qu'il était de retour aux États-Unis, où l'on disait qu'il allait lancer une série télévisée promise au plus grand succès, l'avocat de Rita espérait l'effrayer suffisamment pour qu'il accepte un règlement à l'amiable, avant même que les dollars de la télévision ne commencent à dégringoler dans son escarcelle (ce qui, bien entendu, ne se réalisa jamais).

Cette succession ininterrompue de poursuites et de contre-poursuites judiciaires ne pouvait que faire vaciller l'équilibre fragile de Rita. Ses camarades de travail, et notamment Robert Parrish, assistèrent à une scène étrange : lorsqu'elle reçut son premier paquet de lettres depuis son arrivée aux Antilles, Rita, sans même les ouvrir, les déchira en mille morceaux qu'elle jeta dans la mer. A quelqu'un qui lui disait qu'il y avait peut-être un chèque dans une de ces enveloppes, elle répliqua qu'elles contenaient probablement « beaucoup plus d'ennuis que d'argent[1] ».

Si elle avait la possibilité de déchirer des enveloppes qui risquaient de contenir de mauvaises nouvelles, elle ne pouvait éviter tous les chagrins : à Londres, pendant le tournage en studio, et alors que les machinistes mettaient un temps fou à régler les éclairages, on entendit une voix s'exclamer que cela ne servait à rien de s'éterniser ainsi, et que ce n'était pas cela qui la ferait paraître plus jeune. La cruelle remarque n'était probablement pas destinée aux oreilles de Rita, mais elle l'entendit et se mit à pleurer.

D'autant qu'il y avait quelque vérité dans ces propos. Histoire de deux marins, joyeux sacripants interprétés par Robert Mitchum et Jack Lemmon, qui rivalisent pour obtenir les faveurs d'une beauté vieillissante ayant connu des jours meilleurs, *L'enfer des tropiques* montre une Rita Hayworth figée, hagarde. Et ce n'est pas simplement parce que le rôle le voulait. Dans la scène de *Gilda* où elle chante « Put the Blame on Mame » et est censée être ivre, Rita met une grâce ineffable dans chacun de ses mouvements, ce qui est loin d'être le cas dans *L'enfer des tropiques* : son grand numéro de danse, qui se déroule par une de ces nuits typiques des Caraïbes, est incroyablement gauche, lourd, pénible à voir. Il laisse deviner le lourd tribut que les dernières années lui avaient fait payer et dans quelle piètre forme elle reprit le chemin des plateaux de cinéma.

Le tournage en extérieurs dura deux mois, pendant lesquels les enfants restèrent avec Ali. Lorsque la production se déplaça en studio, il amena Becky et Yasmina voir leur mère à Londres, puis il repartit avec elles au château de l'Horizon.

Peu après, Rita les retrouva tous à Deauville, où elle accepta de s'installer dans la villa du prince, bien que Bettina y séjournât également. Le soir de l'arrivée de Rita, Ali invita les deux femmes à dîner au casino. Les curieux guettèrent le moindre signe de jalousie, de malaise, espérant assister à un combat de chattes, mais rien de tout cela ne se manifesta. Après le dîner, le trio déambula tranquillement dans les salles de jeu, s'attardant à la roulette et au baccara.

Rita et ses filles passèrent en France tout l'automne, et elle s'efforça de perdre sept à huit kilos en prévision de l'inévitable retour à Hollywood, en décembre. Pour le dernier film qu'elle lui devait, Harry Cohn avait une idée prestigieuse : *Pal Joey (La blonde ou la rousse)*, d'après la pièce de John O'Hara, sur une musique de Rodgers et Hart. Cohn en possédait les droits d'adaptation cinématographique depuis un certain temps déjà, et avait prévu à l'origine de reformer le couple Gene Kelly-Rita, comme une suite à *La reine de Broadway*. A l'époque elle aurait joué la plus jeune des deux femmes, mais maintenant le rôle était réservé à Kim Novak, et celui de Joey à Frank Sinatra. Rita incarnerait donc la femme riche et vieillissante, au passé tapageur.

« Il y avait une autre fille qui souhaitait ardemment le rôle et qu'Harry et moi aimions beaucoup, se souviendra le metteur en scène George Sidney. Nous sommes allés plusieurs fois à New York avec elle — elle s'appelait Marlene Dietrich. Marlene voulait le rôle, nous y avons beaucoup réfléchi, puis nous avons décidé de nous en tenir à Rita — c'était le bon moment pour elle [2]. »

Une distribution comprenant Kim Novak et Rita était du pain bénit pour le service des relations publiques, car tout le monde savait que Harry Cohn avait élu Kim pour succéder à Rita comme vedette de la Columbia. « Quand tu es arrivée ici tu n'étais personne, une moins que rien, aurait hurlé Cohn lorsque Rita avait laissé tomber *Joseph et ses frères*. Tout ce que tu avais, c'était ces deux grosses choses, et Harry Cohn. Maintenant, il ne te reste plus que ces deux grosses choses. »

La revanche de Harry Cohn avait consisté à faire de Kim Novak la nouvelle superstar de la Columbia ; aussi, imaginant ce que le face à face des deux actrices pourrait déclencher, le public et la presse frétillaient d'excitation. Pourtant, si l'on en croit George Sidney, « il n'y eut aucun heurt entre Rita et Kim ». Rita avait beau se plaindre et crier qu'elle était nettement plus jeune que Sinatra, elle voulait avant tout remplir le mieux possible, et le plus calmement, ses dernières obligations envers le studio. « Elle entre, vous lui dites quoi faire, elle le fait, disait Sidney en évoquant le parfait professionnalisme de sa vedette. On tournait des extérieurs à San Francisco, et on pelait de froid. J'avais mis trois pardessus. Rita, elle, portait une petite robe en mousseline. Le vent hurlait. J'ai dit : ''Allez, on va tourner en studio'', et elle a insisté : ''Non, on reste où on est.'' J'ai dit :

"Allez, viens." Je l'ai attrapée par le bras. Il était carrément violet, tellement il faisait froid[3]. »

Parmi les épreuves qu'elle eut à surmonter à San Francisco, il y eut certes le froid, mais aussi les remarques blessantes (alors que cette fois-ci elle s'était longuement préparée pour être en forme), témoin cet incident dont se souvient sa doublure, Grace Godino : « C'était la nuit. On tournait dehors et la foule s'était rassemblée autour de nous. Frank s'était absenté, mais il y avait Rita et Kim, et les gens se sont approchés de Kim pour lui demander un autographe, puis ils se sont tournés vers Rita, et à ce moment-là quelqu'un a crié, de cette voix grossière qu'ont ces gens : "Oh ! qu'est-ce qu'elle a l'air vieille !" Rita a fait celle qui n'entendait pas. Elle a joué comme si ça ne la touchait pas, mais ça a dû faire mal[4]. »

A certains moments, Rita semblait presque heureuse de passer le flambeau (et tout ce qui va avec) à la jeune actrice. Grace Godino se rappelait ce jour où, à Hollywood, au cours d'un essayage de costumes, « la robe de Kim Novak s'est déchirée, et ça a fait tout un foin. Kim était hystérique, et bien entendu la costumière pleurait. Harry Cohn est apparu sur le plateau, et tout s'est arrêté. Puis tout le monde y est allé de son grain de sel, sauf Rita, qui était à un stade de sa carrière où cela n'avait pas d'importance. Elle s'est dirigée vers sa chaise et elle est restée tranquillement assise, souriante, avec son adorable sourire. Elle ne disait rien, mais on sentait qu'elle pensait : "Qu'ils s'amusent. Voilà le nouvel objet sexuel dont ils vont avoir à se soucier. Moi, je n'ai plus besoin de me soucier de tout ça" ».

Elle qui n'avait qu'une idée : en finir avec les obligations qui la retenaient à Hollywood, voici qu'un homme faisait son apparition dans sa vie, qui voulait la remettre devant les caméras. James Hill était un des associés de la Hecht-Hill-Lancaster, une maison de production indépendante (*Vera Cruz*, *Trapèze*), et c'est Bob Schiffer qui le présenta à Rita à l'occasion d'une soirée de nouvel an. Les Schiffer pensaient que leur vieux copain célibataire de quarante et un ans, cet original de Hill, ne pourrait que lui faire du bien.

Effectivement, au début de leur romance, Hill aida Rita à satisfaire son désir de vivre à l'écart des gens, de passer des moments idylliques seule avec un homme. Ils s'enfermaient dans l'appartement de Jim, à Los Angeles, avec suffisamment de dom pérignon pour tenir un mois. Dès que Rita aurait terminé *La blonde ou la rousse*, ils s'éloigneraient du monde du cinéma, elle s'adonnerait à la peinture et lui à l'écriture.

Bien des années plus tard, Hill se rappellera « cette lueur triste, lointaine dans ses yeux » qui lui avait donné le désir de « sauver » Rita. Au lieu de quoi, il finit par « se servir d'elle, comme tous les autres [5] ». Bientôt, il était plein de projets pour transformer son image de déesse de l'Amour. Dès qu'il aurait trouvé le bon rôle comique pour Rita, c'est lui qui réaliserait le film, lequel, affirma-t-il à sa mère, serait « le couronnement de nos deux carrières ». La mère de Jim elle-même se rendait compte que Rita en avait assez du cinéma. Mais l'habituel scénario se répétait : Rita se mettait entre les mains d'un amant et faisait ce qu'il voulait qu'elle fît.

Entre-temps, elle reçut un mot d'Ali disant que l'Aga était sérieusement malade et voulait voir sa petite-fille. Il souffrait d'une congestion pulmonaire, et quatre médecins se relayaient sans arrêt à son chevet. Pourtant, Rita refusa d'envoyer l'enfant qui, disait-elle, commençait juste à s'habituer à la Californie et à sa nouvelle école. Elle, Rita, en aurait fini avec la Columbia d'ici l'été, et pourrait alors accompagner Yasmina en Europe. Toutefois, lorsque juillet arriva, elle avait changé d'avis et laissa partir sa fille avec une gouvernante.

Peu de temps avant la date prévue pour le retour de la petite princesse, l'Aga eut une crise cardiaque dans sa maison des bords du Léman, la villa *Barakat*, où on l'avait récemment transporté. En apprenant la nouvelle, Ali se précipita au chevet de son père, puis repartit pour Paris chercher Yasmina. Ils revinrent juste à temps : le 11 juillet 1957, l'Aga Khan III mourait en Suisse à l'âge de soixante-dix-neuf ans.

A l'issue d'un conflit qui durait depuis sa naissance, ou presque, avec un père dont il avait toujours été psychologiquement très éloigné, et malgré tous les doutes que celui-ci avait émis sur ses capacités, Ali allait donc devenir le nouvel imam. Les scandales suscités par sa liaison puis son divorce avec Rita n'avaient été qu'une des nombreuses preuves, aux yeux de l'Aga, du manque de jugement de son fils, et l'on savait qu'il avait sérieusement songé à faire de Sadruddin, le demi-frère d'Ali, son successeur. Mais Ali était extrêmement populaire auprès des ismaéliens ; aussi l'Aga, à l'occasion du soixante-dixième anniversaire de son intronisation comme quarante-huitième imam, avait-il fait de son fils aîné son « lieutenant », ce qui signifiait semble-t-il son successeur.

A la villa *Barakat*, c'est Ali qui accueillit les visiteurs venus présenter leurs condoléances, et son nom précéda celui de Sadruddin dans l'annonce officielle du décès de l'Aga. Mais lorsqu'on lut le testament, ni lui ni son frère n'y figuraient sous le nom d'Aga Khan IV. A la surprise générale, le vieil homme avait désigné le fils aîné d'Ali, Karim, âgé de vingt et un ans. Rarement coup plus terrible fut asséné par un père depuis sa tombe. C'était le dernier mot de l'Aga, un blâme public à l'égard de ce fils qui n'avait su que lui déplaire.

Si le monde s'attendait à voir Ali se rebiffer, il en fut pour ses frais. De l'avis de nombreux observateurs, ce fut au contraire le meilleur moment de la vie du prince. Comme libéré par la mort de son père, Ali affronta la situation avec une élégance hors pair. Il n'avait, lui, aucun problème avec ses enfants et il apporta à Karim un soutien total et sans ambiguïté.

Rita ne figurait pas sur le testament de l'Aga, contrairement à ce que certains avaient imaginé, et elle ne s'y attendait d'ailleurs pas. Pour le moment, une seule chose la préoccupait : le rôle qu'elle avait accepté de tenir dans l'adaptation cinématographique de la pièce de Terence Rattigan, *Separate Tables (Tables séparées)*, que produisait Jim Hill. Jim y voyait « la première étape importante dans son changement d'image, la première incarnation du rêve que j'avais d'être son metteur en scène[6] ». Sous la direction tout en finesse de Delbert Mann, Rita allait incarner à nouveau le personnage d'une beauté vieillissante, mais cette fois dans un film sérieux et d'une réelle qualité artistique, qui lui donnerait l'occasion de montrer au public qu'elle n'était pas simplement une star de cinéma mais une véritable actrice.

Y parviendrait-elle ? Où était-il absurde de l'imaginer capable de rivaliser avec des actrices aussi éminentes que Deborah Kerr, Wendy Hiller, Cathleen Nesbitt et Gladys Cooper ? « J'étais inquiet car je n'avais jamais vu Rita faire quelque chose qui, de près ou de loin, ressemblât à ce rôle, se souvient Delbert Mann. Elle allait être constamment sous tension, en raison de la qualité du reste de la distribution. » A sa première rencontre avec Rita, dans sa maison de Roxbury Drive, le lauréat de l'Oscar de la mise en scène* se rendit compte qu'il n'était pas seul à éprouver une certaine appréhension : « Rita était pleine d'inquiétude, très peu sûre d'elle dans toute cette histoire. Il était clair qu'elle avait besoin qu'on l'aide. Et ma tâche consistait, comme c'est souvent le cas pour un metteur en scène, à jouer le père et à la rassurer. Rita s'est remise entre mes mains, totalement, un peu comme un enfant. Il n'était pas question pour elle de résister ou d'avoir la moindre hésitation sur ce que je lui demandais de faire[7]. »

Les trois semaines de répétitions que Mann dirigea « comme s'il s'agissait d'une pièce de théâtre » furent « terrifiantes pour Rita, qui n'avait jamais fait ce genre de choses ». Il fut convaincu qu'elle « donnait le meilleur d'elle-même », mais il se rendit compte qu'il ne pourrait jamais « la faire pénétrer jusqu'au plus profond du personnage », comme c'était le cas avec des actrices du talent de Deborah Kerr.

Puis, toujours selon Delbert Mann, lorsque le véritable tournage commença, une nouvelle source d'angoisse s'ajouta aux précédentes : « Rita était très consciente de son apparence. Nous la comprenions et nous voulions la protéger, la rendre aussi belle que possible. Nous avons étudié les éclairages très soigneusement. Il y a une petite scène qui se déroule dans sa chambre d'hôtel, où elle invite Burt [Lancaster] ; elle se déshabille, passe un kimono, et il voit son visage en pleine lumière, avec les rides. Je me souviens du problème que nous avons eu, le cameraman et moi : quel visage devait avoir Rita dans cette lumière ? Ou bien on le rendait très dur, ce qui était le sens de la scène, ou bien on trichait. Nous avons essayé de trouver un compromis, montrer les rides du visage en jouant avec une lumière à la fois crue mais pas trop brutale[8]. »

Finalement Mann se dit que, malgré son manque d'entraînement, malgré le fait qu'elle n'avait jamais appris à jouer, Rita allait mettre dans son personnage de femme solitaire et vieillissante toute l'expérience et le chagrin qu'elle avait accumulés dans sa vie : « C'était un bon rôle pour elle à cause de l'âge du personnage, du fait qu'elle était toujours une femme fascinante, très élégante et raffinée, mais terriblement seule et effrayée. Ce sont

---

* Delbert Mann avait obtenu cette récompense en 1955 pour son premier fils, *Marty*, interprété par Betsy Blair et Ernest Borgnine. *(NdE.)*

aussi les caractéristiques du personnage, et elle pouvait donc les comprendre, se les approprier. J'avais l'impression, avec Rita, de quelqu'un qui cherchait quelque chose qu'elle ne trouvait pas dans sa vie personnelle, que plusieurs mariages malheureux ne lui avaient pas apporté. Le personnage de *Tables séparées* a peur d'être seul et a besoin de quelqu'un à qui s'accrocher, et c'est parce que Rita éprouvait ces mêmes sentiments qu'elle a su l'interpréter avec tant de véracité. »

Effectivement, juste avant le début du tournage, Rita décida de tenter à nouveau sa chance et d'accepter le mariage proposé par Jim Hill un soir où il l'emmena dîner d'un coup d'avion à Palm Springs. Elle espérait toujours qu'il l'emmènerait loin d'Hollywood, mais il semblait maintenant s'intéresser bien davantage à sa carrière qu'à ses projets d'écriture et décidé à lui faire voir les choses sous cet angle. Basé sur une telle disparité d'aspirations, ce mariage était donc condamné dès le départ. RITA PREND SON CINQUIÈME, titrèrent les journaux le jour de la cérémonie, qui se déroula en petit comité le dimanche 2 février 1958, dans l'appartement qu'elle louait sur Roxbury Drive.

D'après Hill, ils voulaient acheter une maison derrière le Beverly Hills Hotel mais n'avaient pas l'argent nécessaire. Ce qui signifiait que Rita devrait embrayer sur un autre film, après *Tables séparées*. Elle accepta donc de signer pour *They Came to Cordura (Ceux de Cordura)*, un projet que Hill lui avait déjà proposé et qu'elle avait refusé jusqu'alors. « Avec le recul, expliquera Hill, j'aimerais croire que je ne l'ai pas poussée à le faire, mais je sais que c'est faux [9]. »

Et Jim ne s'en tint pas là : pendant tout le temps que dura leur mariage, Rita exprima régulièrement son désir d'abandonner le cinéma, mais Hill s'arrangea toujours pour « la ramener dans le circuit ». Toujours décidé à faire d'elle une véritable actrice, il la poussa à jouer dans *The Story on Page One (Du sang en première page)*, de Clifford Odets, et dans *The Happy Thieves (Les joyeux voleurs)* de George Marshall. Au vu de ce tournant dans sa carrière, le public s'imaginait que Hill lui apportait sérieux et stabilité, mais leur vie privée démentait cette image.

L'un et l'autre buvaient beaucoup, et Rita parfois devenait violente. Elle le blessa un jour au front en le frappant avec un récepteur téléphonique. Une autre fois, un mystérieux coup de revolver fut tiré dans leur suite d'hôtel. Interrogés par la police, ni lui ni elle ne purent se rappeler d'où venait le revolver, qui avait tiré, et pourquoi. Lorsqu'ils donnaient une réception dans leur maison de Beverly Hills (que Rita déclara à plusieurs reprises vouloir faire sauter), elle disparaissait dans la cuisine pour boire seule. Et même en présence d'invités, des scènes de violence éclataient. « Il y avait un chandelier sur la table, se rappelle Hermes Pan qui était venu dîner un soir. Elle a pris le chandelier et l'a jeté à la tête de Hill! Elle l'a manqué de peu. ''Oh, tu n'aurais pas dû faire ça'', a-t-il dit. Rita, elle, restait assise sans dire un mot [10]. »

Et brusquement, elle reprit les hostilités contre Ali, qui semblait particulièrement prospère depuis la mort de son père. A la surprise générale, le Pakistan l'avait choisi comme représentant aux Nations unies; et contre toute attente, sous le regard sceptique des milieux diplomatiques et journalistiques, Ali sembla trouver sa véritable personnalité dans ce nouveau rôle, et il réussit très vite à impressionner les autres délégués par la sincérité de son engagement, son assiduité et la chaleur qui se dégageait de lui. Et lorsque Rita manifesta sa volonté de le traîner devant les tribunaux pour se faire rembourser une somme de dix-huit mille dollars de frais de justice qu'il avait refusé de payer, trouvant la facture trop élevée, Ali put invoquer l'immunité diplomatique.

Une fois de plus, Rita voulut se venger en empêchant son ex-mari de voir Yasmina, mais Jim Hill, contrairement à Haymes qui n'avait cessé de jeter de l'huile sur le feu, la convainquit d'avoir un entretien avec Ali et de régler leur différend sans avoir recours à la justice. « La seule que toute cette histoire a blessée, c'est l'enfant, reconnut Rita lorsque Ali et elle firent de nouveau la paix. Elle a toute la vie devant elle. Pourquoi devrions-nous la lui compliquer [11] ? »

Elle prit la décision de ne plus jamais laisser arriver quoi que ce soit qui pût séparer le père et la fille. Elle y avait mis le temps.

En avril 1960, Ali vint à Los Angeles voir Yasmina, et il fut décidé qu'elle le retrouverait en France aussitôt l'école terminée. Mais ce séjour ne devait jamais avoir lieu : dans la nuit du 12 mai 1960, alors qu'Ali se rendait à une réception au volant de sa Lancia, Bettina à ses côtés et le chauffeur à l'arrière, il entra en collision avec une autre voiture. Les deux passagers et l'autre conducteur s'en tirèrent avec des blessures légères, mais, peu avant minuit, le prince Ali Salomon Khan mourut dans un hôpital parisien. Il avait quarante-huit ans.

32

Le 7 septembre 1961, à quarante-deux ans, Rita déposa sa cinquième et dernière demande de divorce devant le juge du Tribunal de Santa Monica, Orlando Rhodes (le même qui, il y avait de cela dix-huit ans jour pour jour, avait célébré son mariage avec Orson Welles). Sa voix rauque était si basse qu'on avait du mal à l'entendre.

Son union orageuse avec Hill avait évolué de la même manière que les précédentes, vouée à l'échec comme toutes ses relations amoureuses. Mais la situation s'était compliquée du fait d'un élément nouveau (ignoré de tous, y compris de la principale intéressée) : les premiers symptômes d'une maladie mystérieuse caractérisée par la dégénérescence irrévocable du cerveau et de ses fonctions intellectuelles.

Avec le recul, il paraît relativement simple de dater avec précision chez un individu les premiers signes de la maladie d'Alzheimer (du nom d'un neurologue allemand), mais à l'époque où ils surviennent, ils sont souvent imperceptibles, surtout dans le cas de Rita Hayworth, chez qui les symptômes classiques — changements d'humeur, éclats de voix, violents accès de colère, et autres manifestations d'une perte de contrôle de soi — n'étaient apparemment que la conséquence, depuis longtemps visible, des traumatismes subis pendant son enfance. Néanmoins pour son vieil ami Hermes Pan, qui la connaissait depuis l'âge de vingt ans, il paraissait évident maintenant qu'il y avait quelque chose d'autre — mais quoi ?

« J'ai vu tout ça évoluer graduellement », se rappelle-t-il. Lorsqu'il la vit balancer le chandelier à la tête de Jim Hill puis rester ensuite tranquillement assise comme si rien ne s'était passé, Pan trouva qu'« il y avait là quelque chose de très étrange, car ça ne ressemblait pas à Rita », mais naturellement il aurait été bien en peine de dire alors de quoi il s'agissait. Elle manifestait de plus en plus de ces « éclats d'humeur » sans raison aucune, ce qui inquiétait beaucoup Pan. « Brusquement elle se mettait à hurler et à houspiller quelqu'un sans motif. Et après, elle ne s'en souvenait pas[1]. »

Yasmina, frappée elle aussi par ces altérations de caractère, les date de l'époque du mariage de sa mère avec Hill. « Brusquement elle devenait de mauvaise humeur, et je ne savais jamais pourquoi. J'avais appris à m'en accommoder. On était à table en train de dîner, et soudain elle s'emportait à propos de la nourriture ou de quelque chose qu'elle accusait la domestique d'avoir mal fait. Elle partait alors s'enfermer dans sa chambre et revenait quelques minutes plus tard comme si rien ne s'était passé. Je pensais que c'était parce qu'elle buvait, mais en fait je ne l'ai jamais vue boire tant que ça. J'imaginais qu'elle avait une faible tolérance à l'alcool[2]. »

Déjà à l'époque de son mariage avec Orson Welles, on savait que Rita buvait (il y avait là un facteur héréditaire), mais au moment où elle épousa Hill, l'alcool était devenu un réel problème. Sur l'alcoolisme comme cause de folie, l'opinion des chercheurs diverge, mais il est évident qu'il ne peut qu'aggraver l'état de quelqu'un atteint de démence. Chez ces malades, l'alcool, même pris en toute petite quantité, peut avoir des effets désastreux, comme les proches de Rita n'allaient pas tarder à s'en rendre compte. « Après deux verres elle engueulait tout le monde, se rappelle Ann Miller. Elle avait vraiment une double personnalité. Fondamentalement, Rita était quelqu'un de très timide. Mais lorsqu'elle avait bu, le côté gitan prenait le dessus. Si quelqu'un disait un mot qui ne lui plaisait pas, qu'est-ce qu'elle lui balançait[3] ! »

Jusqu'alors, cette détérioration ne s'était manifestée qu'en privé, et paraissait être le résultat d'un abus de boisson. Mais après son divorce avec Hill, il se passa quelque chose que l'alcoolisme ne suffisait pas à expliquer — surtout pour quiconque avait travaillé avec Rita, connaissait son professionnalisme, son acharnement à la tâche quels que fussent ses problèmes personnels. Pour la première fois, elle se montra incapable de jouer. A l'époque, les deux filles étaient en pension, Becky en Caroline du Nord et Yasmina en Suisse, et Rita avait un nouvel amant, l'acteur Gary Merrill, qui venait de mettre fin à son union tumultueuse avec Bette Davis. Lorsqu'on proposa à Gary le rôle principal dans une pièce qui devait se monter à Broadway, *Step on a Crack,* il suggéra de confier à Rita le rôle féminin, celui d'une ancienne artiste de music-hall dont le mariage avec un médecin de province part en quenouille. On était en janvier 1962. Les répétitions devaient commencer en août, ce qui laissait à Rita tout le temps de se préparer, avec l'aide d'un *coach,* à affronter cette toute nouvelle expérience. « Miss Hayworth va travailler d'arrache-pied sur son rôle, déclara son agent de publicité. C'est une perfectionniste. »

Mais lorsqu'elle arriva à New York, cet été-là, il fut évident que quelque chose n'allait pas. Elle paraissait « totalement affolée » et « de plus en plus nerveuse à la perspective de monter sur une scène[4] ». Malgré tout son désir de travailler et le sérieux avec lequel elle s'appliquait, le simple fait de lire la pièce avec le metteur en scène et les autres acteurs semblait l'accabler, la rendait excessivement angoissée. Le programme prévoyait trois semaines de répétitions à New York, après quoi la pièce irait se roder à Toronto, Cleveland, Detroit avant de revenir à Broadway, où la première aurait lieu en octobre.

A la fin de la première semaine de répétitions, Rita s'effondra. Le samedi soir elle se plaignit d'avoir mangé quelque chose qui la rendait « malade », et le lundi elle fut hospitalisée sur un diagnostic d'anémie, d'épuisement nerveux et de déficience du métabolisme. « Je veux juste me reposer », dit-elle aux journalistes, lorsqu'elle quitta l'hôpital quelques jours plus tard au bras de son médecin. Et son nom disparut de la distribution de la pièce.

Personne ne savait encore de quelle maladie elle souffrait. Les victimes de la maladie d'Alzheimer éprouvent beaucoup de difficultés à s'adapter à de nouvelles situations, ce qui était le cas de Rita avec le théâtre. Et lorsque la situation devient trop difficile à maîtriser, le malade panique et renonce. On donna diverses explications au renoncement de Rita : qu'elle n'avait pu supporter la chaleur et l'humidité qui régnaient sur la scène du théâtre Ethel-Barrymore ; que brusquement elle s'était rendu compte qu'elle n'aimait pas la pièce ; et aussi, ce qui était nettement plus proche de la vérité, qu'elle s'était sentie incapable de passer du cinéma au théâtre — incapacité que la maladie, bien entendu, aggravait.

Elle se retrouva bientôt sur un terrain beaucoup plus familier, le cinéma (entre 1963 et 1971 elle tournera sept films), mais les signes de détérioration mentale devinrent de plus en plus évidents. Elle tournait en Espagne *Circus World (le plus grand cirque du monde)*, où elle incarnait la mère de Claudia Cardinale, lorsque, pour la première fois de sa carrière, elle s'aperçut qu'elle avait beaucoup de mal à mémoriser le dialogue. Et les problèmes s'accumulèrent hors du plateau également. « Tout le monde ne réagit pas toujours de la même façon, remarquera plus tard Yasmina, mais lorsque les capacités mentales diminuent, lorsqu'on perd la mémoire, qu'on est désorienté, on cherche parfois une consolation dans l'alcool[5]. » A Madrid, on sut bien vite qu'il suffisait d'un verre ou deux pour mettre Rita hors d'elle. Les incidents se multiplièrent ; un jour elle s'en prit à une touriste américaine qu'elle injuria en termes obscènes.

Certaines de ses crises étaient déclenchées par de menus accrochages sur le plateau. Elle essayait de se dominer, mais, rappelle son agent Bud Moss, « elle gardait ce petit grain de sable dans sa tête, le tournait et le retournait, et lorsque à la fin de la journée nous allions dîner et reparlions du scénario, brusquement, ça éclatait. Le plus triste, quand j'y repense maintenant, c'est que nous mettions tout sur le compte de la boisson, ses trous de mémoire, ses moments de stupeur, personne ne connaissait la maladie d'Alzheimer[6]. »

On dit que dans les cas de démence, la frontière entre le normal et l'anormal n'est pas une « ligne » précise, mais plutôt une « zone ». Aussi, malgré tous ses symptômes, Rita continuait d'avoir une activité professionnelle, jusqu'au jour où une série de crises beaucoup plus graves mit définitivement en question sa capacité à continuer, les frontières de la normalité ayant apparemment été franchies.

La première de ces crises survint lorsque Rita fut engagée pour remplacer Lauren Bacall dans un des plus grands succès de Broadway, *Applause*. Après des années de films médiocres, qui étaient à peine distribués aux États-Unis, jouer dans une pièce aussi prestigieuse que *Applause* signifiait un tournant dans sa carrière, dont elle avait désespérément besoin. C'est Ann Miller, sa vieille amie de l'époque de la Columbia, devenue une des grandes vedettes de Broadway, qui avait recommandé Rita à la production. « Mais elle eut beaucoup de mal à apprendre le texte, se rappelle-t-elle. Un jour elle est venue me voir et m'a dit : ''Annie, je ne sais pas si je suis capable de faire ça.'' J'ai trouvé ça bizarre, parce qu'à la Columbia elle n'avait jamais ce genre de problème. Elle n'avait aucun mal à apprendre ses dialogues. C'était une vraie professionnelle, une dame qui connaissait bien son métier[7]. »

En public, Rita niait qu'elle eût des problèmes de mémoire, mais avec ses amis elle le reconnaissait. « Elle était très consciente que quelque chose n'allait pas, ajoute Ann Miller. Je lui faisais répéter son texte, et avec moi ça marchait bien. Mais dès qu'elle se retrouvait devant les autres, elle ne s'en souvenait plus. Ils ont essayé de l'aider, de lui faire apprendre son texte, mais finalement elle a dit : ''Non, je ne peux pas[8].'' »

Des échos commencèrent à apparaître dans la presse, et Rita nia vigoureusement. Elle affirma qu'elle avait renoncé à jouer dans *Applause* parce qu'elle avait manqué une semaine de répétitions à cause de la grippe. Par ailleurs, elle hésitait à consulter un médecin, fait confirmé par son ami le producteur Eric Roberts. « Elle refusait d'aller voir des médecins, et je sais pourquoi. Ils lui auraient dit d'arrêter de boire, et elle ne voulait pas en entendre parler[9] ».

D'après Roberts, si on essayait de l'empêcher de prendre un verre, on « recevait la bouteille à la tête ». A la moindre suggestion que, peut-être, quelque chose ne tournait pas très rond chez elle, elle réagissait très violemment. Un chargé de publicité eut un jour le malheur d'aborder ce problème de l'alcoolisme, et il se retrouva à la porte, poursuivi par les cris de fureur de Rita.

Robert Mitchum, à son tour, tenta de l'aider. Il lui proposa d'être sa partenaire dans *Wrath of God (La colère de Dieu)*, sous la direction de Ralph Nelson, produit par la MGM, le film le plus important qu'on lui eût offert depuis des années. Le manque d'argent l'avait obligée à louer sa maison de Beverly Hills et à s'installer dans un appartement meublé de Brentwood. C'est là que Nelson vint la voir, et il la trouva assise dans une obscurité totale. « La pièce était très sombre, il n'y avait pas la moindre lumière [10] », se rappelle le metteur en scène.

« Rita était bouleversée d'avoir à travailler, expliquera Lynn Del Kail — à qui on avait confié la création des coiffures de ce film —, mais elle n'avait pas beaucoup d'argent. C'était pathétique. Un jour elle s'est mise à pleurer en pensant à cette belle maison qui lui appartenait et qu'elle ne pouvait pas habiter [11]. »

Mais puisqu'il fallait qu'elle travaille, *La colère de Dieu* — un film d'aventures dont l'action se déroule en Amérique du Sud dans les années vingt — était exactement la production de prestige dont elle avait besoin, et elle voulait absolument s'y montrer le mieux possible, surtout après le désastre de *Applause*. Un film étant tourné par séquences, l'acteur n'a pas besoin de savoir la totalité de son texte, comme c'est le cas pour une pièce de théâtre. Cela aurait donc dû faciliter les choses pour Rita. Mais personne ne se rendit compte, lorsque vint le moment de commencer le tournage au Mexique, en novembre 1971, que son état mental s'était détérioré au point que la mémorisation de courts fragments de dialogues représentait pour elle une difficulté insurmontable.

« Sa mémoire avait tout simplement *disparu*, dira Lynn Del Kail. Elle est venue me trouver et m'a demandé si je pouvais l'aider à apprendre son dialogue. Je l'emmenais dans sa chambre et je lui faisais répéter une réplique. Puis elle sortait, et ils filmaient la réplique. Ensuite on repartait dans sa chambre, et on recommençait avec une autre réplique. »

Ralph Nelson se rappelle que, même avec le script sur les genoux, elle avait « des trous complets », qui l'obligeaient à filmer réplique après réplique.

Ces trous de mémoire ne se limitaient pas à son travail. Dans la conversation courante, brusquement elle oubliait ce dont il était question, comme le constata Lynn Del Kail : « On lui parlait de quelque chose, et soudain elle embrayait sur quelque chose d'autre. Au début je me disais : Oh, mon Dieu, ça doit être ma faute. Mais j'ai fini par comprendre qu'elle ne pouvait pas fixer son attention. »

Comme Lynn semblait bien s'entendre avec Rita, on lui confia le soin de veiller à ce qu'elle ne boive pas ni ne se drogue, ce que son comportement étrange laissait supposer : « Rita avait tellement de problèmes. Elle était effrayée par tellement de choses. »

Le transport sur les lieux de tournage posait des difficultés particulières. Dans la voiture, elle accusait le chauffeur de conduire trop vite alors qu'il allait à une allure tout à fait normale. « Elle obligeait le chauffeur, à se traîner littéralement [12] », se souvient Del Armstrong, le maquilleur de Rita. D'après Ralph Nelson, « lorsque nous avons quitté Taxco pour Cuernavaca, un des chauffeurs nous a laissés tomber parce qu'elle exigeait qu'il conduise à quinze kilomètres-heure ».

Et même quand un chauffeur satisfaisait ses désirs et adoptait une allure de tortue, elle était terriblement agitée. « Rita était très, très nerveuse et mal à l'aise en voiture, selon Lynn Del Kail — qui l'accompagnait habituellement le matin. Il fallait vingt à trente minutes au reste de l'équipe pour se rendre sur le lieu du tournage, nous ça nous prenait une heure et demie. Et pendant *tout le trajet,* elle n'arrêtait pas de parler. Elle parlait sans arrêt, bougeant continuellement sur le siège, agitant les mains dans tous les sens. »

Il fallait compter aussi avec ce que Del Armstrong appelle sa « claustrophobie », sa « peur des espaces clos ». Le simple fait de devoir entrer dans un ascenseur l'angoissait, la bouleversait, comme en témoigne cet exemple rapporté par Lynn Del Kail : « A Mexico, certains d'entre nous avaient l'habitude de prendre un verre dans un bar tout en haut de l'hôtel. Rita voulait se joindre à nous, mais elle était terrifiée à l'idée de prendre l'ascenseur. Finalement elle est montée, mais lorsque l'appareil s'est arrêté à un étage et que trois ou quatre personnes ont voulu entrer, je leur ai demandé de ne pas le faire tellement elle était terrorisée. Et pour la descente, ça a été la même chose. Nous étions vraiment très tristes pour elle. »

Cette « peur des espaces clos » posa des problèmes pour le tournage lui-même. Pour la première fois en trente-sept ans de carrière, Rita refusa de suivre les instructions du metteur en scène. Elle devait entrer dans une grotte et, selon Del Armstrong, « elle refusa carrément ». Aussi irrationnelle que parût cette crainte aux yeux des autres, elle la paralysait. Rien de ce que les autres lui disaient ne put la convaincre qu'il n'y avait aucun danger. « Elle devait seulement faire quelques pas à l'intérieur de la grotte, mais elle ne pouvait tout simplement pas », dira Lynn Del Kail. Finalement, Lynn mit une perruque et prit la place de Rita, la caméra la filmant de dos. Dans la troupe, personne ne manifesta la moindre irritation, mais ce fut une bien triste expérience pour celle dont on avait toujours vanté le professionnalisme.

La maladie se faisait sentir à tous les instants de sa vie, lorsque par exemple, dans des conversations entre amis, elle ne comprenait pas ce qu'on lui disait et s'offensait de propos qui n'avaient rien d'injurieux. C'est ainsi qu'à un dîner offert en son honneur par le producteur William Gilmore et sa charmante épouse, Polly, Rita manifesta toute la soirée une hostilité à l'égard de son hôtesse que celle-ci ne méritait vraiment pas. Déjà à son arrivée, elle leur parut étrange, car, malgré la chaleur, elle portait une longue jupe et un gilet de laine. « Le dîner fut un désastre, se rappelle Polly Gilmore. Je n'avais jamais vécu une telle expérience. Ça a commencé quand nous sommes passés à table et qu'elle s'est mise à chanter. Juste pour lui faire plaisir, je lui ai demandé : "Oh, vous aimez chanter ?" Elle m'a regardée et a rétorqué : "Suis-je censée faire un numéro pour gagner mon dîner ?" » De ce moment-là, quoi que pût dire Mrs. Gilmore, Rita lui répondit d'un ton cinglant, alors qu'elle se montra particulièrement charmante envers les deux hommes présents, Bill Gilmore et Ralph Nelson. « Elle était comme Jekyll et Hyde, conclut Polly Gilmore. Aujourd'hui, nous savons par quoi elle passait. Mais à l'époque, ce fut une soirée très éprouvante pour moi. Je ne savais tout simplement pas quoi faire [13]. »

Si Rita réussit à terminer le tournage de *La colère de Dieu*, ce fut vraiment grâce à l'aide de tous ses coéquipiers. De retour aux États-Unis, elle se retrouva seule. Yasmina était interne au Bennington College, dans le Vermont, et les relations entre Becky et sa mère n'étaient pas bonnes. D'après Hermes Pan, Rebecca Welles « n'a pas eu la vie facile. Rita, je suis désolé de le dire, faisait preuve d'un certain favoritisme à l'égard de Yasmina, et Rebecca s'en rendait compte ». « La communication passait mal entre Rita et Rebecca, confirme Curtis Roberts. Et puis, vous savez, Yassie a toujours été sa favorite. »

Rebecca elle-même exprime parfois son « amertume » au sujet de son enfance : « Je ne dis pas que j'aurais préféré ne pas être la fille de mes parents. J'aurais simplement aimé que les choses soient un peu différentes. » Laissée trop souvent seule, livrée à elle-même, la petite Becky se sentait « une enfant à mi-temps » : « C'était dur d'attirer l'attention alors que les gens n'avaient d'yeux que pour maman, papa ou Ali. Je sais que j'en voulais à tous ces gens qui accaparaient leur temps [14]. » A la fin de ses études, à l'Université de Puget Sound, dans l'État de Washington, Becky épousa un jeune artiste en herbe, mais ni Rita ni Orson n'assistèrent au mariage.

Ainsi donc, Rita se retrouvait seule dans sa grande maison de Beverly Hills, où elle avait pu réemménager, ce qui, selon ses amis, était pire encore. « Rita était très seule et n'avait personne à qui parler vraiment, se rappelle Lynn Del Kail. Elle me téléphonait et me disait : "Je suis désolée de ne pas t'avoir rappelée, j'ai eu ton message." Et la moitié du temps, *je ne l'avais pas appelée.* »

« Elle me téléphonait au milieu de la nuit, se souvient Ralph Nelson. A minuit ou une heure du matin. Elle voulait que je vienne la voir. Je suis veuf aujourd'hui, mais à l'époque j'étais un époux comblé. Alors je lui disais : "Rita, je ne peux pas venir. Que penserait ma femme ?" Une histoire un peu semblable m'était déjà arrivée avec une scénariste. Elle s'est suicidée, et j'ai compris finalement que ses coups de fil en pleine nuit étaient des appels à l'aide. Et c'est probablement ce que Rita faisait, elle aussi. »

Hermes Pan était le troisième destinataire régulier de ces coups de téléphone nocturnes : « Il était une heure ou deux heures du matin. Je dormais, mais je ne lui disais jamais qu'elle me réveillait. Et je ne lui demandais pas non plus pourquoi elle m'appelait, car elle m'en aurait voulu et aurait hurlé : "Oh ! la ferme." »

Durant ces terribles années, Rita eut la chance d'avoir un voisin affectueux et dévoué en la personne de Glenn Ford. Mais les gens vers qui Rita se tournait dans ses moments de désespoir n'étaient pas tous aussi désintéressés que lui. Sa vieille amie de l'époque Welles, Libby Sloane, se souvient d'une scène pénible, un soir dans un night-club. « Pour nous rendre à notre table, nous devions passer devant le bar, et là, au milieu de tous ces gens qui buvaient, il y avait Rita. Elle était complètement ivre. C'était un spectacle horriblement triste, et une chose affreuse est arrivée. Elle laissa tomber quelque chose, et le type qui l'escortait lui dit : ''Ramasse-le !'' Je l'aurais tué. C'est une des pires choses que j'ai jamais vues. J'ai compris qu'elle était fichue, qu'elle en était au stade où elle pourrait accepter n'importe quoi, même venant d'un salaud [15]. »

33

Toutes les difficultés que Rita avait rencontrées pendant le tournage de *La colère de Dieu* laissaient penser qu'elle n'était plus en condition de travailler. Toutefois très peu de chose avait transpiré à l'extérieur, si bien que, quelques mois plus tard, une nouvelle offre de film lui parvint d'Angleterre. Elle hésita tout d'abord, mais lorsque son ami Curtis Robert lui dit qu'il l'accompagnerait, elle accepta et signa son engagement pour *Tales That Witness Madness*, un « thriller psychologique » que devait réaliser Freddie Francis dans les studios de Shepperton.

A leur départ pour Londres, en novembre 1972, Rita paraissait en assez bonne forme pour ses cinquante-quatre ans. Elle avait été suffisamment échaudée par tout ce qui lui était arrivé récemment et avait cessé de boire. Malheureusement, comme on n'allait pas tarder à s'en apercevoir, la perte de ses facultés mentales était irréversible.

Ils descendirent au Dorchester, et au début elle parut parfaitement bien. Mais dès qu'ils prirent la route de Shepperton, l'idée de se retrouver devant une caméra la plongea dans un état d'agitation extrême : « Elle fut prise de panique. Et ça ne fit qu'augmenter. Si bien que lorsque nous sommes arrivés au studio, elle était complètement affolée. » Elle réussit néanmoins à se composer une attitude pour faire son entrée dans le studio. « Elle était entraînée à cela ». Mais très vite, elle perdit toute contenance. « Elle ne pouvait pas affronter la caméra », selon Roberts, qui ne la quitta pas une minute. « Nous sommes allés dans la loge pour revoir son texte, et il n'y eut pas de problèmes. Le fait que je sois là lui donnait confiance. Mais soudain la panique l'a reprise. Quelque chose s'est cassé en elle, et ce fut l'effondrement[1]. »

De nouveau elle se montra incapable de suivre les ordres du metteur en scène. Cette fois-ci il s'agissait de descendre un escalier. Or, d'après Roberts, « Rita était myope comme une taupe sans ses lunettes. Elle restait là à fixer ces marches, courbée en deux pour mieux les voir. Je lui ai dit : "Rita, il n'y a que quelques marches à descendre", mais elle ne pouvait pas. Les autres disaient que c'était parce qu'elle avait bu, mais moi qui ne l'avais pas quittée d'une semelle, je savais qu'elle n'avait pas touché un verre. Elle ne buvait plus à l'époque. » Le plus troublant, c'est que son apparence physique, comme c'est souvent le cas dans ce genre de maladie, ne laissait absolument pas deviner l'état dans lequel elle se trouvait. « De fait, elle était merveilleuse. »

« Quelle merde ! s'exclama-t-elle lorsqu'elle se rendit compte que la situation lui échappait complètement. C'est le froid. Je crois que j'ai attrapé une pneumonie. »

Suivirent toute sorte d'accusations sans fondement. « Elle se plaignit qu'il faisait au moins trente degrés au-dessous de zéro et qu'on allait la faire mourir de froid. » On appela un médecin, qui recommanda quelques heures de repos, mais lorsqu'il la réexamina un peu plus tard, il déclara qu'elle était tout à fait en état de reprendre son travail. Ce qui déclencha une violente crise de colère chez la malade. « Elle le traita de charlatan et lui lança des cendriers et toute sorte d'autres objets à la tête. "Foutez le camp, foutez le camp. Ce type ne sait pas de quoi il parle !" »

Sommée de reprendre le travail le lendemain matin, Rita se tourna vers un homme qu'elle avait rencontré à Londres, que Roberts surnomma « le marchand de tapis arménien » : « Ces derniers temps, elle sortait avec les gens les plus bizarres ». Quant à l'Arménien, le dernier soupirant en date, « il restait là, comme un personnage de bande dessinée, le bouquet de fleurs dans une main, la boîte de bonbons dans l'autre. Elle me disait combien il était riche, et moi je répondais : "Le seul pétrole qu'il possède est sur ses chaussures" ». Lorsque le chauffeur du studio vint la prendre à l'hôtel Dorchester le lendemain matin, à six heures et demie, on découvrit qu'elle et le « marchand de tapis » avaient filé en Amérique.

Cette fois-ci, un flot de rumeurs sur ce qui s'était passé dans les studios de Shepperton suivit Rita à Hollywood. Les commentaires allèrent bon train, notamment sur sa « disparition » en plein tournage : *Tales That Witness Madness* fut la dernière proposition de film que reçut Rita avant de sombrer définitivement. (Par une ironie du sort, c'est Kim Novak qui la remplaça.)

Lorsque Curtis Roberts la retrouva à Hollywood, il s'aperçut qu'elle avait « recommencé à boire ». Il essaya de discuter avec elle des récents événements de Londres mais tout ce qu'elle trouva à dire fut : « C'est un tissu de conneries et j'voulais pas tourner ça ! »

Sa fuite londonienne mit fin à sa carrière, mais, aussi incroyable que cela paraisse, il fallut attendre encore huit ans pour que maladie soit réellement diagnostiquée. D'ici là, elle allait vivre une existence proprement infernale, d'autant plus terrible que personne ne comprenait ce qui lui arrivait. Terrifiée, souvent violente, de plus en plus confuse et égarée, en proie à des hallucinations, Rita désespérait tous ceux qui l'aimaient et qui, impuissants, ne savaient pas comment l'aider.

Elle se montrait souvent hostile et agressive envers des amis qui, ignorant tout de cette maladie, n'admettaient pas qu'elle se conduise ainsi. « Ce fut terrible, dit Hermes Pan. Ses amis commencèrent à la fuir. Ils avaient peur. Une femme me dit : "Je déteste aller là-bas parce que je ne sais jamais ce que Rita va dire ou faire[2]." » « Certains en avaient assez de subir les conséquences de sa versatilité[3] », confirme Yasmina.

Un soir, Hermes Pan invita Rita à dîner avec Fred Astaire et sa sœur Adele : « Nous étions à table, et Adele dit : "J'apprends que Yasmina étudie le chant. — Oui", dit Rita. Et Adele de continuer : "Je me demande de qui elle tient ce don." C'était là une remarque banale dans le cours de la conversation, mais Rita la prit tout de travers, comme une insulte. Elle bondit. Vous savez, le tempérament espagnol, mais elle ne dit rien. Plus tard dans la soirée, on parlait tranquillement, encore que Rita n'avait pas dit grand-chose jusque-là. Adele était assise à côté de Rita, qui tenait un verre dans la main. Et brusquement, Rita a jeté son verre à la figure d'Adele ! Sur l'instant Adele est restée muette, puis elle s'est tournée vers Fred — qui a toujours détesté les incidents — et a dit : "Fred, je crois que nous ferions mieux de partir. Cette femme est folle." Fred a dit au revoir poliment, et ils sont sortis. Rita n'avait pas prononcé un mot, pas un seul. Après leur départ, je lui ai demandé : "Que s'est-il passé ?" Elle a simplement haussé les épaules, comme pour dire : "Tu ne trouves pas ça drôle ?" Quand elle m'a téléphoné le lendemain, elle ne se souvenait plus de rien. Elle n'a pas dit un mot sur l'incident. Juste "Bonjour mon chou, comment vas-tu ?" — comme si rien ne s'était passé [4]. »

En une autre occasion, ce fut un dîner chez elle qu'un de ses éclats interrompit, sans que l'on en comprît vraiment la cause. « Elle nous avait invités, Ann Miller et moi, raconte Hermes Pan. Le repas était à peine terminé quand soudain elle a dit : "Fichez le camp d'ici. Fichez le camp !" Et il ne s'était rien passé ! Ann a demandé : "Mais pourquoi ?" et Rita n'a pas répondu. Elle répétait : "Fichez le camp ! Laissez-moi seule." »

Un autre soir encore, où Hermes et elle devaient dîner dehors puis faire la fête, brusquement elle changea d'avis : « Quand la voiture est venue me prendre, j'ai appelé Rita et je lui ai dit : "Je pars maintenant, je serai chez toi dans dix minutes. — Très bien", m'a-t-elle répondu. Dix minutes plus tard je sonnais à sa porte. Elle m'a ouvert, elle était merveilleusement bien habillée et avait l'air superbe. Mais elle m'a dit : "Je n'irai pas à cette foutue soirée d'imbéciles", et elle m'a claqué la porte au nez. »

Mais le pire était encore à venir : « Rita nous avait invités à dîner, Hermes et moi, raconte Ann Miller. C'est une dame espagnole qui nous a ouvert la porte. J'ai dit : "Nous sommes invités à dîner. Est-ce que Miss Hayworth est chez elle ? — Un instant, s'il vous plaît, je vais la chercher", a répondu la dame, qui nous a laissés sur le palier. "Pourquoi ne nous laisse-t-on pas entrer ?" ai-je demandé à Hermes. Puis Rita est arrivée, elle tenait un couteau de boucher à la main, et elle a dit : "Je ne signe aucun autographe aujourd'hui ! Qui êtes-vous ?" Elle ne nous reconnaissait pas. Nous étions terrifiés. Elle nous a poursuivis avec le couteau, et le temps que nous montions dans la voiture elle hurlait encore : "Comment osez-vous entrer chez moi ! Je ne veux pas de chasseurs d'autographes ! Comment osez-vous !

Dehors ! Dehors !'' Et le lendemain elle m'a appelée et m'a dit : ''Pourquoi n'êtes-vous pas venus dîner ?'' Je ne savais comment prendre tout ça. J'ai dit à Hermes : ''Écoute, il y a quelque chose qui ne va pas du tout. Est-elle alcoolique ?'' Et il m'a répondu : ''Je ne pense pas, Annie, je ne crois pas qu'elle boive tant que ça.'' Nous étions très, très bouleversés[5]. »

Même lorsqu'elle ne se montrait ni hostile ni menaçante, Rita paraissait avoir du mal à se contrôler. En parlant un jour avec Hermes, la conversation tomba sur cette thérapie très à la mode à l'époque, dite du « cri primal », qui implique que, pour soigner son agressivité, on pousse des hurlements : « Elle en avait entendu parler, et elle a dit : ''Oh, ça doit être merveilleux !'' Alors elle s'est mise à hurler : ''Yeeeee !'' J'ai dit : ''Rita, pas si fort'', et elle a fait : ''Ouaaah !''. Je l'ai vite ramenée chez elle, et pendant tout le trajet elle n'a pas cessé de hurler. Si un flic l'avait entendue, il aurait cru à un enlèvement ou quelque chose de ce genre, alors je lui ai dit : ''Rita, du calme ! S'il te plaît, ne fais pas ça !'' Mais elle ne s'arrêta pas. ''Je fais ce que je veux'', m'a-t-elle rétorqué, et elle a continué à crier : ''Yeeeee ! Ouaaah !'' »

« Il lui arrivait de passer des nuits entières à crier[6] », confirme Curtis Roberts. Tout le monde à Hollywood parlait de son alcoolisme, mais ce n'est qu'en 1976 que les gens se rendirent vraiment compte de son délabrement, grâce à des photos : on la voyait traînée hors d'un avion, à Londres, échevelée, le regard fou, égarée : une femme en pleine tourmente.

Ce voyage n'avait pourtant pas mal commencé, qui avait conduit Rita et son agent, Bud Moss, en Angleterre où elle devait participer à un show télévisé. Moss savait qu'il n'était plus question de lui trouver des films : « Si quelqu'un lui disait : ''S'il vous plaît, voulez-vous dédicacer cette photo à Bob'' ou ''à Nancy'', elle signait ''Rita Hayworth''. C'est tout ce qu'elle pouvait faire. » Elle continuait cependant à faire quelques prestations, un peu comme un zombie, pour, disait son agent, « essayer de garder l'image de Rita aussi vivante que possible dans l'esprit du public, sans pour autant la mettre dans une situation embarrassante[7] ».

Mais le voyage en avion vers Londres se révéla malheureusement très embarrassant. Le problème commença avant même l'embarquement, quand, pour calmer l'appréhension qu'elle éprouvait toujours en avion, elle prit une vodka, qui se mélangea très mal avec les tranquillisants qu'elle avait avalés. Lorsqu'elle s'installa à sa place, en première classe, elle était déjà « survoltée ». Puis elle se déchaîna contre la malheureuse hôtesse qui lui servit son dîner. « Elle ne m'aime pas ! » expliqua Rita à Moss, qui essayait de la calmer. Elle sembla s'apaiser et se dirigea vers les toilettes pour passer un pyjama. « Je suis resté assis à côté d'elle pendant deux bonnes heures, jusqu'à ce qu'elle s'endorme dans mes bras », poursuit Moss. Mais pendant que lui et un associé bavardaient au bar des premières, un couple de passagers qui partait en lune de miel réveilla Rita et ils lui proposèrent de trinquer avec eux. Le champagne ne fit qu'ajouter à l'état de confusion dans lequel elle se trouvait. Elle commença à crier, à balancer ses bras dans tous les sens, elle semblait « très malade », racontèrent des témoins. Et, dit Moss, soudain elle « se souleva et gifla » une hôtesse qui essayait de l'aider. « Elle ne m'aime pas ! répéta Rita. C'est une mauvaise femme. »

La nouvelle s'était répandue à Heathrow, l'aéroport de Londres, qu'il y avait une célébrité « très agitée » dans le 747, et les journalistes attendaient pour voir de quoi il retournait. Un représentant de la TWA monta à bord pour avertir l'agent de Rita de ce qui l'attendait : « Mr. Moss, je dois vous avertir qu'il y a une trentaine de reporters qui attendent Rita dans le hall. » On la laissa dans l'avion, tandis que Moss descendait pour essayer d'éviter de trop gros désagréments.

« Quand va-t-elle sortir de l'avion ? demandèrent les journalistes.

— Eh bien, très bientôt, répondit Moss. Mais elle ne se sent pas bien. Elle n'est pas maquillée et ne s'est pas recoiffée. » S'ils acceptaient de la laisser en paix pour le moment, Moss leur promit qu'ils pourraient tous la voir, plus tard, dans sa suite du Savoy. « Nous donnerons un petit verre pour vous, les gars, et vous pourrez parler avec Rita. »

« Nous voulons Rita telle qu'elle est ! » cria un photographe, et les autres firent chorus. Moss remonta dans l'avion pour envisager quelque chose d'autre.

Une demi-heure plus tard, on tenta une diversion en affublant une doublure du chapeau et du manteau de Rita, pendant que Moss et le représentant de la TWA essayaient de la faire descendre par une rampe accrochée à l'arrière de l'appareil. « Elle avait les jambes en coton », dit Moss. Elle n'arrivait pas à se tenir debout, aussi « nous l'avons soulevée et portée pour descendre les marches ».

Mais les photographes avaient éventé la supercherie, et ils se ruèrent vers l'arrière où ils prirent ces photos où Rita ressemble à une pauvre biche aux abois rendue encore plus impuissante par les flashes aveuglants des chasseurs.

A l'hôtel, Moss fit couper le téléphone dans la chambre, et répondit à un reporter qui avait glissé une note sous la porte disant « Ou bien Rita sort de là ou bien nous publions les photos » : « Allez vous faire foutre ! Publiez-les. » Il savait très bien que, de toute façon, les photos paraîtraient. Pendant ce temps, Rita était allée se coucher, ayant oublié ce qui venait de lui arriver. Un peu plus tard on lui apporta à manger, un potage et des œufs, puis elle se rendormit.

« Le lendemain matin, ce fut comme si rien ne s'était passé. Elle a dit : ''Bon, allons travailler !'' » — signifiant par là qu'elle voulait préparer sa prestation à la télévision. Moss se garda bien de lui montrer tous les journaux qui racontaient, photos à l'appui, l'horrible spectacle qu'avait offert Rita à Heathrow, et pour essayer d'atténuer l'impression que ces articles avaient dû laisser, il invita les photographes à venir la voir pendant une partie de golf. Elle paraissait indéniablement en bien meilleure forme que la veille et elle répondit, en toute honnêteté, à un journaliste qui lui demandait ce qui s'était passé à Heathrow : « Je ne sais pas de quoi vous parlez. »

Elle participa donc à l'émission de Russell Harty, qui la trouva « vidée, fatiguée et ahurie [8] ». Après quoi, ce qui semble incroyable si l'on pense à ce qui s'était déroulé depuis le départ de Los Angeles, elle s'envola pour l'Espagne où l'attendaient d'autres émissions de télévision.

Dans les mois qui suivirent, on put la voir, aux côtés d'autres vedettes, dans un certain nombre de « croisières de célébrités ». Le programme de ces croisières comportait la projection de films des vedettes qui se trouvaient à bord et qui répondaient ensuite aux questions des autres passagers. « Ce fut un des plus tristes épisodes de ma vie, raconte Ann Miller, qui participa à une de ces croisières aux côtés de Rita. J'avais le cœur brisé en la voyant incapable de se maquiller, de se coiffer seule. » Une femme l'accompagnait, qui l'aidait à accomplir ces gestes simples de la vie quotidienne. Pour le jeu des questions-réponses, « Rita s'en tirait bien tant qu'elle n'avait pas à réciter un texte. Elle parlait d'une voix timide, presque enfantine, et se tenait très correctement. Mais parfois son débit était embarrassé, elle arrivait tout échevelée, ce qui me faisait croire qu'elle buvait beaucoup [9] ».

A la lumière de ce que nous savons maintenant, il est évident que Rita n'était absolument plus en état de se montrer en public, pourtant on la traînait d'un endroit à un autre, simple coquille vide à l'intérieur de laquelle il ne restait presque plus rien. Elle avait beau ne plus tourner depuis longtemps, son nom demeurait une valeur marchande. Y a-t-il meilleure illustration de ce que le star-system hollywoodien peut avoir de grotesque ? Désormais, se souvient Hermes Pan, « elle avait un regard vitreux, comme si tout l'ennuyait énormément — ou elle avait tout simplement renoncé. C'est Hollywood qui veut ça. Ils vous pressent comme un citron, jusqu'à épuisement complet ».

En octobre 1976, Rita partit pour l'Argentine, « probablement le plus périlleux de tous nos voyages », reconnaît Bud Moss. Elle avait accepté de participer à un hommage que lui rendait la télévision, mais personne n'avait prévu la tourmente politique au milieu de laquelle ils allaient débarquer. Qui plus est, si l'on en croit un télégramme adressé par l'ambassade américaine de Buenos Aires au secrétariat d'État à Washington, des terroristes espéraient profiter de cette visite pour attirer l'attention du monde entier sur eux, et prévoyaient tout simplement « une attaque à la grenade [10] », lorsque Rita sortirait de son hôtel.

Pour commencer, son avion atterrit en plein orage, sous des trombes d'eau. Il était cinq heures du matin, l'avion avait trois heures de retard, et pourtant une cinquantaine de fans l'attendaient, brandissant des banderoles — GILDA EST REVENUE et BIENVENUE, RITA — dont l'encre commençait à dégouliner. Soudain on entendit une voix déclarer : « Nous sommes ici pour vous protéger », et levant la tête, Rita aperçut les policiers armés qu'on lui avait assignés.

« A notre descente d'avion nous avons été entourés par cinq types et une fille qui ressemblait à Diana Rigg, avec une veste en cuir, les pantalons les plus serrés que j'ai jamais vus, et un Luger sous la poitrine, raconte Moss. Ils nous ont escortés pendant cinq jours. Partout où nous allions ils nous accompagnaient, dans deux voitures. Rita et moi montions dans l'une, avec trois policiers qui gardaient leurs revolvers à portée de main, sur le tableau de bord ou sur leurs genoux. » Sur le chemin de l'hôtel, toujours sous la pluie battante, « Rita n'a cessé de fredonner ou de chanter. Moi je suais de trouille, et Rita était là, calme, tranquille. Elle était totalement inconsciente [11] ».

A l'hôtel, deux autres policiers se tenaient en faction devant la porte de sa chambre. « Maintenant le soleil se levait, éclairant la petite place sur laquelle se trouvait notre hôtel, poursuit Moss. Rita va à la fenêtre, ouvre les volets, dit : "Dieu, quelle belle matinée !" et une bombe explose dans le parc, juste en face de nous ! Les gardes se sont précipités, l'ont tirée en arrière, l'ont agrippée. » Pourtant, elle semblait ne pas réaliser ce qui se passait : « Elle ne se rendait compte de rien. Elle était la plus calme de nous tous. » On apprendrait plus tard que c'est au cours du désamorçage de grenades découvertes par le service de sécurité que s'était produite l'explosion, grenades destinées à être utilisées contre Rita Hayworth lorsqu'elle serait sortie de l'hôtel.

Pendant les jours qui suivirent, Rita demeura totalement étrangère à la violence et aux troubles qui éclataient autour d'elle. Elle vit même, sans en paraître autrement émue, un immeuble entier de bureaux s'effondrer à une cinquantaine de mètres de la voiture dans laquelle elle avait pris place. (« A quelques secondes près nous sautions ! ») Dans ces conditions, on comprend que, lors de leur étape suivante à Rio de Janeiro, Moss ait été paniqué en constatant qu'elle avait disparu. Elle demeura introuvable pendant plusieurs heures. Heureusement, elle était tombée sur une bien innocente compagnie. « Soudain, on a reçu un coup de téléphone, raconte Moss. A environ un kilomètre et demi de là, sur la plage, il y avait un groupe de gosses, de dix à quinze ans, qui faisaient voler de merveilleux cerfs-volants. Et Rita était là, assise sur le sable, à jouer avec eux. »

34

Rita fut ramenée en Californie, où son comportement devint si alarmant que les services de l'Assistance publique du comté d'Orange décidèrent de la prendre en charge. C'est le Hoag Memorial Hospital, où l'avait conduite un de ses soupirants de l'époque, un artiste du nom de Bill Gilpin, qui alerta les autorités.

Depuis qu'il l'avait rencontrée (sur un parcours de golf où elle jouait seule), Gilpin avait naturellement noté certains symptômes inquiétants : perte de mémoire, confusion mentale, incontinence urinaire, mais les troubles s'aggravèrent à un point tel que la nécessité d'une assistance médicale devint évidente. « Chérie, lui dit Gilpin, tu vas aller à l'hôpital pour quelques jours, comme ça on pourra te faire quelques examens. »

Le docteur James Miner, qui examina Rita, la trouva « dans un état de délabrement grave, résultat d'un désordre mental ou d'un alcoolisme chronique, et... refusant d'accepter, ou incapable d'accepter un traitement ». Se basant sur la déclaration du docteur Miner qui recommandait « une mesure conservatoire temporaire », Warren W. Morse, le directeur adjoint de l'Assistance publique, déposa une demande d'ordonnance judiciaire autorisant l'administration à prendre sous tutelle « la personne et les biens » de Rita Hayworth.

En conséquence, une décision de justice du 9 mars 1977 nomma James E. Heim, directeur de l'Assistance publique, tuteur de Rita à titre temporaire. On déciderait ultérieurement si la mesure devait prendre un caractère permanent. Jusque-là, le tribunal stipula que, quelle que soit son opposition, Rita pouvait être « placée dans un établissement permettant de lui procurer des soins intensifs » (une institution médicale ou psychiatrique, un hôpital public ou un centre régional de traitement de l'alcoolisme), où elle devrait se soumettre à tous traitements (à l'exception d'une intervention chirurgicale) que le tuteur jugerait nécessaires.

En réponse, l'avocat de Rita, Leonard Monroe, agissant au nom de sa cliente, déposa un recours pour empêcher l'Assistance publique d'avoir le contrôle de ses biens et faire sortir Rita du Hoag Memorial. En attendant, les autorités firent enlever ses vêtements de l'appartement de Bill Gilpin, où elle avait vécu ces derniers temps, et on interdit à celui-ci d'aller la voir [1].

Bob Schiffer, le vieil ami de toujours, lui aussi se vit interdire l'accès de la chambre de Rita. Mais Bob n'était pas homme à renoncer si vite, et il finit par obtenir gain de cause. A sa première visite, il constata avec soulagement qu'elle le reconnaissait et semblait « plutôt bien », compte tenu des circonstances. Il se trouvait au chevet de Rita lorsque, « Merci mon Dieu ! », Yasmina appela sa mère « et lui dit qu'elle allait lui fournir des vêtements pour qu'elle puisse venir à New York. Rita était si heureuse ! Elle a raccroché le téléphone et m'a dit : "Yassie va me donner une robe [2] !" ».

En voyant sa mère, Yasmina en revanche fut bouleversée ; elle ne savait ni quel mois de l'année on était, ni le nom du président des États-Unis, ni même celui de ses amis : « Elle était murée en elle-même, très silencieuse. Mais le désespoir était peint sur son visage. A ce moment-là, j'ai compris que c'était à moi de me charger d'elle [3]. »

A la mi-avril, l'avocat de Rita avait gagné sa bataille et obtenu le désistement de l'administration de tutelle, l'Assistance publique du comté d'Orange, si bien que Rita put être transférée à Silver Hill, une clinique chic du Connecticut spécialisée dans la désintoxication des alcooliques.

Après quelques mois de cure, Rita retourna à Hollywood où elle parut s'être considérablement « retrouvée » — elle était de nouveau coiffée et habillée avec élégance. Elle recommença même à apparaître en public, aussi bien en Europe qu'aux États-Unis, dans des cérémonies soigneusement orchestrées où on lui remettait toute sorte de récompenses, trophées et autres témoignages d'admiration, mais cela ne trompait pas Bob Schiffer : lui savait qu'en privé Rita allait de mal en pis. « J'ai passé Noël avec elle, se rappelle-t-il avec émotion. Nous étions assis sur un canapé et feuilletions un album de photos. Il y en avait d'elle et de moi, elle les regardait, mais j'avais l'impression qu'elle ne nous reconnaissait pas. J'ai eu le sentiment qu'elle ne savait même pas qui j'étais ! Elle se contentait de rester assise, comme ça ! »

Pourtant, même à ce stade, il y avait un homme dans la vie de Rita, un ancien amant de Kim Novak, Mac Krim, qui l'escortait en ville et dans certaines des manifestations publiques auxquelles elle participait. Un des souvenirs les plus émouvants de Krim demeure cette soirée où Rita l'accueillit sur l'air célèbre de Gilda, « Put The Blame on Mame », et mima à sa seule intention la scène des gants.

Depuis sa cure de désintoxication, Rita ne buvait plus (d'après Krim elle s'en tenait au 7-Up), mais étant donné son comportement, les gens pensaient qu'elle était ivre. Le scénariste Jim Bacon se souvient d'un soir, au Polo Lounge du Beverly Hills Hotel, où Rita se mit à hurler apparemment sans raison : « Quand elle a commencé à crier, elle était assise à une table en retrait avec deux types. Je ne sais foutre pas qui ils étaient. Ils se sont levés et ils sont partis. » Naturellement, Jim crut qu'elle était ivre, mais lorsqu'il s'approcha et lui proposa de la ramener chez elle, elle s'arrêta de crier et redevint instantanément « très cohérente », me disant : « Jim, comment vas-tu, chéri[4] ? »

La savoir seule dans sa grande maison de Beverly Hills était de plus en plus préoccupant. Elle affirmait entendre des pas, et appelait constamment police secours. Les voisins racontaient que, certaines nuits, Rita lâchait délibérément ses chiens pour ensuite prétendre qu'ils s'étaient perdus et avoir ainsi, en se lançant à leur recherche, une occasion de parler à quelqu'un. Dans cette quête éperdue de gens pour lui tenir compagnie, elle laissait entrer chez elle de parfaits inconnus. D'après Curtis Roberts, « tous les pique-assiette de la ville se retrouvaient chez elle le dimanche. Et parmi cette masse de gens, je ne pense pas qu'elle en connaissait la moitié. Je crois d'ailleurs qu'elle ne savait plus ce qu'elle faisait[5] ».

En 1979, la maison fut vendue et Rita s'installa dans un appartement situé dans l'immeuble où vivait Mac Krim, et qu'il lui avait recommandé pour son parfait système de sécurité. De toute façon, se souvient Krim, maintenant on ne la laissait plus jamais seule. Il y avait une domestique vingt-quatre heures sur vingt-quatre, et les gens se relayaient pour l'accompagner chaque fois qu'elle sortait.

Henry Rogers, qui avait lancé la première grande campagne de publicité de Rita, à l'époque de son mariage avec Eddie Judson, et qui la voyait assez régulièrement depuis, la rencontra à une réception à Los Angeles et fut frappé par ce que les psychiatres appellent « un affaiblissement de l'affect », une baisse importante de la réceptivité. Rogers connaissait bien cette étrange capacité de Rita de rentrer en elle-même, pendant des séances de photos par exemple, de se mouvoir « presque comme un robot », mais ce n'était rien comparé à ce qu'il observa lorsque, ce jour-là, elle posa à ses côtés pour une photo. « Elle était vraiment totalement absente. Elle était assise sur une chaise et je me tenais quasiment agenouillé près d'elle. Mais ses yeux ne se fixaient sur rien, et je pense qu'elle ne savait pas qui j'étais[6]. »

Roz Rogers, la femme de Henry, s'approcha elle aussi, et Rita posa sur elle ce même regard vide. « Je lui ai dit bonjour, je lui ai parlé, et ce n'est qu'au bout de cinq minutes que j'ai vu une lueur dans ses yeux. Brusquement, elle a dit : ''Roz, Roz, c'est toi !'' Je vous assure, j'en ai eu le cœur fendu[7]. »

Mais la plus poignante de ces rencontres fut certainement celle d'Orson Welles. Il l'aperçut un soir dans un hôtel et vint l'embrasser, bavarder de l'ancien temps. Lorsque les lèvres de celui qu'elle avait appelé jadis « le plus grand amour de sa vie » se posèrent sur ses joues, « mon sang s'est glacé dans mes veines », raconte Orson : il se rendit compte qu'elle n'avait pas la moindre idée de qui il était[8].

En 1980 enfin, un médecin — succédant à combien d'autres ? — à qui Yasmina montra sa mère lui dit que ce dont souffrait Rita pouvait bien ne pas être l'alcoolisme, comme tout le monde l'avait cru jusqu'à présent, mais la maladie d'Alzheimer, encore mal connue, et en tout cas incurable. Aussi triste qu'ait été cette révélation pour Yasmina, elle se sentit néanmoins « plutôt soulagée[9] » de savoir enfin de quoi il retournait : « Que de désagréments et de gêne auraient été évités si on avait su dès le début que Rita Hayworth était réellement malade et non pas coupable d'une conduite scandaleuse[10]. »

Le monde n'apprit la vérité qu'en 1981, lorsque Yasmina entreprit des démarches pour être nommée légalement tutrice de sa mère, alors âgée de soixante-deux ans. A cette date, d'après Mac Krim, Rita ne sortait même plus pour les quelques pas qu'elle faisait jusque-là, soutenue par sa domestique. En juin 1981, un mois après le retour de Yasmina de Munich, où elle étudiait le chant, l'avocat de Rita s'adressa au tribunal de grande instance de Los Angeles, qui pour la première fois reconnut ouvertement la maladie mentale, et le fait que Rita se trouvait dans l'incapacité de satisfaire le plus élémentaire besoin physique : santé, nourriture, habillement, logement, pour tout cela, elle avait besoin d'une assistance permanente. Sans parler de la surveillance de son compte en banque. Lorsque le juge Ronald E. Swearinger demanda à l'avocat, Robert Gary, comment Rita réagirait à l'idée de Yasmina de l'emmener à New York, Gary répondit : « Je ne pense pas qu'elle soit en mesure de décider quoi que ce soit. Son intérêt est d'être près de sa fille. »

Le 23 juillet 1981, le juge Swearinger nomma officiellement la princesse Yasmina Aga Khan tutrice de Rita. Jusqu'à ce que tout soit arrangé pour son transfert à New York, cette dernière continuerait à être suivie par l'équipe médicale que sa fille avait retenue depuis un certain temps déjà.

« Yasmina a été absolument merveilleuse, dit Ann Miller en évoquant les dernières années de Rita. Elle a toujours veillé à ce que sa mère soit coiffée, maquillée, élégamment habillée. Rita était un peu comme une grande poupée[11]. » Jusqu'à sa mort, le 14 mai 1987, à l'âge de soixante-huit ans, Rita habita un appartement contigu à celui de sa fille, dans un luxueux immeuble ancien donnant sur Central Park. (Rebecca, qui entre-temps avait divorcé, vivait dans l'État de Washington.)

Hormis les derniers mois, où elle ne pouvait plus quitter son lit, Rita passait le plus clair de ses journées assise dans un fauteuil, le regard fixé devant elle, rappelant beaucoup la petite fille qui, sous le porche de la maison de ses parents, attendait qu'on la conduise au Mexique pour travailler. Elle ne dansait bien évidemment plus, mais elle réagissait encore faiblement à la musique qu'elle avait passionnément aimée. Lorsqu'on mettait un disque, ses épaules et ses pieds bougeaient un peu, parfois même elle frappait dans ses mains et Yasmina se disait qu'à cet instant sa mère revivait peut-être quelques lointains souvenirs de sa vie de danseuse.

Avec le temps, ces faibles réactions elles-mêmes disparurent ; faire quelques pas dans la chambre, s'asseoir sur une chaise lui devint impossible. Horrifiée, Yasmina la surprenait « agrippée l'air apeuré au chambranle de la porte, les yeux allant et venant de la chaise à la porte, de la porte à la chaise [12] ». Jusqu'à ce qu'on la ramène à sa place, elle restait là, se balançant d'un pied sur l'autre, terrifiée, impuissante, hébétée.

Afin d'aider sa mère, Yasmina abandonna l'idée de faire une carrière de chanteuse et devint une des plus efficaces porte-parole de l'Association pour la défense des personnes atteintes de la maladie d'Alzheimer, pour laquelle elle se dépensa sans compter, organisant au nom de sa mère des galas destinés à recueillir des fonds. En mai 1985, à l'âge de trente-cinq ans, la princesse épousa Basil Embiricos, membre d'une éminente famille d'armateurs grecs, dont elle eut un fils, Andrew. Ce mariage ne dura guère, et Yasmina et le bébé revinrent vivre dans l'appartement contigu à celui de Rita : « J'ai mis le bébé sur ses genoux, mais elle n'a eu aucune réaction. Elle ne pouvait plus rien comprendre [13]. »

Pour les personnes atteintes de la maladie d'Alzheimer, le présent n'existe plus, elles semblent se replier sur le passé qui, apparemment, est la seule réalité à laquelle elles aient accès : perspective terrifiante lorsque ce passé est aussi pénible que celui de Rita. Aux médecins qui diagnostiquèrent sa maladie, il manquait un élément essentiel : la connaissance de cette enfance incestueuse qui l'avait marquée pour toute sa vie et était sans doute responsable d'un bon nombre des comportements étranges auxquels elle était sujette bien avant le déclenchement de la maladie.

Eduardo Cansino était mort en 1968, en Floride, où il vivait avec sa seconde femme, mais Rita l'avait trop détesté, avait trop souffert pour que, même après sa disparition, elle parvienne à le chasser de ses pensées.

« C'est si difficile de savoir ce qu'elle ressent, ce qui se passe en elle [14] », disait Yasmina les dernières années. Pourtant il y avait quelques signaux, quelques indices. Alors que Rita demeurait la plupart du temps silencieuse (elle finira même par ne plus pouvoir parler), brusquement, sans raison apparente pour ceux qui se trouvaient auprès d'elle, elle prononçait une ou deux phrases étranges. Étaient-elles le reflet d'une pensée, d'images et de souvenirs qui traversaient l'esprit de cette forme immobile aux yeux fixes ?

« Il avait l'habitude de faire ça, disait-elle. Il me disait comment faire ça [15]. »

Mais personne n'a jamais su ce que cela signifiait.

REMERCIEMENTS

Je tiens à remercier tous ceux qui, chacun à leur manière, m'ont aidée à écrire ce livre.

En premier lieu, Amanda Vaill, mon éditeur chez Viking Penguin, qui par son intelligence, sa sensibilité et son style rend le travail avec elle particulièrement agréable. Chez Viking Penguin, je tiens également à remercier Francesca Belanger, Victoria Meyer, Neil Stuart et Anne Tergesen.

Je suis spécialement reconnaissante à George Weidenfeld, de Weidenfeld et Nicolson, à qui je dois l'idée de faire ce livre, ainsi qu'à Allegra Huston qui a suivi le projet et m'a fourni des suggestions inappréciables, à David Roberts et Juliet Gardiner.

J'ai été soutenue dès le début par Beatriz de Moura des Éditions Tusquets de Barcelone, ainsi que par mes agents Lois Wallace, de la Wallace Literary Agency à New York, et Anthony Sheil, de Anthony Sheil Associates à Londres.

Je dois enfin des remerciements tout particuliers aux innombrables personnes qui ont bien voulu partager leurs souvenirs avec moi et au personnel des agences gouvernementales, tribunaux, archives et bibliothèques dont je donne la liste ci-après, sans oublier : Michael Bicknell, Jo-Ann Cassler, Elsa Feminella,

Timothy Mawson, Ricky Lynn Moskowitz, Walter Neville, Harry Packman, Sylvia Packman, Muriel Tecoz, Renato Tonelli et Lisa Valkenier.

Enfin, pour tout — et plus encore —, mon mari, David.

NOTES ET SOURCES

Pour les besoins de mes recherches j'ai beaucoup utilisé les possibilités offertes par la loi sur la liberté d'information (Freedom Information Act), ce qui m'a permis d'obtenir communication de nombreux documents officiels concernant la vie de Rita Hayworth. J'ai également consulté les archives d'autres agences gouvernementales, de tribunaux et de bibliothèques dont la liste suit :
— Academy of Motion Picture Arts and Sciences, Beverly Hills, Californie.
— Archives, County Records Center, Los Angeles, Californie.
— Circuit Court of Cook County, Chicago, Illinois.
— Clerk of Superior Court, Yuma, Arizona.
— County Clerk, California Superior Court, Los Angeles, Californie.
— County Clerk, Vital Records, Waukegan, Illinois.
— County Clerk's Office, Reno, Nevada.
— County Recorder, Clark County, Las Vegas, Nevada.
— County Recorder, San Jose, Californie.
— Department of State, U.S.A., Washington.
— The Diplomatic Branch, National Archives and Records Administration, Washington.
— Hunter College of C.U.N.Y. Library, New York, New York.
— Jackson Heights Library, Jackson Heights, New York.
— Lilly Library, Orson Welles Papers, Indiana University, Bloomington, Indiana.
— Lincoln Center Library Dance Collection, New York, New York.
— Lincoln Center Library Theatre Collection, New York, New York.
— Long Island Room, Jamaica Library, Jamaica, New York.

— Los Angeles Superior Court, Civil Division, Los Angeles, Californie.
— Marriage Records, City Hall, Philadelphie, Pennsylvanie.
— Museum of Modern Art Film Department, New York, New York.
— National Archives, Eastpoint, Géorgie.
— National Archives and Records Administration, Washington.
— New York City Public Library, New York, New York.
— Office of Vital Statistics, Jacksonville, Floride.
— Orange County Clerk, Santa Ana, Californie.
— Selective Service System, National Headquarters, Washington.
— U.S. Department of Justice, Federal Bureau of Investigation, Los Angeles, Californie.
— U.S. Department of Justice, Federal Bureau of Investigation, Washington.
— U.S. Department of Justice, Federal Bureau of Investigation, New York, New York.
— U.S. Department of Justice, Immigration and Naturalization Service, Los Angeles, Californie.
— U.S. District Court, Clerk's Office, Chattanooga, Tennessee.
— University of California at Los Angeles Library, Los Angeles, Californie.
— Vital Records Section, D.C. Department of Human Services, Washington.
— Vital Statistics Branch, Sacramento, Californie.
— Washoe County Clerk's Office, Reno, Nevada.

NOTES

CHAPITRE 1

1. *Duluth Herald*, 14 février 1917.
2. *Ibid.*
3. *Ibid.*
4. Liste des passagers étrangers demandant à entrer aux États-Unis, *SS Prinz Friedrich Wilhelm*, 12 janvier 1913.
5. Fred Astaire dans *American Vaudeville*.
6. *New York Star*, 15 novembre 1914.
7. *San Antonio Light*, 25 avril 1916.
8. *Ibid.*
9. Programme de *Follow me*, 29 novembre 1916.
10. *New York Telegraph*, 4 août 1917.
11. Cité par Janet Rae Mills dans son article « The Love Goddess », *Photoplay*, février 1958.
12. Bande d'un entretien accordé par Vernon Cansino, cité grâce à l'autorisation de Mme Veuve Vernon Cansino.

CHAPITRE 2

1. Entretien accordé par Vernon Cansino.
2. *Life*, 10 novembre 1947.
3. Laura Hollingshead-Meyer, citée par Bob Thomas, *Associated Press*, 17 mai 1949.

4. Note dans le dossier du FBI concernant Rita Hayworth, datée du 23 mai 1952.
5. Citée dans *W*, 4 octobre 1974.
6. Rapporté par Orson Welles à l'auteur.
7. Entretien de l'auteur avec Loretta Parkin.
8. Louella Parsons dans *Tell it to Louella*.
9. *Ibid*.
10. Bela Balazs, *Theory of the Film*.
11. William K. Everson, Notes pour la New School Film Series, n° 18, 12 octobre 1973.

CHAPITRE 3

1. Rita Hayworth au *Hollywood Reporter*, 2 novembre 1972.
2. *Ibid*.
3. Gelal Talata, « Dancing Feet Lead to Stardom », *The Milwaukee Journal*, 1935.
4. *Ibid*.
5. Entretien accordé par Vernon Cansino.
6. Henry Rogers à l'auteur.
7. *American Weekly*, 19 avril 1942.
8. Henry Rogers à l'auteur.
9. Roz Rogers à l'auteur.
10. Helen Hunt à l'auteur.

CHAPITRE 4

1. Entretien accordé par Vernon Cansino.
2. Henry Rogers à l'auteur.
3. Bob Schiffer à l'auteur.
4. Helen Hunt à l'auteur.
5. *Ibid*.
6. Henry Rogers à l'auteur.
7. Helen Hunt à l'auteur.
8. *Ibid*.
9. *Ibid*.

CHAPITRE 5

1. Henry Rogers à l'auteur.
2. Joseph McBride, *Hawks on Hawks* (trad. fr., *Hawks par Hawks*, éd. Ramsay, 1987).
3. *Ibid*.
4. Henry Rogers à l'auteur.

5. *Ibid.*
6. Roz Rogers à l'auteur.
7. Loretta Parkin à l'auteur.
8. Roz Rogers à l'auteur.
9. Henry Rogers à l'auteur.
10. Citée par May Mann, dans *The San Diego Union*, 1941.
11. Henry Rogers à l'auteur.
12. Orson Welles à l'auteur.
13. Hermes Pan à l'auteur.
14. *Ibid.*
15. Roz Rogers à l'auteur.

CHAPITRE 6

1. Orson Welles à l'auteur.
2. Bob Schiffer à l'auteur.
3. Ann Miller à l'auteur.
4. Shifra Haran à l'auteur.
5. Roz Rogers à l'auteur.
6. Bob Schiffer à l'auteur.
7. Ann Miller à l'auteur.
8. Cité par le *New York Herald Tribune*, 2 novembre 1941.
9. Hermes Pan à l'auteur.
10. Earl Bellamy à l'auteur.
11. Orson Welles à l'auteur.
12. *Los Angeles Times*, 24 septembre 1942.
13. Roz Rogers à l'auteur.
14. Shifra Haran à l'auteur.
15 à 18. Dossier de la demande de divorce de Margarita C. Judson, 20 mars 1942.
19. Bob Schiffer à l'auteur.
20. Cité par le *New York Sunday News*, 2 novembre 1941.
21. Orson Welles à l'auteur.
22. Hermes Pan à l'auteur.
23. Orson Welles à l'auteur.

CHAPITRE 7

1. Roz Rogers à l'auteur.
2. Cité par le *Los Angeles Examiner*, 25 février 1942.
3. Hermes Pan à l'auteur.
4. Roz Rogers à l'auteur.
5. Cité par James Bacon à l'auteur.

CHAPITRE 8

1. Orson Welles à l'auteur.
2. Jackson Leighter à l'auteur.
3. Shifra Haran à l'auteur.
4. Orson Welles à l'auteur.
5. *Ibid.*
6. *Ibid.*
7. *Ibid.*
8. *Ibid.*
9. Shifra Haran à l'auteur.
10. Roger Hill, *Time and Chance.*
11. Hermes Pan à l'auteur.
12. Bob Schiffer à l'auteur.
13. Shifra Haran à l'auteur.
14. *Ibid.*
15. Elisabeth Rubino à l'auteur.
16. Orson Welles à l'auteur.
17. *Ibid.*
18. Shifra Haran à l'auteur.
19. Orson Welles à l'auteur.
20. Marlene Dietrich à l'auteur.
21. Shifra Haran à l'auteur.
22. Orson Welles à l'auteur.

CHAPITRE 9

1. Shifra Haran à l'auteur.
2. Orson Welles à l'auteur.
3. Shifra Haran à l'auteur.
4. Cité par le *Philadelphia Inquirer*, 8 septembre 1943.
5. Orson Welles à l'auteur.
6. Shifra Haran à l'auteur.
7. Roger Hill à l'auteur.
8. *Ibid.*
9. Orson Welles à l'auteur.
10. Roger Hill, *op. cit.*
11. *Ibid.*
12. *Ibid.*
13. Libby Sloane à l'auteur.
14. Beatrice Straight à l'auteur.
15. Shifra Haran à l'auteur.
16. Florabel Muir dans le *New York Daily News*, 18 novembre 1943.
17. Beatrice Straight à l'auteur.
18. Elisabeth Rubino à l'auteur.
19. Shifra Haran à l'auteur.

20. Orson Welles à l'auteur.
21. *Ibid.*
22. *Ibid.*
23. Shifra Haran à l'auteur.
24. Louis Dolivet à l'auteur.
25. Shifra Haran à l'auteur.
26. Cité par June Allyson dans *June Allyson.*
27. Gloria Vanderbilt, *Black Knight, White Knight.*

CHAPITRE 10

1. Shifra Haran à l'auteur.
2. *Ibid.*
3. Elisabeth Rubino à l'auteur.
4. Orson Welles à l'auteur.
5. *Ibid.*
6. *Ibid.*
7. Entretien avec l'auteur.
8. Entretien avec l'auteur.

CHAPITRE 11

1. Entretien avec l'auteur.
2. Jonie Taps à l'auteur.
3. Jim Pratt à l'auteur.
4. Ernest Nims à l'auteur.
5. Orson Welles à l'auteur.
6. *Ibid.*
7. Shelley Winters, *Shelley, Also Known as Shirley.*
8. Note de Lolita Hebert à Orson Welles, 26 juillet 1946.
9. Wilbur Menefee à l'auteur.
10. Orson Welles à l'auteur.
11. *Ibid.*
12. *Ibid.*

CHAPITRE 12

1. Lettre à Harry Cohn, 22 août 1946.
2. Earl Bellamy à l'auteur.
3. Bob Schiffer à l'auteur.
4. *Ibid.*
5. *Ibid.*
6. I*bid.*
7. Libby Sloane à l'auteur.

CHAPITRE 13

1. Bob Schiffer à l'auteur.
2. Earl Bellamy à l'auteur.
3. Entretien avec Bob Schiffer.
4. Entretien avec Earl Bellamy.
5. Grace Godino à l'auteur.
6. Shifra Haran à l'auteur.
7. *Ibid.*
8. *Ibid.*
9. *Ibid.*
10. *Ibid.*
11. Comtesse de Faucon, *Chicago Tribune*, 1948.
12. *Photoplay*, février 1949.
13. *Ibid.*
14. *Los Angeles Times*, 24 juillet 1948.

CHAPITRE 14

1. Shifra Haran à l'auteur.
2. Mercedes McCambridge, *The Quality of Mercy*.
3. *Photoplay*, février 1949.
4. Emrys Williams, *Bodyguard*.
5. *Ibid.*

CHAPITRE 15

1. Shifra Haran à l'auteur, ainsi que toutes les autres citations du chapitre.
2. Leonard Slater, *Ali*.
3. Yvonne De Carlo, *Yvonne*.

CHAPITRE 16

1. Shifra Haran à l'auteur, ainsi que toutes les autres citations du chapitre.
2. Elisabeth Rubino à l'auteur.
3. *New York Daily News*, 3 janvier 1949.

CHAPITRE 17

1. Shifra Haran à l'auteur.
2. Orson Welles à l'auteur.
3. *Ibid.*

4. Williams, *Bodyguard*.
5. Cité par le *Los Angeles Times*, 26 mai 1949.
6. *New York Prost*, 27 mai 1949.
7. *International News Service*, 20 septembre 1953.
8. Rapporté par le *New York Post*, 27 mai 1949.
9. *Ibid.*

CHAPITRE 18

1. Bob Schiffer à l'auteur.
2. Williams, *op. cit.*
3. Cité par June Allyson.
4. Orson Welles à l'auteur.
5. *United Press*, 10 décembre 1949.
6. Williams, *op. cit.*
7. *Photoplay*, juin 1952.
8. Williams, *op. cit.*
9. *Photoplay*, août 1951.
10. Hermes Pan à l'auteur.
11. Cité par Slater dans sa biographie, *Ali*.

CHAPITRE 19

1. Lettre publiée dans le *Los Angeles Examiner*, 15 mai 1951.
2. Cité par le *Los Angeles Examiner*, 6 mai 1951.
3. Bob Schiffer à l'auteur.

CHAPITRE 20

1. *Fortnight*, 6 août 1951, et *New York Herald Tribune*, 7 juillet 1951.
2. Bob Schiffer à l'auteur.
3. Kirk Douglas dans *The Ragman's Son* (trad. franç. : *Le fils du chiffonnier*, Presses de la Renaissance, 1989).
4. Bob Schiffer à l'auteur.
5. Cité dans le livre de Victor Navasky, *Naming Names* (trad. fr. : *Le maccarthysme à Hollywood*, Balland, 1982 ; rééd. poche, Ramsay, 1990, sous le titre *Les délateurs*).

CHAPITRE 21

1. Yvonne De Carlo, *op. cit.*
2. Cité dans *The American Weekly*, 28 décembre 1952.
3. Dans le *Los Angeles Daily News*, 6 octobre 1952.

CHAPITRE 22

    1. Orson Welles à l'auteur.
    2. Jonie Taps à l'auteur.
    3. Bob Schiffer à l'auteur.
    4. *Ibid.*

CHAPITRE 23

    1. Cité par Earl Wilson dans le *New York Post*, 20 juillet 1953.

CHAPITRE 25

    1. June Allyson, *op. cit.*
    2. Selon le *New York Daily News*, 13 février 1954.

CHAPITRE 26

    1. Jay Breen, dans *Confidential*, 1954.
    2. *New York Post*, 24 mars 1954.
    3. Leonard Lyons dans le *New York Post*, 25 mars 1954.
    4. Cité par Elsa Maxwell dans *The American Weekly*, 30 mai 1954.
    5. *New York Herald Tribune*, 9 avril 1954.

CHAPITRE 27

    1. Articles du *New York Times*, 24 avril 1954 et du *Los Angeles Times*, même date.
    2. Cité dans le *New York Herald Tribune*, 27 avril 1954.
    3. Rapporté à l'auteur par Me Wolfe Charney.
    4. Orson Welles à l'auteur.
    5. Rapporté par le *New York Herald Tribune*, 27 avril 1954.

CHAPITRE 28

    1. Earl Wilson, *New York Post*, 12 juillet 1954.
    2. Bob Schiffer à l'auteur.
    3. *The New York Times*, 9 juillet 1954.
    4. *The New York Times*, 7 août 1954.
    5. Jonie Taps à l'auteur.

CHAPITRE 30

1. Cité par Earl Wilson dans le *New York Post*, 30 août 1955.

CHAPITRE 31

1. Robert Parrish, *Hollywood Doesn't Live Here Anymore*.
2. George Sidney à l'auteur.
3. *Ibid.*
4. Grace Godino à l'auteur.
5. James Hill, *Rita Hayworth : A Memoir*.
6. *Ibid.*
7. Delbert Mann à l'auteur.
8. *Ibid.*
9. James Hill, *op. cit.*
10. Hermes Pan à l'auteur.
11. James Hill à l'auteur.

CHAPITRE 32

1. Hermes Pan à l'auteur.
2. Cité par Rosemary Santini et Katherine Barrett dans le *Los Angeles Herald Examiner*, 17 janvier 1983.
3. Ann Miller à l'auteur.
4. Le *New York Post*, 22 août 1962.
5. Cité par *People*, 1er juin 1987.
6. Bud Moss à l'auteur.
7. Ann Miller à l'auteur.
8. *Ibid.*
9. Curtis Roberts à l'auteur.
10. Ralph Nelson à l'auteur.
11. Lynn Del Kail à l'auteur.
12. Del Armstrong à l'auteur.
13. Polly Gilmore à l'auteur.
14. Cité par le *Chicago Tribune*, 16 janvier 1972.
15. Libby Sloane à l'auteur.

CHAPITRE 33

1. Curtis Roberts à l'auteur.
2. Hermes Pan à l'auteur.
3. Cité par le *Los Angeles Herald Examiner*, 17 janvier 1983.
4. Hermes Pan à l'auteur.
5. Ann Miller à l'auteur.

6. Curtis Roberts à l'auteur.
7. Bud Moss à l'auteur.
8. Russell Harty dans l'*Observer*, 10 avril 1977.
9. Ann Miller à l'auteur.
10. Télégramme du 5 octobre 1976.
11. Bud Moss à l'auteur.

CHAPITRE 34

1. Bill Gilpin à l'auteur.
2. Bob Schiffer à l'auteur.
3. Cité par le *Los Angeles Herald Examiner*, 17 janvier 1983.
4. Jim Bacon à l'auteur.
5. Curtis Roberts à l'auteur.
6. Henry Rogers à l'auteur.
7. Roz Rogers à l'auteur.
8. Orson Welles à l'auteur.
9. Cité par *People*, 1er juin 1987.
10. Cité par le *New York Daily News*, 19 mai 1985.
11. Ann Miller à l'auteur.
12. Cité par le *New York Daily News*, 26 avril 1984.
13. Propos recueillis par Cindy Adams, *New York Post*, 23 avril 1986.
14. Cité par le *Los Angeles Herald Examiner*, 17 janvier 1983.
15. *Ibid.*

Cet ouvrage a été réalisé sur
Système Cameron
par la SOCIÉTÉ NOUVELLE FIRMIN-DIDOT
Mesnil-sur-l'Estrée
pour le compte des Presses de la Renaissance
le 2 avril 1990

Photocomposition : Facompo

Imprimé en France
Dépôt légal : avril 1990
N° d'impression : 14519